백치라 불린 사람들

백치라 불린 사람들

Those They Called Idiots

지능과 관념·법·문화·인종 담론이 미친 지적 장애의 역사

사이먼 재럿 지음
최이현 옮김
정은희 감수

생각이음

일러두기

1. 이 책에 표기된 외래어는 원칙적으로 국립국어원 외래어 표기법에 따라 표기했다.

2. 저자, 단행본, 논문 등의 외래어 표기는 처음 언급될 때 한글 표기와 병기했다.

3. 단행본, 사전, 소책자는 《 》로, 신문, 잡지, 논문, 희극, 판화, 우화 등은 〈 〉로 표기했다.

4. 원서와 달리 직접 인용문은 큰따옴표("")로, 간접 인용문은 작은따옴표('')로 표기했다.

5. 독자 이해를 돕기 위한 옮긴이와 편집자의 추가 설명은 해당 용어 괄호 안에 표기했다.

6. 현재 학술적 용어로 사용되는 '지적 장애intellectual disability'라는 용어는 시대와 사회 또는 국가마다 다르게 사용하고 계속 바뀌었다. 이 책은 '비역사주의'를 피하고자 당대의 용어를 그대로 사용한 저자의 의도에 따라 한글 표기도 관련 논문을 참고하여 다음과 같이 표기했다.

- idiot(idiocy) 백치(백치 상태) * 백치(idiot)는 1900년경까지 지적장애를 나타내는 용어였고 그 중증도에 따라 imbecile(imbecility) 치우(치우 상태), simpleton 경우, cretin 천치, moron 노둔, stupidity 우둔 등으로 구분되기도 했다.
- mental handicap, mentally handicapped 정신 손상(정신손상자),
- mental feeble-minded(weak-minded) 정신 박약(정신박약자),
- mental deficiency, mentally defective 정신 결함(정신결함자),
- mental retardation, mentally retarded person 정신 지체(정신지체자),
- mental subnormality, mentally subnormal 정신 지연(정신지연자)
- non compos mentis 심신 상실자
- learning disability 학습 장애(학습장애인)

차례

서문

1980년대에 나는 잉글랜드 남부의 작은, 남성 '정신병원mental handicap hospital'에서 젊은 간호조무사로 일을 시작했다. 그곳의 많은 노인 환자들은 어린시절이었던 1920년대와 1930년대에 입소했다. 나는 첫 근무 교대가 끝날 즈음에 낮이면 낡아빠진 정장을 걸친 채 병동 일을 돕는 G의 기록지를 들여다보았다. 기록지에는 G가 1924년 6세의 나이로 입소했다는 내용과 함께, 첫머리에 'G는 박쥐 귀를 가진 천치cretin다'라는 글귀가 적혀 있었다. 어린아이를 그토록 지독하고 모멸적인 용어로 묘사하다니, 나는 그만 흠칫 놀라고 말았다. 나중에야 알게 된 사실이지만, 당시에는 천치라는 용어가 임상적으로 그를 정확하게 묘사하는 명칭이었다. 이 명칭은 긴 역사는 아닐지 몰라도 G가 그 병원에 머문 60년간 권위 있는 전문 의학 용어에서 남을 모욕하는 욕설로까지 바뀐다. 이 기간에는 그 밖에 다른 많은 일들이 일어났다. 영국의 총파업과 미국의 대공황, 파시즘 부상, 제2차 세계 대전, 홀로코스트, 국민건강서비스(NHS) 시작, 대영제국의 종말, 냉전체제, 스윙 60년대(1960년대 영국에서 일어난 젊은이 중심의 문화 혁명-편집자), 민권운동, 베트남전쟁, 그리고 대처리 즘(마거릿 대처 영국 수상이 추진한 일련의 사회·경제 정책들-편집자)이 등장했다. 이 모든 일이 일어나는 동안 어린아이였던 G는 성인기를 거쳐, 이제 인생을 마무리할 시기에 이르렀지만 그의 삶에는 거의 아무런 변화가 일어나지 않았다. 다른 남성들(혹은 그가 살던 동네에서 불리던 대로 '소년들')과 마찬가지로, 그 역시 머리카락이 자라고 허리둘레가 더 늘어났을 수 있다. 또 스웨터 색이 좀 더 밝아지고 엄격하던 병동이 다소 느슨하게 바뀌었을 수 있다. 하지만 바깥세상이 아무리 변해도 그는 매일 똑같은 하루 세끼의 따분한 식사를 하고, 아침 6시 30분에 일어나 저녁 7시 30분에 잠자리에 드는 틀에 박힌 일상을 보냈다. 마치 피터 팬처럼, 그는 전혀 성장하지 않았고 끝없이 반복되는 일상 외에 다른 것을 희망하거나 알지 못한 채 살다 어느 날 죽게 될 터였다. 그는 '박쥐 귀를 가진 천치'로 세상에 태어나 다른 사람으로 살아가는 것을 허락받지 못했다. 왜 그랬을까?

그때 이후 수십 년간 나는 처음에는 정신 손상mental handicaps으로 알았던 사람들이 다음에는 학습장애 또는 학습 부진을 겪는 사람들로, 그 다음에는 지적장애인the intellectually disabled으로, 그리고 다른 시기에는 정신 지연mentally subnormal과 결함defectives, 노둔morons, 천치cretins, 정신 박약feeble-minded, 정신 지체mentally retarded, 백치idiots 등으로 알려진 사람들을 연구하면서 더 많은 궁금증을 갖게 됐다. 왜 자꾸 이름이 바뀌었을까? 그런 이름으로 불린 사람들은 누구였을까? 도대체 누가 이들을 그런 이름으로 불러야 한다고 결정했을까? 어째서 신체적 질병이 아닌데도 의사가 이들을 진단하고 치료했을까? 이들은 늘 정신의료시설(asylums, 정신질환자에게 피난처라는 의미로 망명을 제공했던 종교기관에서 처음 유래-편집자)에서만 지냈을까?

아니면 다른 방식으로 살았다거나 '그들'로 분류되지 않았던 시기가 있었을까?

지적장애인들의 역사만큼이나 흥미로운 것은 현대국가에서 이들을 연구하도록 고용된 전문가 대부분이 이들의 역사를 별로 궁금해하지 않았다는 사실이다. 많은 전문가에게 이들은 사실상 어떠한 역사도 없는 사람들이었던 것이다. 시간이 흘러도 이들의 존재는 변치 않는 하나의 보편적인 현상이었다. '치료'법과 공공정책은 계속해서 바뀌기 마련인데, 그 이유는 항상 과거의 잘못 때문이다. 그래서 과거의 잘못을 바로잡는 일은 늘 현재의 몫이었다.

시설 안에서든 밖에서든 이들은 이상한 평행 세계에 사는 것처럼 보였다. 서구 근대성의 기본 가치들(거주이전의 자유, 직업선택의 자유, 권리를 누릴 자유)이 이들에게는 적용되지 않는 듯했다. 같은 세상에 존재하지만 살지 않는 사람들이었다. 나는 지적장애인이라 낙인 찍힌 수많은 사람들이 희망차게 무언가에 몰두하고 노력하는 이들이자 나처럼 열정을 가지고 있다는 사실을 알게 됐다. 하지만 나와 달리, 이들은 특별한 경우에만 인간으로 인정받을 뿐, 어찌된 일인지 완전한 인간으로서의 지위를 누리지 못했다. 이들의 열망과 몰입 욕구는 거의 무시되기 일쑤였다. 과연 이들은 누구이고, 어디서 왔는가? 그리고 이들의 이야기는 무엇인가?

이런 의문들을 탐구하는 과정에서 이 책이 탄생했다. 나는 오늘날 지적장애인이라 불리는 사람들의 역사를 알고 싶었다. 과거에 이들은 어떤 삶을 살았을까? 다른 사람들의 눈에 이들은 어떻게 보였을까? 이들은 스스로를 어떻게 생각했을까? 또 이런 질문들이 떠올랐다. 우리가 지적장애인을 설명할 때 사용하는 용어가 그렇게 자주 바뀐 이유는 무엇이며, 그런 용어의 변화는 무엇을 의미하는가? 용어가 달라져도 같은 사람들을 지칭하고 있는 것인가? 아니면, 지적 능력을 근거로 배제되는 대상이 시간이 지나면서 사회적 시각과 함께 달라지는가? 나는 이런 의문들이 오늘날 지적장애인들의 사회적 지위에 대한 보다 나은 이해로 이어지길 바란다.

내가 파악하기로, 대부분의 역사 연구는 최근에 도입된 '지역사회 돌봄 서비스'나 19세기 중반부터 지어지기 시작한 정신의료시설에 초점이 맞춰져 있다. 이런 사실은 지적장애인이 시설의 수용 대상이 됐을 때만 역사가들의 주목을 받았다는 것을 의미한다. 그렇다면 정신의료시설이 세워지기 전까지 이들은 어떻게 살았을까? 이들은 지역사회의 일원으로 받아들여졌을까? 아니면 배척됐을까? 분명 이들은 지역사회 안에서 어떤 식으로든 가족과 함께 생활하며 주변 사람들과 일상에 대해 이야기하며 살았음에 틀림없다. 그러다 더 이상 지역사회에서 가족과 함께 살 수 없어 높은 담장으로 둘러싸인 시설 안으로 들어가, 전문가의 '보살핌을 받으며' 격리 생활을 해야 하는 사람들로 인식되게끔 무언가가 바뀌었을 것이다. 백치라 불린 사람들이 지역사회에서 사는 대신 시설에 들어가기까지 18세기와 19세기에 사람들의 사고방식에 변화가 일어난 것은 분명했다. 1855년 영국 서리Surrey의 얼스우드Earlswood에 세계 최초로 백치만을 수용하는 정신의료시설이 세워졌고, 그 유명한 존 랭던 다운John Langdon Down(오늘날 다운증후군이라 불리는 질병의 '발견자'이며, 당시 그는 이 질환을 '몽고증Mongolian imbecility'이라 불렀다.) 박사가 그곳의 책임자였다. 그런데 이렇게 백치 시설이 세워지게 된 사고방식의 변화는 무엇이었을까? 이후 또 다른 사회변혁이 일어나 백치와 치우imbecile

라 불린 사람들이 정신의료시설과 이들을 정신결함자라 칭했던 콜로니colonies에서, 그리고 (최종 명칭이 된) 정신병원에서 갇혀 지낸 지 140년 만인 20세기 후반 지역사회로 복귀한다. 이 책은 300년을 거슬러 올라가 18세기 지역사회의 모습을 들여다본 다음 19세기 정신의료시설의 실태를 살펴보고, 마지막으로 20세기 지역사회의 돌봄 서비스를 설명한다.

나는 시설이 생기기 전이었던 18세기와 19세기 초까지 영국에서는 백치나 치우로 불리던 사람들이 지역사회의 구성원으로 살았다는 사실을 분명하게 보여준다. 이들은 가족과 이웃, 일자리가 있었고 지인들로부터 사랑과 보호, 인정을 받았다. 주변 사람들은 이따금 이들을 이상한 사람으로 그리고 종종 재밌는 사람으로 여기면서 이들의 지적 결함을 알아차리고 언급하기도 했다. 그럼에도 이들은 지역사회의 구성원으로 받아들여졌고 이들의 다른 모습도 자연스럽게 지역사회의 일상으로 녹아들었다. 사회 부적응자를 격리하는 국가 기관이나 시설이 따로 있지 않았기 때문에 지역사회는 이들을 유연하고 호의적인 태도로 대했다. 18세기에는 사회규범에 어긋나는 행동을 해도 그 지역에서 태어난 사람은 누구나 구성원이 될 자격이 주어졌다. 사람이 지역사회에 맞추기보다 지역사회가 사람에게 맞췄다. 소속 증명서를 발급받기 위한 일종의 지능 검사는 불필요했다. 분명 그 시절에는 백치와 치우라는 폭력적이고 모욕적이며 업신여기고 얕잡아보는 표현들이 있었지만, 다른 한편으로는 항상 그들을 보호하고, 사랑하고, 수용하는 분위기가 있었다.

나는 이런 역사가 현대사회에서 지적장애인이라 불리는 사람들의 지위와 관련하여 중요한 교훈을 준다고 생각한다. 우선, 우리는 19세기 중반부터 1980년대까지 일컫는 '대감호the great incarceration' 시대를 이해해야 한다. 주류 사회의 구성원에 적합한 지능을 갖추지 못했다는 이유로 수많은 사람들을 시설로 보냈던 사실은 일반적이지 않은 이례적인 일이었다. 역사가 기록된 이후부터 그 이전까지 영국에서는 지능 결핍으로 태어났다고 여겨진 사람들이라도 시설이 아닌 지역사회 안에서 살았다. '백치', 즉 지적 장애를 지닌 이들은 정신의료시설에 당연히 있어야 할 환자creatures는 아니었다. 이들은 단지 140여 년간 대감호 시대에 시설 수용 대상자로 인식되고 분류됐을 뿐이었다. 여기에는 다양한 요인들이 영향을 미쳤다. 그 대부분은 (분류와 진단에 집착하고 '인간'의 속성을 정신적인 것으로 설명하려는) 계몽주의적 사고와 '다른' 사람을 사회에서 배제하고 '보호 감독'하려 했던 중앙 집권적 관료 국가의 등장에 뿌리를 두고 있다. 새롭게 등장한 시민 정신이라는 개념 역시 사회 구성원의 조건으로 호혜적 의무와 책임, 일정 수준의 지능을 요구했다. 따라서 18세기를 풍미했던 계몽주의 핵심 사상이 19세기 초 대중의 사고방식과 새롭게 권한을 부여받은 의료인들이 앞장서 주도한 정책 결정에 스며들면서, 백치와 치우는 사회에서 제자리를 잃고 시설로 조용히 흘러 들어가 잊히고 말았다.

1980년대부터 시작된 '대귀환' 이후, 낡은 시설들이 폐쇄되고 '지역사회 돌봄 서비스'로 전환되기 시작하면서 우리는 계몽된 현대성을 자축해왔다. 확실히 지난 수십 년간 세상은 상당한 성과를 거두며 발전해왔다. 그렇지만 오늘날의 우리가 지역사회에서 지적장애인과 함께 살아가는 세상을 처음 개척했다고 생각한다면 오산이다. 지역사회로의 '접근'을 제공한 것 역시 조건 없는 수용이 아닌 관료 집단의 잦은 평가와 리스크 분석, 재원 조달, 맞춤 기획 등 일련의 조건이 붙는다는 사실에 유의해야 한다. 지적장애인들이 자기 주변에 설치된 제약과 한계 그리고 관료주의와 사회정책이 만든 보이지 않는 시설의 벽을 인식하는 한, 우리는 이들에게 일종의 조건부 사회 거주권과 불안정한 반승인semi-acceptance 상태를 제공하는 셈일 것이다. 대개는 일반 규범을 따를 수 없는 사람들한테 맞추려고 사회 그 자체를 변화시키거나 규범을 완화하지는 않는다. (되레 우리는 규범을 따를 수 있다고 여겨지는 사람들을 구성원으로 받아들인다.) 우리의 인식 체계와 가정에는 19세기 정신의료시설의 긴 그림자가 여전히 드리워져 있다.

18세기는 모든 사람을 구성원으로 수용하고, 있는 그대로 받아들이고, 스스로 원하는 사람이 되도록 하기 위해 사회가 어떻게 바뀌어야 하는지 많은 교훈을 줄 수 있다. 종종 우리는 인간이란 어떤 의미인지 자문한다. 여러 대답이 있을 수 있다. 이를테면 내가 무언가를 안다는 사실을 아는 것과 이성적이고 논리적이며 공감할 줄 알고 미래를 생각한다는 것들이 있을 수 있다. 관계를 형성할 수 있고 이중적이거나 유머 감각이 있다는 것도 대답이 될 것이다. 이 모든 대답은 백치와 치우the imbecilic, 우둔the stupid, 아둔the dull, 노둔, 천치 등 지적 장애가 있는 사람을 배제하기 위해 (대개 아무 명분 없이) 사용될 수 있다. 인간이란 인간 부모에게서 태어나는 존재라고, 우리는 거의 아니 전혀 말하지는 않는다.(이 대답에서는 백치 집단our group이 배제되지 않을 것이다.) 이 책은 지적장애인을 그저 하나의 인간으로 이해하고 단계별 능력 검증 없이 있는 그대로 사회 구성원으로 받아들이라고 주장한다. 이렇게만 된다면 그들이 완전한 인권을 보장받아야 하는 이유와 정신과 의사, 심리학자, 사회복지사, 판사 앞에서 자신을 인간으로 인정해 달라고 호소할 필요가 없는 이유가 명확해진다. 요구되는 능력 수준이나 유형에 따라 지적장애인에게 버거운 분야들도 있다. 이런 사정을 연민이나 적의를 품고 배제할 구실로 여기지 말고, 유연성을 발휘해 적절한 환경을 만들고 수용할 수 있어야 좋은 사회라 할 수 있다.

*

이쯤에서 지적 장애와 정신질환mental illness, '백치 상태idiocy'와 '정신병lunacy'의 차이를 명확히 해두는 게 좋겠다. 일반적으로 지적장애인(과 그 이전에 사용됐던 모든 이름)은 지능이 미약한 채로 태어나 대부분의 사람들이 이해하는 것을 이해하지 못하고, 교육을 통해 학습하는 데 어려움이 있으며, 혼자 힘으로 살아갈 수 없는 사람을 의미한다. 이런 결함은 영구적이라서 바뀌거나 '치유'되지 않지만 그렇다고 평생 개선될 수 없다는 의미는 아니며, 많은 경우 어느 정도 독립적인 생활이 가능하다. 장애의 정도는 상당히 다양해서, 의사소통이 몹시 힘들고 신체장애나 간질 등이 동반된 사람이 있는가 하면, IQ 점수가 낮을 뿐 지적 장애가 눈에 띄지 않는 사람도 있다. 비교적 최근까지 '노둔'이나 '치우'로 불렸던 '경도' 장애인은 종종 사회의 경계에서 살아간다. 어떤 사람이 이 집단에 속하는지는 시간이 지남에 따라 계속 달라지고 그 기준이 자주 사회 통념 및 가정들과 밀접하게 연관되기도 한다.

정신질환(혹은 옛 용어로 정신이상insanity, 정신병 또는 광증madness)의 경우는 이야기가 다르다. 대부분 (그리고 내가 여기에서 언급한) 사례에서 정신질환은 선천적인 것이 아니라 살면서 얻게 된다. 이따금 정신질환자는 IQ 점수가 정상이거나 심지어 높은 지능을 가지고 태어난다. 오늘날 정신질환의 유형은 우울증, 불안증, 조현병, 정신증 등 광범위하며 같은 질환 안에서도 중증도가 다양하게 나타난다. 지적 장애와 달리, 정신질환은 종종 회복 가능성이 있거나 과거 용어로 표현하면 '치료' 가능성이 있다. 이런 점들은 이들이 질병으로 상실한 능력을 회복할 수 있다는 의미이기 때문에 정신질환자에게는 박탈당한 모든 법적 권리를 되찾아줘야 한다는 사실이 중요하다. (그러나 선천적 지적장애인의 경우 그렇지 못하다.)

사람들은 종종 지적 장애와 정신질환이 크게 다름에도 불구하고 이 둘을 혼동하는 경우가 많다. 그 이유는 둘 다 어떤 마음의 고통으로 보기 때문이다. 이 책은 정신질환이 아닌 지적 장애를 다룬다. 지적장애인의 생활 경험과 이들이 사는 사회적 맥락, 그리고 가정들은 정신질환자의 삶에서 일어나는 것들과는 매우 다르다. 또한 정의상 지적장애인은 문해력 부족으로 자신에 대한 기록을 거의 남기지 못하지만 만성이든 급성이든 정신질환자의 이야기는 자료가 풍부하다. 그래서 정신질환에 관한 역사서는 많은데 '백치'에 관한 역사적 기록물은 드물다. 그렇다면 정신질환과 백치 상태의 공통점은 무엇일까? 다른 사람들처럼 당연히 지적장애인도 정신질환이 있을 수 있지만 그렇다고 지적장애인에게 반드시 정신질환이 동반되는 것은 아니다. 치우 같은 용어는 시간에 따라 의미가 계속 변해 17세기와 18세기 초에는 노환이 있거나 신체 질병이 있는 사람처럼 취약한 사람들을 두루 가리키는 표현이었다. 하지만 점점 그 의미가 좁아져 태어날 때부터 지적 능력이 모자라지만 완전한 '백치'도 '보통 사람'도 아닌 이들을 가리키는 용어가 됐다. 사고나 질병으로 인한 영구적인 뇌 손상이나 치매 같은 상태는 지적 장애와 유사해 보이지만 선천적 장애가 아니라는 점과 지능이 일정치 않고 계속 변한다는 점에서 다르다. 그러나 이 모든 차이점에도 불구하고 정신의료시설과 의사 진단, 관련 법령, 역사 문헌 및 대중의 인식에서 백치와 정신이상자는 종종 똑같이 취급됐다.

오늘날 우리가 지적장애인이라고 부르는 사람들은 역사가들부터 소외되거나 관심도 끌지 못한 경우가 대부분이다. 어느 역사가의 지적처럼 "학습장애인이 역사에서 소외됐다는 사실은 그들에 대한 학문적 연구가 부족하다는 사실을 보여준다."[1] 타고난 탁월한 지능을 활용하여 평생 연구에 매진했을 대다수의 학자들이 지적 장애나 낮은 지능에 대한 생각을 떠올리거나 받아들이기는 아마 어려웠을 것이다. 또한 정신병 및 광증의 역사 또는 정신질환의 역사가 백치의 역사를 가려왔던 것도 사실이다. 한 위대한 역사가의 말처럼 "광증은 계속 신비로움을 발산하지만, 무지함은 전혀 신비롭지가 않다."[2] 그래서 정신착란을 일으킨 보통 사람이나 심지어 천재들이 선천적 '바보'보다는 더 많은 관심을 끌었다.

'백치' 역사를 처음으로 쓴 사람들이 사회과학자와 의료인이라는 점은 놀라운 일이 아니다. 이들은 백치를 자신의 이야기에 등장하는 (수동적인) 인물로 바라봤다. 이런 글에는 의료계의 역사와 영웅적인 역할, 즉 무자비한 바깥세상으로부터 백치를 보호하거나 정신의료시설을 통해 사회를 백치로부터 보호하는 이야기로 가득하다. 오늘날에도 이런 사고방식을 답습하는 논문들이 일부 있다.[3] 그들은 백치들이 따뜻한 시설로 오기 전까지 끔찍한 환경에서 괴롭힘과 학대를 당하며 살았다고 묘사했다. "사슬에 묶여 지냈고, 구타를 당했으며, 아사 직전의 상태로 지하실과 다락, 감옥과 구빈원에 살았다." 백치는 오로지 "새로운 인도주의 정신과 높은 수준의 권위 있는 시설 의사들"의 도움으로만 구제된다는 의미였다.[4]

백치에 대한 이런 의학 역사 이야기는 1990년대부터 도전받기 시작했다. 중요한 수정주의 문헌들이 지적장애인을 의학 연구 대상이 아닌 한 사람의 권리자로서 존중받고 탐구할 만한 역사적 인물로 이야기의 중심에 위치시켰다. 연구자들은 또한 개인의 삶에 중대한 영향을 미치는 이데올로기의 변화로 우생학과 시설 수용 조치의 전개 과정을 분석했다. 그리고 백치에 대한 역사 연구의 범위를 중세와 근대 초까지 확장했다. 처음으로 정신의료시설이 등장하기 이전의 주제가 학대와 박해, 소외가 아닌 지역사회 안에서 존재를 인정받고 처벌이나 구제 수단으로서의 시설화는 필요치 않았다는 것을 보여줬다.[5]

이후의 백치 연구는 20세기 시설 수용 조치에 관한 역사적 증언과 그에 따른 지역사회의 돌봄 서비스로의 전환 과정을 분석하는 등 거의 모든 역사에 대한 광범위한 연구가 이루어져 그 범위가 넓어졌다. 그 밖에도 19세기 말과 20세기 초에 유행했던 우생학과 백치를 정신결함자라 불렀던 시기, 그리고 빅토리아 시대의 정신의료시설에 관한 내용을 상세히 다룬 문헌들이 있다.[6]

이 책이 많은 빚을 지고 있는 지적 장애에 관한 최신 연구는 '지적장애'라는 용어 자체가 역사적 근거가 빈약하다고 주장한다. 그러므로 우리는 지적 장애에 관한 과거 관념들을 찾기 어려워 현재 개념을 논의의 근거로 삼을 수도, 낮은 지능으로 불운하게 태어난 사람들이 지난 몇 세기 동안 놀라울 정도로 잦은 명칭 변경에도 주변에서 늘 쉽게 식별되고 인식할 수 있었던 외집단이라 주장할 수도 없다. 심리학과 의학은 무엇이 백치 상태가 되게끔 하는지에 대해 확고부동한 과학적 지식을 생산하기보다, 오히려 시대와 사회에 따라 자신들의 불안감과 우려를 반영하여 백치 상태에 대한 설명(과 새로운 이름)을 구성하고, 궁극적으로는 우리 모두가 포용해야 할 외집단을 형성해왔다. 이런 이유로 19세기 이전 지적 장애(인)에 대한 개념을 살펴보는 일은 무엇보다도 중요하다. 19세기에 형성되어 오늘날까지 남아 있는 백치라는 의학적 개념은 오랜 세월 특정 유형의 지적 능력이 부족하다고 생각되는 사람들에 대해 만들어진 여러 표현 중 하나일 뿐이다. 지적 장애는 시간이 지나면서 그 의미가 바뀌고 이들 주변에 벽을 쌓아 그 안에 사는 사람들에게 지나치게 큰 영향을 미친 하나의 **관념**이다.[7]

　이 책은 18세기 초를 기점으로 어떤 형태로든 가혹하게 소외되고 배제당한 존재를 전제하기보다는 일상에서 만나는 사회의 일원으로서 '백치'의 모습을 찾아 나선다. 우선 나는 18세기 일상을 다룬 자료들을 뒤적여보았다. 민·형사 재판 기록들, 당시 사람들이 주고받던 농담과 속어, 소설과 시, 풍자만화, 회화, 대중적인 창작물과 여행기를 두루 살폈다. 예상대로 백치라 불린 사람들은 지역사회의 구성원으로 일상을 보내면서 이따금 사람들에게 즐거움을 주는 이상한 사람이거나 심지어 웃음거리가 되었지만, 분명 지역사회 안에 머물며 사람들과 더불어 살았다. 이런 자료에서는 백치라 불린 사람들이 가족에게는 사랑을, 지역사회에서는 옹호를, 법정에서는 관대한 처분을 받았으며 직장을 다니거나 이따금 결혼도 하면서 조용하고 평범하게, 야단스럽지 않게 사람들의 일상에 언제나 존재했다는 사실이 확인된다.

그다음에 이어지는 내용은 그런 환경이 어떻게, 왜 변했는지에 관한 이야기다. 18세기에는 지역사회의 구성원으로 인정받았던 사람들이, 어쩌다 19세기 말에는 지역사회에 부적합한 사람으로 간주되어 시설 환자로 바뀌게 됐는지 분석한다. 이 책은 그런 사고방식의 변화를 가져온 사상과 이념, 여론, 유머, 도덕관, 예의범절, 시민권 개념을 추적한다. 인종과 지능의 연관성을 주장하는 관념과 백치와 치우라는 관념의 기이한 결합도 설명한다. 이런 결합 과정은 18세기 세계 탐험의 유행과 함께 시작하여 19세기 중반 다윈의 영향을 받은 과학적 인종주의와 극단적인 인종 차별적 우생학에서 마무리된다. 백치에 대한 인식은 좀 이상하지만 무해한 사람에서 인류의 실존을 위협하는 사악하고 위험한 존재로까지 바뀐다. 지능이 낮다고 간주된 사람들과 전 세계 비백인종이 함께 비난받은 상황이었다. 이 모든 국면에서 지적장애에 대한 관념은 핵심이었다. 그다음에는 비교적 최근 이야기를 다룬다. 지적장애인들에게 20세기는 감금과 추방, 비난, 학대, 방치가 만연했던 암흑의 100년이었다. 여기에는 1939년부터 1945년까지 나치가 자행한 대량 학살의 공포 시대가 포함된다. 그러다 20세기 말에는 시설이 폐쇄되고 지역사회로 돌아오는 새로운 시대가 열린다. 이 책은 그런 일이 어떻게, 왜 일어났는지 살펴보고 '대귀환'의 성공과 실패 요인도 탐색한다.

이 책은 때로 북미 대륙에 있었던 일을 언급하기도 하지만 유럽과 사실상 영토가 확장됐던 18세기, 19세기 대영제국에서 벌어진 일을 다룬다. 하지만 대부분은 영국에 살았던 백치에 대한 이야기와 함께 계몽주의 사상이 백치와 지능, 정신의 중요성에 관해 영국 본토와 식민지 영국인의 인식 및 가정에 어떤 영향을 끼쳤는지에 대해서 이야기한다.

그 밖에도, 특히 19세기 초 프랑스와 미국에서 건너온 사상이 영국인의 생각과 태도에 큰 영향을 미쳤다. 그러면서 19세기와 20세기 영국과 미국은 여러 면에서 유사한 발전 과정을 겪는다. 그렇지만 중요한 차이점도 있다. 특히 영국(확실하게는 본토)의 경우 국가의 보호와 개입보다는 개인의 자유를 우선시했다. 나치 독일이 사전 준비 후 실행에 옮겼던 장애인의 대량 학살 계획은 제2차 세계 대전을 전후로 영국(이때는 대영제국)의 지적 장애에 관한 사상에 영향을 미쳤다. 당시 영국에서는 우생학의 인기가 높았음에도 자유주의자와 종교 운동가, 국가 권력을 불신하는 사람들이 독일에서와 같은 유사한 살인 사건이 일어나지 않도록 협력했다.[8]

끊임없이 바뀌는 용어는 모든 역사 연구자가 씨름해야 하는 문제다. 지적 장애와 관련된 용어 변화는 그 자체로 지적 장애 역사의 한 단면을 드러내는 것이기에 역사가에게는 큰 도전이다. 이 책에서는 용어가 급격하게 변한 의미와 기원에 대해서도 다양한 관점에서 논의한다. 현재 학계에서 공식적으로 사용하는 '지적 장애intellectual disability'라는 용어는 영국 의사들은 '학습 장애learning disability'로 부르고, 미국 의사들은 '정신 지체mental retardation'라고 부르던 상태를 가리킨다. 각 시대에 사용됐던 용어는 비역사주의를 피하고 그 시대의 중요한 진실을 포착하기 위해 그대로 사용한다. 백치, 치우, 정신 결함, 노둔, 정신 손상 등이 바로 그런 용어들이다. 물론 이 용어들은 모두 모욕적이고 시대착오적인 용어들이므로 역사적 맥락 외에 오늘날 공적 담론에서는 거의 사용되지 않는다. 이런 용어들이 왜 그렇게 갑자기 사라졌는지 살피는 것도 의미가 있을 것이다. 과연 새로운 용어는 전문가 집단(의사, 심리학자, 교육학자, 변호사, 심지어 역사가까지)이 자체 명명한 집단에 대한 확인 및 치료, 통제할 권리를 주장하며 벌이는 알력 다툼과 관계가 있을까? 아니면 그것을 사용하는 사람들의 숨겨진 두려움을 반영하는 것일까? 모든 병을 치료하고 싶은 19세기 말 의사들에게 결함보다 더 불안감을 주었던 것은 무엇일까? 같은 논리로 심리학자들은 인지 장애를, 능력주의 지지자들은 학습 장애를, 학자는 지적 장애를 가장 두려워할까? 아니면 임상 용어가 모욕적인 용어로 빠르게 전락함에 따라 배제된 상태를 명확하게 보여줘야 하기 때문에 언어가 바뀌는 것일까? 끊임없이 용어가 변하는 데에는 아마도 위 세 가지와 어느 정도 관계가 있을 것이다.

이 책은 이렇게 끝없이 변화하는 용어들의 이면 속에 있는 그들의 생활과 문화, 발자취를 추적하는 데 역점을 두고자 한다. 본래 '백치'라는 용어는 정신적으로 무언가가 결핍되어 다른 사람과 구별되는 집단을 가리키는 대단히 포괄적인 용어였다. 이로 인해 그저 아무 이유 없이 모욕적으로 내뱉는 말에 불과한지도 이미 오래다. 하지만 그런 집단은 언제나 있어 왔다. 백치라 불린 사람들의 명칭도 지난 250년간 자주 바뀌고 그 기준도 오락가락했다. 이들이 사회적으로 수용되는 정도와 느끼는 소속감도 계속해서 달라졌다. 이를테면 18세기에는 이들이 높은 수준의 소속감을 지녔으나 19세기에는 거의 완전히 사회에서 배제되기에 이른다. 시간이 흐르면서 다양한 분야의 전문가들이 '백치'를 새롭게 포장하고 묘사하는 일도 늘 있어 왔다. 따라서 이 책의 제목《백치라 불린 사람들》은 바로 이와 같이 잘 드러나지 않는 당시 상황들을 반영하고자 했다.

그다음은 사고방식이 300년간 영국에서 어떻게 형성되고 새롭게 바

꿰었는지 들여다본다. 그 전개 과정이 단순하지 않음은 분명하다. 결론에서는 오늘날 우리가 직면한 새로운 불확실성과 불안감을 조명하며 글을 맺는다. 사회가 공유하고 있는 가정들은 누가 내부에 속하고, 누가 외부에 있어야 하는지 결정한다. 백치나 치우로 분류된 사람들 또는 어떤 이름으로 불렸든 이들은 항상 공동체가 지닌 사고방식의 변화에 지대한 영향을 받았다. 백치에 관한 구체적인 관념들은 인류애와 사고방식, 정체성, 인종, 권리와 연관되는 광범위한 개념들과 불가분의 관계에 있다. 백치라 불린 사람들은 특이하고, 다르고, 취약해도 궁극적으로는 지역사회의 구성원으로 소속됐지만 나중에는 차단하고 격리해야 하는 사람, 소속이 없는 사람으로 취급됐다. 그리고 마침내 사회로의 복귀가 조건부로 '허용'됐다. 중심부에서 주변부로 밀렸다가 다시 복귀하는 여정이었다. 오늘날 지적장애인들은 한때 그들이 인정받던 지역사회로 되돌아가기 위해 투쟁한다. 이들의 주된 투쟁은 과거에서 연유한다. 이것이 바로 우리가 과거의 이야기를 들여다봐야 하는 중요한 이유다.

1부

18세기 백치와 치우,
1700년경~1812년

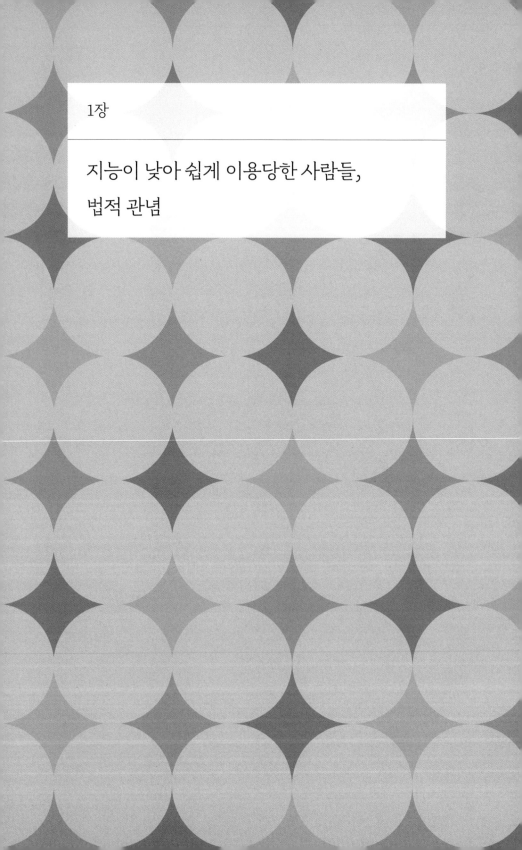

1장

지능이 낮아 쉽게 이용당한 사람들,
법적 관념

고대부터 백치에 대한 개념은 법 조항에도 들어 있었다. 초기 그리스 사회에서 **백치**idiota는 외부와 단절된 채 홀로 외롭게 살아가는 사람을 가리켰다. 로마 시대에는 그런 사람을 **문맹**illiteratus이라고 불렀다. 이렇게 보통 사람들과 달리 사회적 교류를 하지 않고 혼자 외롭게 지내는 사람이라는 개념은 일찍이 영국인들이 법적으로 백치를 해석하는 근거가 됐다. 백치가 법적 판단을 할 수 있는지는 '선천성', 즉 태어날 때부터 백치 상태였는지에 좌우됐다. 백치로 태어난 사람도 법 앞에서는 온전한 인간인가, 아니면 온전한 인간이 아니므로 법적 책임을 물을 수 없는 존재인가? 영국의 법률가였던 존 코웰John Cowell은 1607년 그리스인과 로마인이 각각 **백치**와 **문맹**이라 불렀던 사람들에 대해 "우리 법은 **심신 상실자**non-compos mentis 또는 선천적 바보fool로 간주"한다고 해석했다,[1] 즉 백치는 태어날 때부터 인간 사회에서 소외되고 읽고 쓰는 것을 모르며 다른 사람과 소통하지 않고 자신만의 정신세계에 갇혀 있는 사람이었다. 그렇다면 여기서 바로 떠오르는 질문은 그런 삶의 방식이 백치를 위험하고 예측 불가한 외톨이로 만들었는지, 아니면 무해한 무지렁이로 만들었는지이다. 무해함과 유해함의 양극단에서 백치의 정확한 상태와 위치가 어디인지 두고는 수 세기 동안 의견이 분분했다.

로마와 비잔틴 제국의 법은 판단력과 이해력이 결여되어 백치로 간주된 사람들에게 가족이나 영주의 후견을 받게 한 것이 특징이다. 영국에서는 13세기 말(에드워드 1세 치하)부터 군주의 특권을 규정한 중세 문서 Prerogativa Regis로 군주에게 지능 결핍으로 여겨진 사람들을 후견하고 책임지게 했다.[2] 백치는 어린아이처럼 인식되어 나랏일을 할 수 없을뿐더러 건강한 혈통을 위협하는 존재였다. 백치를 보호하고 통제할 의무는 자연스럽게 그들의 땅과 재산을 관리할 수 있는 권리로 이어졌다.[3] 군주의 특권을 규정한 중세 문서는 군주에게 '선천적 바보'를 평생 보살필 의무와 함께 그들의 땅을 관리할 권한도 부여했다. 또한 백치 상태가 평생 바뀌지 않는 선천적 바보와 심신 상실이 일시적이고 간헐적으로 나타나 회복 가능성이 있는 광인을 구분하고자 했다. 결과적으로 광인이 백치보다 더 많은 권리를 누렸다.[4]

중세부터 백치는 군주가 명령한 각종 조사를 통해 확인됐고 (의료인이 아닌) 일반 관리가 이 일을 수행했다.[5] 이 조사는 자신과 타인에 대한 이해 정도와 산술 능력에 초점을 맞추어 진행됐다.[6] 그러다 17세기 즈음에는 도량형과 요일 구분 같은 좀 더 복잡한 지식이 포함됐다.[7] 백치 여부는 많은 재산을 관리하고 처분하는 법률 행위에 영향을 미친다는 생각이 지배적이었다. 이는 곧 가난한 소작농에게 백치 여부는 중요한 문제가 아니라는 의미였다. 혈통과 가족 재산, 유산을 보호하는 일은 무엇보다도 중요했다. 소수의 엘리트 지식인이 보기에, 대부분이 문맹이고 상속 재산이 없는 대다수 빈곤층은 모두가 백치나 다름없었다.

튜더 왕가가 통치하던 1540년, 헨리 8세는 강력한 와드 재판소Court of Wards를 설립했다.[8] 이는 중세 이후 주먹구구식으로 산발적으로 언급된 법적 무능력자의 개념을 좀 더 명확히 다듬는 계기가 됐다.[9] 이 재판소는 백치 상태로 인해 무능력자가 된 사람들의 법적 처우에 관한 판례와 관행들을 집대성했고, 이렇게 정리된 제도는 18세기를 거쳐 19세기까지 이어졌다.[10] 와드 재판소는 청교도 혁명이 끝나고 스튜어트 왕가가 복귀한 1661년에 폐지됐지만, 그 기능은 형평법원Court of Chancery으로 이관됐다. (오늘날에는 보호법원Court of Protection이 그 역할을 맡는다.)[11]

국가가 무능력자에 관한 법을 강화하고 그로부터 점점 더 많은 이득을 가져가자, 가족들은 이른바 '백치의 재산 양도idiocy grants'를 없애 달라고 요구하기 시작했다. 군주라는 미명 하에 국가가 법률상 백치로 간주되는 사람들의 땅과 재산을 영구적으로 몰수하는 것은 불공평하고 가혹한 것으로 여겨졌던 것이다. 이런 반발은 제도를 악용해 부정한 이득을 취한 초기 스튜어트 왕가의 두 왕, 제임스 1세와 찰스 1세 때 시작됐다. 반발이 거세지자 백치의 존속기간과 조건을 광인과 일치시켰다. 이는 백치와 그의 가족이 그들의 부와 계급 수준에 맞게 재산을 관리하고 수익을 제대로 계산할 줄 안다면 재산을 영구히 몰수당하지는 않는다는 사실을 의미했다.[12]

백치 상태에 대한 이런 모호한 법적 정의는 1628년 법학자인 코크경이 바로잡는다. 그는 '심신 상실자' 또는 정신이 온전치 못한 사람을 네 부류로 구분했다. 그중 첫 번째로 분류된 '백치'는 '선천적으로 영구 허약 체질인 사람'으로 정의했다. 질병이나 우발적 사고로 분별력이 상실된 사람들은 다른 범주에 속했다. 정신이 오락가락하는 사람들과 술꾼처럼 자신의 잘못으로 분별력을 잃은 사람도 이 범주에 속했다. 그런데 코크는 여기에 무능력 범주를 포괄하는 다섯 번째 유형을 추가했다. 그는 이 유형을 **"선천적 치우와 질병, 노령 등의 사유로 스스로 일을 처리할 수 없는 모든 사람"**으로 정의했다.[13] 이때 '선천적 치우'라는 새로운 법률적 개념이 등장했다. 이들은 백치는 아니지만 정신이 손상된 채로 태어나 행위 능력이 불완전한 사람이었다. 그렇다면 이들의 행위 능력은 어느 수준이었을까? 바로 여기서 백치의 한 유형으로 치우라는 개념이 탄생하게 된다. 즉, 치우는 정신박약으로 태어났지만 완전한 백치는 아니다. '치우'라는 단어는 심신 미약이라는 일반적 개념이 좀 더 구체화된 개념으로 낮은 지능을 가지고 태어난 사람이란 뜻을 지니기 시작했다. 그 결과 완전한 사회 구성원이 되기에 선천적으로 지능이 의문시되는 사람들의 범위는 더욱 넓어졌다.

당시 백치에 대한 이런 법적 해석은 18세기에 들어와서 시작됐다. 백치란 자기 인식과 기억력이 결여된 사람이자 돈에 대한 이해와 셈을 할 줄 모르고 사회적 관계를 맺을 수 없는 고립된 존재였다. 사회가 점점 더 역동적으로 변화하고 상업화됨에 따라 극빈층에서 벗어나는 사람들이 늘고 있었지만, 다수가 문맹인 백치에게는 그 일부로 자연스럽게 섞이는 것조차 더 힘들어지고 있었다. 영구 백치 집단으로 새롭게 합류한 소수의 치우도 역시 급변하는 세상에 적응하지 못하기는 마찬가지였다. 그들은 "단지 부족한 이해력"[14] 때문에 사회적 지위에 대한 권리를 누릴 자격마저 의심받았다. 백치의 법적 문제는 이제 더 민감하고 주목할 만한 복잡한 사회적 관심사로 옮겨가, 백치의 토지와 재산을 놓고 이들의 가족이 이를 독점하려는 국가와 더불어 그런 권한을 부여한 막강한 법률과 점점 갈등을 빚게 된다.

바로 이때 법학자 존 브라이덜John Brydall이 《심신 상실자, 선천적 바보, 광인, 정신이상자에 관한 법Non Compos Mentis; or, The Law Relating to Natural Fools, Mad-Folks and Lunatick Persons》(1700)을 출간했는데, 이 책은 18세기 초 사회와 법조계가 백치를 어떻게 해석하고 있었는지를 잘 보여준다.[15] 브라이덜이 설명한 '백치 구제' 절차에는 어떤 사람이 법적으로 백치인지 가리기 위한 형평법원의 조사 과정이 들어 있다. 여기서 오늘날 흔히 쓰는 '누굴 바보로 알아?'라는 말이 생겨난다. 브라이덜에 따르면, 백치를 확인하여 그들의 토지를 차지할 수 있는 왕의 권리는 그 당시에도 유지되고 있었다. 또한 그의 설명에 따르면 백치는 외모로 쉽게 구분되고 약속이나 계약, 결혼을 할 수 없으며, 유언장을 작성하거나 자발적 동의를 할 수 없는 사람이었다. 백치는 "영구적인 병약함으로 사고력이 완전히 결여된 **선천적 바보**"로 여겼기 때문에 광인 같은 다른 정신이상자들과는 구별됐다.[16]

당시 브라이덜은 분명히 까다로운 법적 문제를 다루었다. 간혹 백치도 보통 사람처럼 이치에 닿는 말을 할 때가 있는데, 이런 경우 '그렇게 보이더라도 그런 사람은 선천적인 백치가 아니다'라는 명백한 역설이 존재한다. 만약 백치에게 조금이나마 이성적으로 사고할 능력이 있다면, 사실상 그것은 백치가 법률 행위도 할 수 있다는 충분한 근거가 되지 않겠는가? 그런데 이성적으로 사고할 수 없는 백치가 어떻게 이치에 닿는 말을 할 수 있겠는가? 이 역설에 대해 브라이덜의 대답은 "전능하신 하나님이 때로 어리석은 자의 마음을 밝히시어 지혜로운 자보다 훨씬 열등하지 않게 하시기 때문에" 그런 순간이야말로 신성한 행위라 했다. 즉, 백치의 입에서 뜬금없이 나오는 합리적인 발언은 겉보기에만 그럴듯할 뿐, 실제로는 아무 의미가 없다는 말이었다.[17]

그렇다면 법은 이 둘을 어떻게 판단해야 할까? 이 문제에 대해 브라이덜은 이성적인 온전한 인간의 조건을 강화한다. 그는 단순한 사실 외에 관념과 의미를 파악하는 추상적 사고능력을 포함시켰다. 그 결과 법정에서 백치가 이성적인 발언을 하더라도 증거로 여기지 않았는데, 그 이유는 그 말이 진정한 사고의 결과물이 아닐 수 있기 때문이다. 혹여 백치가 이치에 닿는 말을 하더라도, 그것은 의도적인 말이 아니라는 의

JOHN·DONALDSON,
A Poor Idiot who usually waited before Funeral Processions at Edinburgh.
Published by Henry Sawyer, Dean St Soho.

헨리 소여Henry Sawyer가 출판한 에 칭화.〈18세기 풍경: 에든버러의 장 례 행렬 앞에서 자주 걷던 가엾은 백치, 존 도날드슨John Donaldson의 모습

미였다. 백치가 어순과 어법에 맞게 말을 하더라도, 또 거기에 하나님의 역사가 있었더라도 그것만으로는 불충분했다. 백치는 이해력이 떨어지 고 어떤 의도를 가지고 말을 한 것이 아니기 때문에, 그의 말은 아무런 의미가 없고 '앵무새가 지나가는 사람들에게 하는 말'이나 다름 없다는 것이었다. 브라이덜은 다르게 판단할 여지를 남겼는데, 백치에게 이성 과 이해력이 있다는 증거를 추가로 제시할 경우 그의 증언이 유효할 수 도 있다고 했다. 그러나 백치가 말을 할 수 있고 그 말이 어쩌다 이치에 맞다 하더라도, 그가 한 말의 의미를 이해하지 못했다면 그저 앵무새와 다름없다는 것이 그의 확고한 입장이었다.[18]

브라이덜은 치우에 대해서도 언급했다. 그는 '보통 사람과 바보 사

이에 속하고 간단한 내용만 이해하거나 학습할 수 있는' 사람이 있다고 봤으며, 이들은 겉보기에 유언장을 작성할 수 있는 것처럼 보인다고 했다. 하지만 여기에는 '유언 내용을 이해하고 있어야 한다'는 단서가 붙는다. ('그렇지 않으면, 그 사람은 유언장을 작성할 자격이 없다.') '도덕성과 신학적 덕목이 결여되어 우둔하거나 이해가 느린' 사람이라 해서, 이 사실만으로 그들의 법적 권리를 박탈하는 것은 부당한 일이었다. 그렇다고 법적 권리가 자동 생성된다는 의미도 아니었다. 백치보다는 높고 평범한 사람보다는 낮은 지능을 가지고 태어난 치우는 사고능력이 있는 자와 없는 자 사이에 애매하게 위치한 것 같지만, 이들의 법적 지위에 대한 개념은 어느 정도 틀을 갖추기 시작했다. 그때부터 법은 치우의 복잡한 상황을 어떻게 처리해야 할지 고민해야 했다.[19]

백치에 상태에 관한 법 지식은 어떻게 형성되고 전달되어 왔을까? 이런 지식은 날카로운 법적 판단이 선행된 후 일반 사람들에게 단순히 전달되는 것은 아니었다. 18세기 초, 백치는 법적 판단의 용어였을 뿐만 아니라 사람들이 농담이나 속어로 흔히 사용할 정도로 일상어로 자리 잡고 있었다. 브라이덜은 판례법과 초기 법률 이론을 이용했을 뿐만 아니라, 이 같은 대중의 문화적 통념 및 '상식', 그리고 무엇이 백치 상태가 되게 하는지에 대한 문화적 해석을 끌어냈다. 그는 대중의 인식과 공식적인 법적 정의가 서로 영향을 주고받는다는 사실을 인정했다. "흔히 백치는 배움이 적거나 문맹인을 의미하지만, 영국 법학자들 사이에서는 법률 용어로 태어날 때부터 사고력Reason과 이해력을 완전히 상실한 사람이자 우리가 흔히 **선천적 바보**라 부르는 사람이라고 생각했다."[20] 브라이덜은 백치에게도 나타날 수 있는 '한 줌의 이성glimmer of reason'이라는 개념을 설명하기 위해 파리에서 일어난 '흥미로운 사건' 하나를 예로 들었다. 한 백치가 식사하러 온 손님과 요리사 사이에 벌어진 분쟁을 어떻게 생각하느냐는 질문을 받았다.[21] 실화처럼 보이는 이 이야기는 사실 그보다 30년 전에 나온 한 만담집에 짧게 등장한 적이 있었다.

프랑스의 한 식당에서 어떤 손님이 접시에 요리가 담기는 모습을 지켜보는 것으로 배를 채웠고, 요리사는 그에게 식사비를 받았다. 그러자 다음 손님은 앞 사람이 낸 돈을 음식 사이에 내놓으라 말하고 나서 그 돈을 소리 나게 잠시 흔들더니, 앞 사람이 고기 냄새에 허기를 해결했으니, 요리사도 이 짤랑대는 돈 소리에 만족해야 한다고 말했다.[22]

이 이야기(다소 짓궂은)는 어떤 사람이 요리사의 음식은 먹지 않고 그 냄새로만 허기를 해결했으니 음식값을 내지 않겠다고 거절하는 내용이다. 여기서 백치는 순수하지만 현명하게, 손님이 음식 냄새만 맡았다면 요리사도 돈이 짤랑대는 소리만 들어야 한다고 그 분쟁을 풀이했다. 브라이덜은 이 이야기를 하나의 '사례'로 제시하여 이성을 갖추지 못한 백치라도 합리적인 사고를 하는 것처럼 보일 수 있다고 주장했다. 그는 "믿을 만한 다수의 작가들"이 그 이야기를 언급한 사실도 이미 알고 있었다.[23] 법률서에 실례로 인용되는 농담은 상식과 법이론 모두에서 통용되는 수많은 지식 가운데 하나다. 운이 작용하거나 우연에 의해 백치가 정상적인 사고를 할 수 있다는 통념은 지속된 듯하다. 그로부터 반세기 후 토비아스 스몰렛Tobias Smollett의 소설 속 동명의 영웅이 "글쎄요,

랜덤 씨. 이따금 운이 좋으면 바보의 머릿속에 생각이라는 것이 떠오를 수도 있죠"라는 말을 들었기 때문이다.[24]

사람들은 백치가 외모만으로도 쉽게 알아볼 수 있다고 생각했다. 평범한 런던 사람들은 '무지렁이dunces'와 '멍청이dull pates' 같은 브라이덜의 묘사를 자신들만의 언어로 다양하게 변형시켜 사용했다. 형사 사건으로 중앙형사재판소Old Bailey에 불려 나온 증인들은 백치 모습을 이런 말로 자신 있게 묘사했다. "그는 멍청했어요." "그는 이해가 늦고 우둔했어요."[25] 이런 표현들은 일상에서도 흔하게 사용됐는데, "멍청이", "덜 떨어진 사람", "모자란 녀석", "우둔한 사람", "머리가 텅 빈 녀석"(판단력이나 분별력을 갖추지 못한 사람)이 대표적이다. 이들은 어디서나 눈에 잘 띄었으므로 계층을 막론하고 런던의 모든 시민에게 조롱 대상이었다.[26] 법 이론과 사상에서 뿐만 아니라 일상에서도 두루 사용된 백치와 능력 개념은 법조계에서 일반 대중에게로 전파됐을 뿐만 아니라, 그 반대가 되기도 했다. 주목할 만한 점은 의학계에서 나온 백치에 관한 지식이 전혀 없다는 사실이었다. 백치 여부는 법조인과 일반 대중이 결정할 문제였다. 의사들은 신이 내린 그런 불치병에 전혀 관심을 두지 않았다.

따라서 18세기 초 백치는 법 이론과 통념상 분별력이 없고, 나약하고, 쉽게 속고, 일상적인 사회적 거래를 이해하지 못해 적어도 이론적으로는 군주의 소유물로 생각됐다. 18세기 말 프로이센의 장교이자 역사가 겸 여행가였던 요한 빌헬름 폰 아르헨홀츠Johann Wilhelm von Archenholz의 간결한 표현처럼, 왕은 "왕국 내 모든 바보의 후견인으로 상속자 없이 죽은 바보의 모든 재산을 물려받았다."[27] 백치에게도 조금이나마 생각할 수 있는 이성을 지녔을지도 모르지만, 영국의 가정과 지역 사회에서

토머스 롤런드슨Thomas Rowlandson, 〈경이로운 치료: 당신을 계속 몰랐어야 했는데!〉, 1807년. 어느 돌팔이 의사의 진료실을 그린 수채화. 18세기 의사들은 '고칠 수 없는' 백치들에게 전혀 관심이 없었다.

는 그럴 가능성을 거의 염두에 두지 않았다. 그런 백치 옆에는 태어날 때부터 둔하고, 느리고, 여리고, 약해 백치보다는 낫고 보통 사람보다는 못한 치우라 불리는 복잡한 유형의 사람들이 있었다.

법정에서, 민사 법원

앞서 설명한 백치와 치우 상태에 관한 해석이 평범한 18세기 법정에서는 어떻게 나타났을까? 재판에서 백치나 치우 여부를 판단하고 그들의 모습과 특징을 묘사하고 설명하는 무대는 두 군데였다. 백치나 치우가 혼인이나 유언의 정당성을 인정받으려면 교회 재판소나 민사 법원에 출두하여 자신의 행위능력을 입증해야 했다. 또 중범죄 혐의가 있을 때는 런던의 중앙형사재판소와 같은 형사 법원에 출두했다. 민사 재판을 받는 사람과 형사 재판을 받는 사람 사이에는 계급 차이가 뚜렷했다. 민사 법원이나 교회 재판소에 소환된 사람들은 대개 부유한 상류층이거나 중산층이었다. 이곳에서는 유산과 혈통에 관한 문제가 중요하게 다루어졌다. 형사 법원에 출두하여 중앙형사재판소 피고석에 있는 사람들은 대부분 빈곤층이었다. 평범한 런던의 번잡한 거리에서 오늘날의 기준으로 소매치기나 좀도둑처럼 경범죄에 해당하는 절도 혐의로 기소된 이들은 '피의 법전Bloody Code'(18세기와 19세기 초 영국에서 경범죄에 해당하는 범죄에도 사형을 선고받은 사람이 급증하여 붙여진 이름-편집자)이라 불렸던 18세기 영국의 형법에 따라 재판을 받는다면 중형을 받을 위험이 있었다.

민사 사건은 18세기 법정에 나타난 상류 사회의 백치에 대한 다양한 해석을 조명하는 동시에 백치로 낙인 찍힌 사람들의 기이한 삶의 모습도 보여준다. 특히 1739년 교회 재판소의 심리 과정에서 알려진 서리Surrey의 부유한 자산가 존 리John Leigh 경의 기구한 삶과 유서 내용은 충격적이다. 그의 변호사는 존 리가 태어날 때부터 판단력과 이해력이 미약한 7세 아동의 지능을 지녔다고 주장했다.[28] 그는 결혼해서 아들이 하나 있었다. 그런데 그의 아들은 자신의 어머니가 사망하자 "판단력과 이해력이 미약한 아버지의 상태"를 알고 아버지를 대신하여 재산을 관리했다.[29] 존 리는 '예 예 예, 맹(세)해. 아냐 아냐 아냐, 맹(세)해'와 같이 짧은 음절로 이루어진 이상한 말들을 하고, 식사도 가족과 따로 했다. 존 리는 1731년 자신의 외아들이 요절했다는 소식을 들었지만, 이에 대해 아무런 반응도 보이지 않았다. 그런데 이 일은 전환점이 됐다. 상속자 없이 상당한 재산가였던 58세의 존 리는 '지능이 낮아 온전치 못한 잘못된 판단'을 할 수 있기 때문에 분명 손쉬운 표적이었다. 가족 같은 친구들이 그를 보살피고 관리하려 했으나 그 지역에 사는 한 무리의 남성들이 그의 집과 재산을 노리고 재빨리 그들을 몰아내는 일이 있었다. 이들은 법원의 허가도 받지 않고 스스로를 존 리의 대리인이라 칭하며 "떠들썩하게 술판을 벌이며 온갖 방탕한 생활"을 하면서 시간을 보냈다.[30]

1732년에는 존 리의 발 통증이 심해지자, 윌리엄 베이드라는 약제사가 나타나 막강한 권한을 가지고 그를 관리하는 것처럼 행동했다. 교활한 베이드는 존 리가 잘 속는다는 점을 간파하고, 발가락을 잘라내도 다시 자란다며 그를 안심시켰다. 그러더니 실제로 그의 발을 통째로 절단해 버렸고, 이에 격분한 존 리는 베이드가 아닌 다른 사람에게 분풀이를 했다. 베이드는 계속해서 존 리에게 큰 영향력을 행사하며 자신의 허락 없이는 방문객도 받지 못하게 했다. 그중에는 가까운 친척이지만 전에는 서로 모르고 지냈던 두 사촌도 있었다. 이들은 존 리의 변호사가 찾아낸 친척이었으나, 베이드는 끈질기게 이들의 방문을 방해했다. 1733년에는 존 리가 "맙(소)사! 나 결혼해? 나 결혼 몰라!"[31]라고 외치는데도 불구하고, 베이드는 그를 결혼시키기 위해 역마차에 태워 런던으로 데려갔다. 예순 살 신랑과 열여섯 살의 신부가 결혼식을 올리는 자리에서 신랑 존 리는 술에 취해 나동그라지기까지 했다. 새 신부 레이디 엘리자베스는 다름 아닌 윌리엄 베이드의 딸이었다.[32] 결혼 소식을 들은 존 리의 사촌들은 그의 행위능력 상실을 입증하고 결혼을 무효화하기 위해 법적 조치에 들어갔다. 그러나 존 리는 몇 가지 질문에는 '그런대로' 대답할 수 있었고, 이제는 그를 도와줄 아내도 생겼기 때문에 정신적으로 별문제가 없다는 판결을 받았다.[33] 그때부터 베이드는 존 리의 삶을 완벽하게 통제했다. 그런데 1736년 열여덟 살이 된 레이디 엘리자베스가 갑자기 요절했다. 그래서 베이드와 그의 가족이 존 리의 재산에 대해 쥐고 있던 통제권은 다시 위협받기에 이른다. 3일 후, 베이드는 존 리를 변호사와 몇몇 증인이 모여 있는 집으로 불렀다. 이날 그 집에서 하인들은 어떤 고함소리를 들었고, 저녁 무렵에는 모든 재산을 윌리엄 베이드에게 남긴다는 새로운 유언장이 작성됐다. 그 이듬해 존 리가 사망했을 때 그의 전 재산은 베이드에게 상속됐다.[34]

곧이어 존 리의 사촌들은 이 유언에 대한 무효 소송을 제기했고, 지루하게 진행된 이 소송의 최종 항소에서 하드윅 경Lord Hardwicke은 "지금까지 다룬 사건 중에서 가장 논거가 빈약"하다는 견해를 밝혔다. 그는 1733년 존 리가 백치가 아니라는 루나시위원회Commission of Lunacy의 조사 결과를 받아들였다. 하지만 심신 상실자와 존 리 만큼 지능이 낮은 사람 사이의 경계가 모호하므로 제기된 유언 무효 소송은 적법하다고 인정했다.[35] 이런 주장은 그동안 존재조차 몰랐던 친척의 재산을 물려받을 자격이 생긴 존 리의 사촌들에게는 희소식이었다. 하지만 하드윅의 발언은 법적 용어로 무능력자와 치우 범위가 엄청나게 확대된다는 것을 의미했다. 그때까지 정신이상자로 보지 않던 사람들까지도 법적 보호 대상에 포함시켰기 때문이다. 재판부는 브라이덜의 법서에 나온 표현처럼 "매우 영리하지도, 바보 같지도 않은 똑똑한 사람과 바보 사이에 있는"[36] 사람들로 묘사된 지능이 낮은 치우 상태의 사람은 존 리의 기구한 삶에서 봤듯이, 이용당할 위험이 큰 까닭에 무능력자에 속한다고 판시했다.

존 리의 분명한 취약성에도 사람들이 그의 유언을 유효하다고 여긴 이유는 법적 개입보다 개인의 자유를 중요시했기 때문이었다. 존 리의 지인들은 비공식적인 지원망을 만들어 그를 보호하려 했고, 루나시위 원회는 존 리의 사건에 간섭하지 않는 쪽을 택했다. 그때까지 스스로를 부양할 수 없었던 사람들에 대한 돌봄은 국가나 전문기관이 아닌 가족과 지인 같은 사적 영역의 역할로 여겼다. 그러나 존 리의 사례에서 봤듯이, 비공식적인 관계망은 제 기능을 다 하지 못하거나 당사자에게 불리한 배우자를 앞세워 오히려 이용 도구가 될 수 있다. 이 사실을 알았던 하드윅은 판결문을 통해 법적으로 보호 대상의 범위를 확대하여 치우의 경우도 국가가 법적으로 개입할 권리를 사실상 주장했다. 그에 따라 국가가 이들의 재산과 혈통을 보호할 권리는 가족과 이웃의 보호권보다 우선시되기 시작했다. 존 리의 가문과 알고 지냈던 아서 온슬로우 Arthur Onslow 하원의장이 존 리에게 말하려 했던 것처럼, 그의 의무는 "물려받은 재산을 올바르게 물려주는 것"이었다.[37] 하드윅의 판결로 이어진 것은 존 리가 혈통과 재산을 보존할 수 없었기 때문이다.

백치와 관련된 민사 소송은 주로 상속 재산에 얽힌 복잡한 상황을 다뤘다. 여기서 백치가 가치를 지닐 때는 상속 재산으로 인정되는 물건과 같이 간주될 경우였다. 동시에 백치는 자신의 재산을 제대로 파악하거나 관리하지 못해 법의 개입이 없다면, 방탕한 생활을 할 수 있는 순박함이나 취약함 때문에 재산을 탕진하고 혈통을 끊을 수 있다는 점에서 가치를 위협했다. 결정적으로 백치는 평범한 사람들이 돈을 통해 누리는 안락함과 호사, 그리고 기회가 그들에게는 무의미하다는 점에서 무가치함을 나타내기도 했다. 이런 인식의 핵심 근거는 돈의 가치를 이

윌리엄 호가스William Hogarth, '투
표', 〈4개의 선거 연작〉 중 세 번째
그림, 1758년. 지적 장애를 가진
사람들이 투표하러 온 모습을 그
린 판화.

해하거나 평가하지 못하는 무능력이었다. 평범한 사람들이 중요하게
여기는 것에 가치를 두지 않을 경우 주변을 불안하게 하고 인간의 지위
까지 의문을 제기했던 것이다.

　이런 내용은 헨리 로버츠Henry Roberts의 사례에서 부각됐다. 그가 죽은
후 익명으로 발표된 한 비판 글에 따르면, "그는 극악무도한 자들에게
백치로 몰려 재산을 빼앗겼다."[38] 로버츠는 바베이도스(Barbados, 카리브해 동
쪽 끝에 있는 섬나라-편집자) 노예들을 포함하여 막대한 재산을 양친에게서 물
려받았다. 1742년 로버츠의 누이 및 상속인이 사망하자, 그의 '심신 미
약'을 이유로 위원회가 소집됐다. 익명의 작가는 로버츠가 엑서터(Exeter,
영국 남서부 도시-편집자)의 한 법정 안에서 야유와 괴롭힘을 당하고, 한 폭도
에 의해 강제로 선술집 발코니로 끌려가 아우성치는 군중이 보는 가운
데 가발이 벗겨지고 웃음거리가 된 일련의 상황을 묘사했다. 똑같이 만
만치 않게 파란만장했던 항소 재판에서 증인들은 로버츠가 '보편적인
인간성'이 결여됐다고 증언했다. 또 그의 대답이 법정에서 이치에 맞게
들린 이유는 지지자들의 끄덕임과 눈짓 덕분이라고도 했다. 그가 백치

라는 주된 증거는 활쏘기, 깃털 입으로 불기, 모자 던지기, 조약돌 걷어
차기, 도움을 받아 서명하기 같은 행동이었다. 로버츠는 배심원단이 혼
란스럽게 했다며, 다음과 같이 강하게 불평했다.

그들은 나를 둘러싼 채, 대답할 시간도 주지 않고 마구 질문을 퍼부었다.
그들은 내게 **새끼 양**이 무엇이고, 한 살과 두 살, 세 살 **송아지**를 각각 뭐라
고 부르는지 물었다. 그들이 돈을 세어 보라고 했는데 내가 금액을 틀리
자, 그들은 내가 일을 제대로 처리할 수 없으니 무능력자로 평결을 내려
야겠다고 말했다.

이처럼 아이 같은 단순함과 기이한 행동은 "정신이 온전치 않다"는 결
론의 근거가 됐다.[39]

로버츠는 1743년 지정 후견인이자 "물욕이 많은 고위 성직자"로 악
명을 떨친 캔터베리 학장 존 린치John Lynch 박사에게 오늘날로 환산하면
400파운드를 매년 지급하기로 했다.[40] 린치는 신속하게 로버츠 누이의
재산과 바베이도스 농장들을 가로챘다.[41] 로버츠가 정신이 온전치 않다
는 증명서에도 이 대주교가 서명했다.[42] 18세기 영국에 만연했던 부패
의 덫에 걸려든 치우, 로버츠는 이제 하인 한 명과 함께 캔터베리의 '평
범한 집' 꼭대기 층(가장 가난한 사람이 사는 집)으로 쫓겨나는 신세가 되고 말
았다. 그리고 1746년 그는 병세가 급속도로 악화되어 스물여덟 살에 사
망했다. 현재 가치로 따지면 연간 3,000파운드의 가치가 있는 그의 재
산은 린치가 물려받았다.[43]

로버츠의 사례처럼 가족이 있을 때는 부유하고 안락하게 살다가도,

법적으로 치우가 된 이후에는 가난하게 살다 외롭게 죽는 일이 특이한 사례는 아니었다. 부를 축적하기 위해 너도나도 고위 성직자가 되고 싶어 하는 탐욕과 부패한 문화에서는 취약하고 보호받지 못하는 백치가 재산이 많거나 심지어 약간의 재산만 있어도 손쉬운 표적이 됐던 것은 분명하다. 부유하고 지체 높은 집안에서 안락하게 살다 부모를 잃은 백치들은 형식적이긴 해도 이전과 같은 지원을 계속 받을 수 있는 제도가 있었음에도 약탈의 대상이 되어 재산을 모두 빼앗기는 것이었다. 18세기 중반, 앤드루 버크벡이라는 백치는 부자 아버지가 사망한 후 1년간 계모와 함께 살았다. 이후 계모는 그를 '고기와 음료, 세탁과 숙박 같은 필수 서비스'를 제공하는 대가로 매주 5실링을 지불하고 '시중꾼'이 딸린 오두막에 살게 했다. 그리고 곧장 주당 3실링 6펜스를 주는 집으로 옮겨졌고, 1년 만에 다시 주당 2실링 6펜스를 지불한 집에서 살도록 했

작자 미상, 〈교회 특혜를 실은 당나귀〉, 1737년. 자신의 사위 재산을 자신의 것으로 만든 악명 높은 린치 박사(엉덩이)로, 돈벌이에 좋은 성직자를 임명하고 다른 성직자의 승진을 막았던 윌리엄 웨이크William wake 캔터베리 대주교(채찍을 든 사람)를 풍자한 그림.

다. 그때까지 "교구는" 구빈기금을 통해 "버크벡에게 옷가지 등을 계속해서 제공"해야 했다.[44] 재산을 빼앗겨 육체적 안락함과 사치를 누릴 권리가 백치에게서 사라지자 그의 물질적, 도덕적 가치도 하락했다. 구빈법은 본래 극빈층에게 최소한의 도움이라도 주기 위해 만든 제도였지만, 버크벡처럼 재산이 있어도 상속권을 박탈당한 백치를 위해 기금을 풀어 돕는다고 해도 전혀 이상한 일은 아니었다.

가정 안팎에서 다양한 형태로 백치가 이용당하는 일이 일어났다. 그렇지만 이들을 보호하고 인간의 존엄성과 재산을 지키려 애쓰는 사람들도 늘 있게 마련이었다. 존 리와 헨리 로버츠의 사례에서 외부 약탈자들과 싸웠던 친구와 지인들이 바로 그런 사람들이었다. 특이한 사례였던 패니 퍼스트의 경우는 선택과 보호, 자유와 취약성 사이의 모호한 경계로 인해 상황이 복잡해지면서 그녀의 가족이 싸움을 주도했다.[45]

1786년 스물두 살이던 퍼스트는 상당한 유산을 물려받았다. 그녀는 바스Bath 부근의 저택에서 하인들과 마차를 소유했고 가족 간에도 돈독한 환경에서 자랐다. 퍼스트 어머니의 말에 따르면, 그녀는 "완전히 치우나 다름없고 모든 면에서 3세 아이의 지능을 가진" 백치였다. 그녀가 백치라는 증거는 "숫자를 20까지 세지 못하고, 음식이 동물성인지 식물성인지 구분하지 못했다. 또 왼손과 오른손, 해와 달, 날짜와 시간, 계절 등을 구별하지 못하고 자주 사용하는 동전의 가치나 각 동전의 차이"를 알지 못했다. 한번은 폭풍우 속에서 번개를 보며 "퍼스트가 어린아이처럼 '또 해봐'라고 소리쳤다. 이 말은 주변 사람들이 반복해서 번개를 만들어낼 수 있다고 생각했다는 의미"였다. 기초 지식뿐만 아니라 이해력도 부족했던 그녀는 신분과 성 예의범절에 어긋나는 행동 역시 저질렀다. 가령, 그녀는 '소변을 보기 위해 남자 하인들이 보는 앞에서 속치마를 걷어 올렸다.' 그녀는 옷 입기와 식사하는 것을 도와주고 정원 연못에 빠지는 등의 위험에서 보호하기 위해 수행원이 늘 필요했다. 또 7년이나 학교를 다녔지만 남의 도움 없이는 자기 이름도 쓰지 못했다.[46]

헨리 바우어만이라는 육군 중위가 일면식도 없던 그녀의 재산을 노리고 다른 이들과 공모해 그녀를 납치하고 결혼까지 하려 했다는 혐의로 고발당한 일도 있었다. 처음에는 바우어만이 옛날 학교 친구 집으로 차를 마시러 가자는 말로 퍼스트를 유인했다. 다섯 명의 공모자는 그곳에서 기다리다 합류했고, 다시 딸기와 크림을 먹으러 가자는 말로 그녀를 유인해 근처 마을로 데려갔다. 그곳에는 말 두 필이 끄는 사륜 역마차가 대기하고 있었다. 퍼스트는 어머니가 붙여 준 신뢰하는 수행원과도 떨어져, 대형 사륜마차를 타고 바우어만과 또 다른 세 공모자가 기다리고 있던 바스Bath의 런던 로드로 갔다. 거기서 바우어만과 그 일행은 다시 퍼스트를 데리고 밤새 달려 도버Dover로 간 다음, 배를 타고 프랑스로 건너가 칼레Calais와 릴Lille, 투르네Tournay를 돌아다니며 결혼을 주례해줄 성직자를 찾아다녔다. 하지만 퍼스트의 외모와 행동거지가 백치(이고 무능력자)임이 명확했기 때문에 누구도 주례를 맡으려 하지 않았다. 그러다 마침내 릴에서 로버트 폽킨Robert Popkin이라는 영국 성공회 사제를 찾아냈고, 난처해하며 거절하던 그에게 바우어만이 술을 잔뜩 먹여 설득에 성공했다. 폽킨은 고주망태가 되어 집으로 실려 갔다가 잠결에 끌려 나와 결혼식을 거행했다.[47]

그 동안 백방으로 수소문하며 딸의 행방을 찾던 퍼스트의 어머니는 딸이 프랑스에 있다는 사실을 알고는, 그녀가 돌아올 수 있도록 외무

장관 명의로 된 청원서를 네 명의 조사관에게 들려 파리에 있는 루이 16세에게 보냈다. 왕의 명령에 따라 바우만이 임대한 릴의 주택에서 퍼스트를 찾아냈고, 그녀는 세 명의 프랑스 기병대, 조사관과 함께 칼레로 돌아와 다시 그곳에서 바스로 귀환했다. 프랑스 법정에서 퍼스트는 왜 프랑스에 왔느냐는 질문에 '딸기와 크림을 먹으로 왔다'고 대답했다. 교회 재판소는 긴 심리 끝에 마침내 혼인 무효를 선언했다. 바우어만은 퍼스트의 어머니가 딸에게 독한 술을 먹이고 백치처럼 보이게 했다며 항소했다. 퍼스트의 어머니는 마지못해 1787년 루나시위원회에 후견인을 신청했다. 이전에는 '딸에 대한 모정과 몹시 걱정스러운 마음에' 후견인 신청을 하지 않았지만, 이제 그녀는 '사악한 무리들이 얼마나 계획적으로 딸의 장애를 이용하려 하는지 경험으로 확신'하게 됐던 것이다. 퍼스트는 누구와 결혼하고 싶은지, 본인 재산이 5기니 이상인지 여부를 묻는 말에 적절한 대답을 하지 못했기 때문에 위원회로부터 정신이상자라는 선고를 받았다.[48] 그녀는 돈이나 결혼의 의미를 이해하지 못하는 사람으로 간주되면서 결혼이 무효가 되고, 패니 바우어만에서 다시 패니 퍼스트가 됐다. 그리고 그때부터 공식적으로 어머니의 보호를 받는 성인 백치가 됐다. 이 사건은 1790년에 공식적으로 종결됐다.[49]

퍼스트 사건에서 나타난 18세기 후반 백치에 대한 사람들의 인식에는 흥미로운 점이 있다. 천 페이지가 넘는 재판 기록에는 퍼스트가 치우라는 의학적 증거가 전혀 나오지 않는다. 그저 '상식'에 근거해 퍼스트의 외모와 행동이 백치 같고, 증인들이 '평범한 능력'으로 언급한 것들이 퍼스트에게는 부족하기 때문에 그녀가 백치임이 분명하다는 순환 논법circular notion만 등장한다. 증언 녹취록을 들어보면, 모든 증인이 그녀가 "작고 뚱뚱하며, 눈이 사시이고 기형적이며, 이해가 더디다"고 주장했다. 프랑스 재판부는 "패니 퍼스트의 외모"와 그녀의 "이상한 행동 및 이치에 닿지 않는 대답"에 근거해서 판결했다. 일반 사람들은 퍼스트의 백치 여부를 쉽게 알아챘다. 해협 연락선 승무원들은 "패니의 몸짓, 태도, 외모를 보고 그녀가 정신이상자이거나 백치라고 확신"했다. 프랑스 승객들도 "신체적 장애뿐만 아니라 태도와 행동거지에서 명확히 드러나는 지적 결함을 근거로" 그녀를 바보라고 주장했다.[50]

그러므로 당시에도 백치 상태에 대한 상식이 존재했다고 볼 수 있다. 법률가는 대중이 이미 아는 내용을 단순히 확정만 했을 뿐이었다. 재산을 5기니 미만에 팔아넘기려 했거나 성별이 다른 하인들 앞에서 소변을 보려 하고 번개의 원리를 이해하지 못한 사람이라면, 상업 활동과 상류 사회를 뒷받침하는 부와 예의범절, 복잡한 과학적 지식과 같은 추상적 개념을 이해할 리가 없었다. 하지만 백치에 대한 이런 가시적인 증거들은 퍼스트를 보호하고 지원하려는 사람뿐만 아니라 그녀를 이용하려 했던 사람들, 즉 '사악한 인간'이라고 그녀의 어머니가 일컬었던 사람들도 쉽게 파악할 수 있었다. 가족과 지역사회의 비공식적인 지원망은 탐욕스러운 약탈자들 때문에 제대로 작동하지 못했다. 퍼스트의 어머니는 교묘한 방법으로 딸의 재산을 가로채려는 악당들과 싸우기 위해 법에 기대야 했다. 백치를 지원하는 수단으로 적합하다고 널리 인정된 비공식 제도가 위태로워졌기 때문에 백치 가족의 최선책은 법에 의존하는 길뿐이었다. 이제 백치를 관리하는 비공식적 지원 대신 법적 절차가 새롭게 수용된 것은 분명했다. 법원이 존 리와 헨리 로버츠를 법의 보호 아래에 두기를 꺼렸던 이유는 개인의 자유를 침해(존 리의 사례)하고 싶지 않았기 때문이거나 백치의 재산을 노린 사람들(로버츠의 사례) 편에서 부패를 조장했기 때문이었다. 반면, 패니 퍼스트의 사례에서는 가족이 직접 나서서 적극적으로 법을 이용했다.

법정에서, 형사 법원

형사 재판을 받는 백치와 민사 재판을 받는 백치는 재산과 계층, 사회적 지위가 크게 달랐지만, 시설이 아닌 지역사회 안에서 생활하던 백치가 중앙형사재판소에서 재판을 받는 모습은 대체로 비슷했다. 가족과 친구, 이웃들은 비공식적인 지원망을 형성하여 백치를 이용하려는 사람들뿐만 아니라 가혹한 형법제도로부터 이들을 보호하려 애썼다. 백치로 간주된 사람들은 대개 그들이 지역사회의 일원이라는 가정하에 형벌 정도가 결정됐다. 지적 한계로 자기 행위에 전적으로 책임을 질 수 없는 경우 범죄를 저질렀다 하더라도 시설로 보내는 조치가 고려되지 않았다. 이런 이유로 피고인이 무해한 백치이고 지원망이 제대로 작동할 수 있다면 처벌받아 마땅한 범죄를 저질렀어도 대개는 무죄 선고를 받았다. 이는 1710년 메리 브래드쇼의 재판에서도 확인된 사실이다.

일명 시모어라 불렸던 크리플게이트(Cripplegate, 한때 런던 시를 둘러쌌던 런던 장벽의 문-편집자)가 없는 세인트 자일스St Giles의 메리 브래드쇼는 엘리자베스 모건 가게에서 총 20실링에 달하는 모직 가운 2벌, 3실링짜리 모직 속치마 1벌 등을 훔쳤다는 죄목으로 기소됐다. 또 그녀는 앤 다우닝 가게에서

5실링짜리 천 속치마 1벌, 3실링짜리 모직 속치마 1벌, 총 15실링에 해당하는 면 속옷 3벌도 훔쳤다. 이런 사실만으로도 그녀를 감옥에 보내기에 충분했지만, 배심원단은 그녀가 명백한 백치라는 이유로 무죄 결정을 내렸다.[51]

당시 중앙형사재판소에서 중죄 혐의로 재판을 받은 사람들이 목숨이 달린 재판을 받았다는 점을 고려하면, 백치에 대한 무죄 판결은 그들이 무능력하고 무해하며 추후 가족과 지역사회로부터 보살핌을 받으리라는 믿음에 근거하여 처벌을 보류한다는 의미를 담고 있었다. 사형 선고까지는 아니어도 '약한' 형벌조차 백치에게는 가혹했다. 추방(18세기 초에는 미국으로, 나중에는 오스트레일리아로)이나 채찍질, 낙인찍기 같은 신체적 형벌이 포함됐기 때문이다. 18세기에는 메리 브래드쇼처럼 죄를 저질렀어도 백치이거나 아무것도 몰라 책임 능력이 없다고 간주된 사람들이 관대하게 무죄 판결을 받았다. 1719년 메리 테임이 두 살짜리 여동생을

윌리엄 호가스William Hogarth, 〈판사〉, 1758-64년. 판화. 18세기 법정에서 판사들은 백치에게 대단히 관대했다.

익사시켰다는 죄목으로 재판을 받을 당시, 배심원들은 "피고인이 '백치'라는 증언"을 듣고 "그 '사정'을 고려해 그녀를 무죄로 평결했다".[52] 1748년에는 황동 문진을 훔친 로버트 레프트에게 무죄 결정이 내려졌는데, 배심원들은 "그가 백치로 보였다고 말했다."[53] 1804년 "10월 23일에는 찰스 비튼이라는 사람이 모스 레비와 메리 존스의 12실링짜리 반바지 한 벌을 훔친 죄로 기소됐다. 법정에서 그는 백치나 광인으로 발작을 일으킬 것만 같아 무죄 선고를 받았다."[54] 같은 해에 다른 두 남성 역시 "백치로 법정에서 발작을 일으킬 위험이 있다(고 보인다)"는 이유로 무죄 선고를 받았다.[55]

18세기 거의 대부분 기간에는 중앙형사재판소에서 재판을 받는 백치들도 다른 시민들과 똑같은 절차를 밟았다. 백치라도 범죄를 저질러 기소되면 정의의 심판대에 서야 했다. 당시의 영국 법에 따르면, 중범죄자에게는 예외가 허용되지 않았다. 치안 판사와 대배심의 사전 심리[56]는 죄의 경중을 가리는 일에만 집중했을 뿐, 법정에 세울 피고인의 정신 상태에는 전혀 관심을 두지 않았다. 절도는 대부분 중범죄, 즉 사형에 처할 수 있는 범죄로 간주됐다.[57] 따라서 백치라도 경미한 절도(황동 문진, 코트, 리본, 반바지, 톱, 드레스 등을 훔치는 행위[58])에 대해서 살인자와 폭력범과 함께 최고 형사 법원에서 목숨이 달린 재판을 받았다.

그러나 일단 법정 안에 들어서면 백치에게는 예외가 인정될 가능성이 있었다. 백치가 명백하게 죄를 저질렀어도 경범죄에 대해서는 무죄 선고를 받고, 중범죄라 하더라도 형량이 줄거나 사형을 면할 가능성이 컸다. 피고인이 백치인 경우 배심원들은 사형을 피할 수 있는 "경미한 범죄"로 죄를 축소하여 "편파적 평결"을 내리는 것이 일반적이었다.[59]

예를 들어, 1723년 "지능이 모자란" 토머스 앨런은 14실링어치 물건을 훔쳤으나 1실링 이하의 물건을 훔친 것으로 간주되어 교수형을 면했다.[60]

이런 판결에 영향을 준 것은 이웃, 친구, 가족, 고용주, 동료의 증언이었다. 이들의 좋은 품성과 향후 지역사회의 지원 가능성에 대한 확신은 배심원과 판사가 관대한 결정을 내리는 데 중요한 역할을 했다. 백치 피고인의 증인으로 출석한 지역 주민과 직장 동료들은 대체로 일관된 진술을 했다. 그들은 보통 백치의 제한적인 능력과 착한 심성을 증언하려고 했다. 또 증언의 신뢰성을 높이기 위해 품격 있는 언어로 예의를 갖춰 관대한 처분을 호소했을 수도 있다. 18세기 런던 거리는 저속하고 저급한 언어가 난무하고 있었다. 속어사전은 새대가리beetle head, 돌대가리blockstock, 멍텅구리bottle-head, 꺼벙이cake, 얼간이clodpate, 얼뜨기dog booby, 골통empty-skulled, 느림보looby, 등신nickum-poop, 맹꽁이shallow-pate, 빙충이wooly-crown 등 대부분 보잘것없다는 의미로 취약한 백치를 가리키는 160개 이상의 단어를 수록하고 있었다.[61] 하지만 법정에 나온 증인들은 속어 대신 '어리석은silly', '바보 같은foolish', '무지한ignorant', '나약한soft', '모자란weak'과 같은 좀 더 순화된 점잖은 표현과 도덕적으로 중립적인 단어들을 골라 사용했다. 따라서 증인들은 이런 점잖은 표현으로 그들이 지능은 떨어지지만 도덕적이고 품행이 바르다는 점을 보여주려고 했다. 예를 들면, 이런 식이었다. "무지하고 바보 같지만 아주 정직한 친구입니다." "그가 조금 모자란다고(혹은 바보 같다고)는 생각했지만, 그에 대한 불쾌한 어떤 얘기도 들어본 적이 없습니다." "그가 지능이 떨어진다는 평은 늘 있었어도, 정직하기에 그가 나쁜 사람이란 얘기를 지금까지 들어본 적이 없습니다."[62]

　가까운 친척들은 좀 더 감정에 호소하며 백치 피의자의 약점과 무해함을 강조했다. 1732년 폭행 혐의로 기소된 존 롱모어의 어머니는 "제 아들이 모자라고 바보 같지만 해를 끼치지는 않아요"라고 말했다.[63] 간혹 피고인이 백치가 된 이유와 현재 지능의 수준을 설명하는 이들도 있었다. 한 형제는 "두세 살 때, 개가 머리를 마구 물어뜯었다"고 설명했고, 한 아버지는 아들이 "예닐곱 때 발진티푸스를 앓은 후 언어 능력을 상실했다"고 말했다.[64] 또한 그들은 연민을 자아내고자 가족의 끈끈한 유대관계를 강조하면서, 만약 피고인이 풀려나면 가족들이 사랑으로 보살피고 올바르게 살게 하겠노라고 말했다. '사리 분별을 못하는' 간질 환자였던 엘리자베스 카멜의 아버지는 판사와 배심원들에게 이렇게 호소했다. "열다섯 명의 자식 중 이 아이가 제 전부입니다. 부디 선처를 부탁드립니다. 제 아이가 풀려난 후에도 계속 못된 친구들과 어울린다면, 런던에서 멀리 떨어진 곳으로 아이를 보내겠습니다."[65] 피고인 백치가 무해하고 순수하고 능력이 없다는 점을 고려해 배심원단에게 (대개 성공적으로) 관대한 결정을 내려달라는 가족들의 호소와 그들의 책임감 있는 태도 및 헌신에는 절박함과 간절함이 들어 있었다. 백치 가족들이 진심으로 그들을 사랑한다는 것은 명백해 보였다.

　때때로 백치 피의자의 친구와 동료들이 보여준 놀라운 헌신과 애정은 백치와 백치가 아닌 사람들 사이에 참된 우정이 존재할 수 있음을 보여줬다. 1732년 노상강도에 대한 재판에서 범죄를 함께 공모한 피고인 가운데 한 명이 지능이 낮고 사리 분별을 못하는 존 롱모어(이 사람의 어머니가 재판에서 호소한 내용은 앞에서 언급한 바 있다.)에 대해 놀랍게도 유리한 증언을 했다. "저는 제 죄를 인정하며 그 일을 없었던 일로 하고 싶습니다. 하지만 롱모어는 결백합니다."[66] 그들 사이에 상당한 정서적, 사회적 유대감도 있었던 것은 분명했다. 절도 혐의로 기소된 피터 커니포드는 일곱 명의 증인과 동료가 모두 나와 법정에서 그를 변호했는데, 그중 한 명은 "커니포드와 4~5년간 함께 살았고, 같이 일한 지도 꽤 오래됐다"고 밝혔다. 또 다른 사람은 이렇게 덧붙였다. "저는 수년간 그와 알고 지냈고, 여러 곳에서 그와 함께 일했습니다. 저는 그의 인격에 조금이라도 오점이 남는 이야기는 들어본 적이 없습니다. 저는 그가 정직한 사람이라는 것밖에는 알지 못합니다. 그가 지능이 떨어진다는 것은

토머스 롤런드슨Thomas Rowlandson, 〈위험에 처한 바보〉. 1806년. 손으로 채색한 에칭화. 이해력이 떨어지는 시골뜨기 방문객은 런던에서 손쉬운 먹잇감이었다.

사실입니다."[67]

런던의 정육 시장에서 임시로 동물의 새끼 가죽을 수거하는 일을 했던 토머스 배곳은 1780년 런던을 발칵 뒤집어 놓은 반가톨릭 고든 폭동 anti-Catholic Gordon Riots에 가담한 혐의로 기소됐다.[68] 이 폭동으로 가옥 100채가 파괴된 가운데 폭도 285명이 사망하고 450명이 체포됐다. 또 160명이 조사받고, 25명은 교수형에 처해졌다.[69] 폭동의 난폭성에 놀란 영국 정부는 처벌로 정의를 바로 세우려 했다. 법정에 서 있는 배곳의 모습은 '백치에 가깝고 매우 지능이 낮은 한심한 바보 녀석'으로 묘사됐다. 그는 '술에 취해' 가톨릭교회가 운영하는 여성의 집을 파손하는 일에 가담했다는 혐의를 받았지만, 증인 여섯 명이 그 시간대에 그가 두 시간 동안 다른 곳에 있었다는 알리바이를 제공했다. 증인들은 배곳의 동료들과 고용주, 그의 누이와 어머니였다. 또 다른 세 명은 배곳의 성격에 대해 증언했다. 그들의 진술 내용을 살펴보면 일관되게 배곳의 무죄를 주장하고 있었지만 일부 증언이 모순되기 때문에 전부는 아니더라도 적어도 몇몇 증인이 위험을 무릅쓰고 위증했다는 것은 분명하다. 한 번은 증언이 모순된다는 사실을 파악한 판사가 "경고하는데요, 신중하게 대답하세요"라고 주의를 주었다. 그러자 증인 한 명이 이렇게 대답했다. "저는 대단히 신중하게 대답하고 있습니다. 정말로 그는 저녁 식사를 할 때까지 마당에서 일하고 있었습니다." 어떤 증인은 배곳을 위해 증언하는 이유가 무엇이냐는 질문을 받자, 이렇게 답했다. "제 주인은 친구를 도우려면 그와 함께 있었던 시간을 솔직하게 말해야지, 위증하면 안 된다고 말했습니다." 증인들은 배곳이 백치이고 그의 약점들을 안다면서 "그는 가끔씩 일하고 주머니에 푼돈만 있어도 일하지 않을 것"이라고 말했다. 또 "그가 조금이라도 술을 마시면 자신이 무슨 일을 했는지도 모른다"는 사실을 인정했다. 검찰 측 증인 한 명이 화가 나서 법정 증언들이 모순된다는 사실을 지적했다. 하지만 그 조차도 배곳의 상태를 잘 알았기에, 이렇게 말했다. "뉴게이트 시장에서 그를 따라다니며 놀리는 아이들을 본 적이 있습니다. 그는 거의 백치나 마찬가지라 할 수 있죠. 그는 시장에서 동물 가죽을 수거하는 일을 했습니다." 그리고 폭도들 사이에서 배곳을 봤다고 증언할 때는 백치라 부르지 않고 직업으로 그를 지칭하며, 이렇게 말했다. "저는 가죽을 수거하러 다니는 못된 놈은 가버리라고 말했습니다." 배곳은 무죄 선고를 받았다. 배심원단은 유대감을 보여준 증인들과 의견을 같이했다. 아마도 그 이유는 그런 지원망이 배곳으로 하여금 중죄를 저지르는 것을 막아주리라 확신했을 뿐만 아니라, 그가 자신의 행동을 책임질 수 없다고 판단했기 때문이었을 것이다. 어떤 증언에는 다른 사람들이 배곳을 함부로 대하고 이용했다는 암시도 있었다. "저는 아이들이 배곳을 놀리는 모습을 본 적이 있어요." 그런데도 위기에 처한 배곳을 구하기 위해 위험을 감수하고 법정에 나와 준 사람들을 통해, 비록 그가 백치였지만 주변 사람들에게 의미 있는 존재였고 지역사회의 일원이라는 사실이 입증됐다.

법정에서 증인들은 백치 피고인이 다른 범죄자와 다르다는 점을 보여주려고 애썼다. 그들은 백치 피고인이 가족과 동료, 이웃과 더불어 평범하게 살고 있으며, 정직함과 근면함 같은 좋은 성격과 도덕성을 지녔다고 말했다. 이런 식으로 그들은 백치 피고인이 단순히 한 명의 백치가 아니라, 18세기 런던의 전형적인 지역사회 안에서 사랑과 우정, 친분을 나누며 경제적으로도 밀접한 관계를 맺고 있는 사람이라는 사실을 보여줬다. 여기서 핵심은, 피고인이라도 백치는 근본적으로 위험하지 않고 앞으로도 중범죄를 저지를 가능성이 거의 없다는 믿음을 판사와 배심원, 증인들이 공유했다는 사실이다. 가혹하긴 했어도 18세기 사법제도는 관대한 처분이나 무죄 방면을 내릴 수 있도록 재량권을 발휘할 수 있는 여지를 두었고, 이로 인해 백치로 간주된 사람들이 혜택을 받을 수 있었다. 대부분은 문젯거리였지만 위협적이지는 않았으므로 관대한 처분을 받을 만하다고 여겼다. 드물긴 했지만, 백치 피고인이 스스로 선처를 호소하는 경우도 있었다. "지능이 낮고 자유분방하며 사리 분별을 못해 백치에 가까운 소녀"였던 앤 와일드맨은 리본을 훔쳤다는 이유로 기소됐는데, 그녀는 혐의를 부인하며 이렇게 호소했다. "판사님과 배심원들께서 제게 고통스럽지 않은 결정을 내려주시길 바랍니다."[70] 그녀는 무죄 선고를 받았다.

그러나 백치가 살인이나 폭행 같은 중범죄를 저지르고, 무엇보다도 상습범인 경우 관대한 처분을 받기 어려웠다. 소수이긴 하지만 그런 사건에 휘말린 백치들은 또다시 중범죄를 저지를 가능성이 크거나 위험하다고 판단하고 백치가 아닌 사람들과 똑같이 재판을 받았다. 백치라는 점이 그들의 위험성을 줄이는 요인으로 인정되지 않던 셈이다. 1716년 리처드 프라이스는 토머스 배곳처럼 종교 폭동이 일어나는 동안 주택 파괴에 가담했다고 기소된 뒤 유죄 선고를 받고 교수형에 처해졌다. 고용주가 "대단히 어리석고 무지한 녀석"이라고 묘사한 프라이스는 배곳과 달리 런던에 온 지 얼마 안 돼 연고가 될 만한 가족이나 커뮤니티가 없었다. 이 때문에 무죄 방면된 이후 위험한 생활로 되돌아가지 않을 것이란 보장이 없었다.[71] "아주 어리석고 거친"메리 래드포드는 영아 살해죄로 1723년 교수형에 처해졌다.[72] 사형 선고를 받은 백치 피고인도 많았는데, 피고인의 행위 및 책임 능력의 유무와 상관없이 재범 가능성이 위험하게 여겨졌기 때문이다. 지능이 낮고 사리 분별을 못하는 존 롱모어는 그의 어머니와 공범자들의 탄원에도 불구하고, 첫 번째 두 범죄(절도와 폭행)에 대해서는 무죄 선고를 받았으나 세 번째 저지른 노상강도로 1732년 교수형을 선고받았다. 2년 후, "이해가 더디고 매우 어리석었던" 제임스 벨포드도 두 번째 저지른 노상강도로 비슷한 운명이 됐다.[73]

민사 법원에서와 마찬가지로 형사 사법제도의 핵심은 피고인의 인격과 함께 이를 파악하고 판단하는 판사와 배심원의 능력이었다. 공식적으로 백치임을 인정하는 일은 법정에서 백치 여부를 판단할 의무가 있는 사람들의 역할이었다. 일반적으로 판사와 배심원은 외모와 행동에 근거하여 피고인의 인격을 신속하게 판단했다. 백치로 인정받았다고 해서 무죄 판결이 보장되지는 않았지만, 대체로 관대한 처분을 내리게 했다. 재판이란 "본질적으로 판사의 감독 하에 피해자와 범죄자가 대면하는 자리이며, 그곳에서 쌍방은 자신에게 유리한 증인과 증거를 모아 제출할 책임이 있었다."[74] 초기 중앙형사재판소에는 변호인이 아예 없었으며 18세기 말 무렵까지도 드문드문 모습을 드러내는 정도였다. 변호인이 등장하기 전까지 법정은 피해자와 검사, 증인을 심문하고 절차를 조정했던 판사 외에는 전문가의 영역으로 보지 않았다.[75,76] 유·무죄는 증거에 대한 피고인의 "즉각적이고 즉흥적인 반응"으로 가릴 수 있다고 생각됐다.[77] 법의학적forensic 증거도 없고 종종 피해자(또는 검사)가 유일한 증인이 되는 상황에서, 피고인의 인격은 진실을 파악하는 핵심적인 도구였다. 따라서 성격 증언과 제기된 혐의에 대한 피고인의 반응은 무척 중요했다.[78] 존 랑바인John H. Langbein 교수도 "초창기 현대 재판의 논리는 피고인에게 자신이 결백한지 혹은 교수형을 당해야 하는지 직접 말하도록 압박하는 것"이라고 서술했다.[79]

백치로 간주된 사람들에게는 결백 증거를 내놓는 일이 어렵기도 하고 도움이 되기도 했다. 의사소통이 어렵고 재판 절차를 제대로 이해하지 못하는 경우 유죄 선고를 받을 위험이 있었다. 열여섯 살이었던 '바보 조니 렉'은 절도를 저질렀다는 사실을 인정하면서도 부인하는 모순된 모습을 보였다. 그는 "그런 행동을 더는 하지 않겠습니다. 그러지 말았어야 했는데, 다른 애가 먼저 그렇게 했거든요"라고 말하면서 자신의 절도 행위를 인정했다. 그러다 몇 분 뒤에는 이렇게 부인했다. "저는 안 했어요. 다른 애가 먼저 시작했는데, 그 애가 도망가 버렸어요. 다시는 아무것도 손대지 않을게요." 그런데 이런 피고인은 법학자 윌리엄 호킨스William Hawkins가 배심원의 의무라고 설명한 "꾸밈없는 솔직한 순수한 행동"을 파악하는 일로부터 혜택을 받을 가능성이 컸는데, "말투와 몸짓, 표정 자체가 진실을 밝히는 데 종종 도움이 될 수 있기 때문이다."[80] 범죄가 피고인의 외모와 태도, 행동에 달려 있다고 보고 배심원들은 가해자가 나타내는 잠재적 위험과 피해에 대해 아마추어 평가를 했다.[81] 부지불식간에 또는 분별이 안되는 어리석음 때문에 범죄를 저지른 '바보'는 위험하지 않은 사람으로 여겨져 무죄 선고를 받을 가능성이 매우 컸다.

아이작 크룩섕크Isaac Cruikshank, 〈귀머거리 판사 혹은 쌍방 오해〉, 1796년. 중앙형사재판소의 모습을 풍자한 그림.

*

따라서 18세기 **말까지도** 백치 상태에 대한 근대 초의 법 관념이 그대로 유지되면서 민·형사 법원 모두에서 그런 관념이 뚜렷하게 나타났다. 백치 여부는 그 사람의 얼굴과 몸으로 확인할 수 있는 것이었다. 대체로 백치는 이상하게 보이기는 해도 해롭지 않았으므로 가족 구성원과 친구들, 이웃의 보호를 받으며 가족과 지역사회 안에서 자연스럽게 살았다. 국가를 대신하는 법을 그들의 삶에 개입할 필요가 거의 없었다. 형사 법원은 전반적으로 백치 피고인에게 무죄 선고나 관대한 처분을 내렸으며, 민사 법원은 국가 개입보다 격식에 얽매이지 않는 해결을 선호했다. 그러나 18세기 말에 이르면 착취와 부패, 비공식적인 지원망의 붕괴로 그런 안정된 해결책과 경계가 모호해진다. 이로 인해 민사 사건의 경우 백치에 대한 법적 개입과 보호를 강화해야 한다는 인식이 형성된다. 형사 법원에서는 1800년대 초 일부 관대한 판결이 있기는 했지만 비슷한 경향으로 나아갔다. 전반적으로 판사와 배심원들은 백치 피고인에게 관용보다는 보다 무거운 판결과 선고를 내리기 시작했다. 지역사회 안에 머물게 해달라고 요구할 수 있는 백치들의 권리에도 점점 더 의문이 제기된다.

이런 경향은 19세기 초에 발표된 두 논문에 반영되어 뚜렷하게 나온다. 하나는 앤서니 하이모어Anthony Highmore라는 법률가가 1807년에 발표한 《백치 상태와 정신병에 관한 법이론A Treatise on the Law of Idiocy and Lunacy》[82]이고, 다른 하나는 법정 변호사(barrister, 영국의 상위 법원에서 변론할 수 있는 변호사-편집자)인 조지 데일 콜린슨George Dale Collison이 1812년에 발표한 《백치와 광인 및 심신 상실자에 관한 법이론Treatise on the Law concerning Idiots, Lunatics, and Other Persons Non Compotes Mentis》[83]이다. 18세기에는 온전한 인간으로 '살아가는 데' 필요한 지식 정도에 따라 백치 여부를 판단했다. 이런 지식은 숫자를 20까지 셀 수 있는 능력이나 부모를 알아보는 능력과는 거리가 멀었다. 법 이론가들은 처음에는 백치 상태에 더 많은 관심을 두었지만 치우 상태와 관련된 사건 및 판례가 늘어남에 따라 이들에게까지 관심 범위를 넓히기 시작했다. 평생 치우로 사는 사람들이 끊임없이 등장하자 백치 범위도 자주 바뀌었다. 콜린슨은 존 리 사건에 대한 하드윅의 판결 이후부터 상황이 계속 변하고 있다고 확신했는데, 이 판결에 의하면 존 리는 정신이상자 집단에 속하지 않았다. 그때 이후 "심신 상실자는 백치와 광인뿐만 아니라 스스로 자기 일을 할 수 없는 모든 **선천적 치우까지도 포함**"됐던 것이다.[84] 법원은 "광인과 똑같은 지원을, 이해력이 부족하여 자기 일을 제대로 처리할 수 없는 사람"에게로 확대했다. 엘든 대법관은 선천적으로 지능이 낮지만 백치가 아닌 사람이라도 심신 상실자로 본 기존 판례를 뒤집지 않겠다고 선언함으로써 치우의 법적 지위를 인정했다.[85]

그런데 이렇게 백치 범위가 확대되자, 백치 재산에 대한 국가의 개입보다 이용당하거나 상속 문제를 해결하고자 하는 가족들이 국가 개입을 요청하는 경우가 더 많아졌다. 콜린슨은 "오랫동안 사람들은 백치 재산에 대한 왕의 관심을 고통으로 여겨 왔다"고 언급했지만, 사실상 "그런 강압 조치는 거의 일어날 수 없다"고 덧붙였다.[86] 왕이 백치의 재산을 몰수할 권리를 주장하는 예는 점점 드물어졌다. 개인이 자유롭게 의사 결정을 하고 양심에 따라 행동할 권리를 정치적으로 간섭하고 침해하는 일에 대한 거부감도 커져 갔다. 콜린슨은 "국민의 자유를 제한하는 일에까지 왕의 특권이 확대되지 않도록, 그리고 법의 허용 범위를 넘어서서 국민과 그들의 재산에 왕의 권력이 미치지 않도록 주의해야 한다"고 강하게 주장했다. 또 "개인의 가정사에 간섭하는 일보다 더 큰 억압 행위는 없다"고도 말했다.[87] 하지만 패니 퍼스트의 경우처럼 가족과 친구의 비공식적인 지원망이 탐욕적인 착취자들에게 공격받자, 백치 가족들은 법적 개입과 국가의 보호 같은 실효성 있는 공식적인 대안을 요구하기에 이른다.

이런 변화들도 중요했지만, 백치에 대한 하이모어와 콜린슨의 개념이 널리 받아들여졌다. 백치 상태는 은폐될 수 있는 정신병과 달리 행동이나 사고능력 (또는 이것들의 부족) 못지않게 외모를 통해 일반인도 쉽게 알아볼 수 있었다. 백치는 지적 무능력 때문에 쉽게 이용당하고 일상적인 사회규범과 전제조건에서 배제되기 일쑤였다. 백치 상태에 대한 개넘은 법 이론화만큼이나 대중의 인식으로 구성됐다. 심지어 콜린슨은 백치가 이치에 닿는 말을 할 수 있더라도 "분별 있는 행동만으로 보통 사람이라고 확신할 수 없다"고 주장하기 위해 파리의 요리기구 상점에서 있었던 아주 오래된 농담을 다시 꺼냈다.[88] 시설화에 대한 언급은 전혀 없었다. 의료계의 전문가 의견도 구하지 않았다. 각종 민·형사 재판에 반영되어 있듯이 백치가 위험하다는 증거는 전혀 없었다. 하이모어의 말처럼, '백치는 격정에 시달리지 않는다. 그들은 순수하고 무해하며, 종종 연민을 자아내기는 해도 남을 두렵게 하지는 않는다.' 그러나 이들은 스스로를 위험에 빠뜨릴 가능성이 있고, 다른 사람들이 끼치는 위험에 직면할 수도 있었다. 법 이론가의 시각에서 법의 목적은 '그들이 자신으로부터 그리고 이기적인 타인으로부터 상처 입지 않도록 보호하는 것'이었다. 가족은 이들을 부양하고, 친구들은 이들을 옹호하기 위해 바삐 움직였다. 법의 주된 목적 중 하나는 "가족의 관심이 유지되고 있는지" 확인하는 것이었다.[89] 백치는 지역사회의 일원으로 중요하게 남았다. 장애가 있고, 취약하고, 무능력하지만 다른 사람들의 눈에는 충분히 보호받을 자격이 있었다.

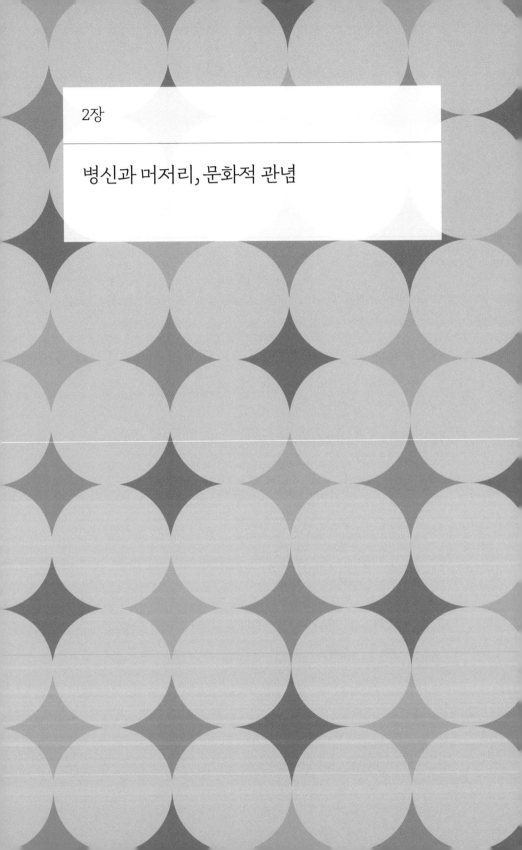

2장

병신과 머저리, 문화적 관념

18세기에 백치나 치우로 낙인 찍힌 사람들이 시설에 갇힌 경우는 매우 드물었다. 이들에게 필요한 보호와 지원은 지역사회가 담당했다. 간혹 일부가 소규모 신생 정신병원(가이병원, 세인트루크병원, 베들레헴병원 등)에 보내지는 일이 있기는 했지만, 그렇다고 그런 시설에 백치가 당연히 가야 할 곳으로 여기지는 않았다. 오히려 어떤 이들은 도움이 절실한 '광인'들만 시설에서 돌볼 수 있게 백치를 배제해야 한다고 적극적으로 주장하기까지 했다.[1] 당시 백치는 의학적인 문제로는 여기지 않았다. 의료인들(그리고 모두 남성)은 아픈 사람을 치료한 것에 대한 보상으로 그 대가를 받는 사람들이었는데, 백치와 치우는 아픈 게 아니라서 치료할 수 없었기 때문이다. 이런 이유로 의료계는 이들 문제에 무관심으로 일관했다. 백치 상태를 의학적인 문제로 간주하고 시설에 수용하여 보호·관찰해야 한다는 주장은 19세기에 들어와서야 비로소 탄력을 받는다.

그러므로 백치와 치우처럼 그저 지능이 낮은 자로 인식되어 일생을 살았던 사람들이 18세기에 어떤 경험을 하고, 이들에 대한 사회적 인식이 어떠했는지 알고 싶다면 시설 밖을 들여다봐야 한다. 이들은 대부분 지역사회 안에서 구성원의 일부로 살았기 때문에 이들을 찾으려면 평범한 사람들의 생활 공간까지도 함께 살펴야 한다. 이들의 모습은 18세기 일상의 다채로운 속어와 농담에서, 삼류 소설과 시에서, 회화와 풍자만화에서, 그리고 수많은 군중 앞에 선 복음 전도자의 설교 속에서 찾을 수 있다. 앞서 살펴봤듯이, 민·형사 법원에서도 이들의 목소리를 희미하게나마 포착할 수 있다. 이런 단편적인 풍경들을 재구성하면, 백치와 치우가 그들이 살았던 사회에서 어떻게 인식되고, 이야기되고, 웃고, 이해됐는지 파악할 수 있다. 동시에 18세기 사회와 공동체, 가족 안에서 이들이 어떤 경험을 하며 살았는지에 대해서도 이해할 수 있다.

1789년 프로이센 사람 아르헨홀츠는 영국을 방문했을 때 이런 말을 했다. "영국 어디를 가도 사람들은 바보를 놀려댔지만 그를 대하는 태도는 상당히 너그러웠다. 사람들은 이상한 사람이라도 남에게 해를 끼치지 않는 한 그를 존중했다."[2] 유머는 18세기 영국 문화에서 소설, 회화, 풍자만화, 특히 널리 유행하던 농담과 속어에 반영되면서 대단히 중요한 부분을 차지했다. 백치와 치우, 바보라 불린 사람들은 자신을 재밌어하는 사람들과 더불어 살았다. 사람들이 이들을 바라보는 시선에는 악의가 담길 때도, 연민이 담길 때도 있었다. 백치들의 존재감은 상상력으로 구성된 작품 속에서도 뚜렷했다. 이들은 다양한 모습으로 수많은 농담의 주인공이 됐다. 마찬가지로 널리 퍼져 있는 거리의 속어에서도 이들의 존재감은 결코 작지 않았다.

농담, 속어, 스토리

18세기 생활 유머는 당시 수만 부씩 출판된 만담집과 소책자, 그리고 런던 거리에서 사용되던 속어를 정리한 사전 속에 대부분 남아있다. 다채로운 제목의 만담집은 정확한 독자 수를 파악하기는 어렵지만 인기를 끌고 널리 읽힌 것은 분명했다. 매 시즌 대형 출판사들은 오랫동안 인기를 끌고 있는 책의 재판을 찍고, 많게는 스무 권까지 신간을 냈다.[3] 수요가 없었다면 불가능했을 일이라 추측해볼 수 있다. 출판사들은 여러 이야기를 다양한 장르로 묶어 어느 정도 소득이 있는 사람들을 대상으로 1실링 정도에 팔았다. 만담집의 제목은 《커피하우스 만담집Coffee-House Jests》, 《유쾌한 친구되기Being a Merry Companion》(1760), 《멋쟁이 어릿광대와 유명 재주꾼들The Macaroni Jester and Pantheon of Wit》(1773), 《뱃사람의 어릿광대 혹은 유쾌한 청년의 동반자The Sailor's Jester; or, Merry Lad's Companion》(1790)와 같이 그 범위가 포괄적이었다. 또한 행상인이 집집마다 혹은 거리 곳곳을 다니며 1파딩(영국의 옛 화폐로 4분의 1페니에 해당-옮긴이)에 팔던 (《한 푼어치 재치The Penny Budget of Wit》같은) 소책자나 4절판 책도 있었다. 이런 책들은 조금이라도 읽고 쓸 줄 아는 가난한 이들조차도 쉽게 구입할 수 있었다. 계층을 막론하고 모든 이가 유머를 즐겼기 때문에 같은 내용으로 비싼 책과 저렴한 소책자가 동시에 등장했다. 일부 인기 있는 만담집은 저렴한 소책자 형태로 요약본이 만들어지거나 주간지처럼 내용이 쪼개져서 주머니가 가벼운 사람들에게 팔려나갔다.[4] 그러므로 재밌는 이야기를 듣고, 읽고, 웃는 일은 18세기 영국의 이질적인 다양한 인구 계층이 모두함께 참여할 수 있는 활동이었다. 어떤 책은 지역사회 안에서 글을 읽을 수 있는 사람들에 의해 큰 소리로 읽혔으며, 또 어떤 책은 아무 때나친구나 지인을 즉각 감동시킬 수 있게끔 주머니에 넣고 다닐 수 있도록특별히 제작되기도 했다.[5]

농담과 마찬가지로 공동체의 집단 정체성을 형성하는 속어는 이른바 범죄자들의 위선적인 말에서 유래했다. 그리고 이로부터 오늘날 위선적이고 독실한 척한다는 말의 의미를 지닌 '캔트cant'가 파생했다. 속어의 목적은 독특한 대안적인 하위문화를 창조하기 위해서뿐만 아니라, 남의 것을 거짓으로 속여서 뺏고 그것을 감추기 위해서도 사용했다.[6] 상대가 눈치채지 못하도록 의미를 숨기는 속어의 기능은 원칙적으로 외부인에 대해서 적용된다는 것을 의미했다. 즉 속어는 외부인의 특이한 면과 취약함 그리고 주변 사람들이 공유하는 문화 코드와 관습에 대한 생소함을 강조했다.[7] 18세기 속어에 대한 우리의 지식은 'B. E.'(이 사람의 정체는 한 번도 밝혀진 적이 없다)와 같은 고서 수집가들에게 빚을 지고 있다. 그는 1699년 《고대와 현대의 위선자 용어The Terms Ancient and Modern of the Canting Crew》라는 사전을 출판했다. 가장 유명한 사전은 1784년 프랜시스 그로스Francis Grose가 출판한 《대표 일상어 사전Classical Dictionary of the Vulgar Tongue》으로, 당시 가장 포괄적인 거리 언어의 보고로 남아있다. 알려진 바에 따르면, 그로스는 오늘날 런던의 토트넘 코트로드Court Road 부근의 빈민가 우범 지대로 악명 높은 세인트 자일스의 빈민굴과 술집을, 배치Batch라는 하인과 함께 돌아다녔다고 한다. 그는 행상인, 노동자, 매춘부, 범죄자 등 런던 빈민층의 신랄한 속어에 거부감을 느끼는 동시에 매료당했다. 그리고 "그의 귀를 끊임없이 괴롭힌 이 야간 활동자들의 재치 있는 농담과 속어"[8]로 사전을 편찬하여 그들의 암호를 세상에 내놓았다.

거리 속어를 살펴보면 당시 사람들이 지적으로 우둔하다고 생각된 이들을 예리하게 관찰했다는 사실을 알 수 있다. 유행처럼, 속어도 "내 집단과 외집단을 규정하는 데" 사용된다.[9] 속어를 사용해 다른 사람들이 눈치채지 못하게 의미를 숨긴다는 것은 그 내용이 주로 성생활이나 범죄처럼 화자가 늘 감추고 싶어 하는 일이라는 것을 의미했다. 주된 목적은 잘 속는 사람, 아둔한 피해자, 조종당하기 쉬운 공범 같은 약자를 파악하는 것이었다.[10] 따라서 속어는 지능이 낮고, 우둔하고, 이용당하기 쉬운 사람들의 외모와 행동에 대한 일반인의 생각을 두루 알 수 있게 해주는 풍부한 자료다. 이들은 쉽게 '감금당하거나' 끌려다니는

너새니얼 댄스Nathaniel Dance, 프랜시스 그로스의 초상화,《잉글랜드와 웨일스의 오래된 책 부록Supplement to The Antiquities of England and Wales》(1777)의 권두 삽화.

'바보 같은 만만한 녀석'이자 언제든 '사라질' 수 있는 '거품' 같은 존재였다. '병신billy-noodles', '머저리birds-wits', '꺼벙한 놈empty fellows', '맹추goose-caps', '칠뜨기nizies', '아둔패기nockys'라는 말도 있었는데 모두 이해력이 떨어지는 우둔한 백치를 가리키는 표현이었다.

속어로 조롱하는 구체적인 대상에는 영리하지 못한 시골뜨기 백치가 있었는데, 이들은 우둔하고 느리면서 어수룩하여 런던 거리에서 자주 괴롭힘을 당했다. 18세기 초 이런 시골뜨기 백치의 모습은 계층과 부를 막론하고 모든 백치를 대표했다. 영리한 도시 노동자가 보기에 '촌뜨기 부자'와 시골 대지주는 쟁기질하는 농사꾼과 다를 바 없는 바보였다. 만담집에 등장하는 시골 사람들은 런던 부두에 정박해 있는 큰 배가 한 살 됐다는 이야기를 듣고는 그 배가 어른이 되면 얼마나 커질지 궁금해한다.[11] 또 신축된 세인트 폴 대성당을 보면서는 자기 집 헛간을 새로 짓는 비용보다 훨씬 많은 돈이 성당 건립에 들었다는 사실에 놀라워한다.[12] 도시에 사는 영리한 소년 견습생들은 그들을 "멍텅구리"라고 불렀다.[13] '무지한 시골뜨기'는 자신이 글을 안다고 생각하지만 표지판의 해학적인 문구를 잘못 이해한 나머지 런던 거리에서 엉덩방아를 찧고 "런던은 내 엉덩이가 좋은가 봐!"라고 외친다.[14] 이런 우스운 이야기들은 18세기 내내 유행했다.[15]

시골뜨기 백치를 가리키는 속어와 별명은 무수히 많다. "미련퉁이booby", "촌뜨기chaw-bacon", "얼간이clodpate", "촌놈hick job", "촌닭bumpkin", "숙맥clouted shoon", "굼벵이hobinail", "핫바지milestone", "시골내기country put", "바

제임스 길레이James Gillray, 〈천치 혹은 일명 '노퍽 촌뜨기'A Norfolk Dumpling〉 1791년. 손으로 채색한 에칭화. '노퍽 촌뜨기'는 시골뜨기 백치를 가리키는 속어였다.

A Natural Crop; - alias - A Norfolk Dumpling.

지저고리clown "등이 있는데, 이 모든 용어는 백치의 더딘 이해력을 포착했다.16 시골뜨기 백치는 새나 주변 동물들과 별 차이가 없다고 인식됐다. 그래서 이들은 수송아지, 당나귀, 공작새, 양대가리sheep's head로 불렸다. 흔한 촌스러운 이름에는 어리석다는 의미가 담겨 있다. 바보 등장인물의 이름은 벤Ben, 딕Dick, 로저Roger, 샘Sam, 잭 애덤스Jack Adams, 조니 로Johnny Raw, 심킨Simkin, 사이먼Simon, 동키 딕Donkey Dick이 있었다. 시골뜨기 백치는 단단하고 무감각한 두개골을 가져 다른 사람들과 같은 방식으로 고통을 느끼지 못하는 것으로 그려졌다. 이렇게 하여 그들은 '퍼즐 페이트puzzle pate'나 '헐버 헤드hulver-head'로 불렸다. 헐버는 노퍽 방언으로 딱딱하고 튼튼한 나무를 뜻하고, 노퍽은 촌뜨기 백치들의 중심지를 의미한다. 그래서 노퍽 촌뜨기Norfolk Dumpling라는 말은 특히 시골 출신 백치를 나타내는 전형적인 표현이었다.17 한 유명한 삼류 통속극을 보면, 홉Hop과 딕Dick이라는 이름의 등장인물이 이웃인 퍼즐 페이트, 로저와 함께 상대방의 두개골을 먼저 깨는 사람이 승자가 되는 봉술시합cudgel fights에 나가게 된다. 그런데 그들의 두개골은 너무나 단단해 아무리 세게 맞아도 깨지지 않고, 그들은 여전히 살아 돌아왔다. 퍼즐 페이트는 이렇게 말한다. "난 이미 맞을 만큼 맞았어. 지난주에도 그 사람이 내 머리를 깼거든."18 분명히 손상될 뇌가 거의 남아있지 않다는 의미다.

작가와 풍자만화가들은 속어와 농담에 기대 자신들만의 백치 인물을 만들어냈다. 그리고 이것은 다시 대중들의 다양한 아이디어에 반영됐다. 패니 버니Fanny Burney의 《카밀라Camilla》(1796)에서 지적 장애로 "미약한 능력"과 "둔한 머리"를 가진 휴Hugh 경19은 자신을 이용하고 있던 조카들에 의해 "돌머리blockhead", "얼간이 노인네old gull", "둔물ninny", "둔패기numps"[20]로 불렸는데, 이런 단어들은 모두 취약한 백치를 지칭하기 위해 속어사전에서 직접 가져온 말들이었다. 풍자만화가들은 만담집에서 읽은 농담들을 자신이 만든 백치 캐릭터를 통해 시각화했다. 만취한 시골뜨기 백치는 바닥이 없는 가마를 타고 가면서 실제로는 자기 발로 걷고 있었으면서도 차비를 지불했고, 런던에서 온 영리한 방문객들이 질문한 말을 오해하거나 의미를 파악하지 못해 당황해하는 어수룩한 시골 백치도 있었다.[21] 만화 속에서 게슴츠레 눈을 뜨고 있는 백치는 좁은 이마에 '송충이 눈썹'을 지녔고 '탄환 모양의 둥근 머리'는 한쪽으로 기울어져 있다. 백치를 묘사하는 이런 표현들은 그로스가 간접 경험을 하면서 매료된 런던 거리의 저급한 이야기에서 가져온 단어들이었다. '좁은 이마lowbrow'라는 표현은 나중에 저급한 문화를 의미하는 용어가 됐다. 백치와 이에 관한 관념들은 서서히 문화 전반에 스며들었다. 패트릭 맥도나Patrick McDonagh는 19세기 작품들이 어떻게 백치라는 개념의 숨은 의미 또는 함축적 의미에 문화적으로 형성된 믿음을 표현했는지에 관해 글을 쓴 바 있다.[22] 이런 경향은 18세기에도 있었는데 무심하게 던진 유머가 확고하게 자리 잡은 문화적 가정들을 누설하고 있었다.

시골뜨기 백치라는 말은 그저 재치 있는 비유에 그치지 않고 18세기 도시인들의 의식 속에 의미 있는 자리를 차지했다. 런던 중앙형사법원에서 배심원들은 "그가 어리석은 촌뜨기 바보라서 쉽게 속았다"는 말에 재밌어하며 중범죄로 기소된 피고인에게 무죄 평결을 내렸다.[23] 중세 이후 지적 결함에 관한 관념은 계급과 빈곤에 관한 관념과 밀접하게 연관됐다.[24] 엘리트 계층에게 노동자는 가난한 하층민 가정에서 태어났기 때문에 고칠 수 없는 백치나 다름없었다. 하지만 18세기를 지나는 동안 백치라는 말에 좀 더 미묘한 의미가 담겨 있다는 인식이 커져 갔다.[25] 시골 사람이 경험과 학습기회 부족으로 바보처럼 보일지는 모르지만, 그들 대부분은 어느 정도 학습 능력을 갖춰 도시 교양인이 놀랄 정도로 재치와 지성을 보여줄 수 있었다. 18세기 중반에 유행하던 농담에는 보 내시[Beau Nash]라는 멋쟁이 남자가 등장한다. 어느 날 그는 멍청해 보이는 시골 짐꾼에게 '너보다 심한 바보'를 찾아오라고 조롱하듯 말한다. 그러자 짐꾼이 사라진 후, 곧이어 시장을 데리고 나타났다. 깜짝 놀란 내시는 가난하고 교육받지는 못했지만 재치가 뛰어난 짐꾼에게 감탄하며, 이렇게 묻는다. "가난뱅이 주제에, 재치는 가져서 뭐에 쓰겠느냐?" 내시와 그가 막 존경하게 된 시골 친구는 부자든 가난뱅이든 지나친 재치는 불운을 가져다줄 뿐, 바보로 살아야 잘산다는 데 생각을 같이한다. 내시는 그 짐꾼에게 1기니를 주며 "집으로 가서 어리석음을 공부하라"고 조언한다.[26] 내시와 짐꾼 사이에 형성된 공감대는 계층보다는 공유한 지성에 기반한 것인데, 이는 백치 상태가 특정한 사회계층에 고정된 것이라기보다 변화와 시정이 가능한 하나의 현상으로 보게 한다. 이제 사람들은 '진짜' 백치와 어리석고 짜증나는 행동 때문에 백치로 불리는 사람들을 명확히 구분하기 시작했다. 내시의 이야기가 알려지기 3년 전 《바보 톰 이야기[The History of Tom Fool]》라는 짧은 내용의 통속적인 '만담'을 쓴 저자는 이렇게 말했다.

나는 백치들이 불행하다고 생각하지 않는데, 그 이유는 그들의 장애가 보통 사람의 세상에 재미를 가져다주기 때문이다. 내가 말하는 (…) 남자들의 사회란 그들의 아내와 형제, 친구, 동업자, 주인, 첩에 의해 백치라 불

리는 남자들의 세상을 의미한다.[27]

이제 사람들은 늘 웃음을 주지만 구제할 수 없는 선천적인 백치와 시골 출신이든 아니든 교육은 받지 못했어도 개선의 여지가 있고 웃음을 주지만 변할 수 있는 바보fool를 구분하기 시작했다.

여기에 특정 유형의 백치는 전혀 학습할 수 없는 사람이라는 생각이 더 굳게 자리를 잡는다. 사람들은 그런 백치의 문제점이 그들의 단단하고 유연하지 못한, 불가해한 비생산적인 텅 빈 머리, 두개골, 즉 두뇌에 있다고 생각했다. 1731년에 널리 유행했던 지저분한 내용의 그래피티(graffiti, 공공장소에 하는 낙서-편집자) 속 표현처럼, "얼간이의 뇌는 붉은 포도주를 마시는 사람들이 앉는 의자 같이 단단해서 거의 고통을 느끼지 못한다"는 것이었다.[28] 머리가 단단한 백치뿐만 아니라 그 반대로 머리가 "수증기" 같은 무른 백치도 있었다.[29] 이들은 코르크 머리, 부서진 머리, 몽롱한 머리를 가졌거나 뇌가 유명무실한 사람들이었다. 이들의 두개골은 부드러워서 속이 텅 비고 비생산적이라는 의미였다. 그래서 백지두뇌, 멍한 머리, 떨어진 두개골, 텅 빈 머리, 도태한 머리, 얇은 머리 등으로 불렸다. 우스갯소리로 멍청한 녀석은 깃털 침대와 같다는 말이 있는데, 그 이유는 "뇌가 무르기 때문"이라고 했다.[30] 하지만 이들의 머리는 대개 단단해서 곤봉을 포함하여 그 무엇으로도 딱딱하고 두꺼운 머리(블록헤드blockhead, 팻헤드fat-head, 헐버헤드hulver-head, 로거헤드loggerhead 또는 씨크헤드thick-head)를 뚫을 수 없다는 것을 암시했다.

이처럼 단단하고 경직된 두뇌, 상황 파악이나 학습 능력이 결여되어 있는 특성은 백치 유머의 소재가 되곤 했다. 사람들은 법원의 의견처럼 백치가 추상적 사고를 할 수 없고 지식을 융통성 있게 적용할 수 없기 때문에 계속 잘못을 저지른다고 생각했다. 따라서 이런 무능력이 야기한 우스꽝스러운 상황들은 만담집의 단골 소재가 됐다. 침대 위에서 죽어가던 한 백치는 친구들로부터 자신이 곧 무덤으로 옮겨질 거라는 말을 듣자 자기가 직접 거기로 가고 싶다고 말한다.[31] 이보다 섬뜩한 이야기에서는 한 바보가 자신을 놀리던 목수에게 복수하려고 그가 자는 동안 도끼로 그의 머리를 찍은 후 그런 사실을 숨긴다. 나중에 누군가가 그 바보에게 왜 웃냐고 묻자 그가 이렇게 대답한다. "아, 당신이 들어본 중에 가장 웃긴 얘기일 텐데, 난 생각만 해도 웃기거든요. 목수가 잠에서 깼는데 머리가 없으니 얼마나 바보 같아 보이겠어요. 그 사람은 내가 숨긴 머리를 찾느라 오후 일도 못 갔을 거예요."[32] 백치는 궁극적으로 우스꽝스럽기 짝이 없는 구경꾼으로 여간해서는 아무것도 배우지 못하고, 삶과 죽음이라는 인간의 공통 주제에도 참여하지 못하며, 그 완벽한 무지함으로 사람들을 깜짝 놀라게 한다. 패니 버니의 이야기 속에 나오는 휴 경은 이렇게 한탄한다. 아무리 여러 번 "딸랑이(학습)를 울려도 여느 때처럼 나는 나 자신이 완벽한 돌대가리blockhead라는 사실을 깨닫게 된다."[33]

심플 사이먼Simple Simon 같은 캐릭터(어린이가 아닌 성인 남자)와 이해가 더뎌 전혀 주인공답지 않은 주인공들은 18세기 내내 온갖 바보의 대명사가 됐다. 아이 어른 할 것 없이 모든 영국인이 일생 동안 지겹도록 듣게 되는 민간 설화에는 백치와 치우 같은 지적장애인들이 겪는 어려움과 이들의 바보 같은 행동에 얽힌 이야기가 자주 등장한다. 로버트 단턴Robert Darnton의 지적처럼, 잔인한 내용과 고문 장면들로 공포감을 자아내는 프랑스의 농촌 이야기와 달리, 영국의 민간 설화는 "용감하지만 게으르고 착하지만 머리가 나쁜 잭스Jacks와 쟉스Jocks" 같은 이야기로 넘쳐났다.[34] 그로스는 속어사전에서 사이먼의 다양한 어리석은 행동을 포착하여 거리 속어를 정의했다. 예컨대, "사이먼은 6펜스짜리 동전, 심플 사이먼은 선천적 바보, 사이먼 서크에그Suck-egg는 썩은 오리알 하나에 아내를 판 남자"라고 했다.[35] 여기서 6펜스짜리 동전은 쉽게 "구부러지고 찌그러진" 동전이라는 의미다.[36] 사이먼 서크에그 압운rhyme은 남에게 잘 속고 돈의 가치나 심지어 가족 관계조차 이해하지 못하는 백치를 통렬히 조롱하는 의미가 담겨 있다. 심플 사이먼은 적어도 16세기부터 담시(ballad, 중세시대 음유시인들이 불렀던 시와 노래 형식-편집자)를 통해, 그리고 1764년부터 소책자를 통해 두루 회자됐던 압운으로[37] 생존의 필수 요건을 이해하는 능력과 학습 능력이 결여된 사람을 압축해서 표현한다. 한 이야기에서 심플 사이먼이 파이 장수에게 파이 하나만 달라고 하자, 파이 장수는 '먼저 네 돈을 보여줘'라고 말한다. 그러자 사이먼은 이렇게 답한다. '선생님, 돈은 없는데요.'

집단 기억의 일부가 된 유명 통속 소설 외에도 심플 사이먼을 다룬 이야기는 더 있다. 18세기 독자들이 접한 사이먼이 한결같이 독특하고 지속적으로 재미를 주는 특징 중 하나는 남성성의 결핍이다. 사이먼은 다정한 어머니의 지도를 받거나 성질이 포악해 늘 화가 나 있는 아내에 눌려 있기 때문에 제대로 살고 있지 않다는 비난을 받았다. 〈가엾은 사이먼Poor Simon〉이라는 시는 폭력적인 술꾼 아내 마저리와 살고 있는 불운한 바보에 대한 이야기로, 사이먼이 상습적인 폭력에 시달리는 모습이 그려져 있다.[38] 마저리는 끊임없이 사이먼의 귀나 코를 잡아당기고

커다란 몽둥이를 휘두르며 '그가 눈물을 철철 흘릴 때까지 구타'한다. 사이먼이 간단한 일도 처리하지 못할 때마다 마저리는 폭력을 휘두른다.[39] 우둔한 사이먼은 남자구실을 제대로 할 수 없어 가족의 생계와 생존을 위협했고, 이 때문에 매우 불안정하게 애증의 대상인 가족한테 경제적으로 의존할 수밖에 없다. 그런데 두 사건을 계기로 사이먼은 안정된 지위와 생존을 확보하게 된다. 사이먼의 (어설픈) 자살 시도와 마저리의 몽둥이질이 있고 난 후, 동정심 많은 이웃들이 그를 자신들의 집으로 데려간 다음 그의 아내를 호출한다. '사람들이 부르면, 그녀는 언제나 나타났다. 그리고 술을 잔뜩 마신 후에 그들은 화해했다.' 이런 취중 화해 후(카나리아 제도산 백포도주나 셰리주를 잔뜩 마신 후)에,

이웃들은 유쾌한 기분으로 그를 침실로 들여보냈는데,
그날 밤 그는 확실히 아내를 즐겁게 했으므로,
이제 그는 행복하게 살 수 있다.[40]

마조리의 상습 구타와 이 때문에 자살을 시도하는 사이먼의 이야기는 유머와는 거리가 멀다. 그래서 공동체의 개입이 필요하다. 이웃들은 사이먼이 아내를 성적으로 만족시킬 수 있음을 보여주면서 그의 남성성을 확인시키고 그에 맞는 '적절한' 지위도 요구한다. 이런 식으로 공동체는 사회질서나 성 역할을 위협하는 모든 요인을 차단하여 행복과 번영을 꾀하고 질서와 안정을 회복한다.

심플 사이먼과 그의 포악한 아내 마저리는 폭력적이고 이해할 수 없는 관계에 갇힌, 뇌가 없는 남성과 자제력 없는 여성으로 반복해서 그

려졌다. 그들 사이의 폭력은 극단적이다. "감각도 지성도 없어" 보이는 심플 사이먼은 "얼빠진 사람처럼" 여러 사건 앞에서 무력하고 무감각한 자세로 서 있다.[41] 마저리는 몽둥이로 그를 구타하고('머리를 쾅쾅 때려서 피가 철철 나도록') 꽁꽁 묶어서 장작 위 바구니 안으로 밀어 넣어 밤새 뜨거운 불로 가열한다. 나중에 마저리는 "그의 머리에 뚝배기를 날려 피가 귀까지 흘러내리게 했고" 개처럼 채찍으로 후려쳤다.[42] 학대를 견딜 수 없을 때마다 무력한 바보 사이먼은 훌쩍거렸고, 보다 못한 주민들이 나서서 마저리에게 폭행을 멈춰달라고 애원한 후에야 질서가 회복된다.

> 그녀는 (…) 이웃들이 와서 진정하라고 할 때까지 계속 그를 구타했다. 그녀가 말하길, (…) "저놈은 내가 없으면 아무것도 아니에요. 그러니까 그가 나를 모시고 살아야 해요." 주민들이 매질을 멈춰달라고 애원한 후에야, 그녀는 사이먼을 용서했다.[43]

이런 이야기에서 알 수 있듯이, 백치는 일개 바보지만(그리고 불운하고 성가시며 쓸모없기까지 하지만) 지역사회가 그를 책임진다. 백치는 지역사회 안에 살면서 그 일원이 되므로 그를 향한 폭력은 멈추어야 하며 그 자신과 타인으로부터 보호받아 마땅하다. 그렇지 않으면 공동체 질서가 무너지고 성 역할이 전복되어 매우 위협적일 수 있다. 좋든 싫든, 백치는 질서정연한 공동체의 일원이므로, 이로 인해 발생한 불안은 바로잡을 필요가 있다. 그의 불운은 용인되겠지만 마저리의 충격적인 남성적 폭력 및 분노와 마찬가지로 통제돼야 할 것이다.

사이먼 이야기 외에 담시와 구전설화에는 지능은 떨어져도 마음이

착한 많은 인물들이 등장한다. 그들의 우둔함은 성공하는 데에 방해만 된 게 아니라 착한 성품으로 상쇄되는 경우도 많다. 유명한《잭과 콩나무》에서 멍청이 잭은 "가족이 키우던 소를 콩알 몇 개와 교환한 후 부자가 된다."[44] 다른 이야기에 나오는 쾌활한 조셉 졸리보이는 "사실에 대한 명확한 이해"와 재치 덕분에 장애를 극복한다.[45] 모자람과 아둔함은 조롱의 대상일 수 있으나, 한 익명 작가의 말처럼 "바보 가족은 영국의 여느 가정처럼 아주 오래전부터 존재했다"는 사실을 떠올려야 한다.[46] 심플 사이먼이라 불린 사람들은 언제나 예상한 대로 '지시받은 일을 다 하고, 들은 말을 모두 믿었다.' 하지만 독자는 "순진함은 미덕이지, 어리석음은 아니다"는 말을 기억해야 한다.[47] 지능은 낮지만 착한 심성을 가진 것에 대해 어떤 감동과 충정 같은 것을 느끼는 영국인도 있었다. 백치처럼 바보 같고 단순한 사람들은 당혹스럽게 하고 귀찮게 할지언정 부자와 빈자 모두가 인정하는 사회질서 안에서 확실히 제 자리를 차지하고 있었다. 이들은 바보 같다는 이유로 괴롭힘을 당하거나 추방되기보다 그저 놀림을 당했을 뿐, 오히려 이런 취약함 때문에 지역사회의 보호를 받으며 순수함과 정직함으로 칭송받았다.

앞의 심플 사이먼의 이야기처럼 18세기 내내 오쟁이 진 무능한 남자는 백치 남성의 전형적인 모습이었다. 속어에서 "오쟁이 진 놈"이라는 표현은 어리석고 나약할 뿐만 아니라 "아내와 동침한 적이 없는" 남자를 의미했다.[48] 농담꾼들은 8년간 자식 없이 살다가 갑자기 임신한 아내를 보고 놀라서 "나와는 전혀 상관없는 일"이라고 외치며 아이의 친부는 자기 사촌이라고 천진난만하게 말하는, 남을 잘 믿고 남에게 잘 속는 순진한 백치 남편을 조롱했다.[49] 1745년 한 풍자 만담집에는 또 다른 멍청한 심플 사이먼이 친구 토머스에게 자신의 아름다운 아내 수잔과 입맞춤을 해달라고 부탁하는 장면이 나오는데, 사실 그 둘은 바람을 피우고 있었지만 사이먼은 전혀 모르고 있었다.[50]

하지만 같은 백치라도 성적인 면으로 불행한 결혼 생활을 하는 사람과 지능은 낮아도 성적으로 뛰어난 사람의 운명은 크게 달랐다. 존 클리랜드John Cleland의 외설적인 소설《패니 힐Fanny Hill》(1748-49)에서 동명의 여주인공은 갓 시골에서 올라 온 윌이라는 하인을 유혹한다. 그는 "대단히 잘생긴 젊은이"였을 뿐만 아니라 "얌전하고, 순진하며 얼굴을 잘 붉히는 숙맥으로, 완벽한 존재"였다.[51] 남자의 몸을 잘 아는 패니도 윌의 바지를 벗기고는 "소년이나 일반 성인 남성의 것과는 차원이 다르며, 혹시 비교 대상이 있다면 젊은 거인의 것이라 할 만큼 거대한 그의 물건"을 보고 깜짝 놀란다.[52] 클리랜드는 "바보의 방울은 귀부인의 노리개"라는 유명 속담을 언급하며[53] 백치와 성적 능력의 연관성을 강조한다. 여기서 '방울'은 그로스의 속어사전에 고환을 가리키는 말로 등재되어 있다. 백치의 과도하게 큰 생식기가 그 자신에게 도움이 된다고 믿는 이유는 신체나 정신 장애가 다른 영역에서 특별한 재능으로 보상된다고 생각했기 때문이다. 클리랜드는 바보 윌에 대해 이렇게 썼다. "하늘은 그에게 고귀한 지성 대신 육체적 재능을 선물로 주었는데, 요컨대 육체에 너무 많은 능력을 주었으므로 머리에 너무 적은 능력을 준 것에 미안하지 않았을 것이다."[54] 성적 능력이 뛰어난 백치의 이미지는 '무식한 수컷'이라는 표현에 압축되어 있다. 여기에는 "둔하고 느리고 활기 없는 사람"과 "크고 이완된 성기"라는 뜻이 모두 담겨 있다.[55] 1760년에 출판된《바보 톰 이야기The history of Tom Fool》에서도 그런 내용을 다루었는데, 이 책의 주제는 "하늘이 '부족한 지능'을 신체 기능의 '충만함'으로 보상해준 탓"에 당시 바보 가족의 수가 크게 늘었다는 이야기다.[56] 《패니 힐》의 월처럼, 톰도 지능은 떨어지지만 육체적인 매력을 지니고 있었다. 어느 날 한 귀부인의 하녀가 신발 끈이 풀린 그를 보고 이렇게 말했다. "그는 아주 무식하고, 수줍음도 많고, 상당히 모자라고, 순진하지만 그가 나를 덮칠 경우, 나는 용서할 것 같다."[57]

나중에 패니는 딕이라는 온순한 젊은이를 만난다. 여기에서 '온순하다'는 말은 다루기 쉽고 고분고분하다는 의미뿐만 아니라, 더 중요하게는 성적 능력이 훌륭하다는 의미도 있었다. 딕은 동네 초라한 꽃장수로, '말을 해야 할 때 대여섯 가지 동물 소리'로 더듬거리는 '완전한 백치'였다. 그는 행색이 남루하지만 "잘생기고 건장하며 균형 잡힌 몸매를 가지고" 있었다.[58] 패니와 그녀의 친구가 그를 유혹하면서 그가 "귀한 신체적 보물을 가진 것"을 알았고, "그것의 크기가 어마어마해서 특별하리라 예상했다 하더라도 측정이 어려울 정도로 압도적인 크기가 기대를 뛰어넘어 깜짝 놀라고 말았다."[59] 딕의 지적 장애는 월보다 중증이었으므로, 그에 비례하여 그가 받은 육체적 보상도 훨씬 컸다. 백치가 잘생기고 성적 매력이 있고 자유분방할 것이라는 대중의 인식은 독일의 어느 숲에서 발견된 '야생소년 피터'가 1726년 하노버 궁정에 왔을 때 뚜렷이 드러났다. 신하들은 그 백치 소년이 "화끈한 정력"을 가졌으리라 잔뜩 기대했지만 그가 여성들에게 무관심하다는 사실에 실망한 것으로 알려졌다.[60] 그 백치도 야성적인 사람처럼 저항할 수 없는 성적 매력을 지녔을 수 있다.[61] 특히 백치에 대한 이런 인식에는 위태로움과 혐오 또는 꺼리는 감정이 들어 있지 않았으므로 백치와 성관계를 맺는다는 생각도 금기시되지는 않았다.

가장 넓은 의미에서 백치를 육체적, 정서적, 언어적, 도덕적으로 음란한 사람으로 묘사하는 행동에는 상반된 감정이 들어 있었다. 다양한 영역에서의 음란성은 통제력과 자제력 부족에서 나왔다. 이런 점이 속어에 반영됐다. 어리석음에 언어통제불능이 합쳐졌다. 이런 이유로 '떠버리blab'는 아는 것을 전부 지껄이는 바보라는 의미를 갖게 됐다. 이치에 닿지 않는 말을 늘어놓는 헛소리꾼은 스푸니spoonys, 래들페이트rattle-pates, 블러버blubbers로 불렸다. 백치의 얼굴 표정은 아무 이유 없이 활짝 웃는 등 자신이 드러내려는 감정과 전혀 연결되지 않았다. 그로스의 사전에 따르면, 'grinagog'의 뜻은 늘 '이유 없이 웃는' 바보였고, 'flearing fools'는 히죽히죽 웃는 한심한 녀석이었다. 백치는 느리고 서툴러 나무토막처럼 둔한 몸을 겨우 움직일 수 있어 투박하고 굼뜨고 칠칠치 못했다. 이 모든 단어는 둔하고 멍청한 녀석이라는 의미였다. 또 'drumbelo'는 덜 떨어지고 바보처럼 꾸물거리는 사람이란 뜻이다.

이렇게 몸과 마음을 통제하지 못하는 모습은 자제력을 기대하는 사회와 충돌했다. 그 이유는 몸을 통제하는 능력이 사회적 지위를 나타내는 지표가 됐기 때문이다.[62] 사회의 기대와 개인의 행동 사이에 발생한 이런 불균형 속에 각종 유머가 번성했다. 행동 규범에 관한 책들은 새로운 기준으로 공중위생과 수치심, 사려 깊은 마음, 서로가 마땅히 지켜야 하는 공공 예절을 심어 주고자 했다. 프랑스의 행동 규범을 만든 장 바티스트 드 라살Jean-Baptiste de La Salle은 1729년 이렇게 권고했다. "윗사람이든 아랫사람이든 다른 사람과 있을 때 소리가 나지 않더라도 몸에서 가스를 방출하는 것은 대단히 무례한 행동이며, 남이 들을 정도로 큰 소리로 가스를 방출하는 행동은 수치스럽고 대단히 부적절하다."[63] 30년 후, 백치를 다룬 만담집 속 등장인물은 이렇게 떠벌렸다. "어떤 멍청한 녀석이 뒤에 여자들이 있었는데도 천둥소리(방귀)를 낸 다음, 자기 등 뒤에서 아주 친밀한 관계를 맺었다고 말했다네." 여기서 핵심은 통제되지 않는 몸과 절제되지 못한 마음의 연관성을 강조했다는 점이며, 이때 관찰자는 그 바보에게 이렇게 말한다. "그대의 '테일'(엉덩이)이 훨씬 말을 잘하는군. 그대의 '테일'이 그대의 '혀'보다 좀 더 지혜로운 '테일'(이야기)을 말하기 때문일세."[64]

또한 라살은 "우리가 굴복하기 쉬운 신체적 욕구에 대해 언급하는 일조차 적절하지 않다"고 강조해서 말했다.[65] 그런 생리 작용에 대한 언급을 금지하는 명령은 중세 때부터 발전해온 요구 사항과 뒤섞여, 깨끗한 일은 오른손을 사용하고 지저분한 일은 왼손으로 처리하여 위생을 개선하라는 것이었다.[66] 그런즉 인사할 때 다른 손을 사용한 바보 이야기와 그가 그렇게 한 이유에 대한 설명은 두번이나 놀라게 한다.

한 선천적 바보가 '손'을 내밀라는 주인의 명령에 바로 왼'손'을 내밀었고, 그의 주인이 그를 책망하며 주인에게는 '오른'손을 내밀어야 한다고 말했다. 그러자 그 바보는 이렇게 말했다. "앗 저런, 주인님. 당신이 저보다 더 '바보'인 거 같아요. 제가 매일 제 엉덩이를 닦는 '손'을 어찌 훌륭하신 주인님에게 내밀 수 있겠어요. 그건 정말 부적절한 '일'이니까요."[67]

이런 유머는 백치가 할 수 있는 일과 사회가 요구하는 기준 및 기대 사이의 괴리를 보여준다. 사회적 기대 및 기준에 대한 무지와 이로 인해 나타나는 끊임없는 무례한 행동은 조롱거리가 되면서 명확하게 백치인 사람들이 점점 주류에서 멀어진다는 사실을 의미했다. 그러나 이와 함께 '현실에 적응하기modernize'를 한사코 거부하는 백치의 모습에는 어떤 즐거움이 있었다. 라살과 그 밖의 사람들이 모욕하는 말과 예의범절 및 매너에 관한 권고는 그저 하나의 욕설이자 훈계일 뿐이었다. 18세기 사회는 작가들이 권했다고 해서 예의범절과 개인위생이 저절로 지켜지는 곳이 아니었다. 이론과 실제 사이에는 자주 익살스러운 괴리 현상이 관찰됐다. 예의범절이 이상이고 권고라는 것은 예의를 이야기해도 전혀 지켜지지 않는 무례한 세상이기에 정확한 표현이었다.[68] 사람들은 자신의 욕구를 다스리고 예의범절을 지키려 필사적으로 노력했다.[69] 1740년에 나온 《예의바른 행동에 관한 글An Essay on Polite Behaviour》에는 이런 내용이 있었다. "'인간'은 '자기 자신의 주인'이 돼야 하고, 자신의 '말'과 '몸짓'과 '욕구'를 다스려야 한다. 그러면 불쾌한 일을 피할 수 있다."[70] 일기 작가 애나 라펜트Anna Larpent는 이렇게 썼다. "사람은 '세상'에 맞춰 살아야 한다. 나는 올바른 의도로 모든 일을 할 것이다. 나는 이 세상에서 위장하는 법을 익혀야 한다."[71] 이런 익살스러운 풍자는 몸을 통제하지 못하고 예의에 벗어나는 바보 주인공들의 행동만 겨냥하지 않았다. 이들 때문에 기분이 상하고 당황하며 이들과 다르게 보이려 몹시 애쓰던 사람들도 풍자 대상이었던 것이다.

자신의 몸을 통제하지 못하는 백치를 가장 극단적이고 반복적으로 묘사하는 이미지는 입을 벌린 채 침을 질질 흘리는 모습이었다. 사람들의 상상 속 백치는 늘 입을 벌리고 있고 돌출된 아래턱에 경첩이라도 달린 듯 아랫입술이 아래로 축 늘어져 있었다. 벌어진 입은 얼굴 모습과 표정이 통제가 안 될 뿐만 아니라 무슨 일이 벌어지고 있는지에 대한 어리둥절함을 의미했다. 백치는 "입을 반쯤 벌리고" 거리를 배회했는데, 속어사전에도 "무엇이든 입을 벌리고 빤히 쳐다본다는" 구절이 들어 있다.[72] 백치는 늘어진 턱 때문에 "갈고리gab"라는 별명을 얻었다.[73] 만담집에는 어리둥절한 표정으로 런던 거리를 헤매면서 서로를 "반쯤 풀린 입"이라고 부르는 시골뜨기 백치들이 있으며,[74] 교리 문답 시간에 무슨 "네덜란드어라도 들은 것"처럼 "입을 벌리고 서 있는" 시골 바보 청년들의 모습이 나온다."[75]

입이 열려 있으니, 이 출구로 내부 체액이라 할 수 있는 침이 흘러나오는 것은 당연하다. 앞서 목수의 머리를 잘랐던 바보는 "침이 흘러내릴 때까지" 자기가 한 일을 떠올리며 터져 나오는 웃음을 통제하지 못했다.[76] 1715년 연감으로 큰 인기를 얻었던 《체셔의 예언가 닉슨Nixon's Cheshire Prophecy》의 주인공 로버트 닉슨은 찰스 2세 시대에 "일개 백치"로, 아마 가짜 예언가였을 테지만 많은 사람들은 그가 노스트라다무스처럼 중대한 정치 사건을 예측하는 신비한 힘을 가졌다고 믿었다.[77] 닉슨은 "간결하고 재치 있는 말로 엄숙하고 신성하게" 예언할 수 있었지만 "영감을 받지 못하면 상식적인 말도 할 수 없는 바보"였다.[78] 전형적인 백치처럼 식욕을 통제할 수 없었던 그는 왕실 주방에서 고기를 훔쳐 먹는 등 자꾸 말썽을 부렸던 까닭에 궁중 요리사들이 그를 벽장에 가두기도 했다.[79] 그는 먹고 마시는 일이나 가스를 배출하는 일 모두 통제하지 못했다. 백치는 침을 질질 흘리면서 의미 없는 말들을 장황하게 늘어놓는 모습으로 자주 묘사됐다.

어떤 경우에는 수려한 외모에 백치 상태가 가려지기도 했다. 버니의

《카밀라》에서 유지니아의 아버지는 딸이 "이목구비가 뚜렷하고, 늘씬하고, 아름다운" 젊은 여성과 "우연히" 마주치도록 계획을 세운다.[80] 어여쁜 여성을 본 유지니아는 처음엔 자신의 추하고 기형적인 외모에 절망하지만, 곧이어 이 아름다운 이방인이 실없이 주절대는 것을 보고 깜짝 놀란다. 유지니아가 인사를 건네자, 그녀는 "1실링만 주세요!"라고 말하면서 "침을 질질 흘렸고 이 때문에 조각처럼 아름다운 그녀의 턱이 도리어 역겹게 느껴졌다."[81] 유지니아는 아버지가 가르쳐 주려 했던 교훈, 즉 "지성이 없는 아름다움은 신체적 장애보다 끔찍하다"는 사실을 즉시 이해한다.[82] 백치라는 사실은 변장을 통해 일시적으로 감출 수 있을지는 몰라도, 밖으로 흘러나오는 체액과 터져 나오는 무의미한 말들을 통제하지 못하는 머리 때문에 언제라도 들통나기 마련이었다. 백치의 이런 이미지는 1757년에 나온 《유쾌한 친구Merry Fellow》에 수록된 〈어여쁜 백치The Handsome Idiot〉라는 음울한 시에도 잘 드러나 있다. 시인은 '눈이 밝게 빛나는 천상의 아름다움을 지닌' 젊은 여성을 본 순간을 이렇게 표현한다.

> (…) 그 어여쁜 백치가 입을 열자마자,
> 앵두 같은 입술에서 바보 같은 말이 터져 나왔다.
> 향유처럼 줄줄 흐르던 그 헛소리가 내 상처를 치유하리라.
> 그녀의 눈은 얼마나 매혹적인지, 또 그녀의 혀는 얼마나 자유로운지[83]

이 묘사에서 백치는 굵고 단단한 머리와 몸은 감출 수 있지만 머리에서 흘러나오는 공허하고 무의미한 말들을 억제하지 못한다. 백치 같은 모습은 조금씩 새어 나와 천천히 흘러 햇빛 아래로 뚝뚝 떨어지고, 턱에 남은 자국이나 무의미한 중얼거림이 분명해지자 역겨운 무언가로 바뀌었다. 라살은 침이 흘러내리지 않게 잘 감추어야 한다며 이렇게 주장한 바 있다.

여러분은 자신의 옷이나 다른 사람의 옷에 침이 떨어지지 않도록 대단히 주의해야 한다. (…) 만약 자신의 침이 땅에 떨어진 것을 보게 되면, 즉시 발로 문질러 교묘히 그것을 없애야 한다. 만약 다른 사람의 겉옷에 침이 튀었다면, 그것을 알려주는 행동은 예의가 아니다. 그때는 하인을 시켜 제거하게 한다. (…) 왜냐면 다른 사람이 기분 나빠하거나 당황할 일로 주의를 끌지 않는 것이 올바른 예의범절이기 때문이다.[84]

분명 모든 사람들, 특히 하층민들은 라살의 지침을 따르지 않았지만, 대부분은 의지만 있다면 예의범절을 지킬 수 있었다. 하지만 이제 사람들은 자기도 모르게 침을 흘리는 백치는 예의범절을 지키라는 강력한 권고를 따를 능력이 없다는 사실을 알게 됐다.

예술 작품과 풍자만화

18세기 말 풍자만화 안내서에도 백치 모습을 시각화한 표현이 등장한다. 알렉산더 뷰고Alexander Beugo가 1801년에 정리한 '쉽게 알아볼 수 있는' 열다섯 가지 인물 유형에는 '우둔stupidity', '경우simplicity'와 함께 '백치 모습'이 들어 있다. 덥수룩한 머리에 살짝 웃는 모습, 반달 모양의 짙은 '송충이 눈썹', 늘어진 코, 처진 아랫입술, 늘어진 턱, 아래를 응시하는 반쯤 감은 듯한 눈, 희미하지만 틀림없는 침 한줄기가 입가에 흘러내리고 있는 모습이다. 여기서 뷰고는 인격과 성격 유형이 얼굴 특징으로 나타난다는 믿음이 점점 체계화되고 있었던 18세기 말에 관상학이 '과학'이고 불변의 지식임을 증명하고 있었다.[85] 예술가와 관객은 외모로 인간 유형을 구분할 수 있다는 생각과 가정을 거의 무의식적으로 공유했다.[86] 18세기 관객은 관상학적 시그널을 통해 즉시 얼굴을 파악하고 그 구조를 이해했다.[87] 얼굴에서 그 사람의 도덕관과 인격을 읽을 수 있다는 이 같은 관상학적 믿음은 1810년까지 55판을 찍을 정도로 엄청나게 인기를 끈 요한 카스파르 라바터Johann Kaspar Lavater의 《관상론Essays on Physiognomy》(1774-78)에서 체계화되면서 사람들의 머릿속에 형성되는 시각적 이미지의 기본 토대가 됐다.[88, 89] 풍자만화가 제임스 길레이James Gillray는 1798년 이렇게 요약한 바 있다. "사람의 마음을 알고 싶다면 그 사람의 얼굴을 들여다보라."[90] 관상학이 이런 식으로 주장할 수는 있어도 증거에 기초한 과학은 아니었다. 관상학은 각양각색의 코와 눈, 턱과 이마의 차이점을 포착하여 그 의미를 지식화하면 얼굴 특징으로 가치 판단을 할 수 있다는 일종의 속설이었다.[91] 그러므로 풍자만화는 백치에 대한 대중의 생각과 가정을 파악할 수 있는 중요한 통찰을 제공한다.

뷰고가 보기에, 백치와 비슷한 유형은 여러 가지가 있다. '백치'처럼 처진 아랫입술과 늘어진 턱, 눈을 반쯤 감은 '우둔stupidity' 역시 주먹코와 옆에서 보면 뒷머리가 볼록하게 돌출된 기형적인 머리를 지녔다. 이런 모습은 우둔한 사람은 동물과 비슷한 감정과 욕구, 성향을 지녔다는

알렉산더 뷰고Alexander Beugo, 《15가지 쉬운 풍자만화 그리기Fifteen Easy Lessons in Caracature》에 수록된 '백치' 얼굴의 상세 그림. 1801년. 점묘법을 사용해서 손으로 채색한 에칭화.

점을 시사했고, 두뇌 앞쪽에 있는 곧고 크고 건강한 이마가 암시하는 인지 능력과 상반되는 머리 아래쪽에 이런 것들이 있다고 믿게 했다.[92] 이런 이유로 우둔한 사람은 거리 속어에서 표현되고 있었던 크고 육중한 머리의 '대갈장군jolter head'에 좁은 이마와 아무 생각 없는 게으른 동물의 둔한 이미지로 시각화됐다. '경우'의 얼굴 모습은 뭉뚝한 들창코와 벌어진 입으로 묘사됐다. 사람들은 동물처럼 생긴 얼굴에 작은 코가 낮은 지능을 암시한다고 생각했다. 뷰고가 묘사한 '경우' 얼굴에서 보듯 콧구멍이 살짝 위로 들린, 이른바 '옛날 중국인celestial' 코는 해롭고 교활한 사람임을 암시했다.[93]

완전한 백치와 경우의 두드러진 차이는 경우가 지적 결함이 있음에도 조금이나마 세상에 참여할 수 있는 능력을 가지고 있다는 점이었다. 그런데 이런 구분은 19세기 초 파리 대형 병원에 있는 의학 이론가들이

알렉산더 뷰고Alexander Beugo, 《15가지 쉬운 풍자만화 그리기Fifteen Easy Lessons in Caracature》에 수록된 '우둔 상태' 얼굴의 상세 그림. 1801년. 점묘법을 사용해서 손으로 채색한 에칭화.

치우의 특징을 묘사하면서 시작된 대단히 비도덕적이고 기만적인 악의적 방식이었다.[94] 백치와 해로운 경우 사이에는 대체로 우둔하더라도 무해하고 감정을 느끼지 못하지만 동물 같은 두뇌가 있어, 다른 사람이 부추기면 느릿느릿 하찮고 힘든 일을 수행할 수 있는 '우둔'도 있었다. 백치와 우둔, 경우를 그린 풍자만화에는 공통점이 있었다. 모두가 (확고하게 직각을 이뤄 '턱이 나오지 않은' 보통 사람의 턱과는 달리) 돌출된 아래턱과 경사진 이마, 두껍게 늘어진 입술을 가지고 있다. 이런 모습은 그들의 낮은 지능과 타고난 비천함을 나타냈다.[95] 하지만 풍자만화가 이들 얼굴에 나타난 중요한 차이점을 보다 교묘하게 암시하는 것은 능력과 위험도에 따라 매긴 서열이었다. 즉, 백치는 가장 무능력하고, 경우는 가장 위험한 사람이었다.

그렇다면 백치 얼굴의 특징은 어떨까? 길레이의 풍자만화 〈얄궂은

알렉산더 뷰고Alexander Beugo, 《15가지 쉬운 풍자만화 그리기Fifteen Easy Lessons in Caracature》에 수록된 '경우 상태' 얼굴의 상세 그림, 1801년, 점묘법을 사용해서 손으로 채색한 에칭화.

날씨Very Slippy-Weather〉(1808)를 보면, 한 신사가 최신 온도계로 기온을 확인하는데 너무 열중한 나머지 그만 빙판에서 미끄러진다. 신사 뒤에는 몇 사람이 등을 보인 채 모여 서서 판화점print shop 창가에 걸린 길레이의 그림을 보고 있다. 사람들에게서 약간 떨어진 곳에는 어린이인지 성인인지 쉽게 가늠할 수 없을 정도의 키에 작고 낮은 들창코 얼굴 모습을 한 사람이 미끄러진 신사나 그림 따위에는 아랑곳하지 않고 반쯤 감은 눈으로 어딘가를 보고 있다. 그의 등은 구부정하고, 무릎도 하급자의 자세로 약간 휘어져 있다. 또 지나치게 두툼한 돌출 입술은 아래로 처져 있고 경사진 이마에 송충이 눈썹과 늘어진 주걱턱과 헝클어진 머리가 지저분하게 모자 밖으로 나와 있다. 이런 백치의 모습은 18세기 말과 19세기 초 풍자만화에 자주 등장한다. 언제나 현장에서 약간 벗어나, 사건에 관여하지 않는 모습과 아이도 어른도 아닌 어중간한 체형에 손질하지

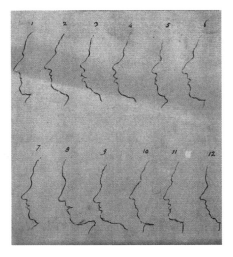

않은 더벅머리 등 관상학적으로 지능이 낮은 사람의 모든 특징을 지니
고 있다. 하지만 길레이 풍자만화의 핵심은 조크가 애정 어린 시선으로
그려진 백치가 아니라 엉덩방아를 찧는 헛똑똑이 신사라는 점에 있다.

이처럼 풍자만화에 나타난 백치에 대한 인물 묘사는 한결같이 자주
하인 역할로 등장하고 구부정한 다리와 벌어진 입, 깜짝 놀라거나 어리
둥절한 표정을 지으며 주변에서 벌어지는 일들에 대해서는 무심한 모
습이다. 한 그림에서는 아주 작고 기운 옷을 입고 있는 백치 하인이 멍
한 표정을 지은 채 에드워드 제너Edward Jenner가 발견한 우두 백신cow-pock
vaccine이 든 용기를 들고 있다. 또 다른 그림에서는 벼락부자가 된 농부
자일스의 집에서 시중을 드는 백치가 어설프게 빵 바구니를 들고 오다
가 빵이 떨어지고 술잔과 쟁반은 위태롭게 기울어져 있다. 또 어떤 백
치 하인은 주인 아가씨의 달갑지 않은 구혼자에게 음료를 대접해야 할
지, 말아야 할지 몰라 입을 벌린 채 반쯤 겁먹은 모습을 하고 있다. 뷰고

제임스 길레이James Gillray, 〈얄궂은 날씨Very Slippy-Weather〉, 1808년. 상점 밖 인도에서 미끄러져 넘어지고 있는 노인의 모습. 손으로 채색한 에칭화.

가 정형화한 우둔, 경우 상태의 사람들은 일상이 담긴 풍자만화에서 제역할을 다하고 있는 모습으로 그려졌다. 의료인들이 '정신박약'에 관심을 두기 시작했을 때, 백치의 몸과 얼굴에 관한 의학 지식을 체계화하기 위해 참고했던 자료는 바로 이런 대중의 생각이었다. 프랑스 법의학자 에티엔 장 조르제Étienne-Jean Georget는 1820년 중죄로 기소된 치우를 보고 '좁은 이마와 허약한 체질을 가졌고 나이에 비해 발달이 늦으며 다리를 절고 있기 때문에 관상학적으로 그를 우둔한 사람'으로 여겼다. 또한 "백치 대부분이 머리가 기형이고, 키가 작고, 구루병을 앓고, 낮은 지능이 얼굴에 드러난다고 알려져 있다"고 했다.[96] 위대한 18세기 유명 풍자만화가들이 지능이 낮은 치우의 모습을 그림으로 표현한 덕분에, 대중은 쉽게 그들의 특징을 파악할 수 있었다. 나중에 조르제와 동료 의학 이론가들이 이 지식을 가져다 재구성하여 권위 있는 의학지에 논문으로 발표한다.

제임스 길레이James Gillray, 〈얄궂은
날씨\Very Slippy-Weather〉, 1808년, 뒤쪽
백치의 상세 그림.

　이처럼 반복되는 이미지는 통해 백치 상태에 대한 당시의 사회적 통념에 영향을 미쳤다. 경계인으로 살았던 불운한 백치들은 유머의 소재가 되기도 했지만 대개는 상냥하여 고용인으로 살았다. 가족과 함께 지역사회에 살면서도 자주 존재감 없이 쉽게 잊히고 한쪽으로 밀려나 초라한 존재가 되기도 했다. 간혹 이들이 주목받는 경우는 음료를 엎지르거나, 주문을 잘못 받거나, 불청객을 환대하는 실수를 범할 때였다. 이들은 신체적으로나 사회적으로, 그리고 도덕적으로 미숙했다. 물론 이것은 이들이 뜻밖의 재미도 준다는 사실을 의미했다. 풍자만화에서 이들은 하인으로 등장하는데 실제로도 이 일에 종사한 경우가 많았다. 18세기 형사 재판 기록을 살펴보면, "백치에 가까웠던" 앤 와일드맨처럼 절도 혐의에서 벗어날 경우 여주인이 재고용을 약속한 입주 하인이 있는가 하면, "거칠고 매우 어리석었던" 메리 래드포드처럼 부잣집 파출부도 있었다.[97]
　윌리엄 호가스William Hogarth는 자신의 그림 애호가들이 백치의 전형적

제임스 길레이James Gillray, 〈우두 혹은 새 예방 접종의 놀라운 효과The Cow-Pock; or, the Wonderful Effects of the New Inoculation!〉, 백치 하인(좌측 하단)의 상세 모습, 1802년, 손으로 채색한 에칭화.

인 모습에 익숙하다는 사실을 알았다. 그래서 〈유행 결혼Marriage A-la-Mode〉 연작에서 어리석은 백치 하인이 잘 모르고 약제사의 아내에게 자살용 독약을 갖다줬을 때 이에 격분한 약제사가 뺨을 때리려 하자, 깜짝 놀라 자리에 얼어붙은 백치 하인의 모습을 그릴 수 있었다. 18세기 관객들은 백치 하인을 알아보고 그들의 특징을 이해하는 데 어려움이 없었다. 호가스에 관해 논평한 독일 비평가 게오르크 크리스토프 리히텐베르크Georg Christoph Lichtenberg는 호가스가 백치의 지적 무능력과 낮은 신분을 어떻게 풍자했는지 곧바로 이해했다. 호가스의 그림에서 백치는 다른 하인들처럼 멋진 제복을 입고 있지만 옷이 너무 크고 "단추가 삐뚜름히 채워져 있다." 또 그의 옷 속에 있는 휘어진 두 다리는 "무릎을 굽혀 절을 하며 존경심을 표현하는 자세가 절대로 불가하는 것"을 나타낸다.[98] 관람객에게 보내는 마지막 메시지는 약제사가 백치 하인의 얼굴에 주먹을 날리려는 모습에 있다. 따귀 때리기, 발로 차기, 주먹질 같은 폭력은 18세기 일상에서 흔히 일어났지만, 얼굴을 때리는 행위만은

제임스 길레이James Gillray, 〈학교에서 돌아온 딸 베티를 이웃들에게 자랑하고 있는 농부 자일스와 그의 아내〉, 백치 하인 (오른쪽 끝)이 음료를 들고 가고 있다. 1809년, 채색 에칭화.

금기시됐다. 가해자의 신분이 무엇이든 "사람 얼굴을 때리는 일은 결코 용납될 수 없는 행동"[99]이었으며, 얼굴을 맞은 사람 역시 동물이나 다름없는 지위로 강등됐다. 이 모든 일들, 즉 백치는 용인되지만 경계인이라는 위태로운 신분과 아무것도 할 수 없어 당혹스러워하며 주변에서 벌어지는 중요한 개인적 비극을 거의 파악하지 못해서 벌어지는 우스꽝스러운 상황은, 호가스와 그의 그림 애호가들이 백치 하인이라는 조연 캐릭터minor character를 통해 소통하는 방식이었다.

백치처럼 지능이 낮은 사람들이 자주 조롱거리가 됐던 것은 분명하다. 하지만 일부 역사가들이 주장하듯이, 이것이 18세기 영국에서 백치를 물건처럼 취급하거나 소외시킨 증거는 결코 아니었다.[100] 백치가 웃음거리나 놀림감이 된 것은 이보다 훨씬 복잡한 의미가 담겨 있다. 그것은 바로 백치가 한 개인으로서 사회의 일원으로 받아들여지고 눈에 띄는 존재였다는 사실이다. 물론 조롱이나 비웃음은 불쾌하고 잔인한 행동이므로 누구도 비난을 면할 수는 없다. 사이먼 디키Simon Dickie가 지적했듯이, 만담집에는 "벽에 부딪친 맹인, 창문 밖으로 던져진 난쟁이,

도랑으로 굴러떨어진 절름발이 부인"이 등장한다.[101] 그런데 그런 모습을 보며 웃는 사람들이 웃음을 주는 그들을 물건처럼 취급하는 것은 아니지 않는가. 패니 버니의 《카밀라》에 나오는 알버리 부인은 냉정하고 잔인하다는 비난으로부터, 자신과 보통 사람들을 이렇게 변호한다.

> 보통 사람이 내뱉는 말로 마음을 판단하지 말라. 우리도 자주 선한 생각을 품으며, 옳은 말만 하려는 신중한 사람이거나 잘못된 것을 말하기 싫어하는 진지한 사상가들처럼 선량한 사람들이다. 그러나 자신도 모르게 잔인한 놀이를 즐기기도 한다.[102]

'놀이' 이면에는 선한 생각과 고운 마음씨가 담겨 있다. 선한 생각과 고운 마음씨를 가진 사람들은 백치가 이따금 조롱받고 '야유'를 받은 만큼이나, 그들의 바람직한 행동에 찬사를 아끼지 않았고 그들을 인정하고 너그럽게 대했다. 조롱과 웃음의 시대에 다른 세계에 사는 사람처럼 무시당하는 것이야말로 가장 소외감을 느끼게 하는 잔인한 운명이 아니겠는가. 웃음거리가 된다는 것은 이따금 불쾌한 일이기는 했지만, 적

윌리엄 호가스William Hogarth, 〈유행 결혼Marriage A-la-Mode〉 연작 중 여섯 번째 그림, '백작 부인의 죽음Death of the Countess', 1745년, 의자에 앉아 죽어가고 있는 백작 부인을 그린 판화.

어도 자신이 속한 사회에서 자기 자리를 차지하고 눈에 띄는 존재라는 표시였다. 그러나 훗날 이들은 별도의 시설에 격리해야만 하는 사람들로 여겨진다.

형사 재판

백치와 치우가 지역사회에 살면서 자신의 존재를 인정받았다는 사실은 중앙형사재판소의 재판 과정에 나온 증거와 정보로도 입증된다. 이런 자료들은 당시 이들이 어떻게 가족과 직장동료, 이웃들과 함께 구성원의 일부로 살았는지 잘 보여준다.

심각한 지적 결함은 결혼을 막는 절대적 요인이 아니었다. 존 토머스는 그의 장인에 의해 "백치보다 조금 나은 바보"로 언급됐다.[103] 사라홀러웨이는 체포 후 그녀의 남편과 동행했다. 그녀는 "지능이 낮아 누가 1파딩을 주면 30분간 웃으며 서 있었고, 그래서 사람들은 그녀를 '바

약제사에게 질책받고 있는 백치 하인. 윌리엄 호가스William Hogarth, '백작 부인의 죽음'의 상세 그림.

보 아줌마'라고 불렀다."[104] 이들에게도 직업이 있었다. 여성은 주로 하녀나 파출부, 세탁부 같은 일에 종사했다. "거칠고 매우 어리석었던" 메리 레드포드는 부잣집에서 청소부로 일했다.[105] 어떤 백치는 사회 주변부에서 경제 활동을 했다. 예를 들어, "앞가림도 못할 만큼 매우 어리석고 사리 분별이 안 됐던" 앤 테리는 "신발 갑피를 완성하는" 일을 했다.[106] 이는 그녀가 낡은 신발을 가져와 밑창을 새로 대는 일을 했던 일명 "신발 수리인"이라는 런던의 극빈 여성단체의 일원이었음을 의미했다.[107] "적응에 많은 어려움을 겪었던 반백치" 로버트 밀러는 사람들의 잔심부름을 하며 생계를 유지했다.[108]

어떤 이들은 보다 안정적인 직장에 다녔다. "두세 살 때 개에게 머리를 물어뜯긴" 후 백치가 된 피터 커니포드는 12년간 건축회사에서 노동자로 일하면서 동료들에게 열심히 일하는 정직한 사람이라는 평을 들었다.[109] 남성 백치 대부분이 미숙련 노동자나 하인 등으로 일했지만,

소수는 벽돌공, 목수, 도배공 같은 직업에 숙련공으로 종사하기도 했다. 보통은 다른 사람들의 도움을 받긴 했지만 작은 가게를 운영하는 백치도 있었다. 존 불럭은 에식스에서 주점을 하고 있었지만 "어리석고 순진한 부류의 사람인지라, 운영은 전적으로 그의 아내가 도맡아 했다."[110] 이처럼 백치들은 다양한 환경에서 일을 하며 살았던 사람들이었다. 백치라는 상태 그 자체가 어떤 사람을 규정하지는 않았다. 이들은 원만한 성격을 지닌 노동자로 사회에 도움이 되고 있었다. 백치와 관련된 재판에서 자주 나왔던 질문은 백치 여부보다는 이들의 '생활 모습'이었다.

그렇지만 지역사회에서 차지했던 이들의 지위를 지나치게 낭만적으로 바라봐서는 안 된다. 재판 증거들은 이들이 지속적으로 학대와 조롱을 받으며 살았다는 사실을 보여준다. 증인들이 언급한 내용들이다. "저는 사람들이 그의 얼굴을 까맣게 칠해서 바구니에 넣은 후 굴(배수로)에 던지는 걸 봤어요." "그는 사람들에게 조롱과 야유를 받는 불쌍한 바보예요." "사람들이 그를 괴롭히고 학대하곤 했어요."[111] 나약하고 불쾌한 존재라고 여겨진 사람들은 지역사회에서 배척당하거나 공격받기 쉬웠다. 하지만 모든 폭력 및 학대 사건에는 피해자 편에 서서 옹호해줬던 지역 주민들이 있었다. 지역사회에서 이들의 자리는 위태로웠지만 시간이 갈수록, 심지어 이들을 멸시나 폭력의 대상으로 여긴 사람들로부터 공격을 받을 때조차 흔들림이 없이 자리를 유지했다.

설교

백치를 포함하여 지능이 낮은 사람들에 대한 관대한 태도는 유사하게 감리교 복음 전도자들이 주도했던, 이른바 복음주의 부흥 혹은 '대각성Great Awakening' 시대의 도시와 마을 거리에서 행해졌던 설교에서도 포착된다. 18세기 초 영국 국교회에 저항하고 있었던 아이작 왓츠Isaac Watts 같은 성직자들은 답답하고 영감을 주지 못하는 국교회 대안으로 열정적으로 감정에 호소하는 복음주의를 주창했다. 존 웨슬리John Wesley 와 찰스 웨슬리Charles Wesley 같은 감리교도들은 느슨하게나마 국교회와 관계를 유지하고 있었으나, 이들 역시 전통적인 설교와는 전혀 다르게 대중의 접근을 쉽게 하고 마음을 움직일 수 있는 설교를 했다.[112] 옥외 설교는 1730년대부터 영국 전역에서 수많은 군중을 대상으로 실시됐다.[113]

당시 이런 군중에게 전파된 설교 내용은 주로 지성과 어리석음, 우둔함, 나약한 정신 및 백치 같은 모습에 관한 것이었다. 설교는 모든 사람이 불완전하다는 내용으로 시작하여 모든 장애와 기형, 무능력은 그 자체로 죄가 아니라고 주장했다. 학습 능력과 지능이 뛰어나다고 해서 그 자체가 미덕이 되는 것도 아니었다. 중요한 것은 어떤 능력이나 자질을 부여받았든, 자신에게 주어진 것을 이용하여 실천하려는 의도나 의지였다.[114] 교육을 잘 받은 지식인은 무지한 바보보다 훨씬 죄가 컸다. 그 이유는 그들이 신을 모른다거나 신에게 무관심하다는 핑계를 댈 수가 없기 때문이다. 지성이라는 선물을 남용하면 지옥에 가는 길 뿐이었다.[115] 반면, 정신이 박약한 사람은 제한적인 능력이나마 하나님의 일에 마음을 쏟으면 하나님의 은총을 얻을 수 있었다. 아이작 왓츠는 이렇게 설교했다. "하나님은 모든 사람을 평등하게 바라보신다. 주인이든 하인 이든, 군주든 백성이든, 배운 자든 무지한 자든 상관없이 누구나 자신의 하는 일에 따라 보상받게 될 것이다."[116] 실제로 무지한 바보라도 참된 신자가 될 수 있고, 하나님의 뜻이 있다면 선택받은 자가 될 수 있다. 또 이성과 지성을 갖춘 사람보다 더 큰 은혜를 받을 수도 있다. 즉, "그분 (하나님)은 바보를 택해 겸손한 신자가 되게 함으로써 지성을 뽐내는 교 만한 인간을 비웃기를 즐기신다. 그러므로 누구도 구원을 포기하면 안 된다."[117] 낮은 지능은 일부분 신의 의지였다. 판단력이나 기억력, 지능 의 결함은 어떤 상황에서든 죄가 될 수는 없었는데 신에게서 받은 것 이기 때문이었다. 중요한 것은 인간이 제 능력껏 믿음을 가지려는 의 지였다.

존 웨슬리는 하나님의 말씀에 귀를 기울이지 않고 지성과 학식이 높 았던 사람들에 대한 왓츠의 의심과 경멸을 공유했다. "무지는 지식인 이라 불리는 사람들처럼 그렇게 심하게 눈에 띄지 않는다."[118] 웨슬리의 주장에 따르면, 인간은 신을 알기 전까지 잠을 자는 상태이므로, 자연스 럽게 우리는 모두 무기력하고 어리석고 나태하다. 그러므로 누구도 다 른 사람의 어리석음에 대해 불평할 수 없다.[119] 타고난 장애는 신이 주신 어쩔 수 없는 것이므로 비난받을 수 없다. 사람은 타고난 능력의 범위 안에서만, 그리고 자신에게 할당된 지위 안에서만 제 역할을 할 수 있 다.[120] 웨슬리는 사람의 잘못이 아니기에 누구도 비난받을 수 없는 천부 적 결함을 이렇게 열거했다.

이해력 부족, 침착성 부족, 산만함, (…) 과대망상, (…) 기억력 부족, (…) 말 더듬증, 언어의 오용, 품위 없는 발음.[121]

무지simplicity와 우둔함, 지능의 한계는 악도, 죄도 아니다. 각 개인이 하는 일이 아무리 하찮게 주어진 재능이더라도 최대한 활용하면 그에 따라 은혜를 받는 것이었다. 약하게 태어난 사람이 구원의 길로 느릿느릿 걸어가는 동안 도움을 받아야 할지는 모르지만, 다른 사람들만큼이나 구원받을 기회는 얼마든지 있다. 이런 메시지가 해마다 매일 국교회에 반대하는 사람들과 옥외 설교를 듣기 위해 모이는 군중에게로 전해졌다.

*

농담과 속어, 소설, 풍자만화, 그림, 재판, 설교를 **통해 들여다보면**, 18세기 사회에서 백치(와 치우와 경우)가 부인할 수 없을 정도로 어디에나 존재했다는 사실은 명확하다. 이들은 대개 주변부에 머물렀지만, 어쨌든 항상 존재했다. 중증이라 하더라도 지적 결함 자체가 반드시 소속감을 막는 장애물로 여겨지지 않았다. 우둔한 사람은 신뢰성과 끈기, 정직과 충성 같은 다른 미덕을 지닌 것으로 간주됐다. 이들은 심지어 지적 결함을 육체적으로 보상 받는다는 낭설 때문에 욕망의 대상이 된 경우도 있었다. 설교자들이 지속적으로 강조했듯이, 지적 재능이 있고 고등 교육을 받았지만 부패하고 부정직하며 불경스러운 엘리트보다 정신적인 순박함이 영적으로는 긍정적인 이점이 될 수 있었다.

지능이 낮은 사람들은 어디에나 있었지만 동시에 놓치기도 쉬웠다.

익숙한 얼굴이지만 눈에 잘 띄지 않았으므로, 이들은 존재하되 보이지 않는 사람들이기도 했다. 나중에 밝혀지지만, 바로 이런 이유로 훗날 이들이 대중의 시선에서 멀어지고 다른 사고방식으로 바뀌는 과정이 슬그머니 그리고 조용히 진행된다. 하지만 적어도 18세기까지 이들은 평범한 모습은 아니더라도 일상에서 흔히 만나는 친숙한 존재로 인정받으며 사회에 섞여 살고 있었다.

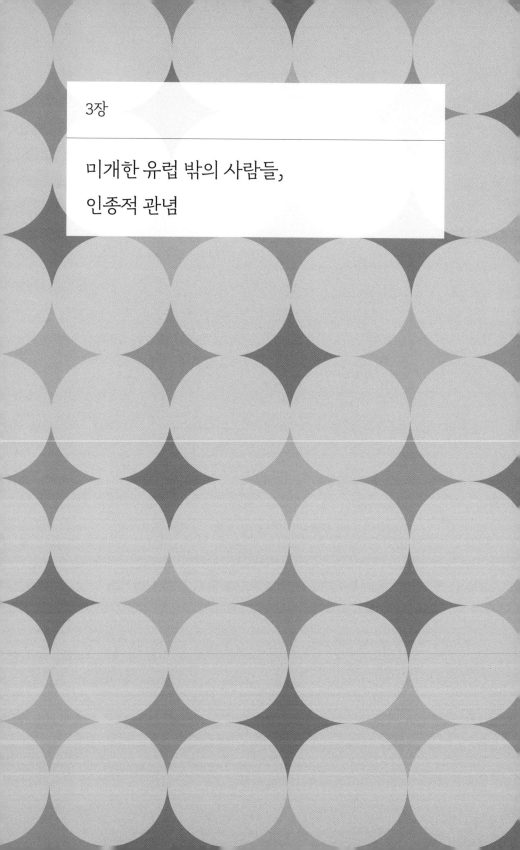

3장

미개한 유럽 밖의 사람들,
인종적 관념

18세기 유럽인들은 이상한 경험을 하게 되는데, 특히 영국인들은 세계 탐험에 열을 올리며 전에는 한 번도 가보지 못한 땅으로 항해하고 여행하면서 새로 접한 풍경만큼이나 낯선 사람들과도 마주쳤다. 계몽주의를 충실히 따르고 합리주의와 과학이라는 문명의 미덕을 소중히 간직해오던 이들은 아프리카, 남태평양, 아시아 등지에서 마주한 새로운 인간 유형을 설명하고 범주화하려 애썼다. 유럽인 방문객도 금방 알아볼 수 있을 정도로 물리적 형태로는 인간이지만, 문화적으로는 너무나 이질적이었던 이 사람들은 대체 누구였을까? 그들 대부분은 문맹이었다. 그들의 언어는 불가사의했고, 사법 시스템은 무자비하거나 아예 존재하지 않았다. 도덕 관념은 아무리 봐도 생경하거나 이상하게 보였다. 그들은 많은 유럽인이 당연하게 여기는 사치와 안락한 삶을 누리는 것 같지도 않았다. 그런데 더 이해 불가한 것은 이런 것들에 철저히 무관심하다는 점이었다. 실제로 그들은 많은 면에서 계몽주의 철학자들이 아주 오랫동안 사색해오던 아득한 과거 속 '원시인'의 생활에서 나아진 게 없는 것처럼 보였다. 탐험가들은 궁금했다. 이 낯선 사람들이 지능이 발달하지 못한 모든 인종을 대표하는 것은 아닐까? 이들을 달리 설명하고 범주화할 수 있는 방법은 무엇일까? 어쩌면 당시 유럽인들에게는 '미개인'으로 생각된 사람들이 옷도 입지 않고 오두막에 살면서 특별히 관심 두는 것 없이 그저 그렇게 지내고 서로 거의 소통하지 않는 것으로 볼 때, 자기 나라에서 다른 사람과 거의 소통하는 일없이 무관심하고 무기력하게 지내는 백치와 같아 보였을지도 모른다. 그렇다면 용맹한 유럽인들이 느끼기에, 더 '진보한' 인도인과 중국인처럼 확실히 어떤 발전은 이루었지만 여전히 유럽의 문명화 기준에 미치지 못하는 인종은 어땠을까? 아마도 자신들이 보기에는 영리하고 이중적이라 해를 끼칠 것 같고 때로는 잔인하게 보이는 '미개인들'이 유럽의 의학서와 법률서에서 존재감을 드러내고 있었던 영리하고 이중적이며 해로운, 때로는 잔혹하기까지 한 치우와 같아 보였을지도 모른다.

지능과 인종을 연관 짓는 이런 불합리한 생각은 18세기 내내 배를 타고 세계를 항해하던 계몽주의자들의 탐험에서 시작됐다. 그리고 오인과 오해로 생긴 이런 비논리적 생각과 도덕적 무지가 낳은 치명적인 파괴적 결과는 300년 동안이나 지속됐다. 그 피해는 온전한 인간의 지위를 누리기에 충분한 지능을 갖추지 못했다고 생각한 모든 인종은 물론 전 인류가 고스란히 떠안았다.

이 복잡한 이야기를 풀어나가기에 좋은 시점은 1770년대로, 당시는 제임스 쿡James Cook 선장의 **인데버호**Endeavour가 세상의 한쪽 끝에서 지금의 호주에 해당하는 대륙 동쪽 해안으로 항해하던 시기였다. 그 사이에 영국의 한 성직자 겸 박물학자는 햄프셔주의 작은 마을에 대한 짧은 자연사 역사서를 출간했다.

1770년 4월 28일, 마침내 순풍이 불어 **인데버호** 선원들은 당시 뉴홀랜드New Holland라 불렸던 땅의 동쪽 해안에 있는 깊은 조용한 만(오늘날 저비스만Jervis Bay1)에 정박했다.2 이 역사적인 유럽 탐험대의 일원으로 함께 배에 타고 있었던 박물학자 조지프 뱅크스Joseph Banks는 낯선 무언가에 주목했다. 만 바로 안쪽에 네 척의 작은 카누가 있고 이 '새로운' 땅의 원주민들이 물고기를 잡고 있었다. "그 사람들은 자신들이 하는 일에 거의 완전히 몰두해 있는 것처럼 보였다. 배가 전방 400미터 가량 가까이 다가갔는데도 그들은 하던 일에서 눈을 떼지 않았다." 뱅크스가 자신의 일기에 썼던 내용이다.[3] 그런 다음, 유럽인과 이 땅의 동쪽에 살던 원주민과의 첫 만남은 더 이상했는데, 뱅크스는 다음과 같이 기록했다.

> 1시에 우리는 여섯 채에서 여덟 채 정도의 집이 모여 있는 작은 마을 쪽에 닻을 내렸다. 그러자 노파 한 명이 아이 셋과 함께 숲에서 나왔다. 그녀는 나뭇가지 몇 개를 들고 있었고, 아이들도 각자 짐을 들고 있었다. (…) 그녀는 이따금 우리 배를 바라봤지만 놀라거나 걱정하는 기미는 보이지 않았다. 곧이어 (…) 물고기를 잡고 있었던 네 척의 카누가 들어왔다. 사람들이 육지에 내려 배를 끌어 올린 다음 저녁거리를 다듬기 시작했다. 언뜻 보기에 우리와 그들 사이 거리가 800미터 정도밖에 되지 않았음에도 (…) 그들은 우리에게 전혀 관심이 없는 듯했다. 그 노파는 무화과 나뭇잎으로 몸을 가리고는 있었지만, 내가 아는 한 그녀가 우리의 조상인 이브를 모방한 것이 아님은 분명하다.[4]

뱅크스와 선원들은 어리둥절했다. 문명의 흔적이라고는 조금도 찾아볼 수 없는 이 벌거벗은 야생의 원시인들은 화려한 **인데버호**와 함께 멋진

윌리엄 호지스William Hodges, 〈오타하이트(타히티) 섬, 마이타비 베이의 모습A View of Maitavie Bay, [in the Island of] Otaheite [Tahiti]〉, 1776년. 타히티 섬에 정박한 쿡 선장의 배를 그린 그림. 캔버스에 유화.

제복을 입은 백인 선원들과 최첨단의 장비를 장착한 선박을 보고도 무관심으로 일관했다. 어떻게 그럴 수 있을까? 자신들만의 세계에 몰두해 있는 그들은 대체 무슨 생각을 하고 있는 걸까? 호기심이라고는 찾아볼 수 없는 이 사람들은 왜 아무런 감동을 받지 않을까?

겉으로는 타히티보다 덜 이국적인, 영국 햄프셔주의 셀본Selborne이라는 작은 마을에서는 박물학자 길버트 화이트Gilbert White가 과거에 목격했던 몇 가지 이상 행동에 관해 골똘히 생각하기 시작했다. 쿡의 첫 항해가 마무리되고 얼마 되지 않을 무렵, 화이트는 20년 전 셀본에 살았던 한 이상한 소년을 기억해냈다. "이 마을에 백치 소년이 살았는데, 그는 어렸을 때부터 벌에 집착했다. 벌은 소년의 음식이자 유일한 장난감이었다. 이 소년은 얼마 안 되는 자신의 모든 재능을 이 한 가지 일에 쏟아부었다."[5] 화이트가 '꿀벌소년'이라 이름을 붙인 이 백치 소년은 벌통을 뒤집어 꿀을 추출하고, 자신이 '꿀벌주'라 부르던 것을 마시기 위해 특별한 기술을 발휘할 때를 제외하고는 아무 일도 하지 않고, 다른 어떤 것에도 관심을 갖지 않았다. "겨울에는 아버지의 집 안에 있는 난롯가에서 꾸벅꾸벅 졸며 시간을 보냈고, 무기력한 상태로 앉아서 벽난로 근처를 거의 벗어나지 않았다. 또 그가 좋아하는 일에 노련미를 발휘하는 것 외에는 아무것도 이해하지 못했다."[6] 화이트는 사람이 어떻게 한 가지 활동에만 몰두하고, 기민하고 능숙하게 그 일을 해내고도 자기 주변에서 벌어지는 다른 일들에는 그토록 무관심하고 무지하며, 사실상 의식조차 하지 못하는지 도무지 이해할 수가 없었다. 화이트는 그 이유가 타고난 백치의 능력 부족에 있다고 생각했다. "이 소년은 얼마 안 되는 자신의 모든 재능을 한 가지 일에 쏟아부었던 것이다."[7] 호기심을 발휘하고 학습이나 다른 지적 발달을 불러일으킬 수 있는 능력이 부족했다는 이야기다.

분명히 매우 이질적이지만 지구의 양 끝에서 동시 발생한 이 두 사건을 연결하고 있는 것은 무엇일까? 하나는 '미개성'에 관한 이야기이고 다른 하나는 '백치 상태'에 관한 이야기지만, 사실 이 둘은 중요한 몇 가지 면에서 서로 연결되어 있었다. 화이트와 뱅크스는 서로 잘 아는 사이였다. 두 사람은 **인데버호**가 항해를 시작하기 직전인 1767년에 런던에서 만났고, 그 이후로도 계속 연락을 주고받았다. 화이트는 뱅크스의 항해 과정을 유심히 지켜봤다.[8] 이 두 사람은 모두 18세기 후반 남성 엘리트 집단의 일원이자 자연 과학자와 자연 철학자로서 관찰 내용과 연구 결과물, 유형별로 세분화한 자료들을 세심히 공유하고 교환하는 사이였다.[9] 서로 밀접하게 연결된 이 지식인 공동체의 작업은 "18세기 후반기를 특징짓는 자연과학의 전지구적인 지식 축적"을 주도했다.[10] 자연과학이 전문 분야가 되기 전에는 자연 과학자들의 관심 영역도 다방면에 걸쳐 있었다. 이들은 동물학과 식물학, 지질학, 천문학, 그리고 당연히 '인간 과학'에도 관심을 기울였다. 화이트가 자신의 고향인 햄프셔의 자연 현상과 함께 집시와 백치를 연구했던 것처럼, 쿡과 그 일행으로 탐험에 나선 과학자들 역시 탐험지의 새와 동물, 암석과 함께 그들이 만난 원주민에 관한 연구도 수행했다. (물론 그들은 탐험지의 지도를 만들어 그곳을 영국의 소유지로 만들 계획도 있었다.) 영국 해군성이 **인데버호**에 은밀히 지시한 내용 중 일부를 보면, 다음과 같다.

여러분은 또한 원주민의 특별한 재능, 기질, 성향 및 인구수를 살피고, 가능하다면 수단과 방법을 가리지 말고 그들과 우정을 쌓고 동맹을 맺어야한다. 그들이 소중히 여길 만한 사소한 물건을 그들에게 선물로 주고 예의와 존중을 보여준다. 하지만 그들에게 기습당하지 않도록 조심하고, 늘모든 사고에 주의해야 한다.[11]

원주민에 대한 유럽인들의 기대가 양면적이었던 것은 분명하다. 원주민은 그들이 사는 땅의 동식물처럼 관찰하고, 설명하고, 지도로 만들어야 할 대상이었다. 원주민과 거래를 할 수 있겠지만, 그들이 값싼 '하찮은 물건들'만 소중히 여긴다는 점에서 이미 그 거래는 불공평하리란 예상이 있었다. 원주민이 우호적일 수 있으나 보이지 않는 곳에 위험이도사리고 있을지도 모를 일이었다. 과학자들의 역할은 새로운 땅에 사는 미개한 원주민과 접촉해서 그들을 관찰하고 특징을 파악하여 최종적으로 범주화하는 일이었다. 원주민에 대한 몇 가지 가정을 미리 세워놓기도 했다. 즉, 원주민은 잠재적으로 위험한 사람들이고, 감언이설과값싼 하찮은 물건에 약하다는 것이었다.

뱅크스처럼 대담한 탐험가와 화이트처럼 비활동적인 박물학자가 활발하게 지식을 교환할 수 있었던 것은 린네의 분류체계 덕분이었다. 1758년 칼 린네Carl Linnaeus가 출간한 《자연의 체계Systema naturae》는 인종과 '인간'의 유형을 포함하여 모든 자연 현상을 체계적으로 분류하려는 최초의 획기적인 시도였다. 린네 분류법의 강점은 "효과적으로 공간을 여행할 수 있게 하고, 자연에 관한 지식을 살아 있는 지식으로 만들며, 그지식을 전 세계적으로 비교할 수 있게 해준다는 점"에 있었다.[12] 따라서 화이트와 뱅크스는 "지역 정보원과 본국의 통신원, 완전한 유럽 문단(을 아우르는) 지식 공동체"의 두 연결 고리였다.[13] 범주화 과정에서 지식 공동체가 가장 크게 관심을 보인 것은 변칙 사례였다. 이런 유형들은 알려진 적이 없는 새로운 특성을 보이거나 너무나 특이해서 기존 범주에 맞지 않고 경계를 허물어 확실한 가정들을 약화시켰다. 특히 두 인간 유형이 자연 과학자들을 괴롭히고 당혹시키면서 관심을 끌었다. 두 유형 모두 체계화된 인간성의 구성요소에는 깔끔하게 들어맞지 않았다. 첫 번째 유형은 새로 발견한 땅에 살고 있던 '미개인'이다. 이들의 관습과 생활방식과 말투는 '문명화된' 유럽인이 경험해보지 못한 것이라서, 이들을 만난 유럽인들에게 끊임없이 놀라움과 추측을 불러일으켰다. 두 번째 유형은 백치와 치우 집단이었다. 이들의 외모는 사람이었지만 계몽주의자들이 규정한 인간의 필수 조건에는 상당히 결핍된 것 같았다. 그 조건들이란 추리력, 추상적 사고능력, 언어, 사회적 관계의 형성 능력, 감수성, 지적 발달 능력, 주변에 대한 호기심이었다.

이 두 인간형의 변칙적인 특성은 불가피하게 자연 과학자들로 하여금 그 둘을 비교하게 했으며, 더 많이 바라보고 비교하면 할수록 그들이 발견하고 믿었던 둘의 공통점과 명백한 유사성도 많아졌다. 장신구나 자신만이 갖고 있는 사소하고 독특한 일에만 몰두하고, 다른 것에는 전혀 관심이 없고, 호기심도 갖지 않는 모습은 오랫동안 백치의 전형적인 특징이었다. 사회 개혁가 프랜시스 플레이스Francis Place는 1790년대 연간 천 파운드 상당의 유산을 상속받는 고아이자 백치였던 여성을 함정에 빠뜨리고자 교묘히 속이고, 장남과 결혼시킨 후 그녀의 유산을 가로채려 했던 한 가족의 사례를 언급했다. 결혼식을 치른 후 신랑은 정부를 집으로 데려와 함께 살고, 백치 아내는 다른 방을 사용했다.

점점 인간보다 유인원과 비슷해지고 있는 네 개의 형상. 칼 린네Carl Linnaeus 《논문 모음집Amoenitates academicae》(1763)의 삽화.

그 가엾은 백치 아내는 전혀 의심하지 못했거나 굳이 그 문제에 관해 묻지 않았다. 그녀의 남편은 그녀에게 아무 관심도 없었으며, 그녀는 예쁜 옷을 입고 아이처럼 보살핌을 받기만 하면 만족해했다.[14]

프랑스 법의학자 프랑수아 에마뉘엘 포데레François-Emmanuel Fodéré는 18세기 말에 스위스 알프스 지역에 사는 '크레틴 환자cretins'(나중에 선천성갑상샘기능저하증 환자로 분류. 앞에서는 '천치'라는 용어로 언급됨-편집자)의 특징을 분석하면서, 백치란 무관심하고 안일하고 호기심이 없는 사람이라는 생각에 의학 전문가로서 힘을 실어주었다. 크레틴병이 퍼지는 곳에서, 그는 이렇게 주장했다.

여기서는 더 이상 아무도 그 사람을 알아보지 못하는데, 전에는 그의 독특한 생각과 언어에 놀랐다. (…) 그는 광대한 우주를 측정하고, 천체의 움직임에 관한 글을 쓰는데, (…) 이런 모습은 더 이상 생기 넘치는 얼굴 모습도, 의지가 있는 당당한 눈도 아니며, 너무 많이 사용해 빛이 바랜 낡은 지폐와 유사한 어벙한 얼굴이다.[15]

이듬해 파리의 대형 정신병원인 비세트르^{Bicêtre} 병원과 살페트리에르 Salpêtrière 병원에서 백치들을 관찰해왔던 필리프 피넬^{Philippe Pinel}이 이런 결론을 내렸다. "그들의 얼굴은 무표정하고 감각이 둔하며 늘 멍한 상 태가 될 수 있다. 극복하기 어려운 일종의 무력감이 그들의 기질이다."[16]

18세기 유럽인 여행가들이 비유럽인을 만나 관찰한 내용은 놀라울 정도로 서로 비슷하다. 유럽인들은 자신들이 보여준 항해 선박과 기 술, 문명화된 모습에 놀라거나 감탄하지 않는 사람들의 태도에 충격을 받고는, 그 이유를 그들이 백치처럼 안일하고 호기심이 없기 때문이라 고 생각했다. 1697년 선장이자 '해적'이기도 했던 윌리엄 댐피어^{William} Dampier는 비유럽인들의 태도에 당황해서, "그들은 우리 물건에 전혀 감 탄하지 않는 것 같았다"라고 적었다. 실제로 "그들은 배나 그 위에 있는 것들을 무시했다."[17] 성직자이자 탐험가였던 루이스 헤네핀^{Louis Hennepin} 은 오랫동안 북미 내륙을 탐험한 후 이런 결론을 내렸다. "요약해서 말 하면, 나는 모든 일에 극도로 무관심한 사람들을 북아메리카에서 본 적 이 있다. 그들은 자신들이 가진 매우 진귀한 물건들에도 별 가치를 두 지 않았다."[18] 18세기 유럽인 여행가들은 여행지 곳곳에서 마주하는 백 치 같은 무관심에 계속해서 놀랐다. 제마이마 킨더슬리^{Jemima Kindersley}는 1777년 인도의 평범한 '회교도들'에 대해 이런 말을 했다. "그들의 정신 은 짐승과 다르지 않다. 추위로 고통스럽든 더위로 지치든, 나태함이 모 든 능력을 앗아간 듯 보일 정도로 퍼져 있다. 심지어 자신을 즉시 방어 해야 할 상황인데도, 그런 상태에서 좀처럼 벗어나려 하지 않는다."[19]

18세기 말에 시드니 식민지 건설에 참여했던 영국군 해군 장교 왓킨 텐치^{Watkin Tench}는 식민지 개척자들과 원주민 사이에 애착 관계가 형성될 수 없었던 이유를, 원주민들이 "다른 미개인들처럼 너무 안일하고 무관심해, 즉 생활방식과 습관이 다른 사람들과 관계 맺기를 몹시 두려워했기" 때문이라고 판단했다.[20] 유럽인들은 비유럽인의 이런 둔하고 무관심한 태도를 전 세계적인 현상으로 보고, 여행자들이 주목한 이 독성이 세기말로 갈수록 점점 더 퍼진다고 생각했다. 그런 모습은 아메리카 원주민, 호주 동부 원주민, '회교도인'뿐만 아니라, 벵골 힌두교도에게도 나타났다. "자신과 무관한 모든 사람과 관심사를 바라보는 힌두교도의 무관심은 유럽인들의 분노를 불러일으키는 것과 같다."[21] 뱅크스는 "다른 사람들이 생필품으로 여기는 것들에 대해 전혀 관심이 없는" 사람들이라고 주장했던 남아프리카의 코에코에족Khoekhoe, 혹은 코이코이족 Khoikhoi(나중에는 호텐토트족Hottentots으로 불림)에게서도 같은 모습을 발견했다.[22] 1803년 니콜라 보댕Nicolas Baudin과 함께 호주 태즈메이니아주 탐험에 나섰던 인류학자 프랑수아 페롱François Péron도 자신이 포옹하려 했던 태즈메이니아의 젊은 남성에게서 그런 무관심을 봤다. "프레야넷씨Mr Frejanet 가 먼저 그와 포옹하고 나도 똑같이 했지만, 그의 무관심한 태도에서 우리의 환영 인사가 무의미하다는 사실을 바로 알아차렸다."[23]

이렇게 유럽인의 여행담에 소개된 유럽 밖 사람들의 행동 및 외모와 그들이 잘 아는 자기 나라 백치들의 특징 사이에 상관관계가 나타나기 시작했다. 그들이 백치의 증거라 보고 믿었던 것은 무관심과 나태함만이 아니었다. 터무니없는 상황에 웃음을 터뜨리고 마는 미개인의 천진난만함은 18세기 만담집에 자주 등장하는 백치를 강하게 연상시켰다. 캐롤라이나 지역의 아메리카 원주민은 "잘 속는 사람들"이었다.[24] 반면 기아나 사람들은 "바보처럼 크게 웃거나 지나치게 많이 웃고 마구 춤을

쳤다."[25] 미개인의 외모 묘사는 18세기 풍자만화에 묘사된 백치를 연상시켰다. 유럽인이 바라본 그들은 "입을 벌린 채 우두커니 서 있고"[26] 반쯤 감긴 눈으로 바라봤다.[27] 또 무뚝뚝해 보이는 평평한 얼굴에 눈은 작고 검었으며, 이마가 좁고 코는 납작했다.[28] 팽팽하게 부푼 복부와 달리, 과하게 길고 가느다란 약한 팔다리[29]를 가지고 있었다.

감각이 둔하고 고통도 거의 느끼지 못하는 백치들은 다른 사회 구성원들이 열망하는 안락함과 사치에 대한 욕구도 공유하지 않았다. 실제로는 고집에 가까운 반감을 드러냈다. 제임스 래킹턴James Lackington이라는 도서 판매업자는 자신의 고향인 서머싯 마을에 살았던 한 젊은 백치 여성이 "침대에서 자는 것을 몹시 싫어하고, 밤에 자주 인근 들판으로 뛰어나가 그곳에 있는 외양간에서 잠을 잤다"고 회상했다.[30] 똑같이 '미개인'은 추위를 타지 않고 불편함을 느끼지 않는 것으로 인식됐다. 댐피어는 뉴홀랜드 사람들이 "아무것도 덮지 않고 땅을 침대 삼아 노숙을 한다"고 썼다.[31] 허드슨 베이 컴퍼니를 대표해서 캐나다 내륙을 둘러봤던 제임스 아이샴James Isham은 혹독한 기후 속에서 원주민들이 "천막 안에 살면서 겨울이든 여름이든 차가운 땅바닥 위에서 잠을 잔다"는 사실에 크게 놀랐다.[32]

미개인이라 부른 원주민의 습관에 관한 이야기들은 소름이 날 정도로 백치의 특성과 닮아있다. 백치의 특성이 만들어졌던 18세기와 19세기 영국 법정에 나온 증인들이 반복해서 들려준 내용에는 동물처럼 대단히 식욕이 왕성한 식습관이었다. 백치로 여겨지던 존 클롭턴의 유언장이 정당한지 확인하기 위한 청문회에서, 한 증인은 그의 식습관을 회상하며 "발로 뼈다귀와 고기를 잡고 뜯어먹는 개"에 비유할 수 있다고 했다. 또 다른 증인은 "그의 식사 매너는 형편없고, 굶주린 사람처럼 고기를 입속에 욱여넣고 반도 삼키지 않은 채 뱉어내고는 전혀 개의치 않는 모습이 몹시 불쾌했다"고 말했다.[33] 이와 비슷하게 유럽인 여행가들이 비유럽인의 식습관을 설명할 때도 메스꺼운 '동물' 같은 식욕을 가졌다고 말했다. 나일강의 수원을 찾는 초기 원정대에 합류했던 스코틀랜드의 부유한 지주 제임스 브루스James Bruce는 아비시니아(Abyssinia, 에티오피아의 1931년 이전 국명-편집자)의 궁정 연회를 관찰하고 참석자들이 '개처럼' 뼈다귀를 뜯었다고 묘사했다. 모든 남자에게 각각 여자 두 명이 손으로 밥을 먹여주었다.

그의 몸은 구부정하고, 돌출된 좁은 이마에 벌어진 입이 백치와 매우 똑같다. (그가) 음식 그릇을 가져온 사람(여자)에게 몸을 돌리면 여자는 그릇 안의 음식을 모조리 남자의 입에 넣어주는데, 입속에 음식이 너무 많아 그는 끊임없이 질식할 위험에 처한다. (…) 씹는 소리가 크면 클수록 그는 더 예의 바른 사람으로 여겨진다.[34]

아메리카 원주민은 "타고난 대식가"였다.[35] 반면 호텐토트족은 손에 고기를 들고 너무 빠르게 뜯어 먹어 늘 굶주린 것처럼 보였다.[36] 아이샴은 캐나다 내륙의 원주민을 "고기를 뜯어 먹고 눈에까지 기름이 튀었으며 다른 사람의 옷에 토하는" 사람들로 묘사했다.[37] 에드워드 롱Edward Long은 1774년 자메이카 '흑인Negroes'을 인종 차별적 용어로 비난하는 글에서 그들의 식습관을 동물적이라 표현하며 혐오감을 드러낸 바 있다. 롱은 원주민이 "손으로 고기를 한 움큼 뜯어 게걸스러운 맹수처럼 한꺼번

자크 그라세 드 생 소베르Jacques Grasset de Saint-Sauveur, 이 그림에서 보듯, 남아프리카 호텐토트족 Hottentots(코에코에족Khoekhoe)은 외모와 행동이 백치 미개인과 같다고 묘사됐다. 1797 경, 손 관화.

에 목구멍으로 집어넣고, 음식 안으로 양손을 찔러 넣거나 이따금 씹던 것을 다시 음식 안에 넣었다"고 주장했다.[38] 짐승과 인간의 경계를 무너뜨리고, 침으로 범벅된 음식을 나누면 안 된다는 금기를 깨는 이런 충격적인 식사 장면은 존 클롭턴의 식습관에서도 드러난다.

저녁 식사 때 그는 돼지처럼 먹을 것을 함부로 다뤘고, (…) 접시에 코를 박기도 했으며, 선서한 증인이 그가 포크를 자기 코에 쑤셔 넣고 나서 나이프로 즙이나 피 같은 것을 퍼내는 모습을 봤다.[39]

목격자들은 백치가 무절제하고 부끄러움을 모른다고 말했다. 치우 상태인 존 클롭턴의 하인과 시중꾼들은 그가 "벽난로에 소변을 보고"늘 "자기 방의 벽이든 어디든 가리지 않고 볼일을 본다"고 진술했다.[40] 재산을 노린 남자에게 1787년 납치됐던 젊은 백치 여성, 패니 퍼스트는 "남자 하인들이 보는 앞에서 소변을 보기 위해 자신의 속치마를 걷어 올리면서도 그렇게 하는 것이 얼마나 부적절한지 조금도 깨닫지 못했다."[41] 퍼스트의 하인들처럼, 남성 유럽인 여행가들도 원주민의 노골적이고 적나라한 행동에 깜짝 놀랐다. 헤네핀은 아메리카 대륙에서 "여인들이 아무 데서나 소변을 보고도 부끄러워하지 않았다"고 말했다. 1803년 보댕의 원정대에서 호위함을 지휘했던 함장은 태즈메이니아에서 만난 여인들의 무리에 대해 이렇게 말했다. "그들 중 몇몇이 소변을 보고 싶어 했다. 그들은 우리 앞에서 3미터 정도 떨어진 곳에 앉아 있다가 일어서서 다리를 약간 벌리더니 우리가 보는 앞에서 생리적 욕구를 해결했는데 그러는 동안 내내 우리를 쳐다봤다."[42] 그곳 남자들도 같은 행동으로 유럽인 방문객들을 당황하게 했다. "어떤 원주민 한 명에게 말을 걸고 있었는데, 그가 요의를 느끼자 90도 몸을 틀어서 소변을 봤다. 내 생각에 그는 불어오는 바람에 소변이 자기 다리로 흐를까봐 몸을 돌렸던 것 같다."[43]

유럽인 여행가들은 세상에 관해 관심도 호기심도 없는 사람들을 자기 나라의 백치와 동일시했다. 그들이 알고 있던 백치들은 지능이 낮아 무지하고, 이마가 좁고, 코가 뭉툭한 모습에 이유 없이 웃고, 추위와 통증을 느끼지 않고, 온기와 안락함에도 무관심하고 예의라고는 전혀 없이 짐승처럼 먹고, 부끄러워하지 않고, 거리낌 없이 동물적 욕구를 해소했다. 이들은 영국이나 프랑스에서 지켜야 하는 품위 있고 예의 바른 문명인의 행동 양식을 전혀 따르지 않았다. 유럽인 여행가들이 아메리카, 아시아, 아프리카, 남태평양 섬들에 도착하여 새로 만난 인류 집

윌리엄 호지스William Hodges, 티에라델푸에고Tierra del Fuego(아르헨티나) 남자. 쿡의 2차 항해(1777)에 합류했을 때 그린 그림이며, 백치의 외모로 '야만성'을 표현했다.

단도 '문명인'의 규범을 전혀 따르지 않는 것 같았다. 이에 당황한 유럽인들은 그 상황을 설명해 줄 합리적인 이유를 찾고자 했으며, 심사숙고 끝에 그들의 사회 전반이 자신들의 고국에 있는 백치와 치우로 불리는 사람들만큼이나 정신적, 사회적 발전 가능성이 희박하고 암울한 백치 인종과 마주하고 있는지 모른다고 생각하기 시작했다.

기행 문학 속 백치에 관한 관념들

18세기 여행가들의 기록은 처음에는 친숙한 백치(그리고 치우)와 새로 알게 된 미개인(그리고 야만인)을 단순히 비교하는 정도였지만, 점점 이 둘을 연결하여 인간의 지위로까지 담론이 옮겨가고 있었다. 당시 유럽인이 유럽 밖 사람들을 생각하며 지능과 인종을 점진적으로 병합시킨 관념에는 대단히 중요한 세 가지 함의가 담겨 있다. 첫째, 18세기 여행기는 대단히 열광적으로 읽힌 매우 영향력 있는 장르였다. 이 때문에 그 안에 담긴 생각들이 대중에게 신속하게 흘러 들어갔다. 둘째, 여행과 탐험에서 관찰되고 경험된 사실들이 새로 확인된 물적 자원과 함께 18세기 식민지 건설의 기초 자료로 활용되어, 땅은 물론이고 인적, 물적 자원까지 탈취하는 수단이 됐다. 그러자 유럽으로 데려온 식민지 원주민들의 지위를 어떻게 설정할 것인지가 중요해졌다. 즉, 유럽의 신흥 제국에서 식민지 원주민의 법적 지위는 무엇이며, 제국이 식민지를 통치하고 그곳의 자원을 착취할 수 있는 법적 근거는 무엇인가? '새로운' 땅에 사는 원주민에 대한 여행가의 기록과 묘사는 전 지구적 식민 체제를 마련하고 그 토대가 되는 법적 틀을 확립하는 데 중요한 역할을 하면서 법사상에도 영향을 미쳤다. 셋째, '인간 과학Science of Man'과 사회이론을 체계화한 계몽주의 사상가와 이론가들은 유럽 밖으로 거의 나간 적이 없었다. 그래서 이들은 여행가와 탐험가, 박물학자, 민속학자, 동물학자, 또 탐험 항해에서 필수적인 역할을 담당했던 다른 이들의 보고서와 관찰을 통해 비유럽 사회에 관한 정보를 얻었다. 그리고 이런 기록들은 같은 방식으로 인간의 기원과 다양성, 인종 간 차이, 인간의 정신 발달과 사회 발전의 연관성에 관한 사상으로 긴밀하게 통합됐다. 물론 사회 형성 및 인간 정신의 발달 이론과 함께 인간 과학은 법 이론과 밀접하게 관련성이 있었고, 어떤 경우에는 통합되기도 했다. 이런 현상은 1748년 몽테스키외가 낸 《법의 정신The Spirit of Laws》에 두드러지게 나타난다. 여기서 그는 사회마다 다른 법 제도를 물질적, 환경적 요인과 연결했다.

18세기 기행 문학의 인기와 사람들의 과도한 탐독 열기에 관해서는 관련 증거가 많다. 자수성가한 도서 판매업자 제임스 래킹턴이 보기에,

18세기 말 마지막 25년간 책 판매량이 엄청나게 늘어난 데에는 여행기를 빼놓고는 말할 수 없을 만큼 그 비중이 상당했다. 그는 자기 자신을 알고 싶은 사람들은 "다른 인류에 관한 지식을 어느 정도 획득"해야만 가능하다. 그러려면 "당연히 역사와 항해, 여행에 관한 것들을 읽고 공부해야 한다"고 주장했다.[44] 쿡의 세 차례 항해를 다룬 다양한 이야기들은 전국에서 쏟아져 나와 주문이 폭주하는 베스트셀러이자 "독자들이 애타게 기다리는 당대 최고 인기를 누린 여행서"였다.[45] 1744년 존 해리스John Harris는 항해와 여행기 전집 서문에 이렇게 썼다. "항해와 여행기가 선사하는 독특한 즐거움과 활용도는 순수문학 작품만큼은 아니라도 충분히 많은 사람들이 즐기는 이유가 된다."[46] 해리스 여행기를 포함하여 각종 여행기는 일반 독자뿐만 아니라 여행가, 탐험가, 자연 과학자 같은 전문가들도 많이 읽었는데, 이들은 직접 여행에 나서기 전에 그 책들을 탐독했다. 이로 인해 여행을 떠나기도 전에 이미 여행자의 내면에 강하게 형성된 선입견과 가정들은 여행에 대한 반응과 해석에 영향을 미칠 수밖에 없었다. 19세기 영국의 여행 작가이자 소설가(그리고 앤서니의 어머니)였던 프랜시스 트롤로프Frances Trollope는 18세기 여행기들을 떠올리며, 항상 작가들이 "새로운 나라에 들어갔을 때 아무리 우발적이라해도 모든 것을 해당 국가의 독특한 특징으로 분류하고 싶은 유혹에" 어떻게 빠졌는지 지적했다.[47]

조지프 뱅크스는 방대한 해리스 여행기 전집을 소장하고 있었다.[48] 그래서 소설가 패니의 형제이자 쿡의 2차 항해에 합류했던 제임스 버니James Burney는 탐험기 역사를 쓰면서 해리스 여행기 전집을 보여 준 뱅크스에게 고마움을 표시하기도 했다.[49] 길버트 화이트Gilbert White는 친구

뱅크스의 여행 관련 뉴스와 출판물을 탐독했을 뿐만 아니라, 중국과 서아프리카, 북미와 남미 등을 여행한 사람들의 기록물도 열광적으로 읽었다.[50] 그런 다음 여행자들은 "먼 곳으로 떠날 때, 그곳에서 고향을 떠올리게 하는" 화이트의 《셀본 자연사Natural History of Selborne》(1789)를 가져갔다."[51] 여행자들이 여행지에서 만난 사람들과 동식물을 인식하고 그 틀을 형성하는 데에 화이트가 기록한 햄프셔 마을 자연사가 도움을 주었던 것이다. 화이트가 '꿀벌소년'의 안일함과 무심함을 지능이 낮은 탓으로 여겼듯이, 가방에 화이트 책을 넣고 여행을 떠났던 사람들도 미개한 원주민의 무기력과 무관심의 원인도 그와 비슷하지 않을까 하고 궁금해했다. 결국 이들의 여행기를 통해 자국의 백치와 유럽 밖 인종에 대한 관념들은 더욱 얽히게 된다.

따라서 여행기는 점점 더 많은 일반 독자 대중에게 도달하는 한편 여행자들에게는 필수적인 지적 도구가 되어, 유럽 밖 세상과 그곳 사람들에 관한 새로운 공통의 가정들과 지식체계를 형성하게 했다. 여행기는 일반 독자뿐만 아니라 법 이론가와 입법자를 포함하여 전문가 집단에도 영향을 미쳤다. '문명화된' 유럽인이 정상이라고 생각하는 생활방식과는 전혀 다르게 사는 사람들과의 만남은 법적인 문제도 야기했다. 일찍이 1625년 네덜란드 법학자 휴고 그로티우스는 훗날 30년 전쟁이라 불리게 되는 끔찍한 상황들을 조사한 후 국제 관계의 질서를 잡아줄 '국제법law of nations'을 만들려 노력했다. 그가 쓴 《전쟁과 평화의 법De jure belli ac pacis》은 18세기 법 이론가들에게 지대한 영향력을 끼쳤다. 그는 민족의 다양성으로 야기되는 어려움을 몸소 겪은 적이 있었다. 전쟁의 폐허 속에서 그는 "유럽은 **인간의 정신**the human mind이라는 단 하나의 공통된 유대감을 가지며, 이는 과거에 유럽이 하나였다는 흔적"이라고 공언했다."[52] 그가 문명으로 이끄는 통합 국제법을 제정하자고 호소한 근거는 이런 공유된 정신이 있었다. 그는 권리란 사람이 타고나는 도덕적 자질과 같으며, "이성적 동물의 경우" 도덕적 자질이 일단 완성되고 나면 지능으로 된다고 주장했다.[53] 또 그런 이성적 인간은 한 개인이나 집단이 느끼는 상대적 박탈감 같은 불평등에 반항할 것이므로, 여기에 기초하여 국제법 체계를 마련하면 된다고도 했다.[54]

하지만 이 모든 것은 판단 능력의 전제 조건이 되는 이성의 발휘 가능성에 좌우된다. 국제법의 핵심은 약속의 이행 능력이며, 이것은 무역과 상업을 원활하게 하는 계약의 기초를 형성한다. 그런데 그로티우스는 유럽에서조차도 모두가 이성을 선물로 받은 것은 아니라는 점을 인정했다. "이성을 발휘할 능력이 약속 이행을 담보하는 첫 번째 조건이 되며, 결과적으로 백치나 광인이나 어린이와는 약속을 할 수 없다."[55] 그는 자제력과 이성이 없다고 여겨지는 사람들을 보호하는 체계와 행위 능력에 관한 법을 이야기하고 있었다. 그로티우스의 결론에 따르면, 당연히 국제법은 민족마다 도덕관과 종교관이 다르다는 사실과 모든 인간이 '정신의 우수성'이라는 선물을 받지는 못했다는 사실을 반영한다. 이런 차이는 특히 유럽과 비유럽 사이에서 명확히 드러난다. 기본적으로 인간의 전제 조건인 이성을 갖추고 있다면 도덕적, 지적 수준이 낮다 하더라도 그 사람에게서 재산권과 토지 소유권을 빼앗을 수 없다.[56] 그러나 그는 이렇게 생각했다. 만약 이성을 갖추지 못해서 행위 능력이 없는 인종을 발견하게 된다면 무슨 일이 일어날까? 그는 이성이 결핍된 사람은 재산과 계약에 관한 법의 보호를 받을 수 없다고 주장했다.

어떤 소유권을 행사할 수 없을 만큼 이성이 결핍된 인종의 사람들이 사는 곳에서만 재산을 소유할 수 없고, 자선법law of charity으로도 그들이 생필품 이상을 가져야 한다고 규정할 수 없다. 국제법은 오직 정치적·상업적 교류가 가능한 사람들에게만 적용될 뿐, 전적으로 이성이 결핍된 사람들에게는 적용될 수 없기 때문이다.[57]

그로티우스는 자신이 아는 한 그런 인종은 아직 발견되지 않았다고 인정했다. "그런 인종이 과연 발견되기나 할지 의심스럽다."[58] 하지만 그의 주장은 분명했다. 만약 백치 인종이 발견된다면 이성적인 성인에게 비이성적인 백치와 치우를 보살피게 하는 후견인 제도와 똑같이, 그들도 생존에 필요한 필수품만 허락받고 이성적인 인종으로부터 보호받게 하는 백치에 관한 국제법의 적용을 받아야 한다는 것이었다. 지적인 인종이 비이성적인 인종을 지배하는 곳에서는 인종과 지능의 밀접한 관련성이 아직 주장되지는 않았지만 고려되고는 있었다.

1673년 독일의 법학자 사무엘 폰 푸펜도르프Samuel von Pufendorf는 백치란 이성의 부재로 인한 행위 무능력자라는 생각을, 개인은 물론 전체 인종으로까지 확대 적용했다. 그는 그로티우스의 국제법 개념에 근거하여 이렇게 주장했다. 이성은 "사람 안에 있는 **당연한** 재능으로 현생을 사는 데 꼭 필요한 일반적인 '법도'와 '원칙'을 제대로 이해할 수 있도록" 하기 때문에 이성이 결핍된 사람들은 국가를 이룰 수 없다.[59] 이성이 부재한 백치는 동의할 능력이 없고, 이로 인해 문명사회에 참여할 권리도 없으므로 "백치와 맺은 계약과 약속은 무효인 것처럼,"[60] 재산도 지능도 없이 "거친 땅"을 떠도는 백치 인종은 그들이 사는 땅에 대해 어떠한 주장도 할 수가 없었다. 어떤 땅에 처음 발을 디딘 사람이라고 해서 반드시 그에게 소유권이 있는 것은 아니었다. 푸펜도르프에 따르면, 소유권은 그곳에 정착할 능력과 선견지명이 있고, 땅을 구획하고, 경작할 능력을 갖추고 그곳에 도착한 최초의 이성적 존재가 가져야 한다.[61]

이런 생각들은 존 로크의 《통치론Two Treatises of Government》(1690)을 통해 체계화되어 18세기 법이론에 흡수됐다. 로크는 국제법 마련에 백치에 관한 법들을 준용해야 한다고 주장했다. 또 아메리카 '신' 대륙에 관한 논의에서는 이성을 가진 사람들만 재산권을 주장할 수 있다고 말했다. 그 이유는 본래 재산이라는 개념이 자연법에서 탄생했으며, 자연법은 "이성을 가진 사람들이 모여 살며" 발견한 원리들로 이루어져 있기 때문이다.[62] 그는 "신은 근면하고 이성적인 사람들이 세상을 사용하게 했다"고도 말했다.[63] 로크는 지금까지 아메리카 원주민들이 이성적인 사람들이 하던 방식으로 땅을 이용할 능력이 없음을 그들 스스로가 보여줬다고 생각했다.

> 아메리카 대륙의 몇몇 민족은 (…) 땅은 넓지만 생활 편의 도구는 부족하다. 그들의 자연은 다른 지역처럼 풍족하게 자원을 제공하지만, (…) 노동으로 자연을 활용하지 않은 탓에 우리가 누리는 편의의 100분의 1도 누리지 못하고 있다.[64]

'인간'은 신이 주신 이해력 덕분에 자유 의지와 행동할 자유를 가진다는 것이 보편적인 법칙이지만, 만약 개인이나 집단이 이해력이 부족하고 이로 인해 자유 의지를 행사할 능력이 없다면 그 기능은 보호자가 대신하게 될 것이다. "사람이 '재산'을 가졌더라도 자신의 **의지**대로 추진하는 데 필요한 이해력이 없다면, 따를 **의지**가 없는 것이나 마찬가지다. 자신을 이해하는 사람은 반드시 **의지**대로 행한다."[65] 로크의 수사적 표현이 암시하는 내용은 만약 아메리카 원주민이 자신의 땅을 일구고 경작할 수 있는 지능을 가졌다는 사실, 즉 선견지명이 있고 재산과 계약에 관한 내용을 이해할 수 있다는 사실을 증명할 수 없다면, 그들의 지위는 자신의 재산을 관리하지 못하는 백치와 다를 바가 없다는 것이었다. 그들은 자신의 '이해력'과 '의지'를 대신 발휘해 줄 보호자가 필요한 셈이다. 한곳에 정착하지 않고 떠돌아다니며 수렵과 채집 생활을 한다는 것은 재산의 개념을 상상할 수 없다는 의미다. 실제로 아메리카 원주민이 돌아다닌 땅은 능력을 지닌 사람들이 점유하지 않은, 즉 엄밀히 말하면 거주 불능 지역이다. 아메리카 원주민은 능력을 갖추지 못했기에 자신의 일도 처리할 수 없는 것으로 간주될 수밖에 없었다.

이성이 결핍된 민족이나 인종이 있을 수 있다는 그로티우스의 불확실한 추측('그런 인종이 과연 발견되기나 할지 의심스럽다.')은, 어쩌다 처음엔 푸펜도르프가, 그다음엔 좀 더 적극적으로 로크에 의해 실제로 그런 민족이 존재한다는 확신으로 바뀌게 되었을까? 17세기 말에 여행가들은 이미 정부나 종교 체계가 없고 재산과 계약 개념도 이해하지 못하는 미개한 나라가 있다고 보고하고 있었다. 이 보고서에서 인간 사회의 필수 토대인 사회적 관계를 형성하지 못하는 무능력은 지능 결핍에 기인한다. 윌리엄 댐피어는 비유럽 지역 전체를 이렇게 인식하고 있었다. 중앙아메리카의 미스키토족Miskito은 '정부가 없다.' 오스트레일리아의 뉴홀랜드 사람들은 '20~30명 정도의 남녀와 아이들이 함께 모여 산다. 그들이 무언가를 숭배하는 모습을 보지 못했다.' 동남아시아의 니코바르Nicobar 제도 사람들은 "정부가 없고 가정마다 남자들이 지배한다."[66] 헤네핀도 아메리카 원주민에게서 같은 모습을 봤다. 이들은 "어렴풋이 신을 느낄"뿐이며 "일정한 거처가 없다."[67] 이에 대한 이유로 헤네핀은 한 가지만 들었다. 즉, 미개인은 "다른 평범한 사람들과 달리 논증 능력과 추론 능력이 없다"는 것이었다.[68] 이렇게 그로티우스의 관념적 추론은 합의된 지식으로 굳어지고 있었다. 일부 민족과 인종이 백치처럼 무능력하다는 생각은 호기심에서 탄생한 가설에서 기정사실로 바뀌고 있었다.

국제법이나 백치법에 관심 있는 사람들은 여전히 그로티우스가 추측한 내용을 중요하게 생각했다. 18세기 초 런던 출신의 법학자 존 브라이덜John Brydall은 그로티우스가 백치법을 참고했던 것처럼, 백치법을 요약 정리하며 그로티우스의 사상을 참고했다. 브라이덜은 자신의 주장을 이렇게 간결하게 요약했다. "같은 조건이라면, 자제력이 없는 사람은 타인의 지배를 받아야 한다."[69] 오늘날 이것은 개인뿐만 아니라 모든 국가에 공통적으로 적용되는 법 원리가 됐다. 브라이덜은 그로티우스가 주장한 내용을 이렇게 논리적으로 결론지었다. "이해가 더딘" 사람은 스스로를 제어할 수 있어야 한다. 하지만 이성이 아예 없는 사람들의 경우 "그들이 가진 모든 권리와 지배권을 박탈하더라도 생계유지에 필요한 만큼의 물질을 지원하는 자선을 베풀어야 한다."[70] 백치와 미개인 모두 이성이 없다는 사실이 증명된다면 근거 규정을 마련하여 이성을 가진 사람의 지배와 보호를 받아야 했다.

여행가들은 나름의 기록으로 미개인은 지능이 낮고 이성이 없다는 생각을 계속해서 강화해나갔다. 30년간 전 세계를 떠돌아다녔던 영국 선장 알렉산더 해밀턴Alexander Hamilton은 자신이 만난 아프리카 원주민들이 "게으르고 느리며 무지했다"고 썼다.[71] 많은 유럽인이 관찰하고 맹비난했던 남아프리카의 호텐토트족(코에코에족)에 대해서 프로이센 천문학자 피터 콜벤Peter Kolben은 이렇게 말했다. "끔찍할 정도로 부적절한 생각이나 행동이 그들 모두에게 퍼져 있다. 세상의 모든 행복은 나태함과 어리석음에 있는 듯하다. (그들은) 꼭 필요한 경우를 제외하고는 전혀 이성적이지 않다."[72] 허드슨 베이 컴퍼니를 대표해서 탐험에 나섰던 제임스 아이샴은 영국 법률에서 요구했던 지능 테스트idiocy tests를 떠올리며 이렇게 보고했다. "이곳 원주민은 대부분 숫자를 10까지밖에 세지 못한다." 한편 조지프 뱅크스가 열독한 책의 저자 존 해리스는 '모호크단(Mohock, 18세기에 런던 밤거리에서 사람들을 습격하곤 했던 악당들-옮긴이)'과 비슷한 이로쿼이족Iroquois에 대해 "그들은 생각이라는 것을 거의 하지 않고 말도 많이 하지 않는다"고 썼다.[73] 미개인은 약속의 본질을 이해하지 못하므로 재산과 관련된 계약도 맺을 수 없다는 생각은 그들을 도둑과 거짓말쟁이로 묘사하는 글들을 통해 강화됐다. 이런 글에서 그들은 재산이나 소유권의 개념이 전혀 없는 사람들로 등장했다. 예컨대, 카리브해 원주민은 "게으르고 도벽"이 있고, 체로키족은 "노련한 좀도둑"이며, 아메리카 대륙의 최북단에 사는 원주민은 "속임수, 도둑질, 거짓말에 능한 사람들"이었다.[74] 이런 묘사는 포데레가 파리의 정신의료시설 환자들에 대해 도덕적 행동을 이해할 만한 지능을 갖추지 못하고 개념 없이 모든 인간의 법을 무시한다고 "사기꾼과 악당"으로 표현한 것을 그대로 반복했다.[75]

스위스 법률이론가 에머 드 바텔Emer de Vattel이 1758년《국제법Emer de Vattel》을 저술하고 있을 무렵,[76] 백치 민족the idiot nation이라는 개념은 더 이상 추측으로만 존재하는 것이 아닌 하나의 법적 개념으로 자리를 잡는다. 합법적인 사회적 인간은 반드시 이성을 갖춰야 하고 "이성적 존재에 걸맞은 삶"을 누리는 사람이어야 한다.[77] 집단적 합리성이 도덕적 사회를 만들며, 그래야만 사람들이 상호 이해를 통해 평화롭게 함께 살수가 있는 것이었다.[78] 집단이 스스로에 대해 잘 알고 이성을 제대로 발휘할 수 있다는 신호는 집단이 안정되어 "자연인"이 "사회적 인간"으로 되었을 때라고 바텔은 주장했다.[79] 토지 경작은 "자연이 인간에게 부여한 의무"다.[80] 목적 없이 떠돌아다니는 생활로 자신의 지능이 제한적임을 보여 준 사람들은 온전한 이성적 존재로서 지위를 확보하지 못했음을 증명한 것이나 다름없었다. 따라서 그들은 이성적인 사람들에게 자신들이 머물던 땅을 빼앗겨야만 한다.[81] 그들이 세상을 떠돌아다닐 때 이성적인 사람들은 재산의 개념을 이해하지 못하는 백치들을 보호했다. 이제 이성적인 유럽인이 새 식민지를 통치할 왕이 되어 그곳 미개인의 모든 땅과 일체의 동산을 소유하고 지배할 것이다.

이렇게 법 이론을 통해 유럽의 이성적인 문명인이 비이성적인 인종을 지배해야 한다는 생각이 공식화됨에 따라 그 지배 방식이 어떠해야 하는지 설명하는 역할은 '인간 과학'을 연구하는 사람들의 몫이 됐다. 인간 과학은 계몽주의로부터 탄생한 지적 탐구 분야로 사회적 인간을 연구 대상으로 삼았다. 계몽주의는 모든 자연과 물질, 인간 현상을 합리적이고 전지구적으로 설명하고자 하는 사상으로, 18세기 초부터 널리 알려졌다. 또한 계몽주의는 "도덕 철학"으로 불리며 인간 본성에 관한 도덕적 성찰을 체계적인 과학 원리로 전환시키기 위해 노력했다.[82] 근대 사회의 제도와 문제점들을 예증하고 설명하기 위해서는 문화 간 비교 연구가 필수였다.[83]

　계몽주의 도덕 철학자들은 여행기와 자연 과학자들의 탐사 보고서를 끊임없이 탐독했다. 그들이 생각하기에 그런 자료들은 전 세계의 다양한 민족에 대한 목격담으로, 그중 일부는 '과학적'으로 입증되어 무엇보다 '믿을 만한' 것이었다. "성가신 독일의 식물학자 겸 철학자이자 성직자"로 알려진 요한 라인홀트 포스터Johann Reinhold Forster는[84] 1772년 쿡의 2차 항해에 합류한 적이 있었다. 그는 계몽주의 이전 시대의 인간에 관한 문헌과 비교하여 여행기와 보고서가 갖는 장점을 이렇게 강조했다.

세바스티앙 르 클레르Sébastien Le Clerc, 〈파파야 나무 옆에 선 캐리비안 남성과 여성〉, 장 바티스트 뒤 테르트르Jean-Baptiste Du Tertre 《앙티유의 일반 역사 Histoire generale des Antilles》(1667) 속 삽화. 그들은 백치처럼 이성이 없거나 재산의 개념을 이해하지 못하는 '미개인'으로 묘사됐다.

이 저자들 중 누구도 지금의 인류, 즉 완벽한 동물 상태에서 갓 벗어난 열등한 미개인에서 우정을 나누며 집단을 이루고 사는 세련된 문명인에 이르기까지 심사숙고할 기회가 없었다.[85]

프랑스의 사회 이론가 콩도르세는 《인간 정신의 진보에 관한 역사적 개요Sketch for a Historical Picture of the Progress of the Human Mind》(1795)에서 각종 여행기에 진 빚에 대해 다음과 같이 인정했다.

> 우리가 가진 정보는 여행자들이 문명화되지 못한 사람들에 대해 기록한 이야기에 기초하고 있으며, 따라서 우리는 고립된 생활을 하거나 생존을 위해 꼭 필요한 협력도 할 수 없는 사람이 발달된 언어의 사용이라는 최종 목적지에 이르기 위한 첫걸음을 내디딜 때까지 어떤 단계가 필요한지 추측해야 한다.[86]

1748년에 출간된 몽테스키외의 《법의 정신》은 계몽주의 시대에 사회의 기원과 '인간'의 발달을 과학적으로 탐구하는 방식을 정립하는 데 핵심 역할을 했다. 몽테스키외는 인종과 국가의 다양성, 특히 미개국과 문명국의 간극을 인과적으로 설명하고자 했다. 그는 국가별 차이의 원인을 주로 기후와 지형 같은 환경적 요인에서 찾았지만 사회 발달 단계를 세 가지로, 즉 문명국과 야만국, 미개국으로 구분하여 소개했다. 여기서 미개국은 발달 단계의 최하위에 위치하고 고립됐지만 야만국은 미개국과 문명국 사이에 위치해 있다.

미개하고 야만적인 국가의 차이는 이렇다. 미개인은 서로 흩어져 살면서 어떤 이유로든 연합하지 못하고, 야만인은 주로 작은 나라에서 살고 연합할 수 있다. 대개 미개국은 사냥꾼의 나라이고, 야만국은 양치기의 나라이다.[87]

보통 미개인은 따듯한 기후에서 게으른 삶을 살았고, 이 습성이 그들의 정신 수준에 중요하게 영향을 미쳤다.

> 뜨거운 날씨는 몸의 모든 활력과 힘을 빼앗을 정도로 매우 지치게 할 수 있다. 그러면 의식이 몽롱해져 호기심도, 진취력도, 관대함도 모두 사라진다. 성향도 철저하게 수동적이게 된다. 이 때문에 나태함이 최고의 행복이 된다.[88]

거듭 말하면, 백인이 아닌 인종 중 가장 열등한 인종의 특징은 백치 같은 나태함과 무관심이었다. 그런데 몽테스키외는 또 다른 인종 집단이 있다고 생각했다. 특히 아시아처럼 선선한 기후 조건에 사는 야만인들은 좀 더 활기차며, 그 덕분에 미개인보다 정신적, 신체적 능력이 더 뛰어났다. "아시아에서 강대국은 약소국과 정반대였다. 호전적이고, 용감하고, 능동적인 민족은 게으르고 힘이 없고 겁 많은 민족을 쉽게 공격했다."[89] 이런 기질적 차이가 정신 수준의 차이를 가져왔다. 더운 지역에 사는 사람들은 "겁 많은 노인과 비슷하고, 추운 지역에 사는 사람들은 용감한 젊은이와 비슷하다." 여기서 무언의 암시는 적당한 온대 기후에 사는 유럽 문명인이 가장 완벽한 세 번째 정신 수준으로 위치한다는 것이 논리적일 것이다. 이런 식으로 사회의 세 유형과 정신 발달의 세 유형이 서로 연결됐다. 즉, 미개인은 어린아이와 같은 약한 정신을 가지고 있으며, 야만인은 반쯤 성숙한 청소년이고, 문명인은 완전히 성숙한 성인이다.

몽테스키외의 책은 사회와 개인 발달의 일반적 원인을 찾으려는 계몽주의자들에게 큰 영향을 미쳤다.[90] 그중 정치가이자 정치경제학자였던 튀르고Turgot는 몽테스키외의 '인간' 정신 발달 및 사회 발달의 세 단계 이론을 받아들이되, 기후에 따른 공간적 차이 대신 시간에 따라 발달이 진행된다고 주장했다. 그는 《인간 정신의 진보에 관한 철학적 검토Philosophical Review of the Successive Stages of the Human Mind》(1750)에서 미개국, 야만국, 문명국의 순서로 진행되는 사회 발달 단계와 인간 정신의 발달 단계를 명확하게 연결했다. 그는 "인류의 계승은 대대로 변화무쌍한 장관을 연출한다"고 썼다.[91] 가장 열등한 수준의 미개인은 그저 아무런 진보도 이루지 못한 상태다. 즉 '태초의 어둠이 아직 걷히지 않았다.' 튀르고에 따르면, 이집트인 같은 야만인은 약간의 진보를 이뤘지만 "그들이 가진 평범한 능력 때문에 더는 발전하지 못했다." 또 어떤 사람들은 야만인에서 교양 있는 문명인으로 진보해 가는 여정에 있다.[92] 바로 이것이 발달단계이론이라 부르는 것이며, 사회 발달과 정신 발달 사이에 중요한 접점을 형성했다. 튀르고의 주장에 따르면, 세상은 다음과 같은 모습을 드러낸다.

한 번에 그리고 동시에 야만인barbarism에서 문명인refinement으로 진보하는 모습, 이른바 인류가 밟아 온 모든 단계의 기록과 흔적, 인류가 거쳐 온

모든 단계와 각 시대의 역사를 한눈에 우리에게 보여준다.[93]

이 같은 인간 사회의 발달 단계는 아동기, 청소년기, 성인기의 정신 발달 단계를 보여주고 있으므로, 결국 백치, 치우, 보통 사람의 단계로 인간의 능력 수준을 나타낸다. 미개인은 어린이와 백치, 야만인은 청년과 치우, 문명인은 지능이 완전히 발달한 성인이라는 의미다. 1792년 포데레가 정의하고 있는 첫 번째 백치 그룹은 "인간 속 괴물처럼 완벽한 이방인"으로 단순한 사고 능력도 결여되어 7세 아동과 비슷하다.[94] 그다음은 청소년과 같은 치우 그룹으로 어느 정도 기본적인 교육을 받으면 사고력이 조금 향상될 수 있지만, 충동적이고 판단력이 부족한 젊은이처럼 도덕관념이 없고 범죄나 잔인한 행동을 저지를 가능성이 있다.[95] 몽테스키외와 튀르고의 이론에서 백치와 치우를 인종으로 치환하면 미개인과 야만인이 된다.

몽테스키외와 튀르고가 탐독했던 기행 문학은 한동안 미개인과 야만인의 구분에 영향을 주고 있었다. 유럽인의 시선으로 보면, 이 두 집단은 정신 수준이 서로 다르다 하더라도 둘 다 뛰어난 자신들의 지능에는 미치지 못한다. 미개한 유럽 밖의 사람들과 문명화된 유럽인이라는 단순 이분법의 문제는 여행가들이 인도와 중국, 중남미에서 유럽인이 문명으로 여기는 것의 명확한 흔적, 즉 도시, 세련된 건축물, 종교의식, 법률, 무역제도 등 과거와 현재를 잇는 문화를 접했을 때 발생했다. 1697년 댐피어가 어쩔 수 없이 인정했듯이 확실히 중국인은 "아주 재간이 많은" 사람들이었다.[96] 헤네핀은 "미개인은 신을 전혀 믿지 않는" 반면 "대체로 북아메리카의 야만인은 창조론을 이해한다"는 사실을 인

정하면서 북미에서 미개인과 야만인을 구분하기 시작했다.[97]

어떤 집단은 구제하기 어려울 정도로 독특한 백치 미개인으로 야만인의 단계까지도 나아갈 수 없는 경우가 있었다. 여기에는 주로 남아프리카에 사는 호텐토트족과 부시먼족, 남아프리카 남단의 푸에고섬 사람들, '반 디멘Van Diemen의 땅'이라 불리는 태즈메이니아에 사는 사람들이 속했고, 때로는 오스트레일리아 원주민이 포함되기도 했다. 이들의 관습과 문화, 습관, 복식과 교류 방식은 유럽인과 너무나 달라서, 이들을 관찰한 사람들은 이들이 인간의 모습을 하고 있지만 근본적으로 미성숙하고 어쩌면 영원히 발전하지 못할 짐승과 다름없다고 생각했다. 튀르고는 그들을 구제할 수 없다고 생각했다. 그는 이론적으로 모든 사람의 본성이 같다면, 이들의 진보 속도도 같아야 한다고 주장했다. 하지만 그의 설명에 따르면, 사실 자연은 "선물을 불공평하게 나눠주는데 어떤 사람에게는 재능을 풍부하게 주지만 어떤 사람에게는 전혀 주지 않는다."[98] 어떤 인종은 자신의 "재능"을 전혀 개발하지 않고 오히려 "어둠 속에 방치"하므로, 결국 불균등한 국가 발전은 이런 불평등한 지적 능력에서 비롯된다.[99]

여행가들은 지속적으로 특정 인종을 정신적으로 구제 불가능한 백치로 묘사했다. 댐피어가 보기에, 뉴홀랜드 사람들은 "세상에서 가장 비참한 사람들이었다. 그들은 집도 옷도 없고 인간의 모습을 하고 있지만 짐승과 별 차이가 없었다."[100] 콜벤은 "대체로 **유럽**인들이" 호텐토트족을 "몹시 잔인하고 어떤 '의미'에서는 성찰이 불가능한 민족이며 이성이나 인간성의 기미가 전혀 없는 미개인으로 생각"한다는 사실에 주목했다.[101] 쿡의 항해에 합류했던 포스터는 푸에고 사람들과의 만남을 이렇게 기록했다. "이 끔찍하고, 비천하고, 불쌍하고, 어리석은 사람들처럼 열악하고 비참한 환경에 사는 인간의 모습은 어디에도 없다."[102] 해롭지는 않더라도 그들의 얼굴에는 '놀랄 정도로 바보 같은' 면이 드러났다. 그들은 부정적으로 남태평양 섬들에 사는 치우 야만인에 비유됐는데, "생기있고 활발한 기질"을 가졌지만 집중력이 부족하여 "교육을 받을 수 있는" 수준으로까지 진보할 수 없음에도 "신과 미래, 세상의 기원을 이해했다."[103] 이들은 비참하게 사는 푸에고 사람들과 남부 혹한 지역에 사는 태즈메이니아인들과는 크게 달랐는데, 이 두 지역 사람들의 "일반적인 특징은 짐승 같은 우둔함이었다."[104] 추측을 즐기는 스코틀랜드 학파의 존 애덤스John Adams는 1789년 혹독한 추위 속에서 벌거벗고 지내는 파타고니아인(푸에고 섬 사람들)을 보고 "대단히 명청한 사람들임에 틀림없다"고 결론지었다.[105] (애덤스의 이런 주장은 몽테스키외의 기후 이론의 파생물이라 할 수 있는데, 기후 이론에 따르면 지능이 낮은 사람들은 '온대' 지역을 차지한 지능이 높은 사람들에게 밀려 '한대' 혹은 '열대' 지방에 살게 됐다.) 애덤스에 따르면, 가장 열등한 미개인은 포데레가 언급한 백치처럼 지적 활동을 거의 하지 않고 동물적인 신체 감각에만 반응했다. "거친 환경에서 사는 미개인은 팔다리를 움직이는 활동과 온갖 비열한 기능의 발휘에서는 문명인보다 뛰어나지만, 지적 능력에서는 문명인보다 확실히 열등하다고 추론하는 것이 지극히 당연하다."[106]

쿡의 항해에 합류했던 '귀찮은' 식물학자 포스터는 복잡하게 얽혀 있던 세 단계 분류법을 명확히 정리했다. 첫 번째 집단은 미개인과 어린이와 백치, 두 번째는 야만인과 젊은이와 치우, 마지막으로 가장 높은 단계는 문명인과 성인과 '완벽한 정신의 보통 사람'이 속했다. 포스터는 적어도 마음속으로는 전 세계를 누비던 자연 과학자의 날카로운 관찰력과 도덕 철학자의 심오한 지식 및 선견지명을 결합했다. 꾸준한 사회문화적 진화 과정은 미개인의 지적 수준이 동물보다 아주 조금 높아졌을 때 시작됐다. 즉, "**동물**이나 다름없는 원주민은 **미개인**으로 진화하고, 이 상태에서 미개인은 **문명인**의 전 단계인 **야만인**으로 진화한다."[107]

포스터가 생각하기에, 미개인과 백치와 어린이의 특징은 무해하고 무지하며 사적재산 개념을 이해하지 못한다.[108] 야만인과 치우와 청소년은 격정에 시달리며 도덕적으로 터무니없는 행동을 하지만 조금이나마 이성과 이해력을 발휘할 수 있는 사람들이다.[109] 이들의 위험성은 이성과 도덕관념 같은 지능이 제 기능을 발휘하지 못하면 교육을 받고도 개선할 능력이 부족하여 통제되지 않을 정도로 "난폭한" 야만인으로 남게 된다는 점이었다.[110] 계속 진화하여 이성과 이해력이 격정을 통제할 수 있게 되면 야만인도 "**성인기와 성숙기**"에 이를 수 있는데, 이런 과정은 "**문명국**에서 일상적이다."[111] 이런 식으로 아이 같은 백치와 도덕관념이 없는 치우는 유럽 계몽주의 방문객들에 의해 '미개인'과 '야만인'이라는 꼬리표가 붙은 비백인 인종과 얽히게 된다.

포데레는 1799년 백치와 치우, 문명과 인종 관념을 결합하여 하나의 의학적 사실로 공식화했다. 그는 시야를 전 세계로 확대하면 인간의 정신이 미개인, 야만인, 문명인의 순서로 발달해 왔다는 증거를 찾게 될 것이라고 주장했다.

비몽사몽 상태가 자연스러운 만큼 당연히 끊임없이 활동해야 하는 사람들이 있는 것처럼 수 세기 동안 퇴보하는 민족이 있다. 또한 쉬지 않고 사

윌리엄 윌슨William Wilson, 〈오라하이트 섬의 선교사 주택과 주변 모습〉, 제임스 윌슨James Wilson의 책 《남태평양 선교 항해》(1799) 속 삽화. 박물학자 요한 라인홀트 포스터는 남태평양 섬 주민들을 지능이 절반만 발달하고 감정을 통제하지 못하는 치우나 야만인으로 묘사했다.

색하는 민족이 있는가 하면, 사색이 끔찍하게 고통스러운 민족도 있다.[112]

포데레는 18세기 계몽주의 여행가들의 대규모 관찰 기록과 '인간 과학'에 의지하여 전 세계 인종을 지능에 따라 서열화했다. 유럽인은 자신들의 시각으로 전 세계 비유럽 인종에게 백치와 치우라는 꼬리표를 붙였다. 그리고 이것이 법적, 역사적, 문화적, 의학적, 인종적 사실로 굳어졌다. 다소 활기가 없는 멍한 백치는 능력과 재산권을 결정하는 법률 사건에 늘 보이지만 존재감이 미미해서 자주 풍자만화와 소설에 조롱과 보살핌의 대상으로 등장하는 인물이라는 관념이 전 세계로 퍼졌다. 이 과정에서 인종 개념은 원숙한 부모로서 백인 유럽인과 새로 파악된 다인종의 후손으로서 백치 미개인, 그리고 치우 야만인과의 관계를 결정하는 핵심 요인과 치명적으로 얽히게 된다.

그러므로 18세기가 저물어가는 동안 계몽주의자들 앞에 놓인 세상은 백치와 치우와 완벽한 보통 사람이 하나의 글로벌 공동체를 이루며 사는 곳이 됐다. 완벽한 보통 사람은 백치와 치우라 불리는 사람들을 확인하여 꼬리표를 붙인 다음 지배하고 통제하려 했다. 더 이상 백치는 단순한 농담의 대상이 아니었다. 이제 피부색과 인종이 전 세계 사람들의 지능을 판단하는 기준이 되기 시작했다.

2부

새로운 사고방식,
1812년경~1870년

4장

의료계의 등장,
법정에 등장한 새로운 관념

19세기에 들어와 백치와 치우, 경우로 묘사된 사람들을 이해하고 대하는 방식에 큰 변화가 생긴다. 18세기에는 백치를 한결같이 지역사회가 책임져야 할 공동체의 일원으로 여겼다면, 이제는 시설에 수용하여 의사의 통제하에 치료받아야 할 대상으로 여기게 된다. 19세기 초였던 1815년과 1845년의 카운티 정신의료시설법County Asylums Acts에 따라 곳곳에 광인과 극빈자 시설이 세워지고, 이곳으로 백치들이 꾸준히 유입됐다. 그리고 일부는 1834년 신구빈법Poor Law Amendment Act이 통과된 후 급증한 구빈원으로 들어갔다.[1] 19세기 중반까지 1만여 명의 백치가 이런 시설에 수용됐다. 1855년에는 세계 최초로 특수 목적의 백치전문시설이 서리Surry의 얼스우드Earlswood에 문을 연다. 이런 시설 건립은 광인, 범죄자, 빈민, 지체장애인 등 취약하거나 위험에 노출된 소외 집단을 전부 시설에 수용한다는 조치에 따른 것으로, 19세기 내내 영국 전역에서 진행됐다. 그런데 최근까지 평범하지는 않지만 지역사회 구성원으로 인정받던 백치들이, 어쩌다 갑자기 시설 보호 대상으로 바뀌게 됐을까? 여기에는 정치, 문화, 사회, 지적인 환경의 대대적인 변화와 연관되는 수많은 다양한 요인들이 영향을 미쳤다. 특히 법조계에 중요한 사고방식이 새롭게 등장했다.

18세기 민·형사 재판에서는 이른바 의료 전문가의 개입 없이 백치여부를 일반인이 해결할 수 있는 것으로 판단하고, 의료인 소견에는 아무런 관심을 보이지 않았다. 당시 법정에서는 분별력이 있으면 누구나 식별이 가능한 백치라는 꼬리표를 누구에게 붙일 것인지보다, 취약한 무능력자를 국가가 보호할 때 개인의 자유와 어떻게 균형을 맞출 것인지가 주요 관심사였다. 하지만 프랑스에서는 18세기 말부터 이례적으로 의료계가 백치 문제에 관심을 쏟기 시작했다. 파리의 대형 병원이었던 살페트리에르 병원과 비세트르 병원의 대대적인 시설 수용 조치에 따라 정신질환자와 매춘부 같은 도시의 소외 계층에 더해 백치를 데려와 의사들이 관리하도록 했다. 법학자이자 의사인 프랑수아 에마뉘엘 포데레가 적절하게 지적했듯이, 당시 프랑스에서는 이미 법의학이 체계화되어 그 방면에서는 이미 영국에 앞서 나가고 있었다.[2] 프랑스의 정신 의학 창시자로 알려진 필리프 피넬Phillippe Pinel은[3] 1800년에 백치와 광인의 정신을 감정할 때 법의학을 적용해야 한다고 주장하면서 이렇게 한탄했다. "내가 보기에, 현재 우리의 지식 분야 중 가장 발전하지 못한 분야는 다양한 이성 상실자를 다루는 법학이다."[4] 그는 법의학을 활용하면 의심스러운 사건들, 특히 정신 건강과 관련된 논쟁에서 의료인이 "법조계를 계몽"할 수 있다고 주장했다.[5] 프랑스의 새로운 의학 이론가 집단은 처음에는 프랑스 혁명 이후에 그리고 1804년부터는 나폴레옹 법전에 명시된 자신들의 과학적 권위에 한껏 고무되어 본격 행동에 나섰다.

18세기 파리 살페트리에르 병원The Salpêtrière Hospital의 모습.

사실 포데레는 이미 1790년대 혁명의 소용돌이 속에서 법의학 논문을 낸 다음 1813년에 내용을 추가하여 발표한 적이 있다. 그는 과거 장애인 사건과 관련된 의학 보고서들의 수준에 부끄러움을 느꼈다고 밝히면서 법의학을 체계적으로 정리하겠다고 약속했다.[6] 의학이 계몽이라는 이성의 빛을 비춘 덕분에, 법이 과학적인 정확성을 획득하게 된 것이다.[7] 포데레는 광인과 백치에 대한 전통적인 법적 접근법을 추측에 근거한 비과학적 방식이라고 일축했다.[8] 그는 가십이나 민간 설화 같은 비전문가적 지식을 비난하고 의학 교육을 받지 않은 일반인이 질병의 원인과 치료 가능 여부를 파악할 수 있다는 생각에 코웃음을 쳤다. 배심원을 겨냥해서는 냉담하고 "무지한 사람들"의 주장과 "정직하고 공정하며 정통한 교육을 받은 의사들이 원인을 파악하고 내린 적극적인 의견"은 비교 대상이 될 수 없다고 주장했다.[9]

백치 여부를 결정하는 데 의학 전문가가 어떤 역할을 할 수 있는지를 보여주기 위해, 포데레는 새로운 분류체계를 제시하여 정신이상에 관한 모호한 법적 정의에 과학적 정확성을 더했다. 그는 정신이상을 세 가지로, 즉 '조증mania', '치매dementia', '치우 상태'로 분류했다. 다른 두 장애와 달리, 치우 상태는 판단과 비교 능력이 없어 자기 앞가림을 하지 못하므로 자연스럽게 사회 질서에서 배제된다.[10] 치우는 태어날 때부터 "인간 속 괴물처럼 완벽한 이방인"인 것이다.[11] 이들은 다시 세 유형으로 나뉜다. 첫 번째는 아주 간단한 연상 작용도 하지 못하는 사람들이다. 이들은 무의미한 단어를 앵무새처럼 반복하고, 간혹 이치에 닿는 말을 했다가도 이내 관련 없는 말로 넘어간다. 이런 특성을 포데레는 "놀라운 신성wondrous divinity"이라고 했다.[12] 이들은 해롭지 않은 사람들이다.

두 번째 집단은 단순한 사고를 하고 간단한 일을 처리할 수 있는 사람들로 7세 아이와 비슷하다. 세 번째 집단은 기초 교육을 받으면 좀 더 복잡한 생각도 할 수 있다. 그러나 이들에게서 가끔 튀어나오는 인상적인 말과 실제 행동은 서로 연결되는 것이 아니다. 이들은 판단력이 부족하여 도덕관념이 없다. 포데레는 이들이 불평등처럼 추상적인 도덕적 개념을 언급할 수는 있지만, 마치 기계가 말하는 것처럼 들린다고 했다.[13] 이들 중 일부는 "미성숙한 사기꾼과 악당"처럼 비행을 일삼기도 한다.[14]

포데레의 분류법이 중요한 이유는 새로운 과학적 근대성을 추구했기 때문이다. 그는 수백 년간 판례로 축적된 모호한 법적 판단이라는 고르디아스의 매듭(gordian knot, 과감한 행동으로만 해결할 수 있는 문제-편집자)을 끊어내고 무지한 일반인들의 '상식'을 일축했다. 개인의 책임과 능력 수준을 측정하기 위해 우둔함의 단계를 정교하게 체계화하기도 했다. 즉 그의 분류법은 느슨한 주관성과 기존의 법적 절차로 확실성을 가정하고 추측에 근거하여 무능력자를 판결하는 방식을 직접적으로 공격한 것이었다. 이제 이성을 추구한 계몽주의자들 덕분에 증거에 기반하여 깔끔하게 정리된 사실이 법 집행 과정에 정확성과 확실성을 높였다. 그러나 포데레가 아무리 열심히 과거 잘못을 바로잡고 법적인 의사 결정 과정에 새로운 의학적, 과학적 합리성을 도입하려 애써도, 사람들의 낡은 관념과 신념은 사라지지 않았다. 그는 모두가 미쳤으니 굳이 다른 사람에게서 그런 모습을 찾지 말라는 뜻의 옛 속담을 인용했다.

Le monde est plein de fous et qui n'en veut pas voir,

doit se tenir tout seul et briser son miroir.[15]

사실 이 글은 1731년 헐로 스럼보Hurlo Thrumbo가 출간한 〈보그 하우스 미
셀러니Bog House Miscellany〉라는 영국 그래피티 모음집에 나오는 구절이다.
책에는 파리 부셰리 거리의 한 거울에 쓰여 있던 낙서로 나오는데, 번
역하면 이렇다. "세상은 바보와 멍청이로 가득하다. 그들을 보지 않으
려면 자리에서 벗어나 네 안경을 깨뜨려라."[16] 치우가 "놀라운 신성"에
의해 문득 이치에 닿는 말을 할 때가 있다고 포데레가 썼을 때, 그는 파
리 식당에서 한 백치가 갑작스럽게 통찰력을 발휘하여 분쟁을 해결했
다는 수백 년간 회자되던 농담을 단순히 자신의 과학적 의학 분류법과
통합했을 뿐이었다.[17] 약간의 능력은 있지만 여전히 무능력자라고 설명
한 영구 치우lifelong imbecile라는 '새로운' 집단에 관한 내용도 치우에 관한
18세기 글들과 별 차이가 없었다. 또 분류법은 어떤 인과적 설명이나
사실상 치료법도 제공하지 못했다. 당시 프랑스에서는 의사들이 **사기꾼**
이나 "돌팔이"들에게서 약을 훔치고 비전문가의 지혜를 도용하여 과학
적, 의학적 "사실"로 재포장하는 일이 흔했다.[18] 포데레의 주장은 단순
히 의사들이 뛰어난 관찰력과 전문가적 감각 및 정직성을 갖추면 변호
사를 포함하여 다른 일반인들보다 훨씬 명쾌하게 백치를 식별할 수 있
으리라는 것이었다.[19] 그런데 그는 선천적으로 도덕관념이 없어 위험
한 백치라는 개념으로 새로운 유형을 소개하기도 했다. 아무런 해를 끼
치지 않는 백치와 달리, 이들은 도덕적인 말의 내용을 이해하지 못하고
앵무새처럼 그 말을 반복하여 남을 속일 수 있기 때문에 위험하다는 것
이었다.[20] 여기서 우리는 나중에 등장할 '도덕적 박약자moral imbecile'의 맹

아를 발견하게 되는데, 이들은 겉보기에 성숙한 사람처럼 말하지만 도덕성이나 이성, 공감 능력이 결여된 사람들이다.

　도덕적 박약자를 법적 범주에 포함해야 한다는 포데레의 생각을 발전시킨 사람은 살페트리에르 병원의 정신병 전문의(정신과 의사의 옛 이름)인 에티엔 장 조르제였다. 조르제는 1820년과 1826년에 발표한 법의학과 정신의 연관성에 관한 두 편의 논문[21]에서 치우를 네 가지로 분류했다. 첫 번째 집단은 그가 '정신적 실체'가 전혀 없고 보호받지 못하면 죽을 것이라고 묘사한 사람들이다. 두 번째는 감정이나 감각을 조금 느낄 수 있으나 의도와 목적 없이 행동하여 자신의 욕구를 채우지 못하는 사람들이다. 세 번째는 7세 아동과 비슷하다고 했다. 이들은 어느 정도 사람과 사물을 인식할 수 있고 누구에게 도움을 청해야 할지, 어떤 몸짓으로 자신의 필요를 표현할지 알고 있다. 이 집단은 앵무새처럼 노래 가사를 익혀서 부를 수도 있다. 마지막 집단은 어느 정도 감정을 느끼면서 기억할 수 있고 단순한 행동을 판단하고 수행할 수는 있지만 분별력이 없는 치우로, 기초 단어로만 일상적인 욕구를 표현할 수 있다.[22] 조르제는 치우를 범죄자로 간주했을 뿐만 아니라 백치에 대해서도 거부감과 혐오감을 표출했다. 그는 이들이 아무 데서나 용변을 보고 자위행위를 시도한다고 묘사했다. 또한 그들은 온갖 질병에 시달리고 오래 살지 못한다고 했다.[23] 치우를 도덕관념이 없는 범죄자로, 백치를 무력하고 병약하며 자제력이 없다고 단정 짓는 생각에는 백치와 치우에게 장기간 보호 치료가 필요하다는 생각이 깔려 있었다. 조르제는 의학적 진실의 우월함을 내세우며 의학 지식이 없는 변호인과 일반인들이 끊임없이 판단 오류를 일으킨다고 비난했다.[24] 그는 치우가 도덕관념이 없기 때문에 처벌을 받아도 아무 소용이 없고 풀려나는 즉시 타고난 충동에 이끌려 또다시 범죄를 저지르기 쉽다고 주장했다. 그러므로 이들을 평생 시설에 가두는 것만이 다른 사람들의 안전을 확보하는 유일한 방법일 수 있었다.

조르제는 그즈음 있었던 방화 사건을 예로 들며 지능을 판단하는 주체를 세 집단, 즉 일반인, 법조인, 의료인으로 나누고 각 집단의 사고 경향을 분석한 후 의학적 논의가 어떻게 우월한지 설명했다. 1825년 파리에서 피에르 조제프 들레피네라는 열여섯 살짜리 정원사가 8건의 방화 사건 피고인으로 재판을 받았다. 한번은 그가 불을 붙인 양초를 인화성 액체에 담가 새 꼬리에 달아서 이웃집 정원으로 날려 보낸 적이 있었다.[25] 이웃들은 그가 주의력 결핍 장애가 있고 그의 아버지 집 정원에서 벌거벗고 뛰어다니는 버릇이 있다는 진술서에 서명했다. 그들은 모두 들레피네가 치우라기보다 "못된" 혹은 "사악한" 사람이라는 데 의견을 같이했다.[26] 법원은 이웃들의 의견을 받아들여 들레피네에게 사형 선고를 내렸다. 조르제는 이웃들의 증언에 분석적 평가가 빠져 있고 겉으로 보이는 행동 말고는 다른 증거가 없다며 비판적인 주장을 내놨다. 또한 이웃들이 병리학적 이해와 판단 및 해석 능력이 없기 때문에 사악하고 부도덕한 행위에 대해 미신적이고 비합리적인 생각을 품었다고 지적했다.[27]

들레피네의 변호인은 이웃들의 악의에 찬 주장이 터무니없다고 생각했다. 그가 보기에, 들레피네의 방화벽은 병색이 완연한 그의 창백한 슬픈 눈만 봐도 알 수 있는, 편집증으로 인해 지적 능력이 결여된 것이 문제였다.[28] 변호인은 조악한 견해를 밝히는 이웃들의 어리석음과 정신

착란이라는 주장을, 유죄 판결을 피하려는 피고인의 거짓말로 일축해 버린 그들의 "천박함"을 비난했다.[29] 그는 이런 수사적 표현을 사용했다. "의료 기록과 법원의 사건 기록을 열람하고 정신병원에 가보라." 그러면 하늘이 "육체뿐만 아니라 마음에도 불행을 안긴다"는 사실을 배울 것이다.[30] 들레피네의 변호인은 정신이상을 사유로 사형을 감형해달라고 요청했고, 그 요청은 받아들여진다.

하지만 조르제가 보기에, 들레피네 변호인의 변론은 이웃들의 증언보다 나을 게 없었다. 그 변호인도 증거를 제시하지 못했다. 그저 들레피네의 행동들을 나열하고 거기에 이름만 붙였다. 사실, 조르제는 들레피네가 비열하고 불쾌한 치우라는 불가피한 증거를 가지고 있었다. 그 증거는 무엇이었을까? 그것은 재판 내내 들레피네가 들고 있던 고소장 사본이었다. 거기에는 끝없이 이어지는 서명, 의미 없는 글자들, 온갖 낙서와 잉크 자국 등 그가 휘갈겨 쓴 글씨들로 가득했다. 조르제는 이런 질문을 던졌다. 만약 들레피네가 자신이 저지른 범죄의 심각성을 제대로 이해하고 사형 선고를 받을 수 있다는 사실을 알았다면, 재판 내내 그런 유치한 행동을 했겠는가?[31] 조르제가 보기에, 이 확실한 증거는 들레피네가 범죄에 대한 민감성이 없을 뿐만 아니라 8세 미만의 지능을 가졌다는 사실, 즉 그가 우둔하고bêtise 어리석다niaiserie는 사실을 의미했다.[32] 또 그는 재판이 진행되는 동안 아무도 의학 전문가에게 들레피네의 정신 상태를 평가해 달라고 요청하지 않았기 때문에, 이런 의학적 통찰은 무익한 일이라고 덧붙였다.[33] 당시(1826년) 프랑스 사법부도 치우 상태에 관한 의학적 소견을 들을 준비가 되어 있지 않았는데, 무엇보다도 그것이 피고인의 낙서에 근거한 의견이라면 더더욱 받아들이지 않았을 것이다.

들레피네 사건의 중요성은 재판의 결과가 아닌 조르제의 분석 추론에 있다. 조르제는 의학적 진실과 과학적 분석이라는 판단 틀을 제시하고, 그것이 대중의 미신과 근거 없는 법조인의 추측보다 우월하다고 주장했다. 그가 보기에, 사법제도는 대중의 조잡한 '상식'과 고대의 비과학적인 법적 절차와 결합하여 부패했다. 그래서 그는 새롭고, 진보적 방식을 제안했다. 그것은 의료인들이 재판과 사형대의 단골인 치우 범죄자들을 시설로 데려가는 방법이었다. 사실 이 시설에는 이미 그들과 비슷한 사람들이 살고 있었다. 법 지식이나 도덕 관념이 전혀 없는 이런 숨은 범죄 집단 때문에 사법제도가 쓸데없이 낭비되고 있었다.[34] 법정에서 백치나 치우 여부를 가릴 필요 없이 이들을 시설로 보내면, 치우는 해로운 행동을 하지 않게 되고 백치는 돌봄을 받게 된다. 그래야만 백치나 치우가 사회에 끼칠 위험이 줄어들 것이다.[35]

포데레는 영국 법이 법의학을 채택하는 데 늦었다는 점을 지적하고 싶어 했다. 영국에서 그의 도전을 이어간 사람은 1817년 법의학 및 정신이상에 관한 논문을 발표한 의사 겸 약제사 존 해슬람John Haslam이었다.[36] 해슬람은 피고인의 정신에 관해 의학 전문가의 소견이 변호인에게 도움을 줄 수 있다고 주장했다.[37] 해슬람에게는, 1817년 당시 자신의 주장을 담은 책을 쓰면서 잠재적으로 수익성 높은 새로운 의료전문 분야를 개척할 시간 및 동기가 있었다. 한때 베들레헴 병원에서 약제사로 일했던 그는 1814년 잔혹한 학대를 일삼았다는 혐의를 받고 토머스 먼로Thomas Monro 내과 과장과 함께 병원운영위원회에 불려가 해명했으나, 결국 1816년 병원에서 파면당했다. 실직 후 해슬람은 명예도 회복하고,

헨리 다우Henry Dowe, 존 해슬람John Haslam의 초상 판화. 해슬람은 베들레헴 병원에서 약제사로 근무하다 파면된 후 1817년에 백치 분류법에 관한 법의학 논문을 발표했다.

의학 전문 증인으로 새로운 길도 모색하기 위해 관련 논문을 쓰기 시작했다.[38]

해슬람은 평범한 백치를 가려내기는 매우 쉽다는 사실을 인정했다. "휘파람을 제대로 불고 책 내용을 듣고 그대로 말할 수 있는" 사람이라도 그들이 그 내용을 이해하지 못한다는 사실을 아는 의료인들을 결코 속일 수는 없을 것이라고도 했다.[39] 정신이 온전치 못한 치우와 보통 사람의 경계가 모호하더라도, 의료인은 과학적으로 확실한 의견을 제공할 수 있다는 것이었다. 매우 우둔한 머리에 신분이 낮다고 해도 그럭저럭 제 앞가림을 하는 사람이 있는가 하면, 낮은 지능으로 인해 스스로를 전혀 책임질 수 없는 사람이 있었다.[40] 전문의는 "진찰과 반복 면담"(이것은 잠재적 치우가 오랫동안 의사의 지도를 받아야 한다는 사실을 암시)으로 환자가 어느 쪽에 속하는지 파악할 수 있는데, 그 이유는 "모든 사람의 지능이 학습 능력과 이해력으로 측정되기 때문"이다.[41] 그러나 해슬람은 얼마나 정확하게, 어떤 증거로 그런 능력들을 측정할 수 있는지는 밝히지 않았고, 다음과 같이 되풀이되는 치우에 대한 정의만 내렸다.

백치에 해당하는 지적 무능력의 상태와 정도는 자기 일과 제 몸을 제대로 관리할 수 없으며, 그 무능력의 정도나 수준은 관찰과 조사로 언제든 파악할 수 있다. 내 생각에, 측정이 제대로 되었다면 백치의 수준은 정신이상자와 비슷하다.[42]

요약하면, 치우는 의학 전문가들이 그렇게 불렀기 때문에 치우가 된 것이었다.

해슬람은 비전문가인 배심원들의 지식을 일축했다. 그가 생각하기에, 배심원들은 무지해서 "늘 항간에 떠도는 일관성 없는 의견을 채택하기 때문이다.[43] 그렇지만 그는 정신이상을 모르거나 그것을 증명할 방법이 없는 데도 "번드레한 언변과 교묘하게 명예를 훼손시키는 변호인"에 대해서 더 경멸적이었다.[44] 이와 반대로 의료인은 "경험에 근거한 사실을 바탕으로 영리하게" 지능을 설명한다고 주장했다.[45] 변호인은 피고인이 셈을 할 수 있는지에 대해서만 관심을 기울였다. 의료인은 피고인의 생리적 결함을 설명할 수 있고, 그 사람이 숫자를 셀 수 있다면 그것이 앵무새처럼 단순 반복하는 것인지, 아니면 정말로 숫자의 추상적인 개념까지 이해한 것인지 식별할 수 있었다.[46] 그는 "정신이 온전한 사람과 장애가 있는 사람의 지능에 관한 지식"은 의학적 소견을 통해서만 확보될 수 있다고 결론지었다.[47]

명예가 실추된 채로 병원에서 쫓겨나 가난하게 살다 결국 1844년에 사망한 해슬람[48]은 자신의 논문으로 그가 바라던 영향력을 발휘하지는 못했다. 1830년대에 이르러서야 다른 의료인과 변호인들이 법정에서 백치를 설명하고 정의하기 위해 영국의 의학적 주장을 조사하기 시작했는데 해슬람 만큼의 열정은 보여주지 못했다. 영국 최초의 법의학 교수였던 앤드루 에이머스Andrew Amos는[49] 1831년 치우와 무능력자의 법적 권한에 관한 주된 내용이 모두 17세기와 18세기 자료에서 나왔다는 사실을 인정했다. 하지만 유감스럽게도 그는 법정에서 정신과 관련된 문제에서 의료 전문가의 역할은 거짓말로 치우라고 주장하는 증인들을 찾아내는 일밖에 없다고 생각했다.[50]

은둔 생활을 했던 변호사 겸 법률 저술가 레너드 셸포드Leonard Shelford는 1833년 백치나 치우 여부를 판단할 때 법의학의 도움을 받는 것에 대단히 부정적인 의견을 냈다.[51] 그는 과장된 표현으로 의문을 드러냈다. "의사 말고는 아무도 이 일을 할 수 없다는 말인가?" 배심원의 제한된 능력과 '항간에 떠도는 편견'에 기대는 그들의 성향과 무관하게 의학적 증거는 본질적으로 신뢰할 수 없다며 이렇게 경고했다. "법정에서 다루는 모든 증거 중에서 의학적 소견은 대단히 신중하게 제시되고 받아들여야 한다."[52] 법정에서는 전문 용어를 남발하는 의료인의 독선적인 의견을 경계해야 한다는 것이다. 정신에 대한 의학적 증거는 "일반인이 이해할 수 있도록 사실은 명확하게, 의견은 부드러운 말로 천천히 조심스럽게 설명할" 경우에만 채택할 수 있었다.[53] 셸포드는 의학을 이용하여 국가가 개인의 자유를 침해할 가능성을 언급하고, 특히 치우와 관련된 모호한 개념 정의가 "국민의 자유와 권리를 침해"하게 될 것이라며 유감스러워했다.[54] 치우 여부는 "예의 바르고 정돈된" 생활을 할 수 있는 치우라면 조금이라도 자제력을 유지하지 못할 이유가 없기 때문에 대단히 정확하게 판단할 필요가 있었다.[55] 백치와 어린이를 동일시하는 낡은 평가에 빠져 있던 셸포드는 사소한 일에 몰두하고, 하찮은 물건을 좋아하고, 수줍음이 많고, 쉽게 복종하고 묵인하는 등 어린이 같은 행동이 백치나 치우라는 중요한 증거라고 말했다.[56] 그는 백치나 치우 같은 무능력자로 간주된 사람들에게서 권리를 박탈하는 것에 반대했다. 이들은 쉽게 이용당하는 취약함에도 불구하고 "어린아이가 자신의 욕구를 채우는 데 용돈이 필요한 것처럼, 자신을 위해 적게 가진 것이나마 사용"할 수 있기 때문이다.[57]

이제는 유럽과 미국에서 백치와 치우에 관한 글들이 쏟아져 나오기 시작했다. 영국 작가들은 의학 전문가의 증언이 필요하다는 프랑스 이론가들과 해슬람의 주장에 여전히 매우 회의적이었다. 법정 변호인 조셉 치티Joseph Chitty는 1834년 법의학이 독성학toxicology과 사체 부검 같은 과학 분야에 더 유용하다고 보고 정신 영역에서 변호인의 변론보다 새로운 법의학자의 증언이 우월하다는 주장을 조롱했다.[58] 그는 이렇게 못 박았다. "배심원단이 모든 증거를 청취하고 나서 백치 여부를 결정해야 한다는 것은 매우 명백하다."[59] 법정에서 의학적 소견을 받아들이기는 했지만 그것만으로는 불충분했다. 피고인의 지능이 "스스로 행동할 수 없을 정도로 떨어지는지" 아닌지에 대한 배심원의 **생각**, 즉 상식에 근거한 판단이 가장 중요했다.[60]

미국에서는 프랑스 이론가들의 주장이 더 많은 영향력을 발휘했다. 시어드릭 로메인 벡Theodric Romeyn Beck이라는 의대 교수는 조르제의 연구를 참고하여 1836년에 발표한 자신의 법의학 논문에서, 백치와 치우를 범죄자와 시설 수용 대상자로 분류할 때 의학적 판단을 더 많이 활용해야 한다고 주장했다. 특히 그는 지능은 정상이지만 감정과 공감 능력에 '문제가 있고 비도덕적인' 사람을 주의해야 한다고 경고했다. 이런 생각은 '도덕적 박약자'라는 새로운 치우 집단의 등장을 예고하는 것이기도 했다. 벡은 오직 의료인만 가짜 정신이상자를 가려낼 수 있기 때문에 의학적 소견을 인정하는 제도가 시급하다고 주장했다.[61]

오거스타 정신병원의 의료 책임자 아이작 레이Isaac Ray는[62] 1839년 새로운 의학 지식 덕분에 "확실한 경험과 선의를 가진 사람들이 사실을 규명"해낼 수 있다고 주장하며 배심원과 변호인의 능력에 대해 의학적인 공격을 계속해서 이어나갔다.[63] 그는 배심원들에 대해 "교육도 거의 받지 못한 사람들이 (앉아서) 다른 사람의 이해력을 판단"한다고 조롱했다. 바보가 어떻게 바보를 판단할 수 있냐는 의미였다. 그는 백치와 다른 지능에 관해 법이 "현재의 지식 수준보다 한참 뒤처져 있다"고 불만을 토로하기도 했다.[64] 레이는 프랑스처럼 법정에서 필요할 때마다 의학 전문가를 증인으로 부를 수 있는 제도를 도입해야 한다고 촉구했다.[65] 의학 전문가는 "수많은 사람들의 지식을 합친 것보다는 적겠지만 그래도 상당한 지적 능력"을 가진 사람들이므로, 행위 능력과 이해력의 수준이 다양한 치우 집단의 문제를 해결할 수 있었다.[66] 레이는 기존 치우 집단에 우둔한 사람stupid person이라는 복잡한 유형 하나를 추가했다. 보통의 치우는 자신의 낮은 지능을 알고 있지만, 이들은 '자신의 지능이 남보다 높지 않더라도 남들과 비슷한 수준은 된다고 생각'한다. 소심하고 수줍음이 많은 치우는 결과에 대한 두려움 때문에 함부로 행동에 나서지 못하지만, 이들은 언제든 '아무 생각 없이 성급하게' 행동할 준비가 되어 있기 때문에 결과적으로 몹시 위험한 사람이었다. 도덕관념이 없어 보이는 이 수상쩍은 유형이 기존 치우 집단에 새롭게 합류함으로써, 보통 사람과 완전한 백치 사이에는 무능력의 정도가 다양한 사람들이 점점 더 많아졌다. 이런 무모한 치우들은 의료 시설에 영구히 감금해야만 그들 자신의 복지와 사회 안전을 확보하는 유일한 합리적인 길이었다. 이런 종잡을 수 없는 치우 사건에서 법원과 배심원이 적절하게 행동하리란 기대는 아예 하지 않는 편이 나았다.[67]

따라서 19세기 중반 (광범위한 사회 혁명에서 갓 벗어난 두 나라) 프랑스와 미국에서는 배심원들의 비현실적인 의견과 변호인의 난해하고 장황한 변론 대신, 전문가들의 증언으로 사실을 과학적으로 규명하기 위해 획기적이고 현대적인 의학 지식을 도입하라는 요구가 강하게 일어났다. 이 무렵 프랑스에서는 나폴레옹 법전의 명문화를 통해 과학적 증거와 의학적 증언에 신뢰성이 확보됨에 따라 의료계의 영향력이 커지고 있었다.[68] 프랑스 혁명으로 '시민 의사'라는 새로운 집단이 탄생했는데, 이들은 스스로를 "질병과의 싸움에서 구원하는 사람"이자 "국가 임무를 수행하는 사람"이라고 생각했다.[69] 영국에서는 의료계에서조차 새로운 정신 의학에 강한 의구심을 보였다. 즉, 법의학이 사람의 마음을 헤아리고 측정하는 학문이라기보다 사용된 독극물의 종류와 자상 확인, 보험 사기 적발을 위한 실용적인 과학 수사에 좀 더 가깝다는 것이었다.[70] 또한 보호라는 미명 하에 국가가 개인의 자유에 대해 간섭할 우려도 제기됐다.

하지만 이처럼 영국 법조계가 백치에 대한 의학적 판단을 인정하지 않았음에도 불구하고, 정신이상자라는 낡고 느슨한 범주가 때로는 무해하지만 때로는 위험스러울 정도로 도덕관념이 없어 사회구조를 뿌리째 위협하는 영구 치우에게까지 확대됨에 따라, 무능력자 수는 기하급수적으로 증가하는 것처럼 보였다. 여기에는 거의 늘 무기력하고, 비루하고, 이따금 거부감과 혐오감을 유발하는 '완전한' 백치도 있었다. 일부 의료인은 백치와 치우 사건의 경우 정식 재판을 거치지 않고 이들을 곧바로 평생 시설로 보내 치료·보호하는 제도를 도입하자고 주장했다. 치료 목적이든 보호 목적이든, 이제 백치와 치우는 자신이 속했던 지역 사회로부터 완전히 분리되는 경험을 하게 된다.

19세기 법정에서의 백치

이런 사고방식의 변화는 19세기 법정에 어떤 영향을 주었을까? 형사 법정에서는 눈에 띄는 변화가 일어났는데, 이는 당시 이상 행동과 정신을 이유로 일탈자로 낙인찍힌 사람들과 빈민을 배척하는 광범위한 사회적 방향 전환의 일부였다. 18세기 말부터, 백치 피고인은 무죄 방면될 가능성이 줄어들고, 불운하거나 무해한 사람이 아닌 위험한 사람으로 간주되어 가혹한 처벌을 받을 가능성이 커지기 시작했다. 19세기에는 형사 재판을 받는 백치의 수가 크게 줄었다. 물론 그 이유는 시설에 수용된 백치가 늘어났기 때문이다. 민사 법정에서는 백치 피고인이 개인의 자유와 국가의 간섭을 받지 않고 독립적으로 살 권리가 여전히 변호인의 변론과 배심원단의 판단, 그리고 여론에서 중요한 이슈였던 까닭에 별다른 변화가 없었다. 하지만 의학 전문가의 소견이 여러 면에서 백치 문제에 난감해하던 법정에서 교묘히 환심을 사기 시작했다. 그에 따라 일각에서 의학적 증언의 필요성을 강하게 주장하기에 이른다. 형사 법정과 민사 법정은 재판을 주도하는 계층 요소가 명확히 달랐다.

형사 재판을 받는 불운한 하층민 백치는 처벌을 받거나 시설에 적합한 수용 대상으로 간주됐다. 반면, 민사 재판을 받는 상류층과 중산층 자제들은 좀 더 사적이고 호의적인 분위기에서 심리를 받을 자격이 있다고 여겨졌다.

사회 계층만이 유일한 요소는 아니었다. 19세기 초부터 백치 피고인을 대하는 중앙형사재판소의 태도가 눈에 띄게 달라졌다. 부분적인 이유로는 비전문가가 임의로 이끌던 18세기 형사 재판과는 달리, 이제는 적극적이고 의욕적인 변호인이 전문가로서 재판을 주도하는 문화로 바뀌고 있었기 때문이다.[71] 전에는 판사 주재 하에 피해자와 피고인 사이에 비전문적 언쟁이 오고 갔다면, 이제 재판은 보수를 받는 변호인들이 변론을 펼치는 전문 영역이 됐던 것이다.[72] 바로 이것이 외과 의사, 약사, 박사 같은 전문가 증인이 등장하게 된 계기가 됐고, 그에 따라 법정 변호사들도 조금씩 의학 지식을 갖추기 시작했다.[73] 지금까지 순진함과 착한 성품, 무해함을 증언해준 목격자들의 도움을 받았던 백치들한테도 전환점이 됐다. 백치를 의료인의 치료가 필요한 환자로 인정하면서 그들에게 비공식적인 관용을 베풀던 의미가 바뀌고 있었던 것은 분명했다. 1789년 한 백치 재판에 첫 번째 '전문가'로 의사가 나왔다.[74] 이제 재판은 과거와 달리 피고인의 성격을 자유재량에 따라 비공식적으로 평가하던 절차가 축소되고, 백치에 대한 관용적 태도는 강경한 분위기로 달라졌다.

중증 난청 환자이자 '바보 조니'로 불렸던 열여섯 살 존 렉이 금속을 훔친 혐의로 1800년에 기소됐을 때, 그에게 자비의 손길을 내민 사람은 거의 없었다. 냉담한 판사는 먼저 배심원단에게 렉이 옳고 그름을 구분

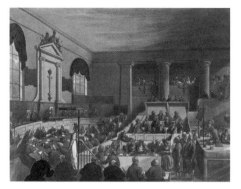

토머스 롤랜드슨 & 어거스터스 찰스 퓨진Thomas Rowlandson and Augustus Charles Pugin, 〈중앙형사재판소Old Bailey〉,《런던의 축소판The Microcosm of London》(1808-10)에 삽입된 채색 판화. 19세기 초부터 중앙형사재판소의 분위기는 엄격해졌다.

한다고 생각하는지 질문한 다음, 그가 보통 사람인지 아닌지 결정해달라고 촉구했다. 그 이유는 렉이 14세 아동의 지능을 가졌는지 파악하기 위해서였다. 만약 렉에게 이해력이 있다면 '영국 법에 따라 그에게 책임을 물을 수 있다'고 판사는 생각했다. 그는 배심원단에게 백치라는 이유로 그를 봐주거나 용서하면 안 된다며, 이렇게 경고했다.

어떤 것도 그런 특성보다 유해한 것은 있을 수 없는데 (…) 바보 조니라는 별명처럼 우둔한 이 남자아이가 함부로 돌아다니도록 방치된 탓에 이런 약탈 행위를 저질렀다. 그런데 이웃들이 그를 제멋대로 행동하게 내버려두고 '바보 조니'라고 부르면서 처벌을 약하게 받도록 힘을 쓸지 모르겠지만, 만약 그에게 자신의 잘못을 인지하는 능력이 있다면 그는 법의 제재를 받아야 한다.

그는 이렇게 덧붙였다. "백치를 가두는 문제는 그가 속한 교구의 결정 사항이다." 배심원단이 그가 진술 능력이 있고 유죄임을 확인했으므로,

판사는 그에게 벌금 1실링과 6개월 형을 선고했다.[75]

이런 식으로 급작스럽게 판결 기조와 내용이 바뀌자, '이웃들'은 친근한 별명을 붙이고 이상 행동에 관대한 태도를 취하면서 백치에게 '약한 처벌이 내리게' 하려는 시도를 더는 할 수가 없었다. 이 판결문의 요지는 백치도 자신의 행동에 책임을 지고 다른 사람들과 같은 기준으로 재판을 받아야 하며, 그렇지 않고 사회 법규에 따르기는커녕 그 내용을 이해조차 할 수 없는 백치는 시설에 '감금'시켜 격리해야 한다는 것이었다.

이때부터 일반인과 법조계의 태도가 강경해진 것은 명확하다. 또 하층민 범죄자에 대한 처벌도 보다 엄격해졌다. 바보 조니로 불린 존 렉의 재판에서 판사는 지능이 모자란 사람이라도 자신이 무슨 일을 하고 있는지 알고 있었다면 자기 행동에 대한 책임을 면할 수 없음을 넌지시 말했다. 심지어 판사는 렉의 청각 장애가 진짜인지 대해서도 의심했다.[76] 이 모든 상황은 그즈음 포데레가 파리에서 무례하고 도덕관념이 없는 치우의 특성을 묘사했던 것과 똑같았다. 경미한 절도로 1807년 재판을 받던 콘래드 프레드릭도 판사에게서 비슷한 말을 들었다. 프레드릭은 백치에 중증 난청 환자였고 소아 열병을 앓은 후 말을 하지 못했다.[77] 그런데도 판사는 그가 대단히 교활하고 청각 장애에 대한 대가로 탁월한 사기 능력을 얻었다는 낡은 비유를 들며 그를 힐책했다. 결국 프레드릭은 공개 채찍과 6개월 징역형이라는 가혹한 처벌을 받았다. 프레드릭의 장애는 행동의 원인이 행동의 동력으로 간주됐다.

목격자 증언도 마찬가지로 영향을 받으면서 냉혹해지고 있었다. 샬럿 로런스는 등굣길에 여섯 살짜리에게서 원피스를 빼앗았다는 혐의로

1819년 기소됐다. 법정에서 그녀가 "인형처럼 생겨서 가져갔다"고 진술했기 때문에 그녀의 정신에 문제가 있었던 것은 분명하다.[78] 그런데 로런스를 용서하지 않은 아이의 엄마는 '그녀가 백치라는 이야기를 들어본 적이 없다'고 주장했다. 이로 인해 법원은 로런스에게 2개월 형을 선고했다. 그로부터 6년 후, 말을 훔친 존 배틀의 재판에서도 유사하게 백치라는 상태가 감형 요소로 인정되지 않았다. "범죄를 저지른 자가 백치 아닌가요?"라는 변호인의 질문에 말 주인은 이렇게 답했다. "저는 그에 대해서 아무것도 모릅니다만, 제 말을 훔쳐 갈 정도의 분별력은 있었다고 생각합니다." 존이 성격도 좋고 직장에서 일도 열심히 하지만 지능은 떨어진다는 형제의 증언과 그가 지나가던 한 무리 귀족 남자들의 꼬임에 빠져 말을 훔쳤다는 증거에도 불구하고, 존 배틀은 교수형에 처해졌다. 한 증인은 이렇게 진술했다. "저는 그를 백치라고 생각했지만, 그를 주의 깊게 보지는 않았습니다." 그리고 다른 증인은 그를 "늙은 바보"라 불렀다.[79]

대부분의 사람들이 백치가 위험한 사람이고 그들의 범죄도 사전에 계획된 것으로 생각했다. 즉, 훔친 물건을 숨기는 백치는 교활한 가면 아래에 진짜 동기를 감추고 있다는 것이었다. 이제 법정에 선 백치는 범죄를 저지를 정도의 '분별력은 있는' 사람이라는 비아냥을 들었고, 자신을 재밌어했던 사람들로부터 더는 관대한 대우를 받지 못했다. 적어도 형사 재판에서는 판사들의 단호한 어조가 18세기 백치 재판의 특징이었던 포용적 태도를 대체하기 시작했다.

민사 법원의 분위기는 다소 달랐다. 1824년부터 1832년까지 캔터베리와 런던의 교회 재판소들을 이리저리 옮겨가면서 진행된 **잉그럼 대 와**

이엇Ingram v. Wyatt 재판은 1830년대 영국 이론가들에게 영향을 미친 중요한 사건이자, 행위 능력에 대한 18세기 관념이 계속 강하게 유지되는 모습과 의학적 잠식에 대한 저항도 엿볼 수 있다.[80]

존 클롭턴(잉그럼이라는 이름에서 개명)은 형제로부터 상당한 재산을 물려받았다. 그가 1824년에 사망했을 때는 그의 변호사이자 유언 집행자인 헨리 와이엇이 전 재산을 물려 받았다. 클롭턴의 이전 유언장에서 단독 상속인이었던 그의 누이 바버라 잉그럼은 클롭턴이 지능에 문제가 있는 치우이기 때문에, 유언장 작성 시 와이엇의 강압과 속임수가 작용했을 거라며 와이엇의 상속에 이의를 제기했다.[81] 대권 법원Court of Prerogative은 클롭턴 누이의 손을 들어주어 그녀가 상속받게 했고, 와이엇은 패소했다. 판결 내용을 보면, 클롭턴은 늘 어린아이처럼 보살핌을 받았다. 또 매우 연약하고, 무기력하고, 게으르고, 무신경하며 평균 이하의 지능을 지녔다. 그래서 그의 변호사 와이엇이 그를 이용했다고 판단했다.[82] 그러나 상소법원Court of Delegates이 1831년 이전 판결을 뒤집고 클롭턴의 유산을 와이엇이 상속받게끔 했다. 법원은 와이엇에게 의심의 여지가 분명히 있지만, 클롭턴의 유언 능력은 충분히 입증됐다고 판단했다.[83]

백치와 치우 상태를 법적으로 틀 짓는framing 몇 가지 요소가 이 사건을 중요하게 만들었다. 첫째, 나중에 뒤집히긴 했지만 클롭턴이 치우로 강압을 받았다는 판결 내용과 함께 치우의 구성 요건에 대한 판단이 훗날 애매한 치우 사건들에 참고 자료가 됐다.[84] 둘째, 일부 의사들의 권유campaign가 있었음에도 재판이 진행된 8년 동안 단 한 번도 의학적 소견을 청취하지 않았다. 마지막으로, 재판 내내 각계각층의 증인 스물여덟 명이 치우와 관련하여 증언한 내용들이 비중 있게 다뤄졌다. 모든 증인은 클룹턴을 치우라고 생각하느냐는 질문에 나름의 견해를 자신 있게 피력했다. 이들이 치우 상태를 묘사하면서 사용한 어휘들은 존 니콜John Nicholl 판사의 판결문에 그대로 인용되어, 1830년대 법학 논문에까지 등장한다.

존 클룹턴의 증인에는 그의 사촌과 시중꾼, 하녀, 세탁부, 견습 미용사가 포함됐다. 클룹턴의 사촌은 그가 말과 행동에 조심성이 없고 "같은 말을 끊임없이 반복"하며 수줍음이 많고, 게으르고, 지저분하게 늘 어놓는 습관이 있다고 불평했다.[85] 하인들은 클룹턴의 어린아이 같은 나약함을 반복적으로 언급했다. 그는 거리에서 지팡이를 휘두르며 마차를 모는 시늉을 하면서 "예엡 예엡 예엡"이라고 외쳤고, 그럴 때마다 남자아이들이 그를 "미친 잉그럼" 혹은 "예엡 노인네"라고 부르며 "조롱했다."[86] 가장 중요한 것은 클룹턴이 쉽게 이용당했다는 사실이다. 세탁부는 "그는 어떤 방법으로든 쉽게 설득당한다"고 말했다.[87] 입주 재단사는 클룹턴 때문에 화가 난 사람들에게, 그가 "정신이 온전치 않다"고 설명하면서 그를 때리지 말아 달라고 항상 부탁해야 했다.[88] 여러 해 동안 견습미용사로 일했다는 한 증인은 날마다 플리트가Fleet Street에 있는 한 카페에서 클룹턴의 머리를 손질해 주었던 일을 들려주었다. 클룹턴이 "어리석고 헛소리만 잔뜩" 하는 사람임을 알고 있었던 이 증인은 일부러 "막대기가 꽂힌 것처럼 꽁지머리를 묶거나 우스꽝스럽게 뒷머리를 말아 올리는" 등 그의 머리로 장난을 자주 쳤다고 했다. 그러면 클룹턴은 그런 머리를 하고 "카페 주변을 활보했고, 사람들은 그를 보고 재밌어했다."[89]

증인들은 증언을 마칠 때마다 클룹턴의 이해력과 행위 능력을 어떻게 생각하느냐는 질문을 받았다. 한 시중꾼은 클롭턴이 "제대로 이해하지 못한다"고 했고, 다른 시중꾼은 그가 "이해력이 무척 낮다"고 했다.[90] 세탁부는 "그가 모자란 사람이라기보다 사악한 사람"이라고 했다.[91] 그녀는 클롭턴이 언제든 "사고력과 판단력, 심사숙고를 요하는 행동을 할 수 있다"고는 생각하지 않았다. "그 이유는 그가 제정신이 아니기 때문"이라고 했다.[92] 한 하녀는 클롭턴이 "제정신이 아닌 사람처럼" 행동했지만 "정신적인 나약함보다는 광증에서 나온다"고 느꼈다. 그녀 생각에는 확실히 클롭턴은 정신이상 때문에 문제나 일을 전혀 처리할 수 없었다. 짓궂은 장난을 자주 쳤던 수습미용사도 클롭턴이 "반쯤 바보였고 제정신이 아닌" 사람이라고 말했다.[93] 여기서 분명한 사실은 치우에 대한 문화적 이해를 보여주는 일반인의 의견이 재판 과정에서 효력을 발휘했다는 점이다. 클롭턴의 재판에서 '전문 지식이 없다는[ay]' 것은 재산이 있는 '지적 부류의' 배심원을 의미하는 게 아니라 최하층민 남녀노소로 구성됐음을 의미했다. 또한 놀랍게도 그들의 판단은 신뢰를 얻었다.

니콜 판사는 사건의 요지를 설명하면서, 치우인 존 클롭턴의 특징을 이렇게 열거했다. "시시한 것을 추구하고, 사소한 일에 애정이나 스트레스를 느끼며, 무기력하고 생각이 없고, 수줍어하고 소심하며, 통제에 복종하고, 힘을 느끼거나 그와 비슷한 경우에는 잠자코 따르는 어린아이와 같다."[94] 이는 목격자들의 증언을 깔끔하게 정리한 내용이다. 판사는 판결문에, 클롭턴이 "지능이 상당히 낮아서 강압과 속임수에 쉽게 무너지는 성격"이라고 적시했을 뿐만 아니라[95] 타성에 젖은 그의 무기력한 모습도 언급하여 일반 대중의 평가에 신뢰감을 드러냈다. 아이 같은 치우의 성격 묘사가 포함된 이 판결 내용은 그대로 1833년 셸포드가 발표한 논문에 실렸다.[96] 그리고 이후에도 **잉그럼 대 와이엇** 재판은 백치의 법적 지위에 대한 일련의 연구를 통해 영구 치우의 법적 개념을 마련하고 발전시키는 데 활용됐다. 이렇게 치우에 대한 대중의 의견은 법학자들의 추상적인 이론과 함께 법 이론의 일부가 됐다. **잉그럼 대 와이엇** 재판에서 의학적 소견은 전혀 없었다.

하지만 '잉그럼 대 와이엇' 사건의 상고가 대법원에서 기각[97]된 1832년 다른 재판에서는 특이하게도 상당히 많은 의사가 증인으로 나왔다. 로즈 백스터는 스물세 살의 나이에 어머니와 다른 친척들에게서 상당한 재산을 물려받았다. 그녀가 다닌 학교 교사들의 설명에 따르면, 그녀는 몹시 둔하고 지능이 낮으며 폭력에 취약한 학생이었다. 어느 날 백스터가 런던동물원을 구경하고 있을 때, 그녀의 일행 중 뉴턴이라는 남자가 그녀를 꼬드겨서 자신의 2륜 포장마차에 태워 캠든 타운Camden Town으로 데려갔다. 다시 뉴턴은 그곳에 기다리고 있던 말 4마리가 끄는 마차에 백스터를 태워 그레트나 그린Gretna Green으로 데려갔는데, 그곳에는 결혼식을 집전하기 위해 집에서 막 자다 나온 목사가 기다리고 있었다.[98] 백스터의 어머니는 뉴턴 부인이 되어 칼라일 호텔에 머물던 딸을 찾아내 런던으로 데리고 온 다음, 루나시위원회를 부추겨 딸의 정신이 온전치 못하니 그녀의 결혼은 무효라는 선언을 받아냈다.[99]

백스터 재판의 증인은 주로 의사들이었다. 총 열두 명의 의사가 증언에 나섰는데, 그중 일부는 런던 정신의학계에서 매우 유명한 사람들이었다. 그들은 베들레헴 병원 약제사로 일하다 파면된 후 법의학 논문을 썼던 존 해슬람, 베들레헴 병원 방문 의사 조지 토틸George Tothill 경,[100] 해

조지 샤프George Scharf, 〈아랍인이 영국으로 데려 온 기린들〉, 1836. 손으로 채색한 석판화. 젊은 치우 여성 백스터는 런던동물원을 구경하던 중 1832년에 뉴턴이라는 남성에게 납치됐다.

슬람과 함께 파면됐던 전 베들레헴 병원 내과 과장 먼로박사,[101]《관상학으로 본 정신질환The Physiognomy of Mental Diseases》(1843)의 저자이자 훗날 한웰Hanwell과 서리의 정신병원에 근무하게 되는 알렉산더 모리슨Alexander Morison 경[102]이었다. 모든 증인이 백스터의 집을 방문했고, 몇몇은 여러 번 찾아가서 혹시 있을 치우 증상의 정도를 측정했다. 어느 날 백스터는 배심원의 질문에 이렇게 답했다. "실수할까 봐 너무 걱정돼 말할 엄두를 못 내겠어요. 스물네 명 정도 의사를 만났는데 대답이 안 나와요."[103] 그녀가 "너무 많은 의사를 만나보고 나서" 기분이 안 좋다고 모리슨에게 말했을 때, 아마 그녀는 자신의 말이 모순적이라는 사실을 의식하지 못했을 것이다.[104]

그런데 증인으로 나온 의학 전문가들은 이론가들이 법적 절차에 가져와 주장했던 진실에 대한 과학적이고 통일된 증거를 제시하지 못했다. 그들은 두 진영으로 나뉘어 첨예한 의견 대립을 보였는데 한쪽에서는 백스터를 치우로, 다른 한쪽에서는 단순히 무지하고 교육이 부족한 여성으로 진단했다. 증인들 가운데 몇몇은 개인적으로 경쟁 관계에 있던 사람들이었다. 먼로는 "그녀의 정신 상태가 심각한 치우나 다름

없다"라고 선언하면서 그녀의 부족한 판단력과 부적절한 처신을 증거로 제시했다.[105] 18년 전 베들레헴 병원의 특별 조사에서 먼로에게 배신당하고 비난 받았던[106] 해슬람은 "그녀의 얼굴에는 전혀 치우의 흔적이 없다. 그녀는 광인도 백치도 아니고 정신이상도 아니다"라고 하면서 정반대의 결론을 내렸다.[107]

의학 전문가들이 제시한 증거는 별로 과학적이지 않았다. 이들은 백스터의 계산 능력이 부족하다는 점과 의학적 관점에서 그녀가 관습에서 벗어날 정도로 자신의 성 경험을 공개적으로 이야기한다는 점만 계속 강조했다. 백스터가 '망설이거나 당황하지 않고' 뉴턴과의 성생활에 대해 '노골적이고 외설적인 용어를 사용하여' 했던 말을 법정에서 의사들이 반복할 때는, 판사가 참관 온 모든 여성에게 나가 달라고 두 번이나 요청할 정도였다. 놀랍게도 이런 일은 결혼 후 호텔뿐만 아니라 그레트나 그린으로 가는 마차 안에서도 일어났다고 했다.[108] 하지만 이렇듯 사회통념에 어긋나는 그녀의 성 개념과 예절에도 불구하고, 그녀를 치우라고 선언한 의사들이 제시한 근거는 계산 능력의 부족이었다. 그녀는 몇 페니가 모여야 1실링이 되는지 몰랐고, 1년이 6일로 이루어졌다고 생각했다.[109] 백스터 재판이 종결된 후 〈런던의학신문London Medical Gazette〉은 사설을 통해 제곱근 같은 '복잡한 수학 문제'라도 물어볼 듯이 숫자에 대해 강박적으로 질문한 의사들을 이렇게 조롱했다. "만약 그녀가 백분율 문제에 답을 맞혔다면, 그들은 분명히 그녀에게 근 풀이법이나 3차 방정식 해법 같은 좀 더 까다로운 질문을 했을 것이다."[110]

모리슨과 해슬람처럼 백스터를 치우로 생각하지 않았던 의사들은 반대 의견을 낸 동료 의사들의 논거에 의문을 제기했다. 이들은 끊임없는 의학적 면담 때문에 그녀가 침착함을 잃었고, 산술 능력의 부족은 선천적 치우라서가 아니라 무지한 탓이라고 주장했다. 두 사람 모두 계산 문제로 사람의 지능을 측정한다는 생각에 코웃음을 쳤다.[111] 무지가 치우의 증거가 아니라는 주장에도 불구하고, 배심원단이 백스터를 정신이 온전치 않은 사람이라고 선언하기까지 불과 한 시간밖에 걸리지 않았다.[112] 결국 로즈 백스터는 재산에 대한 모든 권리를 잃었고, 결혼도 무효가 됐다.

백스터 사건에 의학 전문가들이 적극적으로 개입했던 것과 달리, **잉그럼 대 와이엇**'재판에서는 의학적 소견이 필요했던 상황임에도 아무도 나서지 않았다. 그 재판에서는 의학 전문가를 증인으로 부르기 위한 체계적인 절차가 없었다. 잉그럼 사건에서는 비전문가인 일반인의 증언이 백스터 사건의 의학적 증언만큼 법정에서 신뢰를 주었다. 백치와 새로 등장한 치우의 법적 개념들은 외모와 상식적인 행동을 통해 일반인도 쉽게 백치 여부를 파악할 수 있다는 믿음이 강하게 유지되고 있었던 상황과 마주한 의료인들에게 여전히 불확실한 분야였다. 치우의 조건에 대해 의료인들의 의견이 제각각이라는 사실은 의학적 증언이 논쟁의 여지가 없는 과학적 사실이라는 그들의 주장을 무색하게 했다. 치우라는 '과학적' 증거가 전혀 존재하지 않는 것 같았다. 그저 외모와 행동을 관찰한 결과와 일반인, 심지어 하인도 알아챌 수 있는 수학적 테스트만이 판단 근거였다.

〈런던의학신문〉은 예리한 사설을 통해, 백스터 사건에 대한 의학 전문가들의 의견이 갈리고 이따금 비웃음을 사는 증언으로 인해 의학적 증언의 신뢰성이 손상됐음을 간파했다. 신문은 "온전치 않은 정신"이라는 개념이 상황에 따라 변한다고 지적하며, 그 의미가 점점 모호해짐에 따라 "제각각 입맛에 맞게 무차별적으로 제공한 모든 증거와 사실을 집어삼키는 근거 없는" 표현이 돼버렸다고 보도했다.[113] 즉, '온전치 않은 정신'이라는 개념은 '변호인이든 의사든 성직자든, 두 사람 이상의 전문가가 동의하기 어려운' 문구였다. 신문의 사설은 계산 능력으로 사람의 지능을 판단할 경우 아침에는 이성적으로 보였던 사람이, 계산을 틀리면 저녁에는 치우가 될 수 있다고 이야기하면서 그 방식의 터무니없음을 강조했다.[114] 〈런던의학신문〉은 의료인들의 말싸움과 가식 사이에서 사라진 것은 평결의 부당함이었다고 꼬집었다. 백스터의 문제는 그녀의 정신이 온전치 않은 게 아니라 크게 잘못된 교육 때문이었다. 따라서 〈런던의학신문〉은 그 평결에 전적으로 반대하는 의견을 냈다.[115] 의료인들은 모순되는 의학적 증거들로 재판을 혼란스럽게 하여, '주로 상업에 종사하는' 배심원들의 편견이 합리적인 의학적 증언의 자리를 대신하도록 만들었다. 결국 배심원들의 손끝에서 그런 "괴상한 평결"이 나오고 말았다.[116] 의료계가 치우에 대한 통일되고 일관된 합리적인 설명을 제시하지 못한 탓에, 일반인의 무지에서 비롯된 낡고 비합리적인 의견이 재판에서 승리하게 됐던 것이다.

그로부터 30년 후, 당시 화제가 된 윌리엄 윈덤의 재판에서도 의학 전문가들은 여전히 같은 싸움을 벌였다. 저명한 노퍽 가문 출신인 윈덤은 1861년 성년이 되자마자 막대한 재산을 물려받았다. 유산 상속을 받고 난 3주 후에는 그가 마음을 빼앗겼다고 주장한 애그니스 월러비와 결혼했는데, 그녀는 '형편없는 인성'에 최근까지 다른 남성의 '정부'이기도 했다. 윈덤은 그녀에게 저택을 선물로 주었다. 그리고 같은 달에 1만 4천 파운드에 달하는 보석을 사주었다.[117] 2개월 뒤 윌러비는 윈덤을 떠났는데, 그녀는 여러 남자와 부적절한 관계를 맺고 있었다. 이를 근거로 윈덤은 1862년에 결혼 무효 소송을 냈다.[118] 그런데 그는 기이한 습관에 이해력이 부족하고, 의사소통에 문제가 있었기 때문에 대부분의 사람들이 그를 치우라 생각했다. 윈덤의 가족은 그가 이용당하기 쉽고 사기에 취약한 치우라 간주하고 그의 유산을 보호하고 결혼을 무효화하기 위해 루나시위원회에 청원을 냈다. 심리가 있기 며칠 전 〈타임스The Times〉에 '동부 카운티를 여행하던 사람'이 동부 카운티 철도회사에 보낸 격앙된 편지 한 통이 실렸다. 겁에 질려 편지를 보낸 이 여행자는 자신과 동료 일행이 확신컨대, 윈덤이 거액의 뇌물을 철도 관리자에게 주고 무자격 상태에서 철도 직원 복장을 하고 열차를 운행할 수 있게 허락받았다며 항의하고 있었다. 이들 여행자는 윈덤이 루나시위원회 조사를 앞두고 있다는 사실을 알고 있으며 앞으로 그를 꼼꼼하게 감시해주기를 바란다고 덧붙였다.[119]

1861년 12월 16일에 루나시위원회가 열렸다.[120] 윈덤의 재산과 외설적인 사연에 영향을 받은 대중은 그가 기이한 행동을 하지만 치우인지는 의심스럽다고 생각했다. 그 이틀 전 12월 14일에 여왕의 부군 앨버트 공이 사망했다. 이날부터 윈덤 사건의 최종 보고서가 나온 1862년 1월 31일까지, 위원회는 여왕 부군의 사망 소식보다 윈덤 사건을 더 많이 보도한 〈타임스〉 기사를 접했다.[121] 지루하게 이어진 긴 심리 끝에 배심원단은 윈덤이 온전한 정신을 가졌고 스스로의 일을 처리할 수 있다고 결론지었다. 이런 결과는 개인의 자유와 기이한 행동을 할 권리를 보호해야 한다는 변론에 영향을 받은 것이었다. 의료인들은 양쪽 모두

윌리엄 윈덤William Windham의 모습.
부유한 치우였던 그의 재판은 1860년
대 영국에서 화제가 됐다.

의 주장을 뒷받침하는 증거를 제시했다. 〈타임스〉는 배심원단의 평결을
지지하며, 만약 그들이 "다른 결론을 내렸다면 배심원도 **윈덤**에게 씌워
진 만큼 제정신이 아닌 사람이 됐을 것"이라고 보도했다.[122] 그런데 〈타
임스〉는 취약 계층이 누리는 자유에는 대가가 따른다는 점을 인정한다
는 듯이, 이런 충격적인 예언을 했다.

그러나 앞으로 몇 년 후가 되면 십중팔구 윈덤은 극빈자가 될 것이며 (…)
사기꾼, 불량자, 마약쟁이, 아첨꾼, 허풍선이, 뚜쟁이, 매춘부, 악당 및 부
패한 사회에 빌붙어 사는 기생충들의 먹이가 될 것이다.[123]

윈덤은 그의 아내와 여러 채권자들에 의해 수없이 재판에 불려 나왔고,
결국 1864년 파산 선고를 선언했다. 1866년, 그는 겨우 스물다섯의 나
이에 전 재산을 탕진한 채 심장병으로 사망했다.[124]
《백치의 인종적 분류Ethnic Classification of Idiots》(1867)의 저자이자 세계 최

애그니스 윌러비Agnes Willoughby의 모습. 다른 남자의 '정부'였으나 1861년에 윈덤과 결혼해서 유명해졌다.

초 백치 정신의료시설이 있는 서리의 얼스우드 병원 책임자였던 존 랭던 다운 박사는 1887년 어느 정도 만족스러운 표정을 지으며 윈덤 사건을 이렇게 회고했다. "재판에서 제 일을 처리할 능력을 의심받은 한 젊은이의 정신 감정 심리가 이 도시를 흥분시킨 지가 몇 년이 지났다."[125] 그는 〈랜싯The Lancet〉이라는 학술지에 구강 구조와 백치의 연관성을 입증하는 글을 썼던 때를 떠올렸다.[126] 백치는 입천장이 아치 모양이라 침을 줄줄 흘리고 이 때문에 선천적 백치임이 바로 드러난다는 내용이었다.[127] 다운은 이렇게 썼다. "입에서 침이 줄줄 흘러나오는 모습은 사람들의 마음속에 백치의 특징으로 자리 잡았다. 침을 흘리는 방식은 다양하다. 흥분했을 때만 흘리는 사람도 있고, 식사 때마다 혹은 온종일 쉬지 않고 흘리는 사람도 있다."[128] 루나시위원회에서 윈덤의 변호인은 그가 구강 장애로 "발음 불명료" 현상이 일어났기 때문에 그를 정신이 박약하다고 보는 것은 그릇된 생각이라고 설득했다.[129] 이런 주장은 다운의 글이 너무나 늦게 발표되는 바람에 법정에서 반박당하지 않았다. 결국 그의 글은 최종 판결문에만 언급됐다. 당시는 "개인의 자유가 우선이라고 생각한" 배심원단의 의견을 뒤집기에 너무 늦은 상황이기도 했다.[130] 이제 자신의 분야에서 가장 활발하게 활동했던 시기를 지나온 다운은 과거를 되돌아보며, 비전문가들이 시대착오적인 개념에 집착하면 대참사가 빚어진다고 책망했다. 당시 의료계도 치우와 백치가 다른 사람들과 똑같은 권리를 갖게 될 때 벌어질 결과를 경고했다. 그때 다운은 이렇게 썼다. "그 가엾은 선천적 치우는 파멸의 길로 가도록 허락받았다. 그 결과 순식간에 재산과 건강을 잃었고 영광스러운 조상의 이름도 더럽히고 말았다."[131] 재산도, 사람도, 가문도 모두 사라졌다. 다운을 비롯해 의료계가 그런 파괴적인 결과를 예측하고 경고했으나 어리석게도 사람들은 그런 경고를 무시했다. 다운은 이제 사회가 백치와 치우에 대한 의료인의 우선적인 보호 권한을 제대로 이해해야 할 때라고 주장했다.

윈덤 사건은 1860년대 백치 여부를 둘러싼 중요한 애매모호한 상황을 포착하고 있었다. 백치에 대한 관념은 18세기 초에 정립된 모습 그대로 유지됐다. 즉, 백치는 고립된 삶을 살며 자기 일을 제대로 처리하지 못하고, 사람들과 관계를 맺거나 일상적인 거래 활동에 어려움을 느끼고, 이용당하기 쉽고, 공통된 인간성이 결여되어 있고, 이따금 연민과 혐오감을 불러일으킨다. 하지만 백치의 또 다른 모습은 가족의 인내와 사랑으로 감싸주는 대상이자, 지역사회의 구성원으로서 인정받고 이용당하지 않도록 보호받고 인간성을 박탈당하지 않는다. 사회 구성원들은 백치란 어떤 사람인지에 관한 관념을 공유하는데, 이런 유형의 지식은 엘리트 이론가들이 배타적으로 대중에게 전달하기보다 (예컨대, 침 홀리는 백치의 모습을 다운이 의학적으로 설명한 것처럼) 법과 의학의 일부가 되기도 한다. 이제는 백치로 묘사되는 사람들의 수가 계속해서 크게 불어나고 있었다. 공교롭게도 치우, 기인, 행실이 문란한 사람, 범죄자 및 범법자가 백치 대열에 합류했다. 이들은 대개 사회 질서를 위협하는 사람들이었지만 이따금 눈에 띄지 않아 위험스럽기까지 했다. 이 문제와 관련하여 의학적 권위를 어떻게 얼마나 내세울 것인지 두고 의료계는 의견이 갈렸다. 프랑스와 미국에서는 논란의 여지가 없는 많은 과학적 사실을 제시하는 의료계가 판결을 주도해야 할 뿐만 아니라 심지어 재판을 건너뛸 정도로 강한 영향력을 발휘해야 한다고 주장했는데, 이는 곧바로 정신의료시설의 설립으로 이어졌다. 그러나 국가의 간섭으로부터 개인의 자유를 보호해야 한다는 원칙과 헌신을 믿는 영국에서는 설사 개인이 이용당할 위험이 있더라도 의학이 법적 권위에 도전하면 안 된다는 저항에 부딪쳤다. 의료인 중에도 이런 사고방식을 지지하는 사람들이 있었다. 치우와 이따금 백치조차도 소소한 삶이나마 원한다면 제 삶을 스스로 꾸려나갈 수 있어야 한다는 의미였다.

민·형사 모든 법정에서 대중과 법조계가 백치와 치우로 여긴 사람들을 둘러싸고 서로 요란스럽게 움직이는 지적 흐름이 있었으나 대부분 눈에 띄지 않았다. 조니 렉과 콘래드 프레드릭의 형사 재판처럼, 어떤 경우는 새로운 사고방식의 결과가 가혹한 처벌과 감금이라는 현실로 나타났다. 또 어떤 경우는 특히 부유층 사람들은 교육을 통해 합리적이고 예의 바른 사람으로 개선되길 바라는 주변 사람들의 간절한 마음에도 아랑곳하지 않고 예전과 같은 삶을 살기도 했다. 치우가 확실했던 로즈 백스터가 납치되어 그레트나 그린에서 결혼식을 치른 후 런던 집으로 돌아오게 됐을 때, 그녀의 친구는 백스터가 "남자와 도망가는 일을 장난으로 여겼고 자기도 달아나고 싶다고 말했던 것으로" 전해졌다.[132] 윌리엄 윈덤은 비참할 정도로 자주 법원에 불려 다니고 재산을 모두 잃었는데도, 철도 직원 복장으로 열쇠 꾸러미를 들고 다니며 영국 동부를 횡단하는 열차를 운행하려 했다는 의심을 받고 그 열차의 승객이자 〈타임스〉 구독자였던 사람들을 두렵게 하기까지 했다.[133] 백치나 치우로 간주된 사람들에 대한 법적 통제가 서서히 강화되고 있었지만, 아직은 다행스럽게 최소한의 개성과 기이한 행동, 관행에 어긋나는 행동이 허용되고 있었다.

5장

연민과 혐오, 새로운 문화적 사고

1798년, 혁명적인 젊은 시인 윌리엄 워즈워스William Wordsworth는 〈백치소년The Idiot Boy〉이라는 제목의 서정시에서 새로운 유형의 백치를 소개했는데,[1] 그 파급력은 상당했다. 이 새로운 백치는 힘든 일상 속에서도 사람들에게 재미를 주며 풍자만화와 농담의 단골손님이었던 18세기의 우둔한 '얼간이들'과도 확연히 달랐다. 이 새로운 유형의 백치는 어떤 사람이었을까?

산골에서 중증 백치 아들 조니 포이를 애지중지 키우며 살던 베티는 어느 날 밤, 아파하는 이웃 노인 수전 게일을 치료할 의사를 불러오라고 조니를 말에 태워 근처 마을로 보낸다. 방향 감각도 없고 글도 거의 모르는 조니를 보내 놓고 외딴 숲속의 작은 집에서 안절부절못하던 베티는 조니를 보내는 것이 위험한 일임을 알고 있었지만, '온순하고 착한' 조랑말이 목적지까지 잘 안내하리라 믿고 기다린다. 그러나 조니는 제때 돌아오지 않았다. 조니 걱정에 병이 날 지경이었던 베티는 마침내 작은 빈터에서 풀을 뜯고 있는 조랑말 위에서 아무 생각 없이 앉아 있는 조니를 발견한다. 그녀는 눈물을 흘리며 아들을 껴안는다. "오! 조니야. 의사는 신경 쓰지 않아도 돼. 넌 최선을 다했으니 그걸로 된 거야."[2] 집으로 돌아오는 길에 그들 모자는 기적적으로 회복한 수전 게일을 만나는데, 그녀는 조니를 찾다 육체적 고통을 극복한다.

워즈워스가 이 백치에 대해 말하려던 것은 무엇이었을까? 평상시 조니 포이는 주로 '부르릉' 같은 의미 없는 소리를 내며 의사소통을 한다. 그는 어머니와 이웃들에게 사랑을 받고 있지만, 그 자신은 그들에게 애정 표현을 하거나 다정하게 반응하지 않는다. 백치들은 누구를, 혹은 무엇을 사랑할까? 워즈워스가 묘사한 조니 포이는 어린아이처럼 천성이 순진하고 생각이 없으며 외딴 섬에 표류하여 아무도 찾을 수 없는 우둔한 '은둔자'다. 이런 표현에서는 말이 조니보다 생각을 더 많이 하는 것처럼 보인다. "그러니까 그는 생각하는 말이군!But then he is a horse that thinks!"3 의사를 데려오는 임무를 완수하리라 기대를 받은 쪽은 말이었다. 감정을 생생하게 느끼는 주변 사람들과 달리, 이 백치 소년은 웃음과 부르릉 소리로 표현되는 무의미한 행복감 외에 아무 감정도 느끼지 못하는 듯하다. (생각하거나 느끼지 못하고 일도 할 수 없는) 그가 어떤 임무를 완수하리라 기대하는 것은 어리석고 부질없는 일이었다. 하지만 조니는 다른 사람들에게 어떤 감정을 불러일으키고도 그 감정을 그들과 공유하지는 못하지만, 사랑스럽고 연민을 자아내는 아이였다. 워즈워스는 조니 포이를 혐오스러운 백치로 그리려는 의도가 아니었음을 알리기 위해 무척 애를 썼다. "내가 묘사한 백치는 말을 아예 못하는 사람도 아니고 개인적으로 그렇게 거슬리는 인물도 아니다." 사실 워즈워스가 공격하고 싶었던 대상은 "거짓 태도로 고상한 척하면서 백치를 혐오하고 역겹다고 생각하는 사람들"이었다.4

하지만 그의 의도는 실현되지 못했다. 워즈워스와 함께 〈서정담시집 Lyrical Ballads〉을 냈던 새뮤얼 테일러 콜리지Samuel Taylor Coleridge는 그의 부주의함을 비판하면서 이렇게 말했다. "그는 음울한 백치의 거슬리는 모습을 보여주려는 의도가 아니었다. 심지어 그는 '부르릉 부르릉 부르릉'하는 소리를 활용하여 앞서 묘사했던 소년의 순수미를 연상시키려 했다."5 그런데도 백치 소년과 그 어머니의 어리석은 모습이 결합하면서, 콜리지가 느꼈던 대로 전체 내용이 "우스꽝스러운 익살극"이 돼버렸다.6 물론 그녀의 어리석음은 백치 아들을 너무나 사랑한 나머지 그가 뭐든 할 수 있다고 상상한 점이었다. 이런 생각에 동의한 사람은 또 있었다. 젊은 비평가 존 윌슨John Wilson은 이렇게 꼬집었다. "나는 백치를 그린 멋진 그림을 본 적이 있다. 그런데 그것을 보고 나서 말로 표현할 수 없는 거부감을 느꼈다." 또한 윌슨은 "아무리 어머니라도 완전한 백치 상태의 아들이 가장 따뜻한 애착을 불러일으켜야 한다"는 것은 이해하기 어렵다고 말했다.[7]

워즈워스의 시에는 모순이 있었다. 프랑스 혁명에 자극을 받은 콜리지와 워즈워스는 평범한 남녀의 모습을 낭만적인 시선으로 표현하고 싶어 했다. 그들이 함께 작업한 〈서정담시집〉은 아무 마을에서나 보이는 평범한 사람들의 삶과 개성을 실제 이야기처럼 감상적으로 묘사한다. 그렇지만 이런 낭만적 시선이 백치에게 투사될 때는 그저 말 위에 무기력하게 앉아서 말이 가는 대로 따라갔던 조니 포이처럼 빈껍데기가 돼버렸다. 조니는 감정을 느낄 수 없었으며, 바로 이런 이유로 그에게 투사할 만한 감정이라고는 일방적인 연민이나 그의 부자연스러운 행동이 거슬릴 뿐이다. 사람들 사이에 낭만적 감성이 자리 잡게 되자 백치는 새로운 시각으로 정의되기 시작했고, 이제 더는 즐거움을 주는 존재가 아니었다.[8] 1796년 패니 버니는 《카밀라》에서 어여쁜 백치 아가씨의 턱에 흘러내린 침을 보고 순식간에 역겨움을 느낀 유지니아의 모습을 묘사한 바 있다.[9] 그로부터 2년 후, 버니의 역겨운 백치 소녀는 워즈워스의 가엾은 백치 소년과 연결됐다. 이제 백치는 웃음 제공자가 아니었다. 그렇다면 이제 이들은 불운이나 역겨움의 대상이 되어가고 있었던 것일까? 평범하지는 않지만 주변에서 너그러운 대우를 받았던 18세기 백치를 도덕적으로, 육체적으로 거부감을 주는 이 새로운 백치가 대체하고 있었던 것일까?

이때쯤 그리고 19세기 초반 수십 년 동안 백치에 대한 근본적인 의미 변화와 함께 문화적으로 중요한 전환이 일어나고 있었다. 속어는 그명칭과 성격이 모두 달라졌다. 속어는 더 이상 지하세계의 범죄자나 빈곤층 건달들이 사용하는 위장용 언어, 즉 "위선적인 말"이 아니라 "많은 사람들의 주목"을 받는 런던 상류층의 고상한 "번드르르한 용어"가 됐다.[10] 또 속어는 사람들이 은밀히 감추고 싶은 것에서 드러내고 싶은 무언가로 바뀌었다.[11] 상류층이 하류층 언어를 사용하기 시작한 것은 1823년 피어스 이건Piers Egan이 그로스Grose의 《고전 비속어 사전Classical Dictionary of the Vulgar Tongue》을 수정·편집하여 출판했을 무렵이었다.[12] 이건은 《런던 생활Life in London》의 저자이기도 했다.[13] 이 책은 후기 섭정시대(Regency London, 영국 조지 3세가 정신에 문제가 생겨 1811년 섭정법Regency Act에 따라 그의 장남 웨일즈 공이 1795년경에서 1837년까지 왕실 직무를 수행한 시기-편집자) 런던 사교계의 방탕한 신사들 톰과 제리 그리고 로직이 도시를 탐험하는 이야기다. 등장인물들은 상류층이 모이는 장소와 하류층이 모이는 장소 모두를 불시에 방문하기를 즐겼다. 그들은 런던의 상류층은 물론 하류층과도 어울렸고 양쪽 속어가 섞이는 과정에서 '불편듯 떠오른 영감'을 얻고 어떤 인류 문화의 새로운 기원을 보는 듯한 쾌감을 느낀다.

하지만 이건과 책 속의 등장인물들이 아무리 런던 하류층 삶에 흥미를 느꼈어도, 그 내용을 묘사할 때는 상류층의 도덕적 판단에 따랐다. 이는 이건이 그로스의 사전을 수정·편집한 책에서도 명확히 드러난다. 이 사전에서 그는 "무례하거나 천박한 단어를 설명해야 할 때, (나는) 그것을 가급적 고상한 단어로 바꾸려고 노력했다"고 말한다.[14] 이건은 옥스피드 사전과 케임브리지 사전에 등재된 상류층 지식인의 속어를 소개했을 뿐만 아니라, 불쾌한 성관련 용어들은 삭제하거나 완곡한 표현으로 바꾸었다. 예를 들면, 'pushing-school'은 매음굴이 아닌 "키프로스 여관Cyprian lodge"으로 정의했다. 임질은 성병이 아니라 "우아한 감염"으로 표현됐다.[15] 여성 음부는 더 이상 '여성의 은밀한 부분'이 아니라 그냥 '그것'으로 서술했다. 이런 언어 순화와 완곡어법은 백치 상태와 관련된 용어에도 영향을 미쳤다. 《런던 생활》의 부록에 나오는 용어 설명뿐만 아니라 이건이 수정·편집한 그로스 사전의 개정판에는 특정 집단에서 사용하는 바보stupidity에 대한 농담이 그 의미와 기원에 대한 장황한 설명과 함께 실려 있다. 가령, "다락방(혹은 위층)"은 "머리를 가리켰다. 그래서 그의 다락방 혹은 위층이 비었다거나 아무것도 없다는 말은 그에게 뇌가 없다 혹은 그는 바보다"라는 말이었다. 또한 "깡통"도 "텅 빈 머리라는 뜻을 교묘하게 암시"했다.[16]

속어사전이나 은어사전의 편찬자들 역시 본래 의미를 직접적으로 전달하는 거리 언어를 재생산하는 대신, 독자들에게 자신의 지식을 뽐내기 위해 암시적이고 장황한 서술 방식을 택했다. 1825년에 나온 《운동선수 속어사전Sportsman's Slang》의 "FRS"라는 약어는 왕립학회 회원(Fellow of the Royal Society)이 아니라 "깜짝 놀랄 정도로 바보 같은 녀석(Fellow Remarkably Stupid)"이라는 뜻이었다.[17] "까불이 제리들"이라는 표현은 세인트 자일스 거리에서 쓰던 말이 아니라 《런던 생활》에 나오는 장난꾸러기 톰과 제리에게서 나온 말로, 그 뜻은 "반쯤 취했고 반쯤 멍청한 사람들로, 보통은 갓 도시에 와서 흥청망청 즐길 거리를 찾아다니는 시골뜨기들"이라는 의미였다.[18] 이는 과거 그로스 같은 사람들이 시골뜨기 백치를 '귀찮은 녀석 혹은 촌놈'으로 정의한 것과는 사뭇 달랐다. 과거에는 백치 같은 모습을 표현할 때 짤막한 글로 생생하고 직접적으로 묘사했지만, 이제는 교육 받은 방탕한 한량들이 자기들끼리만 아는 재치 있는 비유로 새로운 속어를 만드는 데에 백치를 이용했다. 가령, '어쭙잖은 사람buffle head'은 '의욕 과다자deadly lively'로 대체됐다. 이 말은 '지능이 모자라면서 **지성**이 있는 척 필요한 행동을 어설프게 하는 사람', 즉 자신의 지적 수준을 넘어서는 어려운 일을 하려고 애쓰는 사람이라는 의미다. 백치에 관한 옛 속어들 대부분은 당시 유행하던 상류층 분위기에 맞지 않아 책방을 가득 채우던 새 은어 사전에서 빠지게 됐고, 그 자리를 대학가 속어[19]와 놀기 좋아하는 난봉꾼들의 취미인 경마와 복싱 관련 은어가 채웠다. 18세기 어휘 속에 생생하게 살아 있던 우둔한 백치들의 흔적은 《신종합 은어사전The New and Comprehensive Dictionary of the Flash Language》, 《은어사전The Flash Dictionary》, 《운동선수 속어사전Sportsman's Slang》, 《현대 은어사전The Modern Flash》 등에서 점점 사라졌다.[20] 백치에 대한 관심은 빠르게 식어 갔고 그 자리를 사교계 익살꾼들의 새로운 조롱거리가 차지했다. 하지만 당시에도 여전히 모욕과 조롱의 대상으로 존재하던 백치는 끊임없이 생성되는 거리의 은어 속에서 사람들에 의해 직접 언급되기보다는, 동떨어진 사람으로 취급되거나 더 나쁘게는 아예 무시되기 일쑤였다. 언어의 변화는 사회적 지위와 가시성이 변하고 있다는 신호였다.

만담집과 그 안의 내용도 달라지고 있었다. 백치에 관한 농담은 크게 줄었고, 새로운 등장인물이 백치를 대신했다. 이렇게 된 까닭은 유대인에 관한 농담이 급격히 증가하고, 우스꽝스러운 억양으로 말하는 '니그로'를 지능이 모자란 익살꾼으로 소개하면서 새롭게 인종 차별적 유머

제임스 길레이, 〈콰시
아의 환희The Triumph
of Quassia〉, 1806년. 콰시
아를 상징하는 '흉물스
러운 니그로 여자' 행렬
그림. 콰시아 나무는 양
조장에서 홉을 대체하
기도 한다. 맥주잔에서
나오는 광선 중 하나에
'백치'라고 적혀 있다.
손으로 채색한 에칭화.

가 등장한 데 있었다. 유대인은 불쾌하고 허술한 사기꾼으로 묘사됐다.
'니그로' 관련 농담은 1790년부터 만담집에 등장하기 시작했고, 1800년
대부터는 단골 등장인물이 됐다. 과거 만담집의 주인공이었던 백치처
럼, 니그로도 주변에서 벌어지는 일을 잘못 이해하고 실수를 저지르고
늘 "마사"(Massa, 초기 아프리카계 미국인 토착 영어로, 주인을 뜻함-편집자)에게 도와 달
라고 외친다. 그들은 그로그주를 벌컥벌컥 마신 후에 그 술이 "너무나
무서운 마사의 것"임을 깨닫는다. 그래서 그들은 밤에 악마가 나타나
"가엾은 니그로를 데려갈까 봐" 걱정한다.[21] 니그로는 백치들이 맡았던
현명한 바보의 역할도 했다. "**돼지**는 먹고 마시고 자고, 하루 종일 아무
것도 안 한다. 그 **돼지**는 바로 영국 **신사**다."[22] 심지어 이들은 매를 맞을
때도 우스꽝스러운 모습으로 그려졌는데, 이것은 18세기에 몽둥이세
례를 받으면서도 고통을 못 느끼던 우둔한 백치 모습과 흡사했다. 니그
로는 채찍질과 훈계를 멈춰 달라고 '마사'에게 이렇게 애원한다. "마사,
당신의 맴매와 잔소리, 그거 싫어요!"[23]

18세기 농담들은 19세기 출판물에서도 반복됐다. 백치 주인공 자리는 새로운 조롱 대상에게 내준다. 1721년에는 죽어가던 백치가 침상에서 친구들에게 무덤까지 직접 걸어가겠다고 말했다면, 1832년에는 "가난한 사람"이 그렇게 말했다.[24] 1865년에는 "생각할 머리도 없고 감정을 느낄 심장도 없는"[25] 버밍엄 산업 도시의 험상궂은 공장 노동자들이 상냥한 시골뜨기 바보simpleton의 자리를 차지했다. 교활한 유대인 사기꾼들은 "분배적" 정의 혹은 군중이 직접 실현한 정의로 당연한 벌을 받았거나 그들의 무능함을 드러내는 터무니없는 문서들 때문에 관대한 웃음이 아닌 신랄한 혐오를 유발했다.[26] 아주 가끔 뜬금없이 백치가 등장하기도 하는데, 가령 꾸벅꾸벅 졸고 있는 신도들 앞에서 설교자가 이렇게 말한다. "백치가 아니었다면 나도 잠 들었을 텐데 말이죠."[27] 이 마지막 백치 농담의 흔적은 자기 자신과 상황을 너무나 잘 알고 재치 있게 대응할 줄도 아는 인물이라 의도치 않게 현명한 말을 했던 과거의 바보들과는 달랐다. 가령, 한 '지능이 낮은 청년'은 도둑질을 일삼던 어느 방앗간 주인에게 이렇게 말했다. "제가 몇 가지는 알고, 몇 가지는 모르는데요, 선생님. 방앗간에 살찐 돼지들이 살고 있는 것은 알아요, 선생님. 돼지들이 누구의 곡식을 먹고 있는지는 모르겠어요, 선생님."[28] 이런 대화는 주제를 전달하기 위한 플롯 장치였을 뿐 일상에서 자주 보이던 백치의 모습과는 무관했다. 새롭게 등장한 '농담 대상'은 제 분수를 모르는 유대인이나 도시 노동자, '마사'의 통제를 받을 때마다 웃음을 유발하는 머리가 빈 순진한 '니그로'였다. 빅 개트럴Vic Gatrell이 묘사했듯이, "1820년대 이후로 하층민은 점점 더 불안하고 도덕적 교화가 필요한 집단으로 표현됐다. 즉, 재미가 없어졌다."[29] 이제 백치는 속어에서처럼 만담집에서도 쫓겨나 거의 눈에 띄지 않는 존재가 됐다.

　농담 내용과 대상의 이런 급격한 변화는 사람들을 웃기기에 적합한 유머의 범위가 확장되는 결과를 낳았다. 개트럴은 당연히 유머가 연속적으로 변하지만 18세기 말과 19세기 초 무렵에는 "순식간에 중대한 변화"가 일어났다고 봤다. 즉, 성에 관한 금기어, 배설물과 관련된 지저분한 유머, 특히 하체를 지칭하거나 보통은 장애와 관련된하여 거슬리는 표현이 유머에 포함됐다.[30] 이제 사람들은 예절과 도덕을 익혀서 품위 있게 행동할 것을 요구받기 시작했다. 그리고 이것은 조지 왕조 시대에 도를 넘는 무례한 행동은 삼가고 좀 더 기강이 확립된 도시를 만들자는 운동으로 이어졌다.[31] 이런 사회 분위기는 도덕적, 육체적 자제력이 부족하고 규율도 따를 수 없는, 종종 상황 파악도 하지 못하는 백치에게는 확실히 낯설고 절망적이었다. 이제 이들은 "예의를 지키지 않는 사람들을 통제하고 교화하며 소외시키고 싶은 사람들"에 의해 이른바 일괄 "청소"를 당할 위험에 처하게 된다.[32]

　풍자만화도 비슷하게 달라졌다. 변화의 정도가 눈에 띄게 과격했으므로 당시 사람들이 그에 관해 자신의 견해를 밝힐 정도였다. 여기서 소설가 윌리엄 메이크피스 새커리William Makepeace Thackeray가 풍자 만화가인 조지 크룩섕크George Cruikshank를 기리기 위해 쓴 1840년에 장문의 경험담을 인용할 필요가 있을 것이다. 그는 젊은 시절에 봤던 풍자만화와 인쇄소를 떠올리며, 이렇게 안타까워했다.

　이 사람들이 있었더라면, 크룩섕크 씨는 천 배나 더 좋은 그림들을 그렸을지 모르며, 그 그림들은 우리를 천 배나 더 즐겁게 해주었을 것이다.

(…) 옛날에는 창가에 모인 군중 앞에서 사람 좋은 만담꾼이 함박 웃음을 지으며 그들을 위해 시를 낭송했고, 유머를 구사할 때마다 공감한 사람들이 폭소를 터뜨렸다. 그런데 지금 그 사람들은 어디에 있을까? 당신은 HB(존 도일John Doyle, 석판 인쇄술을 사용한 근대 풍자만화가[33])의 그림을 보고 웃었다는 이야기를 들어보지 못했을 것이다. 그의 그림은 너무나 고상해서 폭소를 터뜨리기 어렵다. 그의 품위 있는 재치는 점잖게 조용히 미소 짓게 할 뿐이다.[34]

이렇게 거리에서의 폭소가 "점잖은 재치"에 대한 미소로 바뀌게 된 것은 "귀족 문화와 하위문화가 모두 '고상한' 척하는 태도를 중요시하게 되었기" 때문이다.[35] 이것은 백치뿐만 아니라 매춘부, 함부로 소변을 보는 주정뱅이, 우스꽝스러운 지체장애인과 난쟁이, 어리둥절한 청각 장애인과 시각 장애인 등 이 모든 등장인물이 만담집에서 사라진다는 신호였다. 이것은 결국 만담집의 종말을, 즉 농담이 "잊히거나 아동문학처럼 정화"된다는 것을 의미했다.[36] 1836년에 나온 조 밀러Joe Miller의 만담집은 "근대 사회의 대화에서 관찰되는 고상함을 존중하여 천박한 농담을 포기했다."[37] 그 이후 빅토리아 시대에는 만담집이 거의 사라졌다.

백치에 대한 새로운 문화적 관념

백치를 자유롭게 표현하던 문화적 관행이 그렇게 놀랍게 변했다는 사실은 어떤 의미가 있을까? 만담집과 속어사전, 신랄한 풍자만화에서는 더 이상 백치가 등장하지 않았다. 그렇다면 백치에 관한 새로운 관념은 어떻게 형성됐을까? 1830년대에는 세 가지 중요한 문화 영역이 있었다. 여기서 백치는 완전히 새로운 모습으로 등장한다. 첫 번째는 "상냥한 유머 작가"들이 교육 받은 중산층에게 그날의 사건과 주제에 관해 가벼운 재미와 점잖은 풍자를 제공했던 새로운 잡지였다. 두 번째는 점점 인기가 높아지고 있었던 대중 소설이다. 이 소설들은 완간되기 전까지 종종 주나 월 단위시리즈물로 출간하면서 감상주의와 사실주의가 결합된 새로운 세계관을 제시하기도 했다. 소설가들은 "대상에서 눈을 떼지 말고 사람들이 쓰는 진짜 언어로" 말하라는 워즈워스의 요청을 그대로 받아들였다.[38] 마지막으로는 열성적인 아마추어 의료인들이 택한 새로운 내러티브가 있었다. 여기서 백치는 관찰 대상으로서 임상적·과학적 관심을 받았을 뿐만 아니라 고상한 오락과 기분 좋은 자극을 주는 대상으로 묘사됐다.

1841년에 창간된 〈펀치〉는 점잖은 유머의 전형을 보여준 잡지였다. 공동 창립자 가운데 한 명인 유머 작가 마크 레몬Mark Lemon은 19세기 만담집 중에서 마지막으로, 그리고 확신컨대 가장 건전한 유모를 쓴 사람이었다.[39] 〈펀치〉는 이른바 '상냥한 유머 작가'들의 숭배에 가까운 지지를 받았다. 여기서 유모는 18세기 (초반) 코미디에 등장하는 풍자와 조롱, 가차 없는 폭로를 배척했다.[40] 그 대신 19세기 중반 사회 통념은 "최고의 희극 작품에 나오는 대체로 성격이 좋고 상냥하며, 사람들에게 기쁨을 주고 사랑을 받되, 철저히 도덕적인 인물"이 된다. 여기서 표현은 "심술궂은" 재치는 거부하고 "유쾌하고 순수한 환희"를 추구한다.[41] 이런 성격의 유머에 어수선하고, 우스꽝스럽고, 자제력이 없고, 조금은 성

가졌던 18세기 백치들이 낄 자리는 없었다.

〈펀치〉에 등장하는 백치는 18세기 만담집의 백치와 달리, 도시나 실제 시골에서 복잡한 삶을 헤쳐나가지만 익명의 존재로 다른 사람들에게 냉소를 날리던 희극 장치로서의 역할은 더 이상 하지 않는다. 왕이 백치의 땅을 마음대로 쓸 수 있는 권리는 그가 모든 지주를 백치로 몰아서 그들의 전 재산을 빼앗을 수 있는 상황을 비꼬기 위한 하나의 풍자 수단이 됐다.[42] '백치'라는 호칭은 〈펀치〉의 작가들이 못마땅한 사람들을 조롱하는 일반 명사처럼 사용되면서, 이제 '백치'는 어원과 상관없이 백치가 아닌 사람을 모욕할 때 사용되는 용어로 탈바꿈됐다. 자선 단체가 백치를 지원해야 한다고 주장했던 인도주의 운동가들도 〈펀치〉의 조롱 대상이었다. 1855년 섀프츠베리 백작Earl of Shaftesbury(초창기 백치 정신의료시설 설립 주도자)이 영국에서 양조를 금지하는 금주주의자들의 탄원서를 제출했을 때도, 'Mr Punch'는 "그 불행한 사람들의 이름은 백치 친구 협회의 직원에게서 얻었다"고 확신했다.[43] 〈펀치〉는 전국금주연합에 대해서도 비슷하게 조롱했는데, 그곳 회원들이 "백치 정신의료시설의 보호"를 받고 있지 않다며 놀라워했다.[44] 백치 정신의료시설이라는 용어는 1847년 처음 등장했을 때부터[45] 〈펀치〉 작가들의 마르지 않는 영원한 희극 소재였다. 그들은 〈유나이티드 아이리시맨united Irishman〉의 편집부 전체가 백치 정신의료시설로 옮겨야하고, "〈모닝 애드버타이저Morning Advertiser〉의 통신원은 인도적인 치료를 받아야" 한다고도 했다.[46] 그들은 지역 배수관에 관한 노동위원회의 형편없는 조사 보고서를 본 후에도 백치 정신의료시설을 떠올렸다.[47] 살얼음판에서 위험하게 스케이트를 타는 백치들을 막으려면 인도주의 단체가 이들을 백치 정신의료시설로 데려가 치료받게 해야 한다고도 했다.[48] 백치들이 시설에서 음악을 배운다는 소식은 "지적 능력이 부족한" 외국 음악가들을 비난할 기회를 제공했다.[49] 얼스우드 백치시설 후원 만찬회 때 〈백치 소년 The Idiot Boy〉이라는 제목의 4부 합창곡이 불리자, 〈펀치〉는 외과병원 후원 만찬회 때는 〈코르크 다리The Cork Leg〉라는 노래를 불러야 할 거라고 했다.[50] 한 정치인은 이런 사악한 전화를 걸기도 했다. "얼스우드 시설에 빈방이 있는지 확인해서 우리에게 좀 알려주겠소?"[51]

이런 모습들은 백치를 가정과 지역사회, 거리에서 흔히 만나는 사람으로 보지 않고 동떨어진 영역에 사는 존재로서 자선 단체나 시설의 보호 대상이자 다른 사람에게 점잖은 유머나 떠올리게 하는 촉매제로 여겼다는 것을 보여준다. 이런 식으로 백치는 한 개인으로서 취급받지 못하고 작가들에 의해 동정과 짜증, 혐오를 유발하는 개인이나 집단으로 묘사됐다. 그들이 겨우 얻은 자선 대상이라는 새로운 지위는 1877년 〈펀치〉에 실린 한 만화가 깔끔하게 요약하고 있다. 여기에서 외알 안경을 쓴 상류층 젊은 남성과 우아한 젊은 여성은 이런 대화를 나눈다.

"'목구멍과 귀' 파티에 가시나요? 레이디 메리?"
"아니에요. 우린 '불치병 백치들'에게 관심이 있답니다."
"그럼, 토요일 '간질 댄스' 파티에서 당신을 보게 되겠군요."
"아, 거기는 당연히 가지요. '간질 안내원들'이 정말 귀여워요!"[52]

도덕성 회복을 통해 도시의 규율과 질서를 강화할 목적으로 도시 정화 작업이 시작되자, 백치들은 불치병 환자들이 숨어 지내는 곳으로 밀려났다. 하지만 이들을 상류층의 자선 대상으로 만든 사람들은 정작 이들의 존재를 거의 의식하지 못했다. 〈펀치〉는 1841년 창간호에서 "쉴 곳 없어 떠돌다 사라져 가는 수많은 유희용 어휘들의 안식처"로 자처했다.[53] 이 표현은 "유머 자체가 예의범절을 배우기 시작했다"는 개트럴의 말처럼 적절한 비유였다.[54] 이렇게 개혁적이고 예의 바른 새로운 안식처에 농담이 들어왔듯이, 백치들도 개혁적이고 유익한 폐쇄된 시설 안으로 모여들거나 이끌려오기 시작했다.

18세기 소설이 헨리 필딩Henry Fielding, 존 클리랜드John Cleland, 토비아스 스몰렛Tobias Smollett, 로렌스 스턴Laurence Sterne 그리고 다수의 무명 '만담' 작가들의 작품에서처럼 악한을 소재로 하고 주제에서 벗어나 횡설수설했다면, 19세기 소설은 현실을 바탕으로 한 새로운 양식이 등장했다. 이 소설들은 백치를 새로운 모습으로 묘사했다. 이제 백치는 스몰렛과 필딩의 소설에서처럼 불쑥 나타나 웃음만 주고 바삐 사라지는 게 아니라 등장인물의 하나로 이야기 속에 스며들었다. 이들은 유부녀와 사통하는 미남 바보 톰이나 《패니 힐》의 윌과 딕보다 이념적으로도 중요

상류층 남녀가 "불치병 백치들"을 위한 기부금 모금을 논의한다. 〈런던 샤리바리The London Charivari〉(〈펀치Punch〉의 다른 이름) 삽화, 1877년 6월 23일.

한 인물이었다. 그중 가장 눈에 띄는 인물은 향후 시장 상황을 고려하여 1838년 월간 연재소설로 처음 발표된 찰스 디킨스Charles Dickens의 《니콜라스 니클비Nicholas Nickleby》에서 다정다감하고 착하지만 궁극적으로 불행할 수밖에 없는 스마이크라는 애처로운 백치였다.[55]

개를 닮은, 백치 청년 스마이크는 끔찍한 요크셔 학교에서 직원으로 일하면서 그곳 운영자인 소름 끼치는 스퀴어즈 가족에게 학대를 당한다. 그는 웩퍼드 스퀴어즈로부터 "심술궂고 배은망덕하며 짐승처럼 고집이 세고 거친 개"라는 말을 듣는다.[56] 스마이크는 니콜라스가 자신을 구해주자, 맹목적으로 충성하고 애정을 보이는 개처럼 졸졸 따라다니며 "그를 섬기거나 돕고자 하는 지치지 않는 열망으로 그의 옆에만 있으려고 했다. 스마이크는 니콜라스 곁에 몇 시간이고 앉아서 그의 얼굴을 지그시 바라봤다."[57] "무의미한 멍한 눈빛"을 가진 "가엾은" 스마이크[58]는 낯선 친절과 동정을 받게 되자 미약한 사고력으로 스스로를 돌아보며 자신이 누구인지, 다른 사람들과 어떻게 관계를 맺어야 하는지를 생각할 수 있게 됐다. 스마이크의 변화를 가장 먼저 포착한 사람은 초상화 화가인 미스 라 크리비Miss La Creevy였다. 그녀는 예민한 시선으로 스마이크의 얼굴을 관찰하며 그가 사람들에게 연민을 자아낸다는 사실을 간파했다. "그를 계속 관찰했는데 여러 번 눈물이 났어요."[59] 그녀는 스마이크가 받았던 친절한 환경 효과에 대해 이렇게 말했다.

여기에 온 후부터 그는 계속 성장했고 (…) 자신의 낮은 지능을 의식하게 됐다. 그는 점점 더 많이 그걸 느낀다. 자신이 (…) 간단한 것도 이해할 수 없다는 사실을 알고 굉장히 고통스러워한다. 3주 전만 해도, 그는 바쁘지만 마음은 편했고 (…) 하루가 길어도 그 길이만큼 행복한 사람이었다. 그러나 이제 그는 다른 사람이다. 여전히 적극적이고 무해하며 다정하지만, 그것 말고는 전부 달라졌다.[60]

사람들에게 사랑받게 되자, 스마이크는 니콜라스의 누이인 케이트에게 연정을 품게 된다. 하지만 그 사랑은 응답받을 수 없다는 것을 알기 때문에, 스마이크가 느끼는 연정은 그 자신에게 사형 선고나 다름없다. 그는 한 남자로서 한 여자를 사랑하게 되지만, 완전한 사람한테서 나온 사랑이 아니기에 그저 헛될 뿐이다. 케이트가 스마이크에게 보여주는 사랑은 가엾은 사람에 대한 다정한 연민이다. 마지막에 스마이크가 몸을 움직이지 못한 채 죽음을 기다리고 있을 때, 니콜라스는 아이 같은 그를 아름다운 장소로 데려갔다. 그곳에서 스마이크는 "조금 고통스럽고 조금 불편했지만, 살기 위한 노력도, 저항도, 투쟁도 전혀 하지 않은 채" 숨을 거둔다. 니콜라스처럼 케이트도 결혼한다. 이들은 자녀들과 함께 즐거운 추억을 떠올리듯 자신들이 기억하고 싶은 모습대로 스마이크를 생각한다. 그의 죽음은 적절하고 불가피했는데, 유머가 넘치는 쾌활한 작가의 전형인 찰스 치리블Charles Cheeryble이 니콜라스에게 한 말에서 확인할 수 있다.

계속 살았다면 이 가엾은 녀석은 장애 때문에 점점 더 세상에 적응하지 못하고 불행해졌을 겁니다. 그러니 지금이 더 낫습니다, 선생님. 암요, 암요, 지금이 더 낫고 말고요.[61]

니콜라스도 이렇게 동의했다. "저도 그렇게 생각했어요, 선생님. 저도 정말 그럴거라는 확신이 든답니다."[62]

여기서 디킨스는 자의식이 생긴 백치는 오직 죽기만을 바랄 것이라고 암시한다. 세상에서 자신이 처한 위치를 깨달은 치우보다 아무것도 모른 채 히죽히죽 공허하게 웃는 백치가 더 낫다는 이야기다. 백치는 이유 없이 학대를 당하거나 동정을 받지만 배려를 가장 많이 받는 환경에서조차 인간이 느끼는 진짜 감정과 진실한 관계를 이해할 수 없다. 자신에 대해 알게 된 백치는 스스로 사회를 떠날 수밖에 없는데, 그 이유는 다른 사람들이 자아내는 연민은 선한 사회 구성원에게 짐이 되기 때문이다. 또 이들이 유발하는 혐오는 백치인 자신들에게 비참함을 안길뿐더러 사회구조도 타락시키기 때문이다. 디킨스는 14년 후 주간지

H. K. 브라운, 찰스 디킨스Charles Dickens의 소설 《니콜라스 니클비Nicholas Nickleby》(1839)에서 "니콜라스가 스마이크에게 연기를 가르치는" 모습을 그린 그림. 디킨스는 스마이크를 사랑스럽고 충성스러운 개와 같은 성격을 가진 치우로 표현했다.

〈하우스홀드 워즈Household Words〉에 기고한 글을 통해 이 생각을 발전시켰다. 그는 어린 시절에 본 백치의 모습을 떠올렸다.

> 안짱다리로 비틀비틀 걷는 이 남자는 아이도 아니면서 돌출된 이마에 들어 있을 것 같은 귀에 거슬리는 소리를 계속해서 냈고, 입 안에 가만히 있기에는 너무나 큰 혀와 우리 얼굴을 포함하여 뭐든 만지고 싶어 하는 불쾌한 양손을 가졌다.[63]

이 사람들을 어떻게 해야 할까? 디킨스는 곰곰이 생각했다. 모든 백치는 그저 "가망이 없고 회복도 개선도 불가능한 존재"인가?[64] 그의 생각으로, 이런 사람들은 광인 시설이나 구빈원에 보내도 바뀌지 않을 것 같았다. 그들은 여전히 "나락에 빠져 수모를 겪고 방치될 것이다. 이들을 살해하는 사람은 없겠지만, 모두가 죽기를 바라고 살아 있는 모습을 보기가 괴로운 비참한 괴물이다."[65] 적절한 조치를 취하지 않으면, 백치는 "언제나 가엾은 격리 대상으로 남을 것이다."[66]

디킨스는 모든 사람이 백치의 죽음을 바란다고 밝히면서 연민과 혐오라는 두 감정을 뒤섞었다. 그는 백치의 외모와 제어할 수 없는 육체를 묘사할 때 사람들이 흔히 생각하는 방식대로 심한 안짱다리에 경사진 이마, 닫히지 않는 입과 내밀린 혀, 사방을 휘젓는 양손은 물론 의미 없이 지껄이는 소리도 언급했다. 그런 사람은 연민을 자아내기는 하겠지만 그렇게 유발된 연민의 결과는 고통스러웠다. 그들의 거슬리는 신체는 구제 불가능할 정도로 절망적이었기 때문에 이에 대한 연민과 혐오가 뒤섞여, 사람들은 그 '불쌍한 사람'의 죽음을 바랄 정도였다. 니콜라스가 스마이크를 처음 봤을 때, 그는 지저분한 누더기를 걸치고 안짱다리로 걸었으며 "불안하게 손가락을 마구 움직이면서" 표정은 멍했다.[67] 니콜라스와 그의 가족이 그를 측은하게 여겨 보살핀 덕분에 몸은 깨끗해졌지만 그에게는 여전히 죽음이 가장 자비로운 해결책이었다. 하지만 이제 디킨스는 자비로운 죽음 앞에서 구원의 기회가 생겼다고 선언했다. 그는 1853년에 쓴 〈하우스홀드 워즈〉에서 백치 정신의료 시설의 필요성을 주장했다. 이는 세갱이 파리에서 이룬 업적과 1847년부터 영국 하이게이트Highgate와 에식스Essex에 세워진 소형 실험 병원들(1855년에 얼스우드에 설립된 대형 백치시설의 전신)에서 영감을 받은 것이었다. 그는 사회에 너무 많은 부담을 주는 백치들을 교육과 통제 기능을 하는 개혁적인 전문 시설로 옮겼을 때 어떤 놀라운 결과가 일어났는지 열거했다.

디킨스에 따르면, 폐쇄된 장소라 가능했던 연구 덕분에 오랫동안 의심만 해왔던 백치의 특징들이 '사실'로 굳혀졌다. 백치는 "건강한 사람보다 신체적 고통을 덜 느끼며 전기 충격에 대한 민감도 역시 평균 이하라는 점이 발견"됐다. 게다가 "그들은 죽음을 고통스럽게 여기지 않는다."[68] 하지만 새로운 사실들도 발견됐다. 몇몇 백치는 도안 베끼기, 시 창작, 음악 연주, 단추 달기 등에서 뛰어난 재능을 보였다. 또한 신을 향한 '본능적인 열망' 같은 것을 품을 정도로 어렴풋하게나마 종교적 감정을 느꼈다. 천둥 번개를 동반한 비라도 들이닥치면 시설의 전체 환자들이 불안해했다.[69] 적어도 디킨스는 이런 것들이 새로운 '발견'이라고 생각했다. 그렇지만 실제로 특별한 재능과 약간의 지능을 가진 바보, 유인원처럼 흉내를 잘 내는 바보, 중재자 없이 신과 접촉하는 순수한 바보, 몸을 제어할 수 없는 선천적 바보 등은 오랫동안 백치의 전형적인 모습이었다. 그런데 디킨스는 이런 내용들을 정신의료시설에서 얻은 새로운 전문 지식으로 재포장했다. 패트릭 맥도나Patrick McDonagh의 주장처럼, "백치에 대한 오랜 관념들은 이따금 새로운 틀 안에서 다시 모습을 드러내거나 그냥 사라지기를 거부한다. 실제로 이런 오랜 관념들이 종종 새로운 관념을 만들어내기도 한다."[70] 백치 '문제'에 대한 새로운 해법 중 지배적인 생각은 격리였다.

디킨스가 생각하기에, 불행하게 죽어가는 백치에게 전문시설이 제공할 수 있는 핵심 구제 논리는 개선론이었다. 미개한 백치의 야성은 격리를 통해 길들여질 수 있고, 그러면 틀림없이 동정을 받게 될 것이다. 책을 못 읽거나 말을 조리 있게 하지 못하는 젊은이들은 고급 기술인 시계 수리 방법을 배웠다. 어떤 이는 섬세한 작업이 필요한 모형 배를 만들었다.[71] 질서와 규율이 잡히고 훈련과 학습이 이루어지는 문화 속에서 '개선'이 일어나기 시작하면 혐오감을 불러일으키는 외모의 백치라도 아름다운 존재가 될 수 있다.

이 가엾은 여자는 태어난 후부터 줄곧 몸이 왜소했고 기형이었지만, 지금은 완전한 발달을 향해 빠르게 나아가고 있다. (…) 성장하면서 근육이 강해지고 체온도 정상이며, 피부에 탄력이 생기고 얼굴의 주름살이 사라지면서 노파 같은 모습은 사라지고 호감을 주는 젊은이의 얼굴이 되어가고 있다.[72]

전문시설은 위험한 백치로부터 사회를 보호하고 19세기 중반에 교묘하게 속임수를 쓰던 사기꾼로부터 취약한 백치를 보호해야 하는, 이른바 백치의 역설 문제를 해결했다. 그곳은 백치의 혐오스러운 면을 제거하고 기능을 회복하여 재능을 고무시키면서 부패한 세상으로부터 그들을 격리하여 보호하는 획기적인 장소였다.

디킨스는 이런 보호·개선 시설의 필요성을 1841년에 발표한 《바나비 러지Barnaby Rudge》라는 소설 속 동명의 주인공을 통해 역설했다. 《니콜라스 니클비》를 발표하고 불과 2년 만에 완성한 《바나비 러지》는 사뭇 다른 유형의 백치를 그렸다. 이 책은 1780년 온 나라를 떠들썩하게 한 반가톨릭 고든 폭동을 소재로 디킨스가 상상해 본 18세기의 모습을 담았다. 그런데 폭동에 휘말린 바나비는 어떤 유형의 백치였을까? 그는 사랑스러울 정도로 순수하고 천진난만한 성격에도 불구하고 거칠고 불안하고 가만히 있지 못하는 성정 때문에 처음에는 잠재적으로 위협적인 존재였다. 병들고 무지몽매한 그의 어머니는 "내가 저 지독한 조바심을 가라앉힐 수만 있다면"하고, 넋두리를 늘어놓는다.[73] 그의 순진한 외모 아래에는 기만적인 면이 숨겨져 있다. 러지의 보호자이자 친절하지만 뼛속 깊이 자본가 계급이었던 자물쇠 제조공 가브리엘 바든Gabriel Varden은 이런 추측을 한다. '늙고 어리석어질 때 조심해야 해. 바나비는 우리 체면을 지켜줄 거야.' 바나비의 창백한 얼굴이 "기이하게 지성이 아닌 다른 것에 의해 밝아지거든."[74] 바나비 내면의 이글대는 분노는 그가 깊은 관계를 맺고 있는 상대 때문에 악화된다. 그런데 그 상대는 사람이 아니라 충성스러우면서 불길하게도 말을 할 줄 아는 애완용 까마귀 그립Grip이었다.

바나비는 가엾은 영원한 아이와 무섭고 불가해한 위협적인 존재 사이를 오간다. 그의 숨겨진 교활함은 심지어 아기였을 때조차 나타났는데, 당시 바나비는 "섬뜩하게도 아이답지 않게 교활하고 노인과 요정의 얼굴 모습"이 모두 보였다.[75] 바나비에 대한 연민과 혐오를 동시에 드러내는 이 미묘한 서술 방식은 소설 전반에 스며 흐른다. 바나비가 속임수에 넘어가 폭동에 가담하게 됐을 때, 그는 엄청난 폭력성을 드러내 폭도들이 감탄하며 바라보게 된다. 그는 자신이 친구로 여긴 사람들이 공격을 당할 때만 싸움에 나섰다. 그는 폭도들의 정치학을 전혀 이해하지 못한다. 결말에서 그는 용감하게, 하지만 무슨 상황인지도 모른 채 처형장까지 걸어가지만, 마지막 순간에 가브리엘 바든의 노력으로 형 집행 정지를 받는다. 바나비는 거칠고 무도한 폭력에 연루되어 파국을 맞을 뻔했지만 존경받는 상인Bourgeois 덕분에 구원을 받는다. 디킨스의 메시지는 역설적이면서 매우 명확하다. 세상은 백치에게 너무나 위험한 곳이며, 백치 역시 세상 사람들에게 위험한 존재라는 것이다. 형 집행 정지 후 바나비는 런던에 다시는 돌아오지 않았는데, 그의 내면에 감추어진 야성과 격동하는 런던이 만나면 너무나 치명적인 결과가 빚어지기 때문이다. 이제 바나비 주위에는 영역을 나누는 보이지 않는 통제선이 그어졌다.

《바나비 러지》와 토비아스 스몰렛의 1748년 소설 《로더릭 랜덤의 모험The Adventures of Roderick Random》의 유사성을 살펴볼 필요가 있다. 《로더릭 랜덤의 모험》은 디킨스가 '불친절'하다고 말하면서도 대단히 칭찬했던 책이었다. 어느 날 랜덤과 충직한 그의 조수 스트랩은 여인숙에서 잠을 자다 거대한 까마귀 때문에 소스라치게 놀란다. 그 까마귀 뒤에는 흰 수염 노인이 매서운 목소리로 "랠포가 어딨지? 랠포는 어딨어? 랠포 어

J. 예거J. Yaeger, 디킨스 소설의 주인공 바나비 러지를 그린 판화, 1841년. 연약하면서 동시에 위험한 백치의 모습을 표현했다.

덨어?"라고 외치며 따라오고 있었다. 스트랩과 랜덤은 유령을 봤다고 확신하고는 공포에 덜덜 떨며 밤을 지새운다. 다음 날 아침, 그들은 전날 봤던 노인이 여인숙에 살던 백치이며 자신의 애완용 까마귀 랠포를 찾고 있었다는 사실을 알게 된다.[76] 이 소설은 랜덤, 스트랩, 백치, 까마귀를 조롱하는 것 외에는 별 내용이 없다. 확실히 이 소설은 백치를 향해 불친절하고 연민을 자아내지도 않는다. 그런데 이 백치 노인은 여인숙에서 생활하고 비웃음을 받긴 해도 무시나 혐오 대상은 아니다. 아마도 디킨스는 랠포를 보고 바나비의 까마귀 친구에 대한 영감을 얻었겠지만, 바나비와 그립의 관계는 매우 달랐다. 바나비는 새하고만 소통할 수 있고 상황 파악을 못 하는 거칠고, 혐오스럽고, 위험하기까지 한 백치였지만 다정함과 연민을 한 몸에 받는다. 바나비의 야성은 사형을 면제받은 후에야 길들여진다. 그는 힘을 잃고 동정을 받는다. 그립 역시 조용히 그의 곁에 머문다. 그립의 새장은 바나비에게는 정신의료시설을 의미한다. 100년 전에는 백치들을 조롱하되 너그럽게 보아 넘기던 사람들의 태도가 사라졌다. 이제 백치는 사회 불안을 야기하는 골칫거리가 됐다. 이들은 《패니 힐》의 튼튼하고 멋진 몸매와 외모를 가진 윌이나 딕과는 아주 거리가 멀었다.

훗날 디킨스는 런던 하이게이트에 있는 파크 하우스 소형 백치시설을 방문한 후, 그런 곳이 바나비에게 딱 맞는 장소라고 생각했고 그 시설에서 얻은 영감을 바탕으로 〈하우스홀드 워즈〉에 글을 쓰기도 했다. 그 시설은 스마이크에게도 적합했을 것이고, 아마 그가 그곳에 살았다면 평생 즐겁게 기술을 배우며 유익한 사람이 되고 보통 사람을 향한 이루어질 수 없는 위험한 연정도 품지 않았을 것이다. 디킨스가 〈하우스홀드 워즈〉에 기고한 글은 다음과 같이 감동적인 말로 끝맺는다. "이런 시설에서 공적 비용으로 가엾은 백치들을 보살필 수 있는 날이 머지않아 오기를 바란다." 그런 다음 디킨스는 《맥베스Macbeth》에서 자주 인용되는 "백치가 지껄이는 이야기, (…) 아무 의미도 없는"이란 구절을 우리가 바꿀 수 있을지도 모른다고 추측했다. 그는 미래에 백치 이야기가 **뭔가**를 말해 줄 것이라 예상했다.[77] 즉, 정신의료시설은 무용한 장소에서 유용한 장소로 바뀔 것이다.

빅토리아 시대 작가들은 백치를 문제적 인물로 여기고 이들의 묘사에 매료되어 18세기 소설 속 무해한 흥미 유발자에서 중요한 상징적 의미를 지닌 존재로 변형시켰다. 조지 엘리엇George Eliot의 중편 소설, 《형제 제이컵Brother Jacob》(1860)에서 제목과 동명인 제이컵은 "매우 건강하고 발달에도 문제가 없는 백치"이자, 빅토리아 시대의 전형적인 인간상인 애증이 엇갈리는 인물이다.[78] 그는 의도치 않게 형제 '제이비'(데이비드)의 계획을 망친다. 데이비드는 부모의 돈을 훔쳐 한창 뜨는 업종인 제과점을 가명으로 낸 다음 부유한 상인 가문으로 장가를 들겠다는 계획이었다. 늘 배가 고픈 전형적인 백치 제이컵은 어느 날 작업복을 입고 쇠스랑을 든 채 데이비드의 가게로 난입해서, 그를 꽉 껴안은 다음 파이와 사탕 같은 것들을 게걸스럽게 먹어 치운다. 그는 쇠스랑을 손에서 놓지 않는다. 결국 데이비드는 속임수를 들켜 마을 사람들의 조롱을 받고, 그의 사업은 망하게 된다. 바나비처럼 제이컵도 천진난만하고 사랑스러운 인물이지만, 그와 동시에 위협적인 쇠스랑과 폭력 성향에서 드러나듯이 자신의 동물적 욕망을 실현하지 못하면 위험한 사람이 된다. 그의 순수함과 정직함은 형제의 거짓말과 속임수를 폭로한다. 그렇지만 제이컵은 또 다른 것을 대변한다. 사실 데이비드의 제과점은 마을을 변화시켰다. 가정주부와 하녀들은 더 이상 요리를 하지 않더라도 데이비드의 가게에서 호사스럽게 준비된 음식을 사면 된다. 이는 소비 지향적 자본주의 정신이 기존의 사회 질서와 여성에 관한 가정들에 도전하고 위태롭게 했던 시간을 의미한다. 바보 제이콥의 행동으로 데이비드의 가게는 문을 닫고, 여성들이 다시 요리하게 되면서 옛 질서는 회복된다. 엘리엇이 보기에, 이런 사랑스러운 백치는 과거 전통을 대표함과 동시에 한결같이 그들만의 방식으로 진보를 방해한다는 점에서 위험했다.

엘리자베스 개스켈Elizabeth Gaskell의 단편집 《조금 오래 전에Half a Lifetime Ago》(1855)의 등장인물 윌은 심오한 상징적 의미를 지닌 또 다른 백치 유형이다. 조금 모자란 정도였던 그는 열병을 앓고 난 후 완전한 백치가 된다. 농장에서 혹사당하고 있던 그의 누나 수전은 아버지의 말처럼

"연약한 남동생에게 갔어야 할 남성성을 지닌" 여성으로 자신의 모든 것을 희생하여 동생을 보살핀다. 그녀는 약혼자와 헤어진 후 아무와도 결혼하지 않아, 바라던 아이를 얻지 못한다. 그리고 사람이 살기 어려운 깊은 언덕에서 백치 동생을 떠맡은 채 힘들고 외롭게 살아간다. 어느 날 한 의사가 랭커스터 시설을 언급하며 그녀를 부추긴다. "그들에겐 사람의 정신을 바로 잡고 행복하게 해주는 방법도 있대요." 수전은 자신의 삶을 바쳐서라도 백치 동생을 보살피겠다며 완강하게 버틴다. 무력한 백치는 다시 한번 진보를 막는 장애물로 표현된다. 백치 동생은 스스로도 가문의 대를 잇지 못하고 누나의 결혼도 막아, 새로운 생명이 태어나고 매형이 이루었을 농업 발전도 방해한 셈이었다. 수전의 약혼자는 나름대로 농장을 운영할 계획이 있었으나 윌의 존재를 참을 수가 없었다. "요즘 마이클은 윌이 너무나 싫었다. 그의 횡설수설과 상스러운 몸짓, 발을 질질 끌고 걷는 모습 등 그 모든 것이 말로 표현할 수 없을 정도로 짜증이 났다." 현대적 사고방식을 가진 마이클은 윌을 정신의료시설로 보내려 하지만 생각대로 되지 않자, 다른 곳에서 자신의 계획을 펼치기로 한다. 불운한 동생을 향한 수전의 연민은 마이클의 혐오감에 불을 지피면서 "불쑥 나타난 모자란" 후손의 무게에 짓눌려 한 가족이 역사 속으로 사라진다.[79]

따라서 19세기의 백치는 새로운 근심거리이자 불안 유발자로 소설가에게는 당혹스러운 위협을 상징하는 인물이었고, 잡지에서는 외딴 시설에 격리해야 할 대상이었다. 이들을 시각적으로 표현할 때도 마찬가지였다. 거칠고 난잡한 거리에서 백치가 단역으로 등장하던 조지 왕조 시대의 풍자만화가 사라짐에 따라, 새로운 영역에서 대중의 관심을 받게 된 사람들이 모습을 드러내기 시작했다. 여기서는 인종 및 계급 불안, 그리고 이따금 그 둘이 결합된 불안감이 표면화됐다. 일반적으로 하층민을 대표하는 외모는 튀어나온 광대뼈에 커다란 코와 입, 턱에 더해 "검은 피부와 그와 대비되는 눈의 흰자위와 하얀 치아, 아프리카인과 같은 주걱턱"이었다.[80] 헨리 메이휴Henry Mayhew는 1840년대 런던 빈민을 연구하여, 그 결과를 나중에 《런던 노동자와 런던 빈민London Labour and the London Poor》이라는 제목으로 출판했다. 여기서 그는 런던의 부랑자들을 "사회에서 존경받는 계급과 구분되는 생리적, 심리적 특징을 지니고 있으며 구체적인 인류학 용어로 말하면 일종의 떠돌아다니는 '종족'"으로 표현했다.[81] 새로운 인종적 관점에서 보면, 이런 '유목민'의 빈곤은 그들의 범죄 성향 및 낮은 지능과 불가분의 관계에 있었다.[82] 이런 복잡한 현실에 정치적 불안까지 끼어들었다. 아일랜드에서 독립의 열망이 커짐에 따라 특히 정치 외적인 폭력성이 이를 부추기자, 18세기 만화에서는 순수한 바보로 등장했던 "패디Paddy"(아일랜드인을 비하하는 말–옮긴이)가 이제는 타락한 사람으로, 나중에는 "살인과 폭행을 일삼는 유인원과 비슷하게 생긴 괴물"로 묘사됐다.[83]

이렇게 전형적인 백치 외모에 위협적인 집단 이미지와 인종적 특징이 덧씌워진 새로운 유형의 백치가 과거 길레이, 롤랜드슨, 크룩섕크 등이 묘사한 우습고 무해하며 주변에 무심한 백치를 대체했다. 구체적인 모습으로 새롭게 창조된 백치 캐릭터는 이제 작품의 주변부가 아닌 중심부에 등장하기 시작했다. 그 첫 번째 유형은 사회정치적 변화로 대중의 관심을 끌게 된 문제 집단으로 이들에 대한 적절한 대책도 필요했다. 윌리엄 히스William Heath의 〈가정방문 선거운동Canvassing〉(1830) 그림은 그로부터 2년 후 시행될 개혁법의 내용이 될 선거권 확대 압박을, 주저하는 표정이 역력한 한 정치인이 우스꽝스러운 모습의 세탁부에게 표를 구걸하고 있는 모습에 반영하여 표현한다. 세탁부 옆에는 그녀의 두 아이가 있는데, 그중 하나는 '치우'[84]로 과체중에 머리가 비스듬하게 기울어진 아이로 배 앞에 양 손을 내려뜨린 채 공허한 시선으로 방문한 정치인을 쳐다본다. 다른 아이는 아기로 시끄럽게 울고 있다. 정치인은 잠재적인 유권자인 세탁부에게 "부인의 귀여운 아이들은 잘 지내지요?"라고 묻는다. 이 풍자 그림에는 (미소 짓고 있는 정치인의 이중성과 허위는 별개로) 퇴폐적인 빈민과 그들의 백치 후손의 권리가 늘어난다는 사실, 그리고 이것이 정치사회 구조에 미칠 피해에 대한 불안감이 나타나 있다. 토머스 웹스터Thomas Webster의 판화 〈등교Going to School〉(1862)는 교실로 가고 있는 어린이들의 모습을 비교해서 보여준다. 〈아트 저널Art Journal〉의 비평가는 문 옆에 앉은 소년이 균형 잡힌 이마와 두상을 가졌으며 표정이 영리해 보인다고 언급했고, 그에 반하여 머리를 숙여 독본을 들여다보며 교실로 들어가려는 소년에 대해서는 이렇게 썼다. "반백치 같은 외

윌리엄 히스William Heath, 〈가정방문 선거운동Canvassing〉, 1830년. 치우 아이를 키우는, 몸이 비대한 세탁부에게 표를 구걸 중인 정치인. 손으로 채색한 에칭화.

모가 그의 지능을 증명한다. 그 아이는 받은 과제를 자세히 들여다보고 있지만 그 일은 확실히 그의 능력 밖이다."[85] 이 비평가는 그 아이의 얼굴이 '불독bull-dog'상이며, 좁은 이마와 못생긴 두상, 그리고 무겁게 처진 아래턱을 가졌다고도 지적했다.[86] 여기서 그 백치 아이가 유발하는 잠재적 불안은 빈민에게 교육의 기회를 확대했을 때 개선 불가한 아이를 개선하려 노력하는 무익한 상황이 발생할 수 있다는 생각과 연관된다. 이런 우려는 1870년에 제정된 교육법이 한창 논의 중일 때 제기됐다. 이 법으로 당시 5세에서 12세 사이의 모든 아동을 대상으로 교육을 실시하는 틀이 마련됐다. 이런 교육 환경이 조성되면, 백치 아동들은 더 이상 거리에서 시간을 보내지 않아도 된다. 정치와 교육 개혁이 백치에게로 초점을 맞추자, 정치인과 중산층의 시선이 그들에게 향했다. 그들은 자신들이 본 것을 마음에 들어 하지 않았다.

대중의 관심이 커지자, 세 번째 임상과 과학 분야에서도 백치들을 관찰하기 시작했다. 이는 백치 유형, 특히 알프스 지역의 크레틴 환자(선천성 갑상선 기능 저하증을 앓고 있는 사람들을 가리키며, 당시 이들은 특히 스위스 알프스 지역에

W. 리지웨이W. Ridgway, 토머스 웹스터Thomas Webster(원화), '학교에 도착해서 각자 다른 태도를 보이고 있는 아이들', 1862년. 교육 기회가 확대되는 것을 두려워하는 사회 분위기 속에서 학교 안으로 들어가려고 대기 중인 백치 어린이들을 그린 판화.

몰려 있었다.)의 외모를 해부학적으로 표현한 그림에 잘 나타난다. 귀족 여행가들은 탐험대에 합류했던 다른 민족지학자들처럼 그림을 가져와 전시했다. 등산가이자 예술가, 탐험가였던 에드워드 휨퍼Edward Whymper가 제작한 크레틴 환자의 판화에서 알 수 있듯이, 거기에는 두 가지 목적이 있었다. 하나는 겉으로 보이는 백치의 특성을 임상학적으로 세밀하게 관찰하고 재생산하여 과학적으로 분류해서 정보를 제공하는 것이었다. 다른 하나는 크레틴 환자와 그 밖의 다른 백치들의 비참하고 혐오스러운 기형적인 모습을 적나라하게 보여줌으로써 대중의 호기심을 충족시켜 주려는 의도였다.

의료인들은 백치에 대한 통제 및 관리, 치료할 권리를 주장하고 그 근거를 마련하기 위해 백치 상태와 관련된 의학적 설명을 체계화하기 시작했다. 항상 이런 설명에는 '거칠고' 혐오감을 주는 비참한 백치들을 정신의료시설에 보내 그곳의 체계화된 규율에 따라 변화시키면, 그들의 둔하고 활용되지 않은 두뇌 활동을 촉진시킨다는 내용이 포함됐다. 디킨스는 1853년 〈하우스홀드 워즈〉에 기고한 글에서 요한 구겐뷜 Johann Guggenbühl이라는 의사 이야기를 다뤘다. 구겐 뷜은 알프스 산악 지대에 '크레틴 환자'를 위한 정신의료시설을 세워 파리 비셰트르 병원에서처럼 놀라운 변화를 일으켰던 사람이었다.[87] 그의 이야기에는 구원적인 내용이 들어 있는데, 그중에는 비참하고 더럽고 육체적으로 혐오스러운 백치들이 밖에서 외롭게 죽을 뻔했다가 시설 안에 들어와서 완전히 달라지는 기적적인 이야기도 들어 있었다. 간혹 이런 우화들의 토대에는 기독교 사상이 공공연히 자리하고 있었다. 디킨스에 따르면, 구겐 뷜이 평생을 바쳐 크레틴병을 연구하고 그 환자들을 돌보기로 마음먹은 이유는 1839년 "십자가상 앞에서 기도문을 중얼거리는 가엾은 크레틴 환자"를 목격했기 때문이다.[88]

백치 상태를 개선할 수 있다는 논리는 미국의 정신의료시설 책임자였던 아이작 뉴턴 컬린 Isaac Newton Kerlin이 1858년에 낸 《베일 벗은 마음 The Mind Unveiled》이 그 정점에 있다.[89] 책의 주제를 드러내는 서론은 이렇게 시작한다. "금세기 위대한 발견 가운데 하나는 무지와 퇴보로 슬픈 밤을 보내던 백치들이 구원을 받아 지식의 빛을 즐기고 좀 더 호의적인 동료들과 함께 일하게 됐다는 사실이다."[90] 이런 구원적인 우화들은 개선의 필수 요소가 무엇인지 명확히 밝힐 뿐만 아니라, 그 개선의 범위가 얼마나 제한적인지도 보여준다. 개선은 정신의료시설처럼 차분하고 안전한 환경에서만 가능한 일이며, 그곳에서는 과거 비행과 해악을 마주하고 뿌리를 뽑은 후 순응하는 태도와 함께 사소하지만 실용적인 기술을 활용할 수 있는 능력을 기를 수 있게 한다. 이런 결과는 오직 고도

에드워드 휨퍼Edward Whymper, 〈아오스타의 크레틴 환자A Crétin of Aosta〉, 1871년. 갑상선 호르몬이 부족하여 '크레틴병'을 앓는 거지의 모습. 목판화.

의 통제와 순종을 통해서만 얻어질 수 있다. 이 책의 1장은 "말을 못하는 우리의 작은 소녀" 베키와 "우리의 애완동물"이라 불리는 사나운 성격의 지체장애인 베시의 여정을 그리고 있다.[91] 둘 다 처음에는 거칠었으나, 붙잡힌 후에는 훈련을 통해 길들여지고 교화되어 순종적이고 온순한 아이가 된다. 화자는 탐험에 나선 용맹한 의사들에게 붙잡혀 온, 반은 아이 같고 반은 동물 같은 거친 베키의 모습을 이렇게 묘사했다.

> 그녀는 숲에 홀로 있었다. 작은 손으로 나뭇가지와 돌멩이들을 꽉 쥐고 있었다. (…) 그녀는 웅크린 채, 뭔가를 찾으려는 듯 나뭇잎들을 휘젓고 있었다. 하지만 우리가 다가가자, 그녀는 놀란 가젤처럼 가볍고 우아한 몸놀림으로 달아나버렸다. 우리가 그녀를 따라가서 온갖 수법으로 꾀어낸 후에야 우리 쪽으로 오게 할 수 있었다.[92]

그녀는 악취 나는 숨을 내뱉으며 난폭하게 물어뜯고 때렸으며 말도 하지 못했기 때문에 정신의료시설로 보내졌다. 여러 달이 지나자 변화가 생겼다. 이제 "우리의 작은 괴물"은 "좀 더 상냥하고 유순해졌으며, 측은하게 얼굴을 일그러뜨리기 전에는 미소를 짓고 대답도 했다."[93] 그녀는 자기 이름을 알고, 단어 몇 개를 읽을 수 있으며, 숫자를 15까지 셀 수 있다. 그러나 컬린은 그녀의 한계를 명확히 했다. "그녀의 지능은 8세가 아닌 4세 아동과 같다."[94] 컬린은 정신의료시설의 기적적인 구제에도 불구하고 그녀가 완벽하게 평범한 인간이 될 수는 없음을 독자들에게 일깨웠다. 이 '애완동물'은 주인의 보호 아래에서는 안전하지만 야생으로 돌려보내지면 위험에 빠지고 말 것이다.

1858년에 발표된 컬린의 책은 문화의 긴 여정 속에서 18세기 내내 농담과 속어와 풍자만화에서 가벼운 웃음을 제공하던 익살꾼의 모습이 백치에게서 사라졌음을 알리는 신호탄이었다. 지능이 낮고 우둔하며 침을 흘리거나 횡설수설하던 18세기 백치는 대체로 너그러운 대접을 받았다. 이들은 즐거움을 주고 보살핌을 받았으며, 이들에 대한 학대와 폭력, 적대감은 보편적이거나 상습적이지 않았다. 백치를 향한 적대감은 언제나 이들을 우호적으로 생각하고 보호하려는 사람들의 노력으로 해소됐다. 이따금 잘생긴 백치의 경우 욕망의 대상이 될 수는 있었다. 18세기에는 백치들만 비웃음과 조롱을 받았던 게 아니며, 교육을 많이 받고 천재인 척하는 사람을 포함하여 모든 사람이 풍자의 대상이 됐다. 웃음거리가 되면 불쾌하고 고통을 주는 것은 틀림없는 사실이지만, 그래도 그것은 소외감보다는 소속감을 느끼게 하는 인간적인 교류 방식이라 할 수 있을 것이다. 백치는 때로 거의 눈에 띄지 않는 주변부에 머물러 있었을지라도, 분명히 대부분은 지역사회의 중심에 있었다. 그러나 19세기에 들어와 이런 모든 상황이 변하기 시작했고, 이 변화는 1798년 워즈워스가 발표한 시 〈백치 소년〉에 가장 잘 나타나 있다. 이제 백치는 웃음 제공자가 아닌 연민과 혐오의 대상이 됐고, 간혹 웃음과 함께 연민과 혐오를 동시에 유발하기도 했다.

18세기 말과 19세기 초에 눈에 띄는 이런 변화는 1830년대부터 가속화되기 시작했다. 그 원인은 무엇이었을까? 이 시기의 유머는 확실히 급변했다. 18세기에는 사람들이 우스운 상황으로 폭소를 터뜨렸다면 이제는 '고상한 재치'를 즐기고 있었는데, 이를 가리켜 새커리는 "차분하고 점잖게 미소 짓게 했다"고 표현했다.[95] 백치는 만담집과 거리 속어, 풍자만화, 오래전에 사라진 단편 만담 소설의 익살스러운 장면에서 자취를 감춘 대신, 새로운 문화 코드에 편입되고 있었다. 그들은 〈편치〉 같은 '상냥한 유머리스트' 잡지에 이전과 아주 다른 인물로 다시 등장했다. 그리고 보이지 않는 외딴 정신의료시설에 수용된 공식 집단으로서 정치인과 다른 범법자들을 조롱하는 농담에 흥을 돋우는 역할을 했다. 소설 속 백치 인물은 보다 중심적인 역할을 맡았다. 하지만 이제 19세기의 급격한 사회 변화와 무질서에 대한 불안감, 그리고 "그 변화에 저항하는 사람들을 통제하고, 교화하고, 병리적인 측면으로 대하고 싶은 간절한 소망"을 나타내면서 그 상징적 의미를 무게감 있게 표현해야 했다.[96] 소설 속 백치는 주로 연민의 대상이지, 웃음거리는 분명 아니었다. 하지만 감상에 빠진 사람들이 그들에게 품은 연민은 일방적이었기 때문에 무감각하고, 생각이 없고, 도덕적으로나 신체적으로 장애가 있는 사람들에 대한 혐오감은 커져 갔다. 정치인과 교육가들은 선거권이 확대되고 보통 교육이 실시되면 지능이 낮은 사람들과 하층민까지 예상보다 더 많은 사람을 상대해야 한다는 사실에 다소 놀라며 백치를 호기심 어린 눈으로 바라봤다. 이와 동시에 모든 병을 치료하고 싶고 새로운 통제하에 치료 대상을 찾고 있던 의료인들이 서서히 백치에게 관심을 보였다. 이런 관심이 백치를 또 다른 문화 영역에서 발견하고 과학적 연구로 개선해야 할 대상으로 만들었다. 자유방임적이고, 편협하고, 부패하고, 무질서했던 18세기에는 불가능했던 일들이 과학적 전문성과 질서정연함으로 새롭게 무장한 19세기에 이룰 수 있게 됐던 것이다. 이제 백치는 거리에서 쫓겨나고 청소되어 시설에 수용될 상황에 직면했고 그곳에서 고분고분한 존재로 바뀔 것이다.

그럼 이런 변화들은 왜 일어났을까? 집단의식 안에서 백치의 자리를 급격하게 변화시킨 요인은 복합적이었다. 첫째, 예의범절이 바뀜에 따라 사회적 용인 기준도 좀 더 복잡하고 까다로워졌다. 바뀐 사회 규범은 육체와 감정을 통제할 것을 요구했다. 이는 모든 사람이 공손하고 예의 바르며 도덕적이고 강직한 시민이 돼야 한다는 의미는 아니었지만, 대부분은 사회가 기대하는 행동이 무엇인지 이해하고 그것을 따를지 말지 선택할 수 있었다. 사회가 기대하는 행동을 이해하지 못하는 소수의 사람들에게는 이렇게 바뀐 예의범절이 소외와 주변화되는 과정이었다.

둘째, 계몽주의와 미국의 독립 혁명, 프랑스 혁명으로 고취된 인도주의와 보편주의 정신은 몇 가지 예상치 못한 결과를 가져왔다. 워즈워스 같은 젊은 혁명가들의 자유로운 시선이 그때까지 주변부에 머물던 백치에게 닿았을 때, 그들은 백치에게서 아름다움과 영웅적 우직함, 때 묻지 않은 천진난만함, 말을 더듬고 이상한 소리를 내는 외면적 모습과 모순되는 내면의 감수성 등을 찾으리라 기대했다. 하지만 콜리지가 지적했듯이, 그들이 직접 본 백치에게서는 그런 것들을 전혀 찾을 수 없었고 당연히 자신들이 원하던 모습도 아니었다. 콜리지는 격분해서 물었다. 백치 소년의 아름다움은 어디 있는가?[97] 이렇게 낭만적인 인도주의자들이 찾던 내면의 영웅적 아름다움을 갖추지 못한 백치들은 그 대가를 혹독히 치러야 했다. 그들은 인간됨을 보여주는 내적 자아가 부재하고 혐오감을 주는 육체 및 제한된 정신에 갇혀 다른 이들과 함께 살 수가 없는 사람들이 됐던 것이다. 그래서 디킨스 소설의 스마이크가 자신에게 인간의 기본적인 조건이 없음을 깨달았을 때 죽음이나 이별 말고는 다른 대안이 없다는 사실을 깨달았고, 또 그것을 선택했다. 정신의료시설처럼 폐쇄적이고, 인위적이고, 획일적인 세계에서만 백치는 자신이 가진 얼마 안 되는 스킬을 깨닫고, 아이작 컬린이 제한된 능력을 지닌 애완동물이라고 묘사한 대로 길들여지고 사랑받을 수 있었다. 백치는 고통과 괴로움을 겪는 사람으로 규정됐고, 이 때문에 그들을 동정하는 관찰자에게는 반감을 불러일으켰다. 크레틴병을 앓는 기괴한 백치를 보는 행동은 금기시되는 자극적인 포르노를 보는 것과 비슷했다.[98] 백치를 개선할 수 있다고 생각한 사람들의 이야기 속에서도, 숲속 빈터를 방황하다 발견된 사납고 비참한 몰골의 백치는 실제로 짜릿한 볼거리이자 잡아서 통제하고 다스려야 할 미개인이었던 것이다.

요약하면, 예의범절의 변화와 선거권 및 교육의 확대, 인도주의자의 욕망이 복합적으로 맞물려 백치와 그와 비슷한 사람들을 하나의 문젯거리로 바라보게 했다. 그들은 과거 지역사회에서 눈에 띄지 않아도 인정받는 존재였지만 이제는 화젯거리가 되어 관심을 끌게 되면서 공식적으로 관찰 대상이 됐고, 그 결과 그들이 지금까지 살아 온 지역사회에서 남과 다른 유형으로 분류되어 거리를 둬야 할 인물이 됐다. 백치는 자유롭고 이성적 시민이라는 계몽주의적 이상과 내면의 소박한 아름다움을 지향하는 낭만주의적 이상을 모두 위협하는 존재가 됐고, 더 이상 웃음 제공자는 아니었다.[99] 보호 시설의 높은 담장은 사회 불안을 야기하는 사람들을 처리하고 싶은 감수성 예민한 근대인에게 유혹적인 방법이었다.

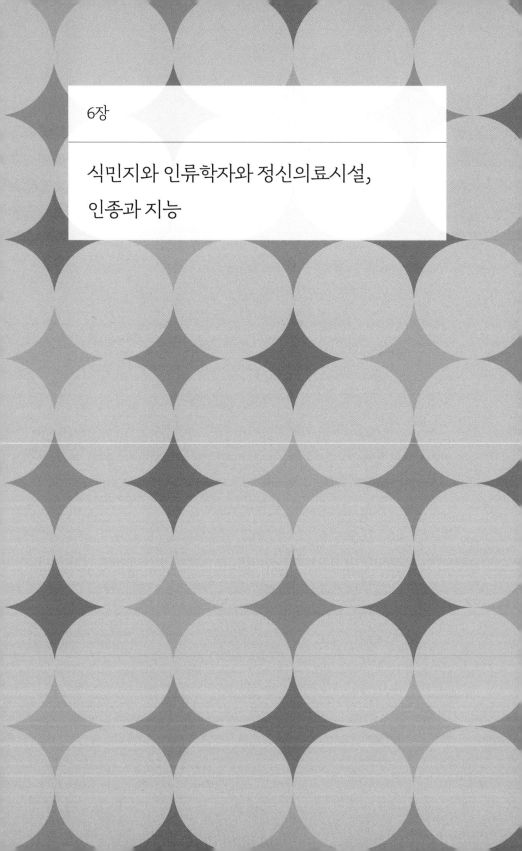

6장

식민지와 인류학자와 정신의료시설,
인종과 지능

19세기 초 계몽주의 사상가들은 유럽 밖에서 만난 사람들을 '정의' 하는 일에 집착한 나머지, 인종과 지능을 연결하는 수 많은 잘못된 생각을 하기 시작했다. 그리고 지능이 가장 높은 집단에 '완벽한' 백인 유럽인을, 가장 낮은 집단에 피부색이 검은 '미개'인을 차등적으로 위치시켰다. 이른바 인간 과학자들은 미개인과 백치를, 야만인과 치우를 서로 연결시켰다. 대영제국의 영토가 확장되면서 '인종별 지능racial intelligence'이라는 새로운 개념이 등장했다. 이 개념은 유럽인과 근본적으로 다른 생활양식과 전 세계의 다양한 문화와 도덕 관념, 유럽인의 가치관과 믿음 체계에 무관심한 비유럽인 등 당혹스러운 여러 현상을 설명해주었다. 다수의 유럽인은 이 같은 유럽 밖 사람들의 다른 생활 방식이 그들의 지능 결핍을 보여준다며, 미개인이나 야만인으로 자신들과 구별 짓고 '이상함strangeness'의 정도로 지능 수준이 결정된다고 생각했다. 지적 수준의 결핍과 인종의 연결은 비유럽 국가의 영토와 자원에 대한 유럽인의 법적 권리를 주장하며 원주민에 대한 지배를 정당화했던 것은 물론이다. 나아가 이런 연결은 세계에서 정신적, 사회적 발달 수준이 가장 높은 사람은 유럽인이며 그중 유럽 남성이 최고라는 사실을 확인하는 것이었다.[1]

이처럼 미개인과 야만인을 각각 백치와 치우에 대응시킨 새로운 인종 차별적 사고방식은, 비백인은 추론 능력이 부족하여 추상적인 사고와 사상의 형성, 도덕적 행동이 불가하다는 가정에 근거했다. 이는 비백인은 스스로를 다스릴 능력이 없다는 의미였다. 유럽인이 생각하기에, 비백인들은 백치처럼 굼뜨고, 나태하고, 무관심하고, 고통과 불편을 느끼지 못했다. 심지어 외모도 미개인은 구제할 길이 없는 백치와 비슷하다고 여겨, 동물처럼 옷도 입지 않은 채 목적 없이 살아간다고도 생각했다. 야만인은 좀 더 나은 치우로 규정했다. 이들은 기초 추리력과 지배력, 애착 관계, 실용적인 기발한 재주를 일부 갖춘 것으로 보이지만 사납고, 무모하고, 잔인하여 격정을 통제할 수 없는 탓에 미개인과 문명인 사이에 조금은 문명화되고 낮은 지능을 가진 상태라고 여겼다.

19세기 초부터 식민 제국과 교역이 늘어나면서 비유럽인을 직접 만난 유럽인의 수도 크게 늘었다. 18세기에는 비유럽인에 대한 생각이 주로 관찰과 추측에 근거했지만(영향력이 컸다면), 이제 그들을 바라보는 유럽인의 시선은 더 가혹하고 정치화되면서 더 많은 것에 도덕적인 잣대를 갖다 댔다. 관찰 집단 자체도 순수하고 무한한 호기심을 지닌 탐험가와 새로운 것을 찾아 나선 자연 과학자에서, 염세적인 행정가와 교화가 목적인 선교사, 장기 정착민 등으로 바뀌었다. 새롭게 "높아진 도덕적 기준"은 새로 도착한 유럽인 방문자와 원주민 사이에 눈에 띄게 "느슨했던 공존 관계"를 압박하기 시작했다.[2] 이즈음 백치에 대한 태도 역시 더 가혹하고 정치화되고 있었다. 과거에는 문제 집단으로 여겨지지 않던 사람들이 더 강력한 의료적, 정치적 시선 아래에 있는 공공정책의 영역으로 들어왔다. 법의학 이론가들은 백치를 혐오스러운 무기력한 사람으로, 치우를 도덕관념이 없고 범죄 성향이 있는 위험한 사람으로 취급했다. 이렇게 해서 새로 형성된 신화myths는 두 관념을 하나의 신념 체계로 수렴하기 시작했다. 무기력한 백치와 나태한 미개인, 도덕관념이 없는 치우와 자제력 없는 야만인을 서로 관련 짓는 생각이 점점 더 유럽인의 머릿속에 자리 잡고 있었다. 인간 과학을 연구하는 이론가와 정신과 전문의들은 인종과 지능에 관한 서로의 신념을 강화하고 그것들을 과학적 사실로 제시하기 시작했다.

여행가들은 선견지명의 부족과 순간 지향적인 삶의 태도 경향을 관찰하고, 이런 특성이 비유럽인과 유럽인을 근본적으로 구별한다고 생각했다. '미래에 대한 무관심'은 주로 추론 능력의 부족에서 나왔다. "미래의 이익을 위해 현재의 편안함을 포기하는 행동은 오직 문명인만 할 수 있다."[3] 18세기 말, 왓킨 텐치Watkin Tench는 시드니 원주민에 대해 "인도인과 달리, 그들은 순간적인 충동에만 관심이 있다. 분명히 언젠가는 미개인과 아주 비슷한 삶을 살 것"이라고 했다.[4] 백치와 미개인이 순간을 위해 사는 무기력한 사람들이라는 생각은 계속 유지되면서 그들이 충동적이고 위협적이라는 판단으로 이어졌다. 제임스 힝스턴 터키James Hingston Tuckey는 1816년 해군 탐험대를 이끌고 자이르강(오늘날의 콩고강) 탐사에 나섰을 때, 대원들에게 이렇게 경고했다. "새로 발견된 나라에 사는 사람들은 본성이 미개하여 순간적 충동이 그들의 유일한 행동 원칙이다." 이런 이유로 대원들은 "공격에 대응할 준비가 되어있음을 보여주면서 신중하게 그들과 접촉"해야 했다.[5] 그들은 맞닥뜨린 모든 미개인이 "도둑질에 탐닉"할 것이라고 예상했다.[6] 이렇게 가늠할 수 없고 무계획적으로 살아가는 모습은 도덕 체계를 영원히 갖출 수 없고, 이 때문에 신도 믿지 않을 것이므로 구원도 받을 수 없다는 증거였다. 허드슨 베이 컴퍼니의 사내 목사였던 존 웨스트John West는 1824년 이렇게 썼다. "자손 대대로 극심한 무지 상태로 살다 사라진다. 미래와 관련된 모든 것은 그들 안에 짙은 어둠으로 존재하므로, 평생 그들은 어둠 속을 방황할 뿐이다."[7] 유럽인은 백치와 미개인을 시간 밖에서 사는 사람들로 여겼다. 프랑스계 미국인 탐험가 폴 뒤 샤이유Paul Du Chaillu는

1861년 "아프리카인에게 시간은 가치가 없다"고 썼다.[8] 시간 밖에 있다는 것은 고정된 장소에 머물지 않으므로 소유 관념과 여기서 파생되는 권리가 존재하지 않는다는 것을 의미했다.

이 모든 상황은 유럽과 미국에서 백치를 치료 대상으로 생각하게 된 국면과 묘하게 일치했다. 1839년 아이작 레이Isaac Ray는 이렇게 말한 바 있다. "순간적인 기분 외에는 무엇으로도 그들을 움직일 수 없다."[9] 레이는 백치들이 "특히 사전 숙고 능력이 결여되어 있다"고 설명했다.[10] 또 그들은 "외부 환경에 아무런 영향을 받지 않고 자신들이 속한 종이 무엇인지 알지 못할 정도로 기계적인 생명체"라고 묘사했다.[11] 이런 생각 없는 관능sensuality은 도덕관념을 상실할 위험을 안고 있었다. "종종 그들은 성적 감성, 교활함, 파괴력 같은 다양한 성향이 과도할 정도로 활력이 넘쳐 보인다."[12] 이런 식으로 미개성과 백치 상태가 서로 맞물리는 개념이 되면서, 두 유형 모두 시간관념이 없고 영원히 방랑하며 부도덕한 성욕과 폭력성을 함부로 분출시켜 항상 위협적인 존재가 됐다. 비백인이 정착 생활을 하고 시간을 인지하며 살아가는 이른바 문명인과는 거리가 먼 존재이자 인간으로서의 지위마저 의심받게 된 것은 바로 이런 인식 때문이었다. 자메이카 식민지 총독의 아내 마리아 누전트Maria Nugent는 자신을 수행했던 '유색인 여성'에 대해 이렇게 떠올렸다. 그 여성은 누전트에게 "자신의 나이가 스물네 살이라고 말하면서, 자기 손주를 보여줬다. 그런데 나중에 그녀가 쉰넷인 걸 알았다. 그들은 시간과 거리 관념이 전혀 없다."[13] 해리엇 비처 스토Harriet Beecher Stowe의 《톰 아저씨의 오두막》(1852)에서 성질이 불같고 통제할 수 없는 노예 소녀 톱시는 미스 오필리아로부터 뿌리에 관한 질문을 받았을 때, 자신은 나이도 모르고 엄마도 없으며 사실 태어난 사실 자체도 인정하고 싶지 않다고 대답한다. 백치와 미개인은 시공간 밖에 사는 존재로서 문명화된 백인이 사는 개념적 세계에서 이방인으로 간주됐다.[14] 이것을 포데레는 "관념의 소멸the obliteration of ideas"이라 불렀다.[15]

백치와 치우, 미개인과 야만인을 위험인물로 묘사하는 이런 태도는 언어를 공유한 사람들끼리 계속해서 가정되고 유지됐다. 웨스트 선교사는 거칠고 길들여지지 않는 아메리카 원주민 아이에게서 "그 아이가 가진 성격의 비밀스러운 원천"을 봤다고 했다. "그 아이는 어릴 때부터 살인이 습관화되어 있었다"고도 말했다.[16] 초창기에 원주민을 만났던 사람들은 비백인을 단순하고 상냥하게 웃는 순수한 사람들로 그렸다. 하지만 이제는 예측할 수 없고, 무자비한 폭력성을 감추고 있는 기만적인 사람들로 묘사했다. 마리아 누전트는 크리스마스 축제 기간에 "아기처럼 덧없는 쾌락을 즐기던" 자메이카 노예들을 관찰하는 동안, 아이티에서 백인에 대한 잔혹 행위가 발생했다는 소식과 이 소식에 들썩이는 자메이카 노예들을 불안한 시선으로 주목했다. 그들의 어린아이 같은 성격은 이제 더 이상 순수하지 않을 뿐만 아니라 격변에 대한 미성숙한 탐닉과 위험성을 가리킨다. "아이들처럼 그들은 야단법석 떨기를 좋아하고 심사숙고하지 않는다."[17] 존 웨스트(아메리카 원주민 사역자 존 웨스트와는 다른 사람)는 1852년에 낸《태즈메이니아의 역사History of Tasmania》에서 "새로 만난 사람들이 밝고 친절하고 평화롭다고" 생각하면서 그들의 단순함에 매료됐던 초기 식민주의자들을 조롱했다. 웨스트는 원주민이 "즉흥적이고, 성급하고, 거슬리고, 탐욕적이고, 해롭고, 기만적이고 잔인하다"는 사실을 그들이 결국 깨닫게 될 것이라고 의기양양하게 말했다.[18]

백치에 관한 의학계 저술에도 이와 같은 위험에 대한 경고의 목소리가 만연했다. 따라서 호감을 주는 바보는 이제 도덕관념이 없는 범죄자로 바뀌었다. 조르제가 보기에, 포데레가 말한 "사기꾼과 악당"은 "사회적 의무와 정의에 대해 모호하거나 불완전한 생각을 지니고 법정과 감옥, 단두대를 들락거리는 사람들"이자 범죄 성향을 철저히 숨긴 집단이었다.[19] 무분별한 사람이 충동적이면 위험한 법이다. 따라서 레이는 "바보는 생각 없이 성급하게 행동"한다고 썼다. 그들은 "한바탕 휘몰아치는 격정"에 취약하고, "고도의 교활함"과 "흉포한 기질"이 결합되어 "사람을 싫어하는 성향"을 가졌다고도 했다.[20] 또 그들은 선견지명이 없으므로 잘못을 의식하거나 그것에 책임감도 느끼지 않았다.[21] 백은 미개한 백치가 "범죄로 이어지는 억누를 수 없는 폭력성"을 지녔다고 주장했다.[22]

미개인을 백치로, 야만인을 치우로 정의한 유럽인들은 인도와 중국 등지에서 부인할 수 없는 문명의 증거가 나오자 더욱 신경이 쓰였다. 그래서 '열등'한 인종이 어떻게 그런 발전을 이룰 수 있었는지에 대한 설명이 필요했다. 제임스 밀James Mill은 《영국령 인도사History of British India》(밀은 인도를 방문한 적이 없거나 인도 언어도 전혀 모르는 상태에서 이 책을 써서 1817년에 출판했다.)에서 힌두인은 정치 체제를 확립할 수 있을 정도로 약간의 지적 발전을 이루었으며 "문명화로 가는 첫 단계를 통과"했다고 인정했다.[23] 밀이 생각하기에, 그런 발전이 일어나려면 "인간의 마음과 다양한 형태의 시민 사회 중에서도 그런 진보 과정을 주도하는 법률을 이해하고 싶은 사람들에게 유익한" 지능발달이 필수적이었다.[24] 성인이 되어도 초기 학습 수준에 머물러 있는 치우처럼,[25] 힌두인도 처음에는 지능이 발달하다가 중간 단계에서 멈춰버렸다고 밀은 주장했다. 또한 밀은 "몹시 온화한 태도를 보이면서 동시에 대단히 폭력성"을 보이는 전형적인 치우의 특징처럼, 힌두인의 성향도 "위선적이고 거짓말을 일삼는"다며, 그들을 반문명인이라고 표현했다.[26] 대도시가 있고 땅을 경작하며 "인위적 시스템"을 갖춘 힌두인은 고정적인 주거지나 정부가 없는 아메리카의 미개인과 백치보다는 나은 사람들이었다. 그러나 궁극적으로 "그들의 지식 발전 및 관찰력 수준은 힌두인의 현 상태가 반문명국과 거의 다르지 않다는 사실을 보여준다"라고 했다.[27]

치우라는 개념은 유럽인의 높은 지위를 위협하거나 그들이 성취한 중요한 업적을 축소하지 않고서도 일부 '열등한 인종'의 진보를 설명하기에 유용했다. 그런 '중간 수준의' 인종은 치우처럼 기초 교육을 받을 수 있고 모방 능력도 지녔기 때문에 백치보다는 지능이 발달했으나 완전한 인간이 되기에는 역부족이었다. 따라서 이들은 어느 정도 교육이 가능하므로 암기를 통한 지식 획득이 가능했다. 치우에 대한 레이의 설명처럼, 이들은 "전 인류가 가진 능력에는 턱없이 부족하지만 그래도 약간의 지적 능력을" 지니고 있었다.[28] 그 능력 덕분에 이들은 읽고, 쓰고, 셈하고, 약간의 음악 연주도 가능했다.[29] 포데레는 "특별히 교양 교육을 받은 사람은 좀 더 침착하게 사고할 수 있다"는 데에 동의했다.[30] 문제는 치우의 학습이 성찰을 통해서가 아니라 이른바 포데레가 "맹목적 욕구, 즉 모방 충동"이라 말한 것을 통해 이루어진다는 사실이었다.[31] 치우는 사실과 지식을 습득할 수 있지만 이성적 사고 능력이 요구되는 관념은 구성할 수가 없었다. 레이는 '날짜와 숫자, 역사를 배우고 그것들을 기계적으로 반복할 수 있지만, 생각을 결합하고 비교하는 능력이 결여된 사람들'에게 주목했다. 이들은 "반복 능력은 있지만 이해력이 없기" 때문에 "음악, 드로잉, 채색, 기계 장치" 등 특정 분야에서 기계적인 작업만 제한적으로 수행할 수 있다. 실제 이들이 어떤 성취를 거두었든, 그것이 목적을 이해하고 한 일은 아닐 것이라는 이야기다.[32]

이 같은 특성은 '반문명인'에게도 나타났다. 캘커타 교회 감독 레지날드 히버Reginald Heber는 어린 인도 학생들을 관찰하고 이렇게 언급했다. "많은 학생이 글을 잘 쓰고 계산 능력도 출중하며 좋은 순발력과 기억력을 가졌지만, 또래 영국 학생들과 비교해 보면 상식과 용맹함, 정직성 면에서 부족하다."[33] 히버에 따르면, 그들은 지적 수준이 높은 사람들이 공유하는 관념('상식')과 거기에서 파생되는 도덕적 자질이 결여되어 있었다. 치우와 야만인은 평범하고 모방적인 기계적 습관을 지녔는데, 이 중 어느 것도 성찰이나 추상적 사고를 필요로 하지 않는다. 밀이 인도의 건물과 조각상을 무시하며 말했듯이, 이 "제조하는 사람들"의 제작기술은 "자연의 혜택을 많이 받는 나라에 사는 사람이면 누구나 알 수 없는 게 아니라는 것"이었다.[34] 그는 중국인도 모방 능력이 있는데 제작기술이 힌두인보다 우수하다고 덧붙였다.[35] 유럽인들은 가장 열등한 미개인이 좀 더 나은 야만인이 될 수 있다는 데 동의했지만, 이는 정신적으로 성숙하거나 문명화를 이뤘다는 의미라기 보다 어린아이 같은 백치가 청소년에 해당하는 치우로 바뀐 것이었다. 많은 유럽인 관찰자들은 비백인은 대부분 완전한 수준까지 지능을 발달시킬 수 없다고 생각했다. 심지어 원주민이 어릴 때는 뭔가를 가르칠 수 있지만, 결국 이들에 대한 교육은 실패하고 만다고 주장했다. 랜도어E. W. Landor는 오스트레일리아 원주민에 대해 다음과 같이 말했다.

이들은 성인이 되더라도 (…) 원래 가진 능력보다 더 향상될 것 같지 않다. 정착민들에게 유용한 하인이 될 수 있기를 바라는 마음으로 (…) 원주민 아이들에게 (…) 상당한 노력을 기울여왔다. 그러나 문명인이 (…) 될 것이라 기대했던 나이가 되어서도, 그들 대부분은 직접 숲으로 들어가서 유전적으로 물려받은 취미활동을 재개했다.[36]

이처럼 원주민의 지능이나 학습 의지를 무시하는 태도는 심지어 문명화된 원주민 전도사에게서도 엿볼 수 있었는데, 이들은 자신들의 교육 실패를 설명하기 위해 교육 무용론을 주장했다. 종교 친우회는 한 보고서에서 그들이 한때 큰 희망을 품고 저지Jersey에 가서 교육했던 아메리카 원주민에 대해 이렇게 한탄했다. "격려받을 일이 거의 없다. 유익하다고 생각했던 일들 대부분이 실현되지 못했다. 여전히 몇몇 원주민은 예전과 같이 야만적이고 방랑하는 생활로 돌아가게 해달라고 애원했다."[37] 야만인도 치우처럼 어느 수준까지 교육이 가능했지만, 결국 나중에는 원래 상태로 돌아갔다.

이 때문에 유럽인 행정가들은 야만적인 반문명인이 제한된 활동만 할 수 있다고 생각했다. 이런 시각은 유럽과 미국에 급증하던 정신의료 시설에서 치우에게 부과한 역할과 아주 흡사하다. 파리에서 조르제는 시설에 수용된 치우가 적은 보수를 받고 할 수 있을 만한, 하찮고 기계적인 유용한 작업들을 설명한 바 있다. 치우는 하인, 하녀, 심부름꾼, 청소부, 짐꾼 등으로 일할 수 있었다.[38] 레이는 치우를 "천하고 기계적인 일"을 하는 사회 하층민으로 묘사했다.[39] 또한 비백인종을 치우처럼 천한 일에 적합한 사람들로 분류했다. 영국의 해군 장교 베드퍼드 핌Bedford

Pim은 1866년 여호수아의 한 구절을 인용하여 자메이카의 '니그로'를 "나무를 패고 물을 긷는 사람"으로 태어났다고 묘사하면서, 악명 높은 인종 차별적인 공격을 했다.[40] 서리 얼스우드에 세계 최초로 건설된 백치 정신의료시설의 책임자 존 랭던 다운은 핌보다 4년 앞서서, 지역 시설에 수용된 치우와 전 세계의 다양한 인종으로 존재하는 치우를 노골적으로 연결하면서 핌과 똑같은 성경 구절을 인용했다. "세상에 아주 평범한 사람('나무를 패고 물을 긷는 사람')부터 위대한 인물까지 지능 수준이 다양한 사람들이 존재하는 것처럼, 치우 집단에도 역방향으로 완만한, 미묘한 차이가 있다."[41] 그런 치우들은 "명령에 따라 체계적으로 기계적인 작업을 수행"할 수 있다고, 그는 덧붙였다.[42]

구제할 수 없는 백치와 치우에 대한 이런 비관적이고 암울한 인종 차별적 설명과는 대조적인 '도덕 치료'는 1796년 요크에 '광인 요양원'을 세운 퀘이커 교도 윌리엄 튜크William Tuke가 은신처에서 처음 사용했다. 이 치료법은 과거에 정신 착란과 결함을 다루는 방식에서처럼 "기를 꺾고 모멸감을 주기 위해 계획된" 가혹한 처벌 방식을 거부했다.[43] 그 대신, "온화한 태도로 친절하게 대함"으로써 "잠자고 있는 이성을 깨우는 것"이 이 치료법의 목적이었다.[44] 여기서는 전반적인 신체 구속이나 체벌을 금지하며, 정신장애를 지닌 사람에게 먼저 "존중과 순종"을 가르친다. 그다음에 "이성적이고 예의 바른 행동"을 할 수 있도록 교육해서, 그들이 자신을 치료하는 사람들의 도덕적 권위를 인정하는 법을 배우게 한다.[45] 백치를 연구하던 의사들은 신속하게 이 새로운 치료법을 받아들였고, 필리프 피넬은 파리의 비세트르 병원과 살페트리에르 병원의 개혁을 단행했다. 그 이후에는 정신과 의사 장 에티엔 에스키롤Jean-Étienne Esquirol과 에두아르 세갱Édouard Séguin이 이 치료법을 보다 발전시켰다.[46]

만약 도덕 치료가 정신이상자, 백치, 치우 상태를 개선할 수 있다면, 당연히 지적 능력이 그들과 비슷한 비백인에게도 적용할 수 있는 것이었다. 프랜시스 트롤로프Frances Trollope는 1832년 미국에서 벌어진 '니그로 노예'에 관한 논의에서 그 연관성을 분명히 했다.

> '니그로'는 믿을 수 없으며 (…) 노예를 행동하게 하려면 (…) 두려움을 느끼게 하는 방법밖에 없다는 생각이 미국 전역에 널리 퍼져있는 것 같다. 그러나 도덕 치료라는 색다른 방법을 사용하면 대단히 중요하고 유익한 결과가 발생하리라 확신한다. 니그로도 친절한 감정을 느끼므로, 내 생각에 다른 어떤 규율보다 이 방법을 활용하면 좀 더 효과적으로 순종하게 할 수 있을 것이다.[47]

그녀는 도덕 치료가 미개인 또는 반문명인의 정신을 합리적으로 향상시켜, 도덕 관리 체계에 더 많이 복종하고 존중하도록 훈련하는 방법으로 적용될 수 있다고 주장한다. 노예사회에 적용하여 그런 변화를 만들어낼 때, 유럽인들이 얻는 이점은 물리적 지배와 통제 체제에서 정신적인 자기 통제 방식으로 전환시켜 계몽적인 방법으로 위험성을 제거할 수 있다는 것이었다. 튜크가 정신의료시설에서 도덕 치료법을 사용할 때의 장점으로 언급한 것도 바로 이 점이었다. 친절하게 질서와 규율을 가르친다는 이 원칙은 유럽인이 백인 식민자와 원주민의 관계가 나아가야 할 방향을 숙고할 때 하나의 공통 지침이 됐다. 그런 관계는 친절한 시설 책임자가 수용자들을 도덕적으로 교화할 때 효과적으로 형성된다. 마리아 누전트는 자신의 집에서 일하는 자메이카인 노예들이 "열심히 일하지 않는" 이유가 잔인한 노예제도 때문이라고 생각했다.[48] 그래서 그녀는 단호하게 행동했다. "아침 식사 후 그들을 모아 놓고, 친절과 관용을 약속하며 그들에게 많은 이야기를 한다. 우리는 좋은 친구들과 결별했고, 그러고 나니 그들이 집안을 더 열심히 청소했다고 나는 생각한다."[49] 정신과 행동에 대한 도덕 치료의 강력한 효과가 정신의료시설에도 영향을 미친 것과 같은 누전트의 낙관론은 특히 피부색이 다른 원주민들을 '개선'하는 데 관심이 있었던 선교사들을 열광시켰다. 존 필립John Philip 목사는 남아프리카의 부시먼에 대해 이렇게 썼다. "그들은 친절을 받아들인다. 호의에 고마워하고 지시를 따르려는 마음도 있다. 그래서 적절한 방법을 사용하면, 그들은 기꺼이 야만적인 생활 방식을 버리고 보다 안락한 삶을 택할 수 있다."[50] 자메이카에서 활동하던 침례교 선교사이자 노예 폐지론자였던 제임스 필리포James Phillippo는 노예들을 잔인하고 모멸적으로 대하는 것은 "그들을 짐승 수준으로 격하"시키고 "이성적인 세상에서 난쟁이"로 남게 하는 것이라고 주장했다.[51] 지금까지 그들이 받지 못했던 교육으로 개선하고 뛰어난 재치와 모방 능력을 기르면, 이 "지능 낮은 사람들"도 도덕적이고 예의 바른 삶을 살 수 있다는 것이었다.[52] 필요한 것은 "건전한 교육을 위한 진보적이고 광범위한 계획"의 도입이었다.[53]

이런 삶은 모험가 뒤 사이유Du Chaillu가 가봉강Gabon river 부근 기독교 학교에서 목격한 일종의 자애로운 도덕적 치료 체제였다. 이 질서정연한 정착지에서 아이들은 기도로 하루를 시작하고, 기숙사를 청소한 후

H.G., 〈소풍 중인 양떼를 처음 본 목자들〉, 1860. 네 명의 선교사와 아이 하나가 멀리서 아프리카 부족을 바라보고 있는 판화. 도덕적 치료법은 백치와 치우뿐만 아니라 미개인과 야만인에게도 필요한 방법으로 지지를 받았다.

"배운 대로 문명인의 식사 예절을 지키면서" 아침 식사를 하고 지시에 따라 하루를 보냈다.[54] 비셰트르 병원에서 세갱이 백치 환자들을 대상으로 실시한 제도에는 기도 교육, 청결, 올바른 식습관, 근면성 함양이 골고루 포함됐다. 목적의식을 가지고 도덕적으로 맡은 일을 할 수 있게 하고, 예의 바른 식습관을 기르도록 특별히 (세갱이) 기도문을 작성했다. 치우와 백치는 하나님께 음식을 주신 것에 대해 감사하고 모든 불행한 사람이 빵을 먹을 수 있게 해달라고 간구한다.[55] 이것은 백치(그리고 미개인)가 지니고 있다고 생각한 역겨움을 유발하는 분별 없는 식습관을 뿌리 뽑으려는 목적으로 고안됐다. 그런 다음 그들은 "우리를 개선시키고 사회에 유용한 사람이 될 수 있게" 자신들이 하려는 일을 축복해 달라고 하나님께 간청한다.[56] 부과된 도덕적 틀 내에서 명령에 따라 이렇게 행동하는 것은 어리석은 자들로 하여금 문명 세계와 그곳의 규칙들을 수용할 용기를 주는 것이었다.[57]

백치와 비백인 모두에게 적용됐던 도덕 치료는 평등을 실현해주거나 실질적으로 이성을 완전히 '회복'하고, 또 획득하게 해주는 접근법으로는 여겨지지 않았다. 그보다는 말썽을 부리거나 문제가 많은 사람을 규율하고 통제하여 질서정연한 삶을 살게하고 위협 요소를 규제하는 일종의 공리주의적 방법이었다. 이 치료법은 도덕적 박약이나 장애를 가졌다고 여겨지는 사람들에게 무엇보다도 순종적인 태도를 내면화하도록 요구했다. 튜크가 요크 시설의 광인에게 그랬듯이, 세갱은 파리에서 백치와 치우로 하여금 "사회에 맞게 적극적으로 변화"시키는 과정에 참여하게 했다.[58] 의사들은 자기 뜻대로 백치들을 움직이기 위해 이들을 훈련하고 보상과 벌(체벌이나 격리보다 보상을 철회하는 방식)을 부과했다.

> 도덕 치료는 백치들이 잘 따르지 않아도 그들의 건강을 증진하고 교육을 강화하며 그들이 몹시 쇠약한 상태에서 벗어나 사회로 돌아갈 수 있게 하는 온갖 도덕적 방법을 포함한다.[59]

도덕 치료의 본래 의도는 백치나 치우를 친절하게 대하거나 그들에게 완전한 인간의 지위를 부여하는 게 아니라 그들을 차분하게 행동하게 하는 가장 효과적인 방법을 찾고, 가혹한 체벌이 초래할 수 있는 복수나 폭력에 대한 유혹을 제거하는 것이었다. 세갱이 도덕 치료법으로 완화할 수 있다고 생각했던 것도 바로 치우들의 그러한 '증오와 복수심과 광신'이었다. 관건은 백치나 치우에게 도덕적 의지를 갖게 하는 것인데, 파리의 의사들은 훈련받은 개가 도덕적 책임을 질 수 없듯이 백치나 치우도 마찬가지라고 생각했다.[60]

미개인과 야만인에게 도덕 치료법을 사용하자고 주장한 사람들도 파리의 의사들과 같은 생각이었다. 런던 친우회는 1844년 자신들이 선교 활동을 하고 있는 '원주민'에 관해 이렇게 보고서에 썼다.

> 이 원주민들은 종종 거칠고 교정 불가한 미개인으로 취급받았지만 (…)
> 그들에게 본보기로 기독교가 추천된 일이 거의 없지 않았는가? 힘이 아
> 닌 사랑으로 그들을 설득하려는 시도도 거의 없지 않았는가?[61]

미개인에게 자신의 삶을 통제하고 타인에 대한 사회적 의무를 받아들
일 수 있도록 도덕적 의지를 갖게 하면, 그들이 '설득'되고 길들여질 것
이라는 이야기다.

하지만 퀘이커 교도는 교육에도 불구하고 "종잡을 수 없는 습관"으
로 되돌아 가버리는 원주민들에 대한 환상을 깬 선교사들과 마찬가지
로,[62] 자신들의 방법에 의문을 품기 시작했다. 그와 동시에, 도덕 치료로
'열등한' 인종을 개선할 수 있다는 생각을 조롱하는 경멸적인 반자유주
의적 글들이 등장했다.

> 친절과 관용은 이제까지 기만과 배은망덕, 잔인함 같은 일반적인 성격을
> 바꿀 수가 없었다. 아프리카인의 성격에 무지한 박애주의자에게는 이런
> 가정이 몰인정하게 보일지 모른다. 그러나 (…) 일상적인 관찰을 통해 그
> 불운한 인종을 잘 아는 사람들은 그것이 사실임을 확인할 것이다.[63]

자메이카 교구 목사이자 반노예폐지론자였던 조지 윌슨 브리지스George
Wilson Bridges의 이런 발언은 도덕 치료법에 대한 보수주의자들의 신랄한
반대를 보여줬다. 그럼에도 보수주의자와 자유주의자들은 비백인들이

선천적으로 열등하며 정신적으로 무능력하다는 광범위한 가정들을 공유하고 있었다. 보수주의자들은 미개인에 대한 완전한 식민 지배만 효과가 있다고 생각했다. 윌리엄 바이어스William Buyers라는 선교사는 백치처럼 가장 열등한 미개인 부족에게는 아무리 많은 친절을 베풀고 도덕 치료법을 사용한들, 그들의 비참한 상태를 종식시키는 방법은 죽음 밖에 없을 것이라고 주장했다. "적어도 특정 인종의 경우 문명인과 합칠 수 없을 정도로 철저히 무능력한 부족들은 거의 확실히 절멸할 것이다."[64]

백치와 치우, 정신이상자들을 도덕적 방법으로 치료하겠다는 의사들도 비슷한 비판을 받았다. 정신과 의사 존 코놀리John Conolly가 1840년 한웰의 미들섹스 카운티 정신의료시설에서 결박과 체벌을 모두 없애겠다고 발표했을 때, 〈타임스〉는 그런 조치를 "경멸받아 마땅한 엉터리 치료법이자 그저 대중의 관심을 끌려는 행동"이라고 비난했다.[65] 브리지스가 자메이카인 노예들에게 도덕 치료로 발생할 위험을 경고하면서 공상적 박애주의 개혁가의 어리석음을 맹렬히 비난했는데, 코놀리도 이런 경고를 받았다.

이론적 몽상가들이나 대중의 칭찬을 바라는 사람들이 모든 구속 행위를 없애기 위해 노력하겠다는 말보다 (…) 터무니없는 것은 없다. (…) 그런 방식은 개인의 안전을 심각하게 위협하고, 재산을 쓸데없이 낭비하게 될 것이다.[66]

비백인종과 백치나 치우로 간주된 사람들은 자신들도 모르게 함께 묶여 환영받지 못하는 인간이 돼버렸다. 이들은 가혹한 징벌 제도와 규율로 공공연히 통제됐어야 할 대상인가? 아니면 도덕 치료를 통해 스스로 통제하도록 의지를 북돋아 줬어야 할 대상인가? 어느 쪽이든, 이들이 무능하다는 인식은 어떤 형태로든 통제가 불가피하다는 것을 의미했다.

백치와 미개인 그리고 인류학적 조치

19세기 백치와 미개인에 관한 이론들은 18세기에 처음 주장된 백치와 미개인이 지닌 정신의 연관성을 계속해서 강조했다. 그런데 이 문제는 호기심 차원에서 벗어나, 이제는 그들을 치료하고, 통제하고, 지배하는 방법을 둘러싸고 국내외에서 이념 논쟁을 벌이게 된다. 정신의료시설의 설립 운동은 식민 지배의 체제 형성과 맞물려 활발하게 진행됐으며, 양쪽 분야의 전문가들은 서로에게서 아이디어를 얻었다.

백치와 치우의 능력을 다룬 18세기 법 이론을 토대로 마련한 원주민의 재산권과 자주권을 제한하는 내용은 이제 식민지 지배의 주된 강령이 됐다. 원주민은 자신들이 밟고 다니는 땅을 관리할 능력이나 욕구가 없기 때문에 그 땅에 대한 소유권도 없는 것으로 간주됐다. 허드슨 베이 컴퍼니의 존 웨스트가 아메리카 최북단 지역으로 식민지를 확대하는 것을 정당화하면서 제시한 이유는 다음과 같았다. 아메리카 원주민은 "서로 협정을 맺거나 미래를 적극적으로 예측하지 않는다. 그들은 일정한 거주지나 재산이 없고, 지속적인 두뇌 활동으로 기발한 발명품을 만들어내는 문명사회의 사람들을 추동하는 후천적 결핍감이나 욕구가 없다."[67] 백치나 치우가 인간 사회에 머물되 그 일부는 될 수 없었던 것처럼, 미개인도 땅에 머물되 그 일부가 될 수는 없었다. 원주민의 소유권을 부정하기 위해, 이들의 이용 능력을 가장 공공연하게 거론했던 곳은 오스트레일리아였다. 1852년 태즈메이니아에 대한 책을 썼던 또 다른 존 웨스트는 미개인 부족의 지능을 법적으로 판단해야 한다고 명시하면서, 행위 능력에 관한 법을 넌지시 언급했다. "미개한 민족에 대한 통치권은 필요에 의해 정당화된다. 우둔한 사람들을 좀 더 강력하게 통제할 법이 필요하다."[68]

이런 생각은 미개인뿐만 아니라 반문명인 야만인에게도 적용됐다. 이들은 지능이 치우와 같은 수준이라 계약 내용을 이해할 수 없으므로 그 내용을 이해하고 있는 사람에게 복종해야 한다는 내용이었다. "법이나 조약을 이해할 수 없는 야만인은 힘으로 다스려야 한다."[69] 이것은 미개인이나 야만인, 특히 한곳에 정착해서 경작하지 않는 사람들과 조약을 체결한다는 생각 자체를 할 수 없게 만들었다. 그렇게 함으로써 그들에게 이성이나 선견지명, 행위 능력이 없다는 사실을 증명했다. "식민지 원주민에게 토지와 관련된 법적 권리들을 인정하는 데에는 다소 어려움이 따른다. 의회 위원회는 전반적인 문제를 검토한 후 미개인들과의 조약 체결을 권고하지 않았다."[70] 특히 에머 드 바텔은《국제법》에서 어떤 사람들은 지능이 낮은 탓에 정착해서 땅을 경작할 수 없다고 주장했다. 또 **무주지**(terra nullius, '소유자 없는 땅')라는 용어는 원주민의 법적 소유권을 인정하지 않기 위해 반복적으로 사용됐다.[71] 결국 이런 생각들이 식민지 정착민들이 가진 사상의 요체가 됐으며, 원주민은 동의할 능력이 없다는 이유로 재산법 밖에 존재했다. 또 원주민이 목적 없이 방랑한다는 사실은 그들에게 소유권이나 가치에 대한 개념이 없음을 암시한다고 주장했다.[72] 고칠 수 없는 백치로 간주된 사람들은 백치법에 따라 소유권을 전혀 인정받지 못했다. 치우로 간주된 사람들은 어느 정도 지능을 갖춘 것으로 봤기 때문에 제한된 범위 내에서 소유권을 인정받았다. 존 필립은 인도의 원주민은 어느 정도 땅을 소유할 수 있었지만, 남아프리카 원주민은 땅에 대한 실질적 소유권을 전혀 갖지 못했다며 직접 본 변칙 사례를 언급했다.[73] 그에게는 그 상황이 놀랄 만한 일이었을지 몰라도, 그가 백치와 치우의 재산권에 관한 영국의 법 규정을 알았더라면 자신이 본 상황을 같은 논리로 설명했을 것이다. 영국의 식민 체제는 그곳 땅과 원주민을 그렇게 백치와 치우로 구분했다.

인종과 지능이 연관된다는 주장을 둘러싸고 논쟁은 지속됐다. 1802년에 발표된 한 연구에 흥미롭게도 먼 이국땅의 미개인이 아닌 프랑스에서 발견된 미개인 소년이 등장했다. 이 아이는 아베롱의 '야생 소년' 빅토르였다. 이 야생 소년은 1800년에 (세 번째로) 붙잡혔는데, 아이를 발견한 소농들은 소년이 수년 동안 테른 지역의 산과 숲속을 네 발로 달려다녔다고 주장했다.[74] 빅토르는 1800년에 파리에 있는 국립 농아 시설로 옮겨졌는데, 그곳의 보건 담당자 장 마르크 가스파르 이타르Jean Marc Gaspard Itard라는 젊은 의학도가 허가 하에 빅토르를 자기 집으로 데려가 가정부의 도움을 받으며 아이를 대상으로 심리학 실험을 수행했다.[75] 야생 소년 피터와 마리 앙젤리크 르 블랑Marie-Angélique Le Blanc의 경우처럼 18세기에 야생에 살던 아이들이 발견됐을 때와 마찬가지로, 이번에도 자연 상태에서의 '인간'의 조건과 사회화되지 못한 미개인 아이의 선천적 능력 및 학습 행태에 관한 질문을 둘러싸고 논쟁이 벌어졌다. 사람은 인지 능력과 사교 기술을 타고났는가? 아니면 인간은 정신이 외부에서 받은 인상으로 형성되고, 그 인상은 사회와의 개별적인 상호작용을 통해 관념 형성으로 이어지는 것인가?

하지만 빅토르에 대한 반응은 야생에 살던 이전의 다른 아이들을 둘러싸고 나온 반응과 근본적으로 달랐다. 야생 소년 피터는 처음에는 구경거리로 런던에 있는 하노버 궁정으로 보내졌다가 사람들의 관심이 시들해지자, 나중에는 하트퍼드셔 시골 마을의 한 가정으로 보내 그곳에서 조용히 여생을 보냈다. 마리 앙젤리크 르 블랑은 처음에는 일반 병원으로 보내졌다가 나중에는 여러 수녀원을 전전했다.[76] 빅토르는 달랐다. 그는 즉시 의학계의 관심을 끌면서 피넬에 의해 신속하게 백치로 선언됐다.[77] 그런 다음에는 피넬의 생각과 달리 백치가 아니라 "대단히

'아베롱의 야생 소년, 빅토르'를 그린 채색 판화, 1805년.

흥미로운 존재"임을 증명하고 사회화시킬 목적으로 자기 집으로 데려간 이타르의 실험 대상이 됐다.[78] 하지만 이타르와 피넬은 빅토르의 특성에 관한 가정들을 공유했다. 빅토르는 파리의 전경을 보고 놀라는 대신 무관심한 태도를 보여 사람들을 실망시켰다. 그는 주의력과 기억력이 부족하고 "경련을 일으키는 듯한 동작"을 하면서 정서적인 반응을 드러내지 않고 "비위를 상하게 하는 지저분한 소년"이었다.[79] 혐오감을 유발하는 식습관과 고통에 대한 무감각, 침대에서 자기 싫어하는 행동, "사회에 대한 거부감"을 고려할 때 빅토르는 백치와 미개인의 특성을 모두 가지고 있었다.[80] 이타르는 피넬과 달리 백치는 교육을 받고도 완전한 이해력을 갖추지 못했지만, 미개인은 교육으로 미개한 습관과 특성이 '고쳐질 수 있을' 것으로 생각했다. 또 "나중에 피넬이 프랑스에 소개한 도덕적인 의료" 치료법으로 빅토르를 구제할 수 있으리라 생각했다.[81] 이타르는 빅토르에게 사회생활을 하게 하여 그의 사고 범위를 넓히고, 모방 학습을 통해 말을 하게 할 생각이었다.[82] 이타르는 첫 번째 보고서에서 조심스럽게 낙관적인 전망을 했으나, 1806년에 쓴 두 번째 보고서에서는 진전이 없는 빅토르를 포기하겠다며 "도덕 치료"의 한계에 환멸감을 드러냈다.[83] 빅토르는 처음에는 농아 시설로 돌려보냈는데 공격을 유발하는 광적인 자위 습관으로 나중에는 한 호스피스 부속 건물로 보내져 그곳에서 생을 마쳤다.[84] '아베롱의 빅토르' 이야기의 중요성은 그가 미개인으로 인식됐든 백치로 인식됐든 상관없이 도덕 체제 하에서 치료가 필요하다는 사실을 강조한다는 데 있었다. 이타르는 미개인이 백치와 여러 특징을 공유하고는 있지만 훈련과 회유를 통해 완전한 이성을 갖출 수 있다는 '진보적' 신념으로 실험을 시작했다.

하지만 그는 미개인도 영구 백치처럼 더 이상 이성을 습득할 능력이 없다는 비관적인 결론으로 끝을 맺었다.

이타르가 지닌 초기의 낙관주의는 정신이상과 인종적 다양성을 함께 연구하는 영국인 의사이자 민족학자인 제임스 콜 프리처드James Cowles Prichard의 책에서도 나타난다. 프리처드가 1813년에 밝힌 낙관적인 견해에 따르면, 세계 여러 민족이 지닌 지능에 있어서 명백한 차이가 무엇이든 간에 "모든 인종은 동일한 내면 의식의 본성과 지능을 공통적으로 지니고 있다."[85] 즉 모든 인간은 개별 종이 아닌 같은 조상에서 나왔다는 것이다. 물론 그는 독자들이 "아프리카 니그로와 뉴홀랜드 사람들, 호텐토트족, 에스키모인, 파푸아족, 인도양과 태평양 연안에 흩어져 사는 지능이 낮은 부족들"을 만나면 이 같은 주장을 선뜻 받아들이기 어렵다는 것을 인정했다.[86] 그럼에도 프리처드는 인종적 다양성이 기후와 사회적 영향 같은 환경적 요인으로 일어나고 인종 간 "영원히 불변하는" 차이란 존재하지 않는다고 주장했다. 그는 백치에게도 "한 가닥 희미한 지성"이 감지되고, 치우도 야만인처럼 "개선의 여지가 있다"는 사실에 주목하면서 백치와 치우가 지닌 공통된 인간성을 비유로 들었다.[87]

그렇지만 이런 진보주의적 지적 이론과 사회 발달에 대한 관점은 강한 반대에 부딪혔다. 1850년대부터 이론가들 사이에 비백인은 영구적으로 열등한 인종이라는 극단적인 인종 차별주의가 고개를 들기 시작했다. 그들은 인종마다 지능이 다른 이유가 인종마다 기원이 다르고 서로 다른 종에 속하기 때문이라고 생각했다. 이는 프리처드와 그 밖의 사람들이 주장한 인류 공통기원론 또는 인류 일원론monogenism과 반대되는 인류 다원론polygenism이라는 사상이었다. 이런 '과학적 인종주의'는 비백인의 지능이 백치와 같다는 생각을 사실로 받아들였고, 그런 견해에 따라 전 세계 인종을 서열화했다. 스코틀랜드 해부학자 로버트 녹스Robert Knox는 1850년《인종The Races of Men》에서 인류 전체가 하나의 공통 기원을 갖는다는 생각을 맹렬히 비난하면서 지독한 인종 차별적 관점을 드러냈다. "전 세계를 둘러보라. 세상은 늘 똑같다. 흑인종은 여전히 제자리에 머물러 있고, 백인종은 진보한다."[88] 그 이유는 "일반적으로 흑인종의 지능이 열등"하기 때문이라고 했다.[89] 그의 비난은 무자비했다. 녹스는 '호텐토트족'을 "저능한 인종"으로, 아메리카 원주민은 "반만 문명화된 야만인"으로 조롱했다.[90] 또한 "장사 수완은 높은 지능의 증거가 아니다"라고 지적하면서 "중국인, 몽고인, 칼무크족, 타타르족"을 모방 민족으로 비하했다.[91] 이중 어느 것도 새로운 생각은 아니었다. (아이러니하게도, 이 생각 자체가 대단히 모방적이었다.) 그럼에도 녹스는 서로 다른 인종으로 전 세계에 백치와 치우, 보통 사람이 존재하는 현실은 영원히 변치 않는 사실임을 명시적으로 주장한 최초의 인물이었다.

녹스의 책이 발표되고 2년 후 프랑스 귀족 아르튀르 드 고비노Arthur de Gobineau는 전 세계 인종을 지능으로 구분하는 방식을 명확히 설명했다. 고비노는 "백인, 흑인, 황인"이라는 세 인종이 있다고 했다.[92] 미개한 흑인은 정신 발달 단계에서 가장 아래에 위치하며 백치처럼 "철저히 무관심"하고 "지능이 낮아 심지어 존재감이 전혀 없다." "황인"은 치우의 특징을 지녔기 때문에 "꿈꾸지 않거나 이론화하지 않는 모든 일에 평범한 경향을 보이며 거의 아무것도 만들어내지 못하지만 유용한 것을 적절하게 활용하고 후대에 물려줄 수 있다."[93] 백인은 가장 높은 단계에 있다. 여기서는 교육과 사회변화가 아무런 차이를 만들어내지 못한다. 인종의 지능은 고정되어 있고 변하지 않기 때문이다. 유럽에서 정신의료시설이 급증하면서 백치와 치우가 그곳에 들어가는 경우가 늘어나자, 녹스와 고비노 그리고 이들을 지지하는 사람들은 비백인종을 감금하고 통제하는 것이야말로 유일한 미래라는 취지의 글들을 썼다.

이 논쟁은 19세기 중반 영국에서 활발하게 일어난 대중 담론의 일부였다. 영국인들은 세계 곳곳을 탐험하면서 만난 미개인들을 데려와 인종 전시회의 일환으로 선보이고 있었는데, 이들은 구제 불능의 백치인가? 아니면 처음에는 어린아이처럼 순수하고 단순한 지적 상태이지만 시간이 지나면서 완전한 지능을 갖출 것인가? 미개인은 고결한 사람이었을까? 아니면 타락한 사람이었을까? 백치는 훈련이 가능한 순수한 존재였나? 아니면 혐오스러운 인간 이하의 존재였나? 디킨스는 1854년 〈하우스홀드 워즈〉에 쓴 글에서 고결한 미개인이라는 생각과 그것을 지지한 독실한 박애주의자들을 이렇게 조롱했다. "숲과 황야에서 태어난 모든 미개인에게 타고난 덕성이 있다고 주장하는 종교인들이 있다. 우리는 모든 미개인의 가슴에 탐욕과 기만과 잔인함이 존재한다고 믿는다."[94] 디킨스는 인종 전시장에서 본 줄루족이 품위라고는 전혀 없는 미개인과 같다고 지적하면서 이렇게 말했다. "나는 미개인을 지구 밖에서 문명화시켜야 할 마땅한 존재라고 부른다."[95] 디킨스는 미개인을 도덕관념이 전혀 없는 혐오의 대상으로 여겼으므로 "미개인이 제자리에서 사라지면 세상은 훨씬 나아질 것"이라고 믿었다.[96] 그로부터 몇 년 후에도 디킨스는 백치에 대해 비슷하게 장황한 비난을 늘어놓으며 이렇게 묘사했다. 백치들은 "나락에 빠져 수모를 겪고 방치될 것이다. 아무도 그들을 살해하지 않겠지만 모두가 죽기를 바라고 살아 있는 모습을 보기가 괴로울 것이다."[97] 그의 이 바람은 미개인과 백치 모두에게 해당됐다. 즉 이들은 도덕 치료로 문명화되거나 아니면 지구 밖으로 사라져야 하는 존재들이었다.

이 모든 일은 처음에는 민족학, 그다음에는 인류학이라는 새로운 학문 분야가 발전하는 맥락에서 일어났다. 런던민족학회는 1843년 창립되고 1848년부터 자체 학회지를 만들었다.[98] 원주민보호학회의 한 분파로 설립된 런던민족학회는 '순수 학문'으로 '인간'을 연구하는 데 중점을 두었다.[99] 제임스 콜스 프리처드 같은 구성원들은 대부분 자유주의 진보 사상과 인류가 공통 기원을 갖는다는 인류 일원론, 미개인과 야만인의 진보 가능성에 대한 믿음을 공유했다.[100] 런던민족학회는 다양한 인종의 습성 및 문화 못지않게 그들의 두뇌와 지능에도 관심이 많았다. 그리고 "신체적 특징과 지능, 도덕적 자질, 생활 습관 등 인류의 현존 가족 상태"를 연구 대상으로 삼았다.[101]

여러 민족 문화와 더불어 두뇌 연구에 대한 이들의 주목은 의료 전문가, 특히 정신이상 분야를 연구하던 사람들이 큰 관심을 보였다. 1843년부터 1867년 사이에 스물일곱 명의 정신의료시설 책임자 또는 의사들이 민족학회나 인류학회에 가입했다. 그들의 참여는 주목을 받았다.[102] 국내외에서 '비천하게 사는' 사람들 사이에 직접적인 연결 고리가 형성됐다.

우리 사회, 또는 다른 문명사회에서 버림받고 비천하게 사는 사람들에게 공통된 인간성이 존재하는지 알아보는 실험은 니그로, 부시먼 또는 오스

트레일리아 원주민과 교양있는 유럽인의 실제 관계를 추측하는 실험과 동일하다.[103]

민족학회 회원 중에는 1854년부터 1856년까지 학회장을 역임했던 존 코놀리John Conolly라는 저명한 의료인이 있었다. 공공 정신의료시설에 도덕 치료법을 최초로 도입한 코놀리는 1831년 설립된 한웰의 미들섹스 정신의료시설의 책임자로 재직하면서 특히 소수의 백치 환자에게 관심을 쏟았다.[104] 그는 피넬과 세갱의 연구를 공부하기 위해 1845년 파리 비세트르 병원과 살페트리에르 병원을 방문했다.[105] 그리고 "정신의료시설의 모든 병동에서 관리하기 부담스러운 사람들로 밝혀진 선천적 백치는" 광인과 분리하여 별도의 전문시설에서 보호해야 한다고 확신하게 됐다.[106] 이후 그는 1847년 하이게이트에 처음으로 백치를 위한 소형 정신의료시설인 파크 하우스를 설립한 다음, 늘어나는 수요에 대응하고자 콜체스터의 에식스 홀에 임시 시설을 마련했다. 그리고 1855년 대형 백치 정신의료시설이 서리 얼스우드에 문을 여는 데 중요한 역할을 했다.[107] 코놀리는 얼스우드 시설의 책임자로 영향력이 막강했던 젊은 의사 존 랭던 다운의 스승이기도 했다.

코놀리는 이국적인 인종 전시를 위해 고대 아즈텍족 성직자 카스트의 마지막 하위계층으로 추정되는 어린 형제자매 "소인 아즈텍족" 표본을, 중앙아메리카에서 런던으로 데려와 논평하면서 의학과 민족학 지식을 결합하여, 이렇게 말했다.[108] "나는 고통받는 이들을 위해 세워진 하이게이트 시설에서 특히 백치들의 특징에 관심을 갖고 있었는데, 그 작은 아즈텍족을 보자마자 그 외모가 시설에서 가장 열등한 사람들과 놀라울 정도로 유사한 것을 보고 깜짝 놀랐다."[109] 그는 민족학 문제에서 자신과 같은 정신 과학자들의 권위를 주장했다. 그리고 "아즈텍족 아이들"에 관해 "해부학자와 생리학자 같은 과학자들"의 주장을 이상한 이론이라 조롱하며, 아즈텍족 아이들이 작은머리증microcephaly으로 발달을 멈추었다는 사실을 그들이 완전히 놓쳤다고 주장했다.[110] 코놀리 같은 정신 과학자라면 이 작은머리증은 바로 알아챌 수 있었다. 그는 이미 하이게이트 시설에서 아즈텍족 어린이와 두뇌 크기가 유사한 열한 살짜리 남자아이를 본 적이 있기 때문이다.[111] 코놀리는 대부분의 민족학회 회원들과 마찬가지로 발달단계이론과 인류 공통기원론을 기꺼이 받아들였다. 그는 사회 진보를 인간의 지능발달과 연결하기 위해 지능에 위계가 있다는 생각을 보편화하는 데에도 동의했다. 그는 "인간은 점진적으로 보다 나은 능력을 갖게 되면서 서서히 조건을 바꿨으며" '미개인'에서 야만인으로 변화하고, 나중에는 "야만성에서 벗어나 고상한 즐거움을 원한다"고 설명했다.[112] 이런 그의 낙관적인 설명은 인종마다 정신 발달 수준이 다르다는 것을 인정한 것이었지만, "전 세계" 모든 사람이 가진 공통된 정신으로 인해 누구나 개선 기회는 있었다.[113] 코놀리가 보기에, 자국의 '비천한' 백치와 치우에 대한 의학적 치료법은 다른 나라의 미개인과 야만인의 치료 수준을 높이는 처방이었다.

　1863년에 설립된 런던인류학회는 민족학회에서 분리되어 나온 사람들에 의해 결성됐다. 새로운 급진적 인종주의자들로 구성된 런던인류학회는 한동안 인도주의 성향의 민족학회와 긴장 관계에 있었다. 대표적인 인물로는 로버트 녹스(《인종》의 저자)와 언어 치료사이자 반노예 폐지론자로 1854년에 민족학회에 가입했던 제임스 헌트James Hunt가 있었다.[114] 분명히 헌트는 자신의 인종주의를 실천할 기회를 찾고 있었지만, 초대 인류학회장으로서 새로 설립된 학회를 위해 과학적인 정당성도 확보하고 싶었다. 민족학이 단순히 인종에 관한 역사를 연구했다면, 인류학은 '인류 전체를 연구하는 과학'이었다. 헌트는 이른바 '인류' 공통기원'설'에 집착하는 사람들을 비난하고, 인류학은 기원과 상관없이 "인간 조직의 기준에 벗어나는 모든 것"을 연구해야 한다고 주장했다.[115] 그는 특히 자신이 가장 열등한 인종으로 여긴 '니그로' 연구에 관심이 많았다. 인류학회의 탄생은 인류가 공통 기원을 갖는다고 믿는 자유주의 성향의 인류 일원론자와, 모든 인종은 서로 다른 종이며 백인이 아닌 사람들은 평생 열등한 상태에서 벗어나지 못한다고 믿었던 급진적 인종차별주의자 성향의 인류 다원론자들 사이에 광범위하게 나타난 분열로 야기된 사건이었다.[116]

비백인종의 지적 열등성을 확고하게 믿었던 인류학회 구성원들은

G. 윌킨슨G. Wilkinson의 석판화. 존 코놀리는 이 그림에 보이는 "소인 아즈텍족"을 '열등한' 백치로 취급했다.

다른 인종 연구에 관심을 가졌던 만큼 자국의 지적 결함 연구에도 관심을 기울였다. 그리고 이 둘을 서로 비교하며 연결하고 싶어 했다. 이들은 폴 브로카Paul Broca가 파리에서 니그로와 백치의 두개골을 비교한 내용과 영국의 작은머리증 환자, 노퍽에 사는 백치 대가족, 백치 교육의 가능성, 작은머리증 여성 등에 관한 논문들을 계속해서 학회지에 실었다.[117] 그런 보고서에는 '에스키모', '호텐토트족', 이국적인 남태평양 섬들의 미개인에 관한 설명도 꽤 많이 들어가 있었다. 당시의 지식 사회는 지능의 위계로만 인종을 정의하려 했는데, 이들이라고 왜 그렇게 하지 않았겠는가?

1864년, 당시 얼스우드 백치 정신의료시설의 의료 책임자였던 존 랭던 다운이 이런 분위기에 합류했다. 다운이 인종과 인간 발달 연구에 관심을 두게 된 계기는 의심할 여지 없이 그의 스승인 코놀리와의 교류였다. 하지만 그는 코놀리가 속한 전통적인 민족학회 대신 훨씬 더 인종 차별적이었던 인류학회에 합류하기로 했다. 이는 자유주의적 견해에 대한 그의 역사적 명성을 감안하면 놀라운 일이었다.[118] 그렇지만 인류학회는 설립 후 첫 2년간 "놀라운 속도"로 성장해서 회원 수가 500명에 이르고 맨체스터에 지부까지 두고 있을 정도였다.[119] 비교적 젊은 (37세) 의료 책임자로서 야심만만하고 공명심이 있었으나 시골 벽지인 서리에서 유행에 뒤떨어진 백치 연구나 해야 했던 그에게는, 쇠퇴하고 있던 민족학회보다 인류학회가 더 많은 기회를 제공할 것처럼 보였을 수 있다.

다운은 인류학회 모임에 정기적으로 열심히 참여했다. 모임에서 듣고 읽은 자료들은 그의 연구 대상과 논문에 직접적인 영향을 미쳤다.

그는 1864년 근친결혼을 주제로 한 토론회에 참석[120]한 계기로 자신이 몸담은 정신의료시설에 수용된 백치 1,138명의 혈통에 관한 자체 연구를 수행하고, 근친결혼으로 후손이 병에 걸릴 위험성에 관한 통계가 지나치게 과장됐다는 결론을 내렸다. 그리고 1867년 한 토론회에서는 뇌의 크기보다 그 모양이 지능에 더 중요하다는 점을 발표했다. 간혹 뇌가 작은 사람이 뇌가 큰 사람보다 민첩하고 영리할 수 있다는 것이었다.[121] 이 무렵 다운은 자신의 시설에서 사망한 150명이 넘는 백치의 두개골을 측정하고 그들의 뇌를 해부했다.[122] 인류학계에서는 인종 차별적인 새로운 가정들을 증명할 목적으로 작은머리증 환자와 백치들의 두개 용량과 두개골 치수의 연관성을 밝히기 위해 끊임없이 다양한 인종의 두개골 치수를 측정하고 있었으며, 다운도 그런 인류학계의 상황을 잘 알고 있었다. 독일의 인류 다원론자 카를 포크트[Karl Vogt]는 한 여성 부시먼(산족)을 백치로 간주하고, 그녀가 유인원과 가장 열등한 인간 유형의 중간 단계라고 학회에서 설명했다. 그는 이런 자신의 주장을 유인원, 작은머리증 백치, '니그로 여성'의 두개골을 측정하여 '증명'하고,

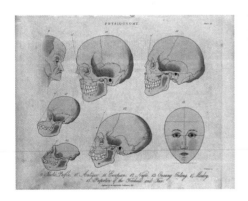

H. 애들러드H. Adlard, '관상학 Physiognomy', 1824년, 채색 판화. 19세기 인류학계에서는 원숭이와 오랑우탄, 백치와 '보통 사람'의 두개골을 비교하는 연구가 흔했다.

백치가 유인원 단계는 지났지만 아직 가장 낮은 인간 단계에도 미치지 못했다고 발표했다.[123] 각종 인종 이론에 관심이 있었던 다운에게는 포크트의 결과물이나 방법론 모두 그리 놀랄 만한 것은 아니었다.

다운이 이례적으로 인종 차별주의자인 제임스 헌트의 인류학회에 몸담긴 했지만, 역사가들은 그의 자유주의적인 인류 일원론의 시각을 강조했다.[124] 하지만 인류 일원론과 인류 통합을 믿는 사람들의 인종주의 시각도 인류 다원론자들만큼 극단적일 수 있었다.[125] 확실히 인종 차별주의자이자 인류 다원론자였던 제임스 헌트와 다운의 사이는 좋은 편이었다. 헌트는 1867년 다운이 두뇌의 크기보다 모양이 중요하다고 발표했을 때 그의 결과물이 과학적이라고 칭송했다.[126] 다운은 헌트가 인류학회 최악의 인종 차별 사건에 연루됐을 때조차도 그를 저버리지 않았다. 헌트는 1863년 논문에서 '니그로'를 유럽인과 별개의 인종으로 분류하고, 니그로 남성의 뇌는 유럽인 어린아이의 뇌와 같고, 니그로 여성의 뇌는 유인원과 같다며 독설로 가득 찬 논문을 인류학회에서 발표했다.[127] 1865년 자메이카 모란트 베이에서 반란이 일어나 스무 명의 백인 정착민이 목숨을 잃었다. 이후 총독의 지시로 자메이카 민병대가 500명의 흑인 자메이카인을 살해했는데, 헌트는 그 유명한 해군 제독 베드퍼드 핌을 초대하여 흑인에 대해서는 극단적인 인종 차별적 비난을, 총독의 조치에 대해서는 옹호하는 연설을 해달라고 요청했다.[128] 영국 전역에서 자메이카 사건을 두고 격렬한 논쟁이 벌어지고 있던 차에, 핌의 연설을 듣기 위해 입장권을 사고 싶다는 인류학회 회원들이 급증하자 더 많은 청중을 수용하기 위해 연설회장을 세인트 제임스 홀로 옮겨야 할 정도였다. 그때 입장권 두 장을 어렵게 확보한 사람 중 하나가 다운이었다.[129] 그는 수많은 청중과 함께, '니그로'는 "어린아이에 불과하며 결코 일반화할 수 없는 이기적인" 사람이라고 비난하는 핌의 연설을 들었다.[130] 그 내용은 전형적인 백치에 대한 묘사이기도 했다. 핌은 니그로가 "자유인일 때보다 노예일 때 훨씬 나은 삶을 살았다"고도 했다.[131] 그의 연설은 "박수와 환호로 자주 중단"됐으며 헌트가 에어 총독의 이름으로 만세삼창을 한 후에야 연설회가 끝이 났다.[132] 연설회가 끝난 후 인종 차별적인 독설에 역겨움을 느낀 회원 일부가 탈퇴했지만, 다운은 그러지 않았다.[133] 그때부터 헌트는 다운에게 힘을 실어주기 시작했고, 그를 인류학회 고위직 이사회 위원으로 추천했다. 헌트가 회장으로 있던 1866년에 다운은 마침내 위원으로 선출됐다. 그리고 다운을 후계자로 삼고 싶었던 헌트는 1869년 그를 부회장으로 지명한다. (헌트는 그로부터 수개월 후에 사망한다.) 하지만 다른 위원들이 그의 지명을 거부했고, 같은 해에 다운은 사임한다. 알려진 것과 달리, 다운은 헌트의 극단적인 인종주의와 크게 거리를 두지는 않았던 듯하다.

다운은 적극적인 인류학회 활동과 인종에 대한 특별한 관심 덕분에 1867년 〈백치의 인종적 분류에 관한 관찰〉이라는 제목으로 논문을 발표했다. 그는 1858년 얼스우드로 자리를 옮긴 후, 지능과 능력으로 아이들의 분류 체계를 확립하기 위해 "거대한 담"으로 둘러싸인 공간에 백치 아이들이 집중적으로 수용된 상황을 활용하겠다고 약속한 바 있었다.[134] 그는 약속을 지켰지만, 1867년 그가 발표한 분류 체계는 예상치 못한 새로운 내용이었다. 다운은 "내가 관찰한 다수의 백치와 치우 중에 많은 아이가 출신 계급보다는 인류를 크게 구분 짓고 그중 하나와 관련 짓는 게 타당할 수 있다"라고 발표했다.[135] 이 말은 그가 백치들에게서 초창기 인류학자 요한 프리드리히 블루멘바흐Johann Friedrich Blumenbach가 정리한 대로 다섯 인종을 관찰했다는 의미였다. 블루멘바흐는 1775년 전 세계 인종을 백인(혹은 유럽인), 몽고인, 말레이인, 아즈텍족(혹은 아메리카 원주민), 에티오피아인(혹은 아프리카인)으로 분류한 바 있다.[136] 다운이 분류한 인종 체계에서 흥미로운 사실은 시설에 수용된 모든 백치가 백인 혈통임에도 전 세계에 존재하는 다섯 인종의 모습을 골고루 보였고, 누구나 예상하듯 그들 전부가 백인으로 태어난 것은 아니라고 그가 주장한 점이었다.[137] 그의 이론은 백인 부모에게서 태어난 백치 아이들 가운데 당황스럽게도 낯선 인종 모습이 나타났는데, 이는 내부 요인이든 외부 요인이든 무언가의 영향(그는 자신이 몽고증이라 부른 아이의 경우 어머니가 결핵 환자일 것이라고 추측했다.)으로 조상의 열성 형질이 후대에 다시 나타나는 격세유전적 퇴행의 결과라는 이야기였다.[138] 다운은 인류학 자료들을 참고하고, 이를 반복설recapitulation theory이라 불렀다. 반복설에서는 '인간'을 포함한 고등동물은 배아 때 조상의 성체 형질이 순서대로 나타나는 단계를 거친다고 주장한다. 이에 따라 백인 어린이에게도 열등한 인종의 미개성이 나타날 수 있었다. 더 나아가 발생론자들은 "우월한" 인종 가운데 "정상이 아닌" 성인들에게도 "우월한 혈통에서 사라졌던 조상의 성체 형질이 저절로 다시 나타나는" 격세유전atavisms 혹은 환원유전throwbacks이 나타난다고 주장했다.[139] 다운의 멘토였던 헌트는 1863년 인류학회에서 "원형 회귀reversion to type"라는 개념의 중요성을 강조했는데,[140] 그때의 토론 내용이 1867년 다운이 백치 반복설을 이론화하는 데 도움이 됐을 것이다.

자신의 이론을 만들기 위해 다운은 이따금 코놀리와 함께 얼스우드 병동을 돌면서 백치와 치우의 인종 유형을 살펴보고 그들의 얼굴을 연구했다.[141] 그의 관찰에 따르면, 백인은 예상했던 모습이고, 에티오피아인은 "돌출한 눈에 두툼한 입술, 쑥 들어간 턱, (그리고) 양털 모양의 머리카락"을 지닌 얼굴이다. 말레이인(남태평양 섬 주민들)은 돌출된 상악과 큰 입을, 아메리카 원주민은 움푹 들어간 눈과 원숭이 코를 지닌 얼굴 모습을 하고 있다. 그런데 그는 무엇보다도 '몽고인 대가족'에게서 크고 납작한 얼굴, 사선으로 치켜 올라간 눈, 주름진 이마, 크고 도톰한 입술을 발견했다. 이처럼 원시 부족의 모습이 특정 인종에게 다시 나타나는 현상은 틀림없이 퇴행의 결과라고, 다운은 주장했다.[142] 블루멘바흐의 분류처럼 다운의 이 분류법도 계층적이며, 가장 낮은 단계에는 미개인으로 여긴 아프리카인과 아메리카 원주민이, 그 위에 야만인으로 간주된 몽고인과 말레이인이, 가장 높은 단계에 당연히 백인이 있었다. 이런 인류 일원론이 '자유주의적'이기는 했으나, 최고의 자리는 늘 백인의 차지였다.

다운의 짧은 논문은 백치는 미개인이고, 치우는 야만인이라는 200년간 지속된 생각의 정점이었다. 이제 백치와 치우는 각각 미개인과 야만인으로 재구성되고 있었다. 과거에는 식민 지배와 통치를 정당화하기 위해 백치와 치우의 법적 개념이 백인이 아닌 인종에게 적용됐는데, 이제는 백치와 치우에 대한 소유권이 시설에 있다고 주장하기 위해 인종을 다시 끌어들이고 있었다. 다운의 결론에는 외모에 관한 내용만 들어 있지 않았다. 당연히 훗날 '다운 증후군'으로 불리게 되는 '몽고증'에 대해서, 그는 자신이 확인했던 내용을 매우 상세하게 설명했다. 그가 우연히 확인한 이 새로운 질환은 제대로 된 발견이었지만, 그것의 원인을 인종에게서 찾은 것은 잘못된 선택이었다.[143] 그로부터 거의 100년이 지난 1959년 프랑스 유전학자 제롬 르죈Jérôme Lejeune은 다운이 '몽고증' 환자로 부른 사람들의 염색체가 유전적 이상으로 21번 염색체가 삼염색체성(3개의 염색체)으로 보통 46개가 아닌 47개의 염색체를 가지고 있음을 밝혀냈다. 이 질환에는 인종 차별적 요소가 전혀 없었다. 몽고인을 포함하여 전 세계 모든 사람에게 나타나기 때문이다. 진화적 기원은 없지만 한 세대에 전해지는 것이었다. 21번 염색체가 하나 더 많은 사람들의 외모가 몽고인과 닮았다는 생각은 관찰 결과에 근거했다기보다는 다운의 머릿속에서 형성됐을 가능성이 더 크다. 르죈과 다른 유전학자들은 '몽고증'이라는 인종 차별적인 이름을 버려야 한다고 주장했고, 특히 몽고 정부로부터 항의를 받은 후 세계보건기구(WHO)는 1965년 그 이름을 폐지했다. 기괴하고 잘못된 설명에도 불구하고 다운은 의학사에 이름을 남겼는데, '몽고증'은 영어권에서는 '다운의 증후군'(훗날 '다운 증후군')으로, 프랑스어에서는 '21번 삼염색체증'이 됐다.[144]

〈백치의 인종적 분류에 관한 관찰〉에서 다운은 '몽고증 환자'의 특징을 이렇게 정리했다. "그들은 모방 능력이 뛰어나고 흉내를 아주 잘 낸다. 그들은 익살스럽기까지 해서 이따금 그런 활기 넘치는 익살스러움이 모방 행동을 자극하기도 한다." 다운이 보기에, 몽고인과 같은 야만족이 무언가를 흉내 내고 모방하는 데 능숙한 것은 당연했다. 그런 모방 능력은 이성과 지능이 결핍된 인종의 보완책이고, 그 덕분에 그들은 어느 정도 문명화를 이룰 수 있었다고 많은 작가들의 글에서도 나오고 있었던 것이다. 1850년에 인도에 머물던 패니 파크스Fanny Parks는 이렇게 말했다. "저녁이 되면 흉내를 잘 내는 원주민들이 우리 앞에서 재주를

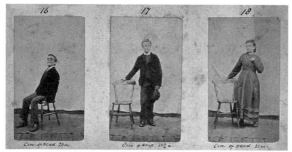

George Edward Shuttleworth 의 사진. 다운 증후군 환자들. 1900년경 다운은 자신의 인종 분류체계에 '몽고증'이란 유형을 추가하고, 나중에는 다운 증후군으로 불린다.

부렸다. 그들은 유럽인의 흉내를 아주 잘 냈고, 파티에 참석한 신사들의 행동을 똑같이 따라 했다."[145] 다운에 따르면, 이런 원주민의 능력은 아마도 고대 인종이 지녔을 것 같은 낯선 기능인데, 이런 "놀라운 기지와 모방 능력"이 불가사의하게도 반복 과정을 통해 부모가 백인인 '몽고증' 아동들에게도 나타났다.[146] 그것은 인종과 지능의 완벽한 결합이었다. 다운이 보기에, 전 세계에 존재하는 다섯 인종이 백치들에게도 나타나 식민 체제의 축소판이라 할 수 있는 정신의료시설에서 서서히 문명화되고 있었다.

다운은 이제 자신이 제국의 인종으로 이론화한 것을 시설 안팎에 전시했다. 시설 내 운동장에서 군중이 참석한 공개 축제가 열리고, 젊은 환자들이 "민첩한 동작들"을 선보이면서 "깃발과 현수막"을 들고 걷다 "흥겨운 음악 소리"에 즐거워하는 "환자들의 행렬"이 이어졌다.[147] 얼스우드 시설에서 백치 '미개인'에 대한 문명화 교육의 효과는 명확했다. 한 지역 신문은 얼스우드 시설 운동장에서 확인한 문명화된 모습에 찬사를 보냈다. "축제에 따라오기 마련인 소음과 거친 사람들이 얼스우드 시설에서는 전혀 눈에 띄지 않았다."[148] 영국인들은 다운의 아즈텍족,

얼스우드 백치 시설의 여름 축제 모습을 그린 스케치, 1876년, 판화. 다운은 얼스우드 시설의 젊은 환자들의 모습을 일반에 공개했고, 전 세계 인종을 다섯 가지로 분류했다.

아프리카인, 몽고인, 말레이인, 백인들이 눈앞에서 퍼레이드를 벌일 때 자신들의 제국이 전 세계를 다스리고 있음을 확인할 수 있었다. 제복을 완전히 갖춰 입은 시설 밴드는 다운이 도입했고, 나중에는 정신의료시설 군악대로 알려진다.[149] 남성 환자들을 위한 행진이 도입됐고, 이들은 일주일 내내 드럼과 금관악기, 파이프가 있는 밴드와 함께 훈련했다. 루나시위원회의 시설 방문을 포함하여[150] 시설 안팎에서 일어난 모든 행사에 악단 연주와 환자들의 행진이 함께했다. 1869년에는 273명의 젊은 백치들이 기차로 브라이튼까지 이동했다. 그곳에서도 모든 남성 환자들이 해안가를 따라 악단과 함께 행진했다. 같은 해에, 이 악단과 함께 213명이 동물쇼를 보기 위해 레드힐까지 행진했다. 심지어 주변에 소풍을 나갈 때에도 악단이 동행했다.[151]

이런 공개 전시는 제국과 영국의 위상, 군사력, 인종과 인류애에 관해 지난 200년간 지녔던 영국인들의 정서와도 연관성이 있었다. 정신의료시설은 고립되고 차단된 곳이 아니었다. 그곳은 늘 군악대가 음악을 연주하고 백치 아동들이 줄을 맞춰 나라 곳곳을 행진하며 국민들에게 볼거리를 제공하는 장소였다. 다운은 정신의료시설에서 천천히 문명화되고 있는 백치들을 통해 제국의 다섯 인종을 보여준 것 뿐이었다. 즉

시설은 전 세계 백치와 치우 집단을 지배하는 제국의 축소판이었다. 백치들은 사회에서 시설로 보내졌지만, 이제 다시 이상하고 독특하고 흥미로운 인물로 연출되고 있었다. 미개한 백치로, 그리고 야만적인 치우로 본 모습을 찾은 것이다.

7장

시설로 들어간 백치, 대감호 시대

백치와 치우에 관한 통념은 19세기 초부터 극단적으로 빠르게 변했다. 지역사회에서 흔히 볼 수 있고 평범하지는 않지만 무해한 사람이라는 18세기의 백치 이미지는 전에 없던 냉랭한 시선으로 파헤쳐지고 있었다. 형법 절차는 보다 보복성을 띠면서 더욱 가혹해지고 엄격해졌다. 영국과 특히 프랑스와 미국의 민사 법원에서는 백치 사건의 경우 자신의 권위를 주장하려는 의학 전문가들이 변호사, 배심원단과 자리를 놓고 알력 다툼을 벌였다. 시와 소설을 포함한 다양한 장르에서 백치는 인간 생활에 적응하지 못한 무력한 그림자 인간이거나 감금해야 할 위험한 인물로 등장했다. 어떤 의미에서 백치는 대중의 의식에서 사라져가고 있었으며 농담이나 거리 속어에서도 더는 눈에 띄지 않았다. 새롭게 등장한 고상한 유머에서도 백치는 단순히 외딴 시설에 수용된 사람이었다. 인종과 지능을 연관 짓는 생각은 '인간 과학'과 '정신과학'을 가로지르는 거대한 학문세계를 통해 야만성과 미개성이라는 새로운 특성이 백치에게 부여됐다. 무기력한 무명인이나 별로 위협적이지 않은 사람은 대개 주변부로 밀려나기 마련이었다. 백치에 대한 사고방식과 견해가 변했으니, 백치와 치우로 꼬리표가 붙은 사람들의 현실도 불가피하게 바뀔 수밖에 없었다.

18세기에는 정신의료시설의 수가 늘긴 했어도 큰 규모는 아니었다. 18세기 말에는 런던의 성바돌로매 병원과 가이 병원을 포함하여 몇몇 자선 병원이 생겨났다. 이들의 주된 목적은 빈민 구제였고, 소수이긴 하나 '광인'을 돌보기 위한 자선 시설도 더러 있었다. 궁핍한 극빈자들을 위해 소규모로 운영되는 비공식적 구빈원들도 있었다. 광인 가족을 부끄럽게 생각한 부자들이 주변 시선을 피하고자 보냈던 소규모의 광인 요양원이 사적으로 운영되기도 했다.[1] 당시 범죄자 처벌 방식은 감금 생활을 통해 범죄자를 교화하려는 목적보다 범행 의도가 있는 사람들에게 본보기를 보여주기 위해 채찍이나 낙인, 사형 같은 신체형을 내리는 경향이 있었다. 사형은 면했으나 영국 사회에 적합하지 않다고 여겨진 사람은 처음에는 미국으로, 나중에는 오스트레일리아로 추방되기도 했다. 런던의 뉴게이트 같은 소수의 18세기 감옥은 대체로 장기 수감자보다는 확정판결을 기다리는 사람들을 수용하는 곳이었다. '브라이드웰스Bridewells'는 병원으로 분류됐지만 부랑자에게는 일을 시키고, 빈민 청년은 훈련을 받게 하고, 흉악범은 임시로 감금하는 장소였다. 그들을 보호하고 교정하는 일은 책임이 있는 경우 국가보다 지역 교구의 몫이었고, 가정과 지역사회가 일부 담당했다. 이런 상황은 일탈적이거나 불온하거나 다르다고 여겨지는 사람들을 지역사회 전체가 수용하고 이들과 함께 사는 것에 익숙해져야 한다는 사실을 의미했다.

19세기에는 이 모든 상황이 급변하면서 영국의 '대감호' 시대가 시작된다. 곧 보게 되겠지만, 1808년부터 대규모 정신의료시설 건립이 계획되고(1845년부터 가속화), 1834년부터는 가혹한 구빈원과 감옥이 급증하면서 사회 풍경이 달라진다. 수많은 사람들이 지역사회를 떠나 각종 시설에 수용되면서 엄청난 변화를 가져오게 된 것이다. 아홉 개의 자선 보호 시설을 기점으로 시작된 수용 조치는 영국의 물리적 풍경과 함께 영국인들의 심리적 측면에까지 영향을 미쳤다. "정신이 온전치 못한 수많은 사람들"이 그들이 살던 지역사회를 떠나 급증하는 시설로 옮겨졌다. 의회는 1815년 카운티 정신의료시설법County Asylums Act을 통과시켜 정부가 지원하는 '광인 극빈자' 시설 설립을 허용했고, 그에 따라 스무 개의 시설이 신설됐다. 1845년부터는 신카운티 정신의료시설법new County Asylums Acts에 따라 카운티마다 정신의료시설과 감독기구 루나시위원회Lunacy Commission를 의무적으로 설립했다. 또다시 이곳저곳에 새로운 건물들이 들어섰다. 구빈원과 감옥 수도 유사하게 급증했다.

이런 조치에, 즉 무기력하고 위험하고 취약한 사람들을 대대적으로 시설에 수용하는 조치에 백치들이 휘말렸다. 이들은 "빅토리아 시대의 정신개혁 대상자 중 가장 열등한"[2] 집단으로 19세기 초반에 구빈원으로 흘러 들어갔다.[3] 이런 결과는 1834년 개정된 신구빈법Poor Law Amendment Act의 의도치 않은, 적어도 예상치 못한 결과였다. 신구빈법은 취약 계층을 가정에 머물도록 재정적으로 지원하는 '원외 구호' 방식을, 구빈원 강제 수용이라는 '원내 구호' 방식으로 변경하게끔 촉진했다. 그 결과, 1837년 구빈원에 수용된 백치가 수천 명에 이르렀다. 앞으로 보게 되겠지만, 1856년이 되면 구빈원 대다수가 명칭과 자원, 전문성을 제외하면 모든 면에서 정신의료시설과 같아진다. 따라서 백치는 새로운 국가 시설 시스템에서 문젯거리가 됐다. 이들은 지역사회에 적합하지도, 아주 위험하지는 않더라도 교육도 치료도 받을 수 없었기에 정신의료시설에도 적합하지 않았다. 따라서 소수의 의사들은 영국에 백치 전문 시설이 필요하다고 강력하게 주장했다. 결국 부유한 기부자들과 함께 1855년 500개의 병상을 갖춘 백치 정신의료시설이 서리의 얼스우드에 문을 열게 된다. 이는 전액 자선 기부금으로 운영된 세계 최초 백치 아동을 위한 특수 목적의 정신의료시설이었다.[4] 1859년과 1872년 사이에 추가로 자선단체가 운영하는 백치 시설이 잉글랜드의 동부, 서부, 북부,

중부에 세워졌다.[5] 1870년에는 최초의 대형 국립 "중증 치우 시설"이 하트퍼드셔Hertfordshire의 리베스덴Leavesden과 서리의 케이터햄Katerham에 세워졌고, 두 시설은 각각 천 명이 넘는 백치 빈민을 런던에서 데려와 수용했다.

그런데 왜, 사회에 부적합하다고 간주된 이들에게 감금 조치가 일어났을까? 그리고 왜 백치나 치우로 낙인 찍힌 사람들이 그런 조치에 휘말리게 됐을까? 이 시기에는 다양한 이념적 입장과 관련하여 여론에 중대한 변화가 일어났다. 이런 변화는 바다 건너에서 일어난 프랑스 혁명 이후 더욱 뚜렷해지고 있었다. 1789년 시작된 프랑스 혁명은 영국에서도 유례없는 이념적, 사회적 대립을 촉발시켰다. 세상과 사회구조를 바라보는 새로운 관점과 의견들이 난무하면서 혼란스러운 상태가 이어졌다.

런던통신협회를 시작으로, 1830년대와 1840년대 차티스트 운동 Chartist movement에서 정점을 찍은 급진주의 단체들이 평등한 사회질서 구현과 선거권 확대 및 완전한 시민 참여라는 새로운 목표를 실현하기 위해 (처음에는 선술집에, 나중에는 수천 명이 모인 거리에) 운집했다.[6] 정치적 분위기가 과열되면서 빈민층이 주를 이루었다. 1794년 프랑스 혁명 정부와 전쟁

얼스우드 정신의료시설Earlswood Asylum의 초기 드로잉, 1854년 3월 11일자 《일러스트레이티드 런던 뉴스Illustrated London News》.

을 치르게 된 영국은 식량의 가격 폭등 및 징병으로 심각한 소요가 일어나, 1795년 약 1만 2,000명의 폭도가 다우닝가 10번지(영국 총리가 머무르는 관저-편집자)를 포위하는 사건이 일어나기도 했다.[7] 토머스 페인Thomas Paine과 윌리엄 고드윈William Godwin 같은 급진주의 작가들은 빈민층의 항거를 지지하고 보편적 권리를 옹호했다. 급진주의자들이 주장하는 보편적 권리는 적극적 시민이라는 새로운 인간형을 필요로 했다. 전에는 갖지 못했던 사람들에게까지 정치적, 사회적 권리가 확대될 경우, 이 새로운 시민들은 자신의 행동에 책임을 지고 공개 토론 및 논쟁에 참여하는 필수적 주체로서 사회에 기여하여 거기에 부응해야 하는 것이었다. 이런 상황은 그런 책임을 감당하기에 부적합하다거나 능력이 없다고 간주된 사람들에게는 큰 영향을 줄 수밖에 없었다.

이 새로운 급진주의 등장에 반동적으로 일어난 보수주의적 움직임은 프랑스 혁명으로 촉발된 테러에 대한 공포와 함께 혁명 사상이 영국에서도 확산될 수 있다는 불안감이 신속하게 구체적으로 반영된 결과였다. 이런 움직임은 세속적이면서 종교적 형태를 취했다. 정치적으로는 탄압 및 감시 기구가 설치되어 "혁명가들"을 압박하는 분위기가 강하게 형성됐다.[8] 심지어 정부 요원들이 선술집에서 사람들의 대화를 엿듣고, 사건에 연루된 자가 있으면 보고하거나 고발하기까지 했다.[9] 1792년에는 '소동을 일으킬 듯한' 모임과 선동적인 글들에 맞서는 성명서가 나왔다. 1793년, 1798년, 1817년에는 **인신 보호 영장**(구금됐을 때 신청해서 구금에서 풀려날 수 있는 제도-편집자) 집행이 중단됐다. 1792년부터 1819년까지는 명예를 훼손하는 행위에 대해 더욱 엄격해지면서 덩달아 기소 건수도 급증했다.[10] 1820년 조지 4세가 즉위하면서 18세기 삶의 특징이었던 풍자가 용인할 수 없는 도덕적인 부주의로 폄하되고 법으로까지 통제되면서 한동안 자취를 감추는 이른바 '침묵' 현상이 일어났다.[11] 반혁명 조치들을 이념적으로 정당화하는 에드먼드 버크Edmund Burke의 《프랑스 혁명에 관한 성찰Reflections on the Revolution in France》(1790)이 출간되기도 했다. 전반적인 분위기가 망상적이고 편협해지면서 사람들이 곳곳에서 위험에 노출됐다. 이제 남과 다르고 눈에 띄는 사람은 위험한 존재가 됐다.

사회적 급진주의라는 이 새로운 변종에 정반대의 보수주의를 부추긴 것은 복음주의 단체의 새로운 도덕성 회복 운동, 이른바 '제2차 각성 운동'(미국을 중심으로 19세기 초반에 일어난 개신교 부흥운동-편집자)이었다. 구세주와 복음주의 단체들은 1780년대부터 윌리엄 윌버포스William Wilberforce 같은 개혁가들을 끌어들이면서 크게 번성했다. 복음 전도사들은 1790년대 인도주의에 따라 노예폐지론과 아동복지운동을 지지하는 한편, 사회질서를 위협한다고 생각한 불경한 급진주자들을 탄압하는 법률을 옹호했다. 1802년에 발족한 범죄억제협회의 회원 중에는 윌버포스와 도덕개혁가 해나 모어Hannah More도 있었다. 이들은 영국 전역에서 위생 상태를 개선하고 도덕성의 재무장 운동을 펼치면서, 하층민이 신앙심을 회복하고 청결한 생활 및 사회 질서를 유지하도록 하는 것을 목표로 삼았다.[12]

보편적 시민권을 향한 급진적 운동이나 반동적으로 일어난 도덕성의 재무장 운동과 같은 강력한 여론 흐름은 모두 백치에게 좋은 징조는 아니었다. 두 집단 모두 빈민과 무능력자에게 적극적인 자기 계발과 사회 참여를 요구했다. 하지만 격렬한 이념 경쟁 속에서 도덕성 또는 지능 향상에 저항하거나 둔감한 사람들이 설 자리는 거의 없었다. 이 때문에 백치나 치우로 간주된 사람들이 사회문제로 여겨지면서 처음에는 배척됐다가 점점 시야에서 사라져 결국 아무런 관심도 받지 못하는 처지가 됐다. 새로운 내집단이 형성되면 외집단은 자기 자리를 지키고 다른 집단을 포섭하기 위해 투쟁하게 되는데, 메리 울스턴크래프트^{Mary Wollstonecraft}의 여성인권운동과 남성 노동자의 이익을 대변한 통신협회의 싸움이 그런 경우였다. 스스로를 변호할 수 없는 사람들은 주변부로 밀려났다. 그들은 무해한 바보에서 급진주의자들이 요구하는 책임감 있는 시민이 될 수도, 반동적으로 일어나 도덕성을 강조하는 복음주의 전도사들의 사회정화운동에 적극 참여할 수도 없었기 때문이다. 그들이 처한 위험은 부정적인 여론이라기보다 무관심이었다. 이제 그들은 눈에 띄지 않는 시설로 흘러 들어가 모든 지위를 잃고 만다.

따라서 급진주의가 아무리 진보적이고 유토피아를 지향한다 하더라도 무능력자에게는 좋은 조짐이 아니었다. 18세기 영국의 하층민 출신이었던 페인은 《인권^{Rights of Man}》(1791 – 2)에서 "대다수의 인류가 인물화의 배경으로 전락하고 있다"라고 주장했다.[13] 일단 프랑스에서 막 일어난 혁명이 보이지 않던 사람들을 앞으로 나오게 해방시켰다면, 자유와 평등, 시민정신이라는 혁명 목표를 완수하기 위해서는 교육과 개선이라는 두 번째 혁명이 반드시 필요했다. 불가피하게 혁명 초기에는 아직 새로운 해방 정신이 형성되지 않았던 까닭에 (머리를 창에 끼워 행진하거나 즉결 처형 같은) 잔혹 행위가 일어나기도 한다. "이런 분노는 혁명의 결과가 아니라 혁명 이전부터 이미 타락하고 있었던 정신의 반영이며 혁명으로 개혁될 부분이었다."[14] 그러므로 혁명의 과제는 인류에게 가장 중요한 단결을 도모하기 위해서라도 사람들의 정신을 개선하는 일이었다. "내 말은 인간은 모두 **동등**하므로 모두 평등하게 태어나고 평등한 자연권을 갖는다는 것이다."[15] 페인이 마음속으로는 모든 남자(그는 한 가지 성별만 언급했다)가 똑같이 태어나지 않았다고 생각한 것만은 분명하다. 페인이 보기에, 세습 귀족제의 불합리성은 "정신의 평준화mental leveling"를 지향한다는 점인데, 이 체제에서는 "각양각색의 사람들이 무비판적으로 하나의 권위만 받아들인다."[16] 이런 식으로 무지와 지혜가 동등하게 취급되면, "왕위는 이성적 존재들이 아닌 동물들 사이에서 계승되는 일일 것이다. 이때 왕위 계승자의 정신적 또는 도덕적 특성은 문제가 되지 않는다."[17] 그가 세습 군주제에 반대한 이유는 군주의 자리를 "어린이나 바보가 채울 수 있기" 때문이다.[18] 그는 "평범한 기계공이 되는 데에도 특별한 재능이 필요"한데, "왕이 되는 데에는 사람 모습을 하고 숨만 쉰다면 인형도 상관없다"는 생각이 아니냐며 비판했다.[19]

페인은 사회 평등이라는 보편적 체제보다는 새로운 정신체계, 즉 타고난 재능과 학습된 능력 모두를 인정하는 능력주의 체제를 지지했다.

존 달림플John Dalrymple, '우리가 귀족들에게 인권을 설명하다', 제임스 길레이James Gillray(원화) 〈성공적인 프랑스 침공의 결과물〉 연작, 1798년, 손으로 채색한 에칭와. 무절제한 혁명 활동은 하류층 혁명가들의 미성숙한 정신의 결과물로 여겨졌다.

그는 사람들이 스스로 "지적 권리 또는 정신적 권리"라고 하는 것을 이미 가지고 있으며, 이것이 사회 구성원으로서 누리게 되는 시민권과 연결된다고 말했다.[20] 여기서 가정은 각종 권리와 그에 따른 시민의 자격을 얻으려면 시민권으로 바꾼 지적 권리를 형성하고 이해할 수 있는 지능이 필요하다는 것이다. 즉, 시민권은 주어지는 것이 아니라 지능을 통해 얻어진다는 의미다. 타고난 지능에 따라 권리를 얻는다는 이 환상은 "프랑스와 미국에서 자주 언급되는 공화주의적 평등이라는 말처럼 겉보기와 달리, 실제로는 불평등한 표현"이었다.[21] 사회계약은 단순히 평등의 문제가 아니라 모호하고 확정되지는 않았지만 널리 "이해"되고 공인된 "능력merit"과 "재능talent"이라는 개념들을 토대로 사회의 위계질서를 새롭게 세우는 문제였다.[22] 급진주의자들이 보기에, 낡은 세습 제도의 가장 큰 모순은 그런 제도 하에서는 백치도 통치할 수 있다는 점이었다. 지능과 재능으로 서열이 매겨지는 새로운 능력주의 체제 하에서 백치와 우둔한 사람은 결코 통치자가 되지는 못할 것이다. 실제로는 그들이 시민으로서 사회에 참여할 수 있을지도 의문스럽기 때문이다. 새로운 사람들이 사는 새로운 사회에서 과연 그들의 자리는 어디일까?

페인이 생각하기에, 정부가 정당성을 주장할 수 있는 유일한 근거는 "각자 사적 권리와 주권을 가진 **개인들이 스스로** 정부를 구성하기 위**해 서로 협약을 맺었다**"는 것이었다.[23] 사회에 적극 참여하는 올바른 문명인이 되려면 계약을 맺고 그 내용을 이해할 수 있어야 한다는 의미다. 따라서 권리의 내용이 점점 구체화 될수록 계약을 맺을 능력이 없고 그 책임도 질 수 없다고 간주된 사람들은 구제 불능의 외집단 일부로 동일하게 재빨리 분류됐다. 그런 외집단은 '보편적' 권리제도가 가져다줄 대대적인 발전과 향상으로부터 눈에 띄게 소외될 수밖에 없었다. 페인은 절대주의를 가리켜 "사람들을 전부 악당과 바보로 취급하여 폭력과 기만으로 다스리려는 시도"라며 비난했다.[24] 그래서 그는 "그런 식으로 지배받는 사람들에 대한 혐오감"도 느끼지 않을 수 없었다.[25] 권리를 갖지 못한 채 지배를 받고 적극적 시민의 역할을 할 수 없는 사람은 오직 바보밖에 없었다. 이성적인 대다수 인간은 가르침을 받으면 완전한 시민이 될 수 있었다. 이런 급진적인 정치사상에서 외집단 백치는 입지가 급격히 좁아지고 점점 고립됐다. 페인은 "상호 의존과 호혜적인 이익"을 통해 문명 공동체를 하나로 묶는 "거대한 연결고리that great chain of connexion"를 이야기했지만, 그 연결고리 안에서 백치와 치우의 자리는 과연 어디에 있었을까?[26]

언론인 겸 소설가, 그리고 정치 철학자였던 윌리엄 고드윈은 1793년 프랑스 혁명의 성공에 자극 받아, 혁명이 예고했다고 느낀 인류의 진보적 완전성이라는 개념을 대단히 순수한 형태로 제시했다. 그는 〈정치적 정의에 관한 연구Enquiry concerning Political Justice〉에서 18세기에 만연했던 보수주의적 신념, 즉 "우주 만물은 최선의 상태"이며 신의 뜻을 표현하고 있기 때문에 현재 상태가 변해서는 안 된다는 생각을 비난했다.[27] 그는 인류가 개선될 수 있을 뿐만 아니라 사실 완전해질 수도 있다고 주장했다. "완전성의 의미는 완전해질 능력이 있다는 의미가 아니다. 하지만 이 용어는 꾸준히 나아질 수 있고 개선을 계속해서 수용할 수 있는 능력을 표현하기에 충분한 듯하며, 여기서는 그런 의미로 이해해야 한다."[28] 고드윈이 보기에, 지속적인 개선 능력은 무한하고 끝이 없었다.[29] 인간의 정신은 받은 인상을 자기 생각으로 흡수·저장하고 결합해서 경험과 아이디어를 지식과 지혜로 변형시키는 능력 때문에 "끊임없이 진보"할 것이다.[30] 많은 사람들이 현재는 고드윈이 이른바 "골짜기의 흙덩이a clod of the valley"라고 부른 상태일 것이나, 이런 시골뜨기 바보들도 교육을 받으면 가장 높은 수준의 문명인으로 나아갈 수 있었다.[31] 그의 언어에서는 우둔하고 모자란 소농을 가리키는 "clod hoppers", "clod pates", "clod poles"가 언급되고 있어 수년 전에 출판된 그로스의 속어사전을 연상시켰다.[32] 결론에서 고드윈은 깜짝 놀랄 정도로 유토피아적, 무정부적 세계관을 드러낸다. 그가 묘사한 세상에서는 '인간'이 불멸할 것이므로 생식의 필요성조차 사라질 것이고, 전쟁이나 범죄가 없으므로 정의라는 개념이나 정부가 필요치 않다. 질병은 고뇌와 우울증, 분노와 마찬가지로 완벽한 인간의 사회에서는 사라질 것이다.[33]

이렇게 고드윈은 완벽한 유토피아 사회를 꿈꾸고 있었음에도 지금까지 인류 역사는 대단히 불완전하게 가고 있다고 보고, 이를 '거대한 실패"로까지 말했다.[34] 그는 대부분의 사람들에게 나타나는 "어리석음과 뿌리 깊은 오만의 흔적'에도 관심을 기울였다. 하지만 이것이 바로 현재 그들의 모습이었다. 인간의 개선 및 발전 능력이야말로 의심해서안 된다. 철학을 가지고 대중을 체계적으로 교육한다면 가장 "우둔하고 활기 없는 바보들dolts"도 개선될 수 있으며 제한 없는 자유로운 탐구 정신을 길러 마침내 시민의 의무를 다할 수 있게 된다.[35]

그렇지만 예외가 있었다. 고드윈은 "지적 존재로 능력을 발휘하는 것"을 시민의 의무로 규정했다.[36] 그 결과 시민권이 능력의 문제라면 이것이야말로 보편적이지 않을뿐더러 점점 완벽해질 수도 없었다. 여기에는 "그들이 만든 틀에서 뚜렷하고 명백하게 배제된" 사람들이 일부 있는 까닭이다.[37] 이성과 건전한 이해력을 바탕으로 완벽성과 탁월함으로 진보하고, 질병과 심지어 죽음마저도 사라지게 되는 이런 세상에서 '뚜렷하고 분명하게 배제된' 사람들은 어떻게 될까? 영원히 불완전하고 개선될 수 없거나 이성이 부족하여 마음이 병든 사람들은 어떻게 될까? 그들의 운명에 대해서 고드윈은 침묵했지만 "배제된excluded"이라는 표현은 선견지명이 있는 단어 선택이었다.[38]

이런 급진적 견해는 많은 사람을 유익하게 할지는 몰라도 새로운 유토피아에서도 지능이 낮은 사람의 자리는 없었다. 새로운 세상으로 선포된 곳은 주어진 권리와 의무를 다하고 부단히 지능을 향상시키는 적극적 시민들이 사는 공간으로, 백치들의 자리에는 관심이 없는 것 같았다. 급진적 진보주의는 백치에게 우호적이지 않았기 때문에 그들을 위한 자리를 마련했을 리가 없었다.

그런데 프랑스 혁명 이후 급진주의와 상반된 보수주의적 여론 흐름도 백치로 간주된 사람들에게 별로 희망을 주지는 못했다. 에드먼드 버크는 1790년 《프랑스 혁명에 관한 성찰》에서 "일부는 읽고 쓰는 법도 모르는 한 줌의 시골 광대들에 의해" 프랑스가 점령당했다고 비난했다.[39] 그는 사람들이 자신에게 부여된 역할에서 벗어나 선을 넘는 행동을 하고자 한다면 사회질서가 파괴된다고 경고했다.[40] 그는 프랑스 혁명을 바보들의 권력 장악으로 간주하고 몹시 흥분해서 이렇게 썼다. "도대체 어쩌다 이렇게 추잡하고, 어리석고, 흉포한 나라가 됐으며 때를 같이해서 지금도 가진 게 없고 미래에도 희망이 없는 가련하고 추악한 야만인들의 나라가 됐는가."[41] 자신의 역할 내에서 '선량하고 유용할' 수 있는 사람들이 어리석게도 그 선을 넘으려 한다면 야만인처럼 폭력적이고 무서운 존재가 된다고 버크는 생각했다.

작가 및 도덕 개혁가이자 교육자였던 해나 모어는 처음에는 프랑스 혁명을 지지했지만, 친구인 버크의 《프랑스 혁명에 관한 성찰》을 읽고 난 후 재빨리 반혁명 진영으로 갈아탔다.[42] 모어는 개혁가 윌리엄 윌버포스와 '클래펌파'(Clapham Sect, 당시 노예제 폐지 등을 주창한 영국 성공회 복음주의 단체-편집자)로 불리는 자신의 친구들과 마찬가지로 유명 운동가였다. 이들은 1780년대와 1790년대에 영국 전역을 휩쓴 제2차 복음주의 부활 운동을 이끌었다.[43] 모어는 1795년과 1798년 사이에 빈민에게 복음을 전파하기 위해 쓴 연재물로 '값싼 보관용 소책자'를 출간했는데, 1795년에만 100만 부 이상 나가고 1850년대까지도 꾸준히 판매됐다.[44] 그녀의 소책자는 사회적으로 보수주의적인 충성스러운 어조가 담긴 반혁명적 정치 선전물로, "사람들의 정신을 바꾸려는 야심만만하고 결연한 시도이자 빈민층을 개혁하고 교화하기 위한 상류층의 끊임없는 노력의 일환"으로 설명되어 있다.[45]

모어의 소책자는 빈민층이라도 문해력이 필수라고 생각했지만 개인의 발전이나 계급 상승을 위한 목적이 아니었다. 둘 중 어느 것도 그들에게 유익이나 행복을 주지 않을 것이기 때문이다. 소책자의 목적은 바보들도 신의 말씀을 읽고 이해할 수 있게 해서 은혜와 구원을 받게 하는 것이었다.[46] 그녀는 우화와 교훈적인 설교를 통해 학습과 자기 계발에 대한 개인의 책임을 끊임없이 강조했다. 친절한 중산층의 도움을 거절한 '비열하고 비천한' 거지 소년들은 가난하게 살 수밖에 없는 '어리석고 의심 많은 녀석들'이었다. 그들은 신을 믿지 않는 죄인이었다. 그들의 결함은 "끊임없이 멍한 상태, 그릇된 추론, 우둔한 겉모습, 무감

제임스 길레이James Gillray, 〈공화당원-
공격〉, 1795년. 백치처럼 생긴 혁명주의
자들이 조지 3세를 공격하는 모습을 그
린 채색 판화. 1790년대에는 혁명에 대
한 공포가 여론에 영향을 미쳤다.

각"이 원인이었다.[47] 그녀는 바보도 자기 계발 책임이 있으며, 선천적인
결함은 변명거리가 될 수 없다고 했다. 스스로가 도덕성을 향상시킬 줄
모르는 바보들에 대한 그녀의 어조는 가혹하고 잔인했다.

　모어의 철학은 부자와 지식인에게는 빈민과 바보를 가르쳐야 할 의
무를, 빈민과 바보에게는 가르침을 받아들여 지능을 향상시킬 책임을
동일하게 부여했다. 그리고 두 집단 모두 의무를 이행하지 않았을 때
는 문자 그대로 매도했다. 바보는 교육을 받을 수 있는 사람들이었으므
로 '명사들'이 자신에게 가르쳐 준 예의범절과 도덕을 지키지 않았다
면, 이는 그들이 스스로 선택한 일이었다. 일종의 대대적인 운동은 어리
석음을 근절해야 하는 중산층과 상류층의 의무가 됐다. "빈민과 바보를
교육하고 악당을 갱생시키고 싶은 욕구가 점점 우리 사이에 퍼지고 있
다"고 모어는 선언했다.[48] 모어의 소책자 《헤스터 윌못의 역사The History
of Hester Wilmot》에서 한 교회 학교 교사는 아이들을 집중하게 하는 유일한
방법은 아이들이 배운 성경 구절을 이해할 때까지 계속 반복하게 하는
것이라고 설명한다. "지능이 미약한 사람도 분명히 이 일을 할 수 있지
만 그리 완벽하게 하지는 못할 것이다. 그러나 지능이 아주 미약한 사

람도 의지만 있다면 뭔가를 배울 수 있을 것이다."[49] 학습은 의지적 행동이므로 약자라도 의지만 있다면 자신의 정신을 바꿀 수 있다는 의미였다. 학습 무능력은 더 이상 불운이 아니었다. 그것은 죄였다.

모어가 쓴 〈문지기 팔리Parley the Porter〉라는 우화에서, 우둔하고 잘 속는 팔리는 위대한 주인이 다스리는 견고한 성과 땅을 지키는 문지기였으나 실수로 "강도들"에게 성문을 열어주는 바람에 이들이 성을 장악하고 "강간, 살인, 방화"를 저지른다.[50] 이 사건은 팔리가 "나약하고 이용당하기 쉬운 녀석"였기 때문에 일어났는데, 이 표현은 18세기 법정에서 백치를 변호하던 증인들이 반복했던 말이었다.[51] 여기서 주인은 신을, 강도는 악한 세력을, 팔리는 신이 창조한 인간 중 모자란 사람을 대표한다. 팔리의 낮은 지능은 죄가 인간을 파괴하러 들어올 수 있는 지점이다. 아무도 팔리의 편을 들지 않았고, 그의 주인(신)은 "다른 사람들보다 그를 더 많이 두려워했다."[52] 소책자의 제목이기도 한 팔리는 상황 파악을 못하는 바보라기보다 무지하지만 자기 의지에 따라 행동한 반역자다.

모어의 시각에서, 지능이 낮은 것은 더 이상 신이 내린 불운이 아니므로 백치라도 최선을 다해 노력하면 관용과 구원을 기대할 수 있었다. 즉, 지능이 낮은 것은 도덕 세계를 위협하는 타락 상태이며, 죄와 파괴와 신성모독은 기독교 신앙을 약화시킬 수 있는 통로인 셈이었다. 모어와 그녀의 동료 복음 전도자들이 우둔한 사람과 빈민을 위해 만들고 있었던 도덕 세계에서는 "앞을 거의 못 보는 사람을 볼 수 있는데,"[53] 만약 그들이 보지 못했다면 그들과 다른 사람들이 대가를 치렀을 수도 있다.[54]

모어와 그녀의 동료 복음 전도자들은 읽기를 도덕적, 종교적 의무에 포함하고, 우둔한 사람이 글을 깨우치지 못하면 도덕적 죄인으로 간주했다. 이는 읽고 학습할 능력이 없는 사람들을 구원에서 배제하려는 풍조를 예고했고, 결국 백치는 인간 세계 밖에 존재하며 자신의 운명을 결정할 의지나 능력이 없는 사람으로 정형화됐다. 읽고 쓰는 것으로, 특히 성경 읽기를 통해 지식과 도덕관념을 얻지 못하면 의지를 발휘할 수 없었다. 이 모든 것은 자신의 무능력에 대해 변명할 기회조차 전혀 없는 무지한 자들을 가차 없이 비난하는 일이었다. 만약 무지한 자가 지시에 따르지 않았다면, 그것은 고의적이거나 무능력 때문이므로 구원을 받을 수도 없었다.

이렇게 무지한 자에게는 도덕적 책임이 따르고, 배우지 못한 자에게도 책임이 있으므로 문해력과 도덕적 미덕이 같다고 하는 이런 틀은 19세기 부르주아지 사고에 깊숙이 영향을 미쳤다. 이는 1837년부터《속담처럼 간결한 철학Proverbial Philosophy: A Book of Thoughts and Arguments》이란 책을 정규판으로 출판하고 25년간 "경이적인 대중적 성공"을 거둔 마틴 터퍼Martin Tupper의 시적인 교훈서에서도 확인할 수 있다.[55]《속담처럼 간결한 철학》은 글을 읽을 수 있는 대중이 급격히 증가하는 상황에서 수많은 부르주아지 독자들이 옳다고 생각하는 "생활 도덕"을 담고 있었기 때문에, 1840년대와 1850년대에 터퍼는 독자들로부터 현자로 추앙받았다.[56] 터퍼는 교양있는 새로운 독자층의 부르주아지적 견해를 반영하고 형성하기도 했다. 모어처럼 터퍼도 지능이 낮은 사람들이 도덕적 타락을 유발한다고 생각했다.[57] 그는 인류 전체가 이룩한 보편적 학문을 한데 모아 놓은 위대한 '지성의 전당'이 있었는지도 깊이 생각해 보았다. 그는 현대인이라면 당연히 수많은 교양 있는 새 독자층에 즐거워하며, '고립된 세상'에 살지 않고 기억과 지식이 결합된 '장엄한 세계의 일원이 되어 사방으로 빛을 비추며' 살 것이라고 주장했다. 이렇게 지혜로 상호 연결된 세상에서는 오직 두 집단만이 배제됐다. "야만인은 지혜를 알지 못하고, 바보는 지혜를 이해할 수 없다."[58] 모어처럼, 터퍼도 문맹이 인간을 신에게서 멀어지게 하는 도덕적 실패의 직접 원인이며 무능력이야말로 변명의 여지가 없다고 훈계했다.

책을 읽지 않거나 읽을 능력이 없는 채로 사는 것은

'인간'이 말을 하지 못할 때도 말씀을 하셨던 '그분'의 발에서 밀쳐져,

천국으로 가는 길이 아닌 미신으로 가는 희미한 통로에 있는 것과 같다.[59]

불충할 정도로 '연약한' 지적 무능력자는 도덕성을 위협하는 존재였다. 이들은 인류가 공유하는 기억과 지식의 저장소 밖에 속한 사람들이라 구제나 구원의 대상이 될 수 없었다. 이런 식으로 이들은 거의 전부가 틀 지어져 사회에서 추방되고 공동체와 연결고리가 끊어졌다.

도덕주의자들은 현대사회에서 생존하고 구원을 얻으려면 사회에 적극 참여하고 자기 계발 의지도 필요하다고 주장했다. 이들과 정반대에 있는 급진주의자들도 목적은 다르지만 유사한 주장을 펼쳤다. 보수주의자와 급진주의자 모두 평범한 사람들에게 자신들이 그토록 간절히 바라던 개선된 정신을 요구했다. 1820년대 윌트셔 교구장 아우구스투스 헤어Augustus Hare는 언젠가 잔뜩 화가 나서는 바보 같은 시골 신도들에게 이렇게 설교했다.

설교의 도움을 받으려면, 설교를 들으러 와야 합니다. 설교를 아주 열심히 들어야 해요. 그리고 반드시 이해해야 합니다. 집으로 돌아가서는 설교 내용을 혼자서 깊이 생각해 봅시다. 이렇게 하기가 어려운 사람들이 여러분 중에 얼마나 될까요. 여러분은 그냥 와서 자리에 앉아 설교를 들으면서, 제가 이 설교대에서 전하는 말의 의미를 여러분이 어느 정도 이해할 수 있기를 바랍니다. 그런데 여러분은 은혜와 평화를 배가시키는 이해와 지식에서 얼마나 멀리 있는지요.[60]

소극적인 태도로 앉아 아무것도 이해하지 못한 채 듣기만 해서는 충분치 않았다. 구원에 이르는 길은 지식과 배움이었다. 급진주의자가 생각하는 정치적 구원은 지능을 개선하고 무능력자들의 의식을 깨울 때 일어난다. 보수적인 종교인이 생각하는 구원은 각자의 자리를 파악하고 신의 말씀을 깨달을 수 있도록 정신을 수양하는 것이었다. 양측이 보상으로 제시한 것은 미래에 얻게 될 지상의 행복 또는 천상의 행복이었다. 그러나 이런 진보 과정에 참여할 수 없는 사람들에게는 공동체로 들어갈 입구는 없고 거기에서 나와야 할 출구만 있을 뿐이다. 이렇게 백치는 서서히 공동체 의식에서 사라지고 항해법도 모르는 진보라는 바다에 던져져 표류하기 시작했다.

이런 경로는 18세기에 많은 사랑을 받았던 바보 사이먼의 운명에도 나타난다. 사이먼이라는 인물은 19세기에도 살아남았지만, 그 모습은 사뭇 달랐다. 18세기 음탕한 바보 술꾼은 유치한 어린아이(오늘날 알려진 모습도 그렇다)로 대부분 변형됐다. 그런데 19세기 초 존 월리스John Wallace의 희곡 〈심플 사이먼Simple Simon〉(1805)에서는 성인으로 등장했다. 여기에서 시골뜨기 바보 사이먼은 대부분의 주변 사람들처럼 도시화한 인물이지만 도시 생활에 제대로 적응하지 못한다. 런던에서 한때 굴뚝 청소부로 일했던 그는 '친구'인 척하는 사람들과 머니트랩, 러브골드 같은 인물들에게 착취당하고 이용당한다. 사이먼은 범죄를 저지르고도 처벌을 면하는데, 이는 가족이나 친구, 지역사회가 개입했기 때문이 아니라 운수 덕분이었다. 간신히 교수형은 피했지만, 그가 자신의 어리석음으로 다시 위험에 빠지리라는 것은 단지 시간문제일 뿐, 의심의 여지가 없다. 사이먼은 자신의 목숨보다 배고픔을 더 걱정한다. "교수형이라고? 저녁도 안 먹고?"[61] 이 사이먼은 앞선 시대의 선배 사이먼들과 달리, 안전한 시골 마을에 머물지 못하고 홀로 도시에서 이용당하면서 다른 사람들에게 적개심을 유발하며 살고 있으나, 자신이 처한 위험을 의식하지 못하는 인물이다. 사랑스러운 바보의 모습은 어느덧 온데간데없이 사라져 버렸다.

공리주의

급진주의와 제2의 복음주의 물결은 처음에는 제러미 벤담Jeremy Bentham이 가설을 세우고 나중에는 존 스튜어트 밀J. S. Mill이 확장·발전시킨 공리주의의 영향을 받았다. 벤담은《도덕과 입법의 원리 서설Introduction to the Principles of Morals and Legislation》(1789)에서 '최대 다수의 최대 행복'이라는 공리주의 원칙을 세웠다. 밀은 19세기 중반에 벤담의 생각을 발전시키며 행복과 능력capacity or faculty의 연관성에 많은 관심을 두었다. 여기서 행복(또는 그가 선호하는 용어인 '만족')의 등급에 영향을 미치는 것은 지능이다. 지능이 높은 사람일수록 낮은 사람보다 행복을 얻기 위해 더 많이 노력하는데, 그 이유는 경각심이 높고 예민하기 때문이다.

지능이 높은 사람은 낮은 사람보다 만족하기 위해 더 많은 것을 필요로 하고 아마도 더 심한 고통을 겪을 것이며 확실히 더 힘들게 만족에 이른다. 그러나 이런 단점에도 불구하고, 지능이 낮은 사람이 되고 싶어 하지는 않을 것이다.[62]

밀이 설명하기를, "바보, 지진아the dunce(학습이나 지능발달이 더딘 아이-편집자), 악당the rascal이 그들이 가진 것보다 더 많이 자신의 운명에 만족한다고 설득할지라도, 지적인 인간은 바보가 되지 않으려 할 것이고 교육을 받은 사람은 무식한 사람이 되고 싶지 않을 것이다."[63] 왜 그럴까? 밀의 설명에 따르면, 지능이 높은 사람은 그렇지 않은 사람보다 품위를 중요시하므로 자신의 부족한 점에 예민하다. 이처럼 보다 큰 정신적 자질은 아무것도 모른 채 별거 아닌 일에도 즐거워하는 바보와 달리 사람들을 더 행복하게 만들지는 못한다. 하지만 바로 이런 점이 그들을 만족하게 만든다.[64] 밀은 이런 유명한 말로 그 내용을 요약했다.

배부른 돼지보다 배고픈 인간이 낫고, 배부른 바보보다 배고픈 소크라테스가 낫다. 만약 바보나 돼지의 생각이 다르다면, 그것은 그들이 오직 자기 입장만 알기 때문이다. 그러나 인간이나 소크라테스는 양쪽 면을 모두 안다.[65]

양쪽 면을 모두 알아야 호기심과 탐구심을 가질 수 있고 그런 사람의 판단은 반드시 상대보다 낫다. 만족감이나 충족감을 느끼는 데 필수 요건은 '정신 수양' 능력이었다. 밀에 따르면, 정신 수양 능력은 철학자나 사상가 같은 지식인의 전유물이 아니다. "지식의 샘은 누구에게나 열려 있으며, 누구나 어느 정도 교육을 받아야 자신의 능력을 발휘할 수 있다."[66] "어느 정도 도덕적, 지적 수준이 갖추어진 문명국에서 태어난 모든 사람"은 '정신문화mental culture'를 꽃피울 수 있는 가능성이 있었다.[67]

밀은 여기에 모든 사람이 포함되는 것은 아니라고 말했다.

> 굳이 말할 필요는 없겠지만, 이 원칙은 성숙한 인간에게만 적용되며 (…) 타인의 도움을 받아야 하는 사람들은 외상뿐만 아니라 자기 자신의 행동으로부터도 보호받아야 한다.[68]

밀이 생각하는 자선 대상은 오직 능력이 부족한 사람이었다. 개선될 수 없는 정신을 개선하려고 해봤자 효과가 없으니, 그런 사람은 오로지 보살펴야 하는 것이었다. 밀이 상상한 배부른 바보와 돼지는 그저 멍하니 뒹굴며 애쓰지 않고도 만족할 수 있는 장소로 옮겨야 한다. 교양인이 사는 사회는 그들에게 맞지 않았다. 심지어 밀은 주체인 개인의 자유를 국가가 불필요하게 제한하는 것은 몹시 싫지만, 초기 단계부터 '글을 읽을 수 있는지' 확인하기 위해 모든 어린이의 공개 시험을 제안했다. 그리고 "만약 아이가 글을 읽지 못할 경우 그럴 만한 충분한 이유가 없다면, 아이의 아버지에게 적당히 벌금을 물리라고" 주장했다.[69] 모어에게 학습 무능력이 종교와 도덕상의 죄sin였다면, 밀에게는 그것이 범죄

알렉산더 모리슨Alexander Morison의 《정신질환 강의 개요Outlines of Lectures on Mental Diseases》(1826)에 나오는 '치우'를 그린 판화. 19세기 공리주의 철학에서는 치우를 진정한 행복을 느끼지 못하는 무심한 사람으로 여겼다.

crime였다.

　이 같은 밀의 주장은 공리주의가 나오기 이전 18세기 사상과는 완전히 다른 생각이었다. 18세기 사상에서 백치와 반백치, 치우, 경우, 정신박약자 등 지능이 낮은 사람들은 신이 마련해준 자리에 온당하게 거대한 존재 사슬을 형성한 인간의 정신 각 단계에, 지각할 수 없을 만큼 미세하게 조금씩 다르지만 모두 깔끔하게 들어맞는다고 보았다. 결함은 보편적인 특성으로 인정됐다. 즉, 백치와 같이 지능이 낮은 사람은 그저 다른 사람보다 좀 더 낮은 존재 사슬 어딘가에서 우연하게 생겼을 뿐이었다. 단지 인간으로 태어난 사람보다 시민에게 더 많은 것을 기대했던 공리주의는 이런 운명론과 지역사회의 관용적 태도를 위협했다. 19세기 사고방식에서 구제할 수 없는 우둔한 자들을 위한 자리는 거의 없었다. 지적이고 철학적인 것은 종교적 존재이든 사회적 존재이든 인간의 완전성을 향해 나아감에 따라, 만성적으로 불완전한 사람들, 특히 정신에 결함이 있는 사람들의 자리는 빠르게 불안정해지고 있었다. 1789년 혼돈 속에서 싹튼 혁명주의와 반혁명주의가 상상한 세상에도 백치의 자리는 없었다. 이 둘은 생각보다 공통점이 많았다. 여기 지상에서든 하늘의 왕국에서든 새로운 세상을 창조하기 위해, 각자가 자기 계발을 통해 부끄러운 어리석음에서 벗어나라고 요구했다. 이들의 두 신세계에 들어갈 수 있는 조건은 엄격했는데, 그중 주된 조건은 밀이 '정신 수양 cultivated mind'이라 부른 것을 지녀야 했다.

1859년과 1861년에 밀이 자신의 책에 썼듯이, 당시 사회에서는 백치들을 시설로 보내는 일이 진행 중이었다. 1789년 프랑스 혁명 이후 종교계와 정치계, 의학계, 사회 여론 등 사방에서 백치를 공격하는 분위기가 형성되면서, 이들은 점점 주류 사회에서 밀려나 거의 눈에 띄지 않는 존재가 됐다. 그들은 복음 전도사들의 도덕성 향상 요구나 공리주의자들이 강조하는 개인과 공공의 행복을 위한 실현 조건을 맞출 수 없었고, 급진주의자들이 원하는 완전한 인간도 될 수 없었다.

정신의료시설로 흘러들어가다

영국의 지역사회가 더 이상 백치를 포용하지 않고 이들을 시설에 수용하려는 움직임은 카운티에 시설을 설립할 권한을 부여한 카운티 정신의료시설법이 통과된 1808년에 이미 조금씩 시작되고 있었다. 이 법의 주된 목표는 감옥과 사설 광인 요양원에 있던 '광인'과 다른 정신

'질환자' 혹은 불치병 환자들을 사회에서 격리하고 좀 더 편하게 관리하기 위해 별도 시설에 수용하는 것이었다. 그 결과 정신이상자로 보이는 사람들을 수용하고 있던 국립 병원과 수백 명 정도밖에 수용하고 있지 않았던 자선 기관이나 개인 및 단체가 운영하고 있었던 시설과 광인 요양원 사이에 최초로 네트워크가 구축됐다. 더 중요하게는, 이런 시설의 설립으로 정신이상자들을 확인해서 치료하고 통제할 의무가 국가에 있다는 원칙이 확립됐다.

카운티 정신의료시설법은 치안 판사와 교구 담당자에게 주 단위로 "위험한 백치와 광인"을 특수 치료 및 보호 시설로 보내게 했다.[70] 이는 반갑지 않은 위험한 사람들을 다루는 편리하고 안전한 방법이었고, 실제 이 법에도 "광인과 다른 정신이상자들(즉, 백치)을 그들이 속한 교구 안에 있는 감옥과 구빈원, '산업의 집house of industry'에 수용하는 일은 대단히 위험하고 불편하다"고 적혀 있다.[71] 1808년과 1834년 사이에 열두 개의 카운티 정신의료시설이 세워졌다.[72] 일부 백치들이 이런 시설로 유입됐다. 사실 그곳은 주로 광인을 치료할 목적으로 세워진 시설이었는데 감옥과 구빈원, 교구의 빈민구제위원들이 백치를 떠맡으려 하지 않았던 까닭이다.

시설 수용 조치는 1834년 공포된 신구빈법에 의해 가속화됐으며, 이법에 따라 정책 방향이 '원외'(지역사회) 구호에서, '원내'(시설) 구호로 급변했다. 극빈자, 게으른 사람, 무직자, 지능이 낮은 사람은 더 이상 자기집에 머물지 못하고 강제로 구빈원에 들어가야 했다. 신구빈법에 따라 전국에 급증한 신설 구빈원들은 일부러 가혹하고, 무섭고, 불편한 공간으로 설계했다. 여기에는 사회 구성원으로서 사회적, 도덕적, 종교적 책임을 질 능력이나 의지가 없는 사람들을 향해 보다 광범위하게 가혹해지고 있었던 대중과 정치계의 태도가 영향을 미쳤다.

이 시스템은 의도적으로 최소한의 편의시설(예컨대 앉기 불편하라고 의자 등받이를 없앴다.)과 기본적인 식사만 제공하고 남녀를 격리해 가혹하게 대했다. 부부는 서로 떨어져 살았고, 부모 자식도 마찬가지였다. 기본적으로 구빈원은 가혹하게 노동을 시켜 극빈자나 무능력자만 들어올 수 있게 했다. 법이 통과된 이후 5년간 약 350개의 구빈원이 새로 지어졌다. 그리고 19세기 말까지 200개가 추가로 신설됐다. 불필요한 것들이 모두 배제된 표준 설계 도안을 보면, 일반 시민들에게 피해를 주지 않기 위해 마을 변두리에 자리를 잡았다. 그리고 빈민들이 몰려오지 않도록 평범한 노동자의 오두막보다 못한 표준 이하의 시설을 목표로 했다. 분리는 엄격하고, 식사는 형편없고, 노동은 가혹했다. 주식은 귀리죽과 빵, 치즈였으며 수프나 고기, 감자는 일주일에 한 번만 지급됐다. 음료는 물밖에 없었다. (단, 노인에게는 특별히 차를 제공했다.) 여성들은 자루를 만들거나 부엌과 세탁실에서 일했다. 남성들은 나무를 자르거나 옥수수를 빻았다.[73] 결국 많은 구빈원이 장애가 없는 빈민이 아닌 노인과 병약자, 정신질환자, 일할 수 없을 정도의 신체적, 정신적 장애가 있는 사람들로 채워졌다. 1835년에는 버밍엄 구빈원에 '정신이상자'를 위한 병동이 세워졌다. 레스터 구빈원은 '백치와 광인'을 구분해 맞춤 돌봄 인력을 배치했다. 교구에서 관리하는 전체 백치의 숫자는 1837년에 6,368명이었다. 이제 백치는 급증하는 국가시설에 수용된 사람들 가운데 한 집단으로 공식적인 관심과 보호, 통제를 받아야 하는 중요 대상이 됐다.[74]

로버트 필Robert Peel 정부는 1845년 신카운티 정신의료시설법을 통과시켰다. 이 법은 카운티의 재량에 따라 시설을 설립하게 했던 1808년 법과 달리, 모든 카운티에 광인 극빈자와 백치를 치료할 정신의료시설을 의무적으로 설립하게 했다.[75] 그 결과, 19세기 말에는 잉글랜드와 웨일스에서 10만 명 이상을 수용하고 있는 국영 정신의료시설이 120개 정도 운영된다. 이 법과 함께 의회를 통과한 루나시법Lunacy Act은 1823년 존 해슬람이 정리한 의학 용어를 토대로 정신에 문제가 있는 사람들을 "광인, 백치, 정신이상자"로 분류했다.[76] 이 루나시법에 따라 불과 50년 전에는 국가에서 전혀 관심을 두지 않았던 백치들이 국가의 책임으로 구체적으로 명시됐다.

그런데 초기에 신설된 시설에는 백치 환자가 드물어 1850년 기준으로 전체 시설 환자 수의 6퍼센트에 해당하는 고작 1,000명으로 추산됐다.[77] 이론상 정신의료시설은 광인, 백치, 정신이상자 모두에게 열려 있었지만, 실제로 시설의 주된 관심 대상은 치료와 퇴원이 가능한 환자나 사회 보호를 위해 반드시 감금해야 하는 위험한 사람들이었다. 남에게

제임스 그랜트James Grant의 《런던 스케치Sketches in London》(1838)에 삽입된, 하블롯 K. 브라운Hablot K. Browne(필명은 피즈Phiz)이 그린 구빈원 저녁 식사 모습. 1830년대와 1840년대에 많은 백치가 구빈원으로 흘러 들어갔는데, 이 그림에서 가혹한 구빈원의 생활을 엿볼 수 있다.

해를 끼치지 않지만 치료가 불가능한 백치는 어디에도 속하지 못했다. 그래서 1850년까지 1만 명에 가까운 백치가 구빈원으로 흘러 들어갔다. 구빈원은 밀려드는 백치들을 감당하기 위해 백치와 치우를 전담하는 병동을 두기까지 했다. 1856년 루나시위원회는 일부 구빈원의 대형 병동이 "적절한 치료를 할 수 있는 간호 인력과 치료 도구가 없다는 점 외에는 모든 면에서" 정신의료시설과 같다고 지적했다.[78]

사회 부적응자 또는 부적합한 자로 간주된 사람들을 시설에 수용하는 시대적 흐름에 따라 백치 대부분은 구빈원으로, 소수 인원은 광인 시설로 보내졌다. 구빈원과 광인 시설 모두 백치가 지내기에는 적합한 환경이 아니었다. 구제할 수 없는 불치병 환자들은 치료가 목적인 초기 광인 시설에 적합하지 않았다. 실제로 정신의료시설들은 적극적으로 백치들을 배제했다. 그 이유는 원활한 치료와 퇴원을 "방해할" 위험이 있다는 점 때문이었다.[79] 또한 백치는 수용자들에게 엄격하고 가혹한 환경을 제공하여 경제적으로 국가에 의존하던 생활에서 벗어나게 하는 것을 목적으로 하는 구빈원에도 맞지 않았다. 따라서 백치는 어떤 목적이 있어서가 아니라 우연히 '심신 상실자'라는 포괄적인 범주에 속하는 바람에, 점점 늘어나고 있던 빈곤한 일탈자를 감금하고 임상적으로 관리하는 시설의 일부 구성원이 됐을 뿐이었다. 즉 백치는 새로운 시설 체제 안에서 지역사회는 물론 현실적으로 광인 시설에도 맞지 않았기에 문제가 된 것이다.

개혁가와 자선가들은 백치를 별도 시설에 수용해야 하는지 아니면 지역사회 안에서 자기 삶을 살게 해야 하는지 고민하는 대신, 이들이 맞지 않는 시설에 갇혀 있으므로 이들에게 맞는 전문시설이 필요하다는 결론을 내렸다. 백치 문제에 관심을 기울이고 있었던 영국의 정신의료시설 책임자들은 신체 구속이나 체벌 대신, 교육을 통해 환자들로부터 자제력, 순응, 복종을 유도하는 도덕 치료법의 선구자 에두아르 세갱의 결과물을 직접 확인하기 위해 파리의 비셰트르 병원을 방문했다. 병원 방문자 중에는 한웰 정신의료시설 책임자인 존 코놀리도 있었다. 훗날 그는 시설에 도덕 치료법을 도입해 광인들을 치료한다.[80] 코놀리는 한웰에 수용된 광인들 사이에서 소수의 젊은 백치들이 힘들게 생활하고 있다는 점에 주목했다. 그는 세갱이 비셰트르 병원에 도입한 방식에 근거하여 1845년 백치 집단을 위한 프로그램을 마련했다.[81] 코놀리는 자신과 생각이 비슷하고 세갱에게 자극받은 의사들과 함께 영국에 독립된 백치 시설을 설립해야 한다고 압박했다.[82] 코놀리는 부유한 자선가 단체와 힘을 합쳤고, 1848년에는 저명한 비국교회 개혁가이자 자선가였던 앤드루 리드Andrew Reed와 함께 런던 북부의 하이게이트에 있는 파크 하우스에 소형 백치 시설을 열었다. (찰스 디킨스는 1853년 이 파크 하우스를 방문한 후 〈하우스홀드 워즈〉에 '백치들'이라는 제목으로 글을 썼다.) 이 소형 시설은 환자 8명으로 시작했지만, 2년 만에 170명이 대기할 정도로 규모가 커졌다. 대기자가 급증하자, 이사회는 침례교 자선가이자 철도 거물인 새뮤얼 모턴 페토Samuel Morton Peto로부터 천 파운드를 융자받아 콜체스터의 에식스 홀을 임대했다. 1850년부터 에식스 홀은 백치 환자를 이송받기 시작했고, 1853년에는 정원 123명을 채웠다.

리드는 이렇게 백치 전문시설의 수요가 기하급수적으로 증가하는 것처럼 보였기 때문에 국립 정신의료시설의 필요성을 인정했다. 충분한 기금을 모은 후에는 리드와 코놀리, 그리고 동료 후원자들이 서리 레드힐 부근의 얼스우드 커먼에 땅을 조금 마련하여 1853년 주춧돌을 올리고, 여왕의 부군인 앨버트 공을 초대하여 기공식을 치렀다.[83] 1855년에는 일부 완공된 건물에 처음으로 파크 하우스와 에식스 홀로부터 이송받은 환자들을 수용했다.

마침내 1863년 세계 최초로 특수 목적의 백치 정신의료시설이 500개의 침상을 갖추고 완공됐다. 그리고 1858년 존 코놀리의 제자이자 당시는 무명이었던 젊은 의사 존 랭던 다운이 얼스우드 시설 책임자로 임명됐다.[84] 첫 번째 보고서에서 다운은 "독립 시설에서 백치 아동을 돌보고 교육했을 때의 이점들"을 설명했다.[85] 그는 진보적인 도덕 치료법을 현장에 도입했고, 1860년 비셰트르 병원을 견학한 후 자신의 시설에 수용된 백치들을 연구하는 데에 헌신했다. 앞 장에서 언급했듯이, 그는 1866년 "몽고증"의 "발견"을 발표하고 그 이듬해에 〈정신과학저널Journal of Mental Science〉에 그 결과물을 실었다.[86] 1868년 다운은 얼스우드를 떠나 미들섹스 테딩턴에 노먼스필드 치우 훈련시설로 백치를 위한 사설 정신의료시설을 새롭게 세웠다.

에식스 홀은 1859년부터 동부 카운티의 백치 정신의료시설이 됐다. 1864년에는 데본의 엑서터 부근에 서부 카운티 시설이 지어졌고, 1870년에는 일곱 개의 북부 카운티에 백치와 치우를 위한 로열 앨버트 백치 병원이 랭커스터 바로 외곽에 문을 열었다.[87] 1872년에는 버밍엄 부근 노울에 훨씬 규모가 작은 미들랜즈 카운티 백치 정신의료시설이 설립됐다. 그래서 하이게이트에 파크 하우스가 문을 연 지 불과 24년 만에, 영국 전역에 백치전문시설 네트워크가 형성됐다. 이들 모두는 건축비와 운영비를 연회비로 충당하는 자선 기관이었으며, 중산층 백치 아동이 주된 지원 대상이었다. 시설 수용 움직임이 활발해지면서 '빈민' 백치들을 수용하라는 압박도 커졌다. 1867년 대도시 구빈법에 따라 설립된 대도시 정신의료시설 이사회는 1870년에 서리 케이터햄과 하트퍼드셔 리베스덴에 각각 치우 시설을 열었고, 각각 1,560개의 침상을 운영하며 런던에 사는 백치와 치우 빈민을 수용했다.

이제 사회 분위기는 완전히 달라졌다. 18세기에는 평범하지는 않지만 지역사회 일원으로 인정받던 백치와 치우가 이제는 시설 안에 있어야 하는 환자였다. 의학계는 이들 위에 군림하며 이들을 식별하고 통제하고 치료할 권한을 확보했다. 사회는 시설 안 백치와 치우에게서 완전히 관심을 끊고 의학계에 의존했다. 여러 요인들이 지적장애인들의 사회적 지위에 급격한 변화를 가져왔으며, 이로 인해 이들은 사회에서 조용히 밀려나 시설 담장 뒤에서 평생을 살게 된다. 새로운 사고방식에서 이들을 위한 공간은 없었다. 급진 좌파 정치인들은 완벽하고 조화로운 환경에 알맞게 적극적으로 변신해서 사회에 도움에 될 시민을 원했다. 반동적으로 일어난 보수주의적 복음 전도자들은 차분하게 성경을 읽는 독실한 믿음과 도덕성을 가진 가난한 사람들을 원했다. 인류학자들은 미개하고 문명화되지 못한 어두운 과거의 모습을 미성숙한 백치에게서 발견했다. 소설가와 시인들은 백치를 연민의 대상이나 이국적인 음란한 사람으로 인식하는 등 그들의 단면만 봤다. 의료인들은 법정과 시설에서 자신의 권한을 행세할 새로운 기회로 여겼다. 전반적으로 사회는 백치를 별로 보고 싶어 하지 않았다. 사람들은 그들이 더 이상 즐거움을 주지 않고 오히려 지역사회에 불편을 끼치는 위험하고 역겨운 존재이므로, 시설에 보내 치료를 받게 하는 편이 안전하며 그곳에서 사는

1870년에 하트퍼드셔에 문을 연 리베스덴 치우 시설의 조감도, 1868년 7월 25일자 〈더 빌더The Builder〉에 실림.

것이 그들에게 최상의 삶이라고 생각했다. 사람들은 백치를 동정하고 이따금 혐오하거나 두려워하면서 어떤 식으로든 그들과 떨어져 있고 싶어 했다. 19세기가 거의 끝날 무렵, 백치들은 신설된 정신의료시설의 담장에 가려져 있었을 뿐만 아니라 사회적 비난과 배척이라는 높은 은유적 담벼락에 둘러싸여 있었다.

3부

우생학에서 지역사회의 돌봄까지, 1870년~현재

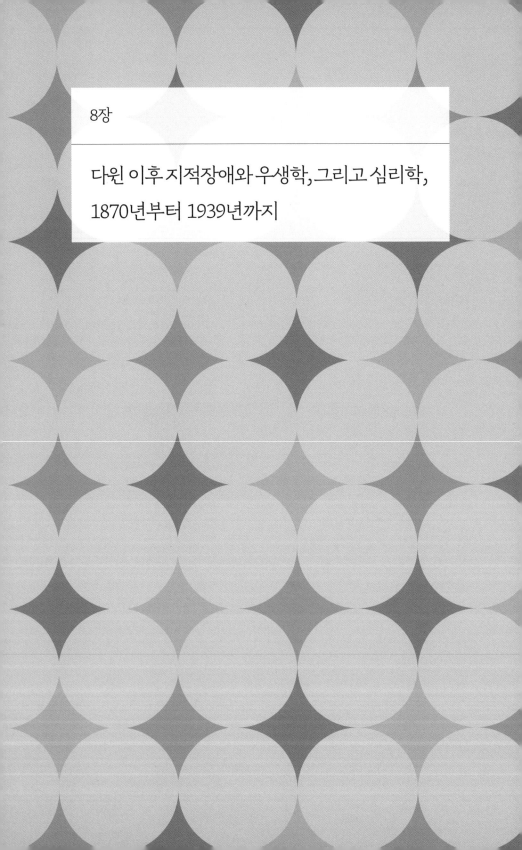

8장

다윈 이후 지적장애와 우생학, 그리고 심리학,
1870년부터 1939년까지

1870년대 백치와 치우를 유심히 관찰했던 사람이라면, 이제는 100년 전 아니 불과 50년 전에 아주 달라진 풍경을 만나게 된다. 백치나 치우로 낙인 찍힌 사람들이 모두 시설에 수용된 것은 아니지만, 백치로 정의된 사람은 의학적 치료와 통제, 돌봄이 필요한 시설 환자로 인식된다. 이 무렵 의학계는 전에 없던 새로운 지위를 누리고 있었다. (그 이전 세기까지 백치와 치우는 의학적인 시선에 들어있지 않았다.) 하지만 백치와 치우는 더 이상 지역사회 안에 머물지 못하고 의학 영역으로 들어온 정신의료시설이라는 새로운 곳에 갇히게 된다. 이런 조치는 취약한 그들에게 선처를 베풀어 보호해준다거나 위험한 그들로부터 공공의 이익을 수호한다는 명목 하에 정당화됐다. 심지어 새로운 의료 행위로 틀 짓고 설명하고 알리기 위한 새로운 용어들까지도 등장했다. 여전히 백치라는 말이 널리 사용되고 있었지만, 이제는 의사들의 소견에 따라 '정신결함자Mental defectives'나 '정신박약자feeble-minded'로 불렸다. 결정적으로 돌봄의 주체가 가정에서 시설로, 자선 단체에서 국가로 바뀐다.

시설 수용은 끊임없이 진행됐다. '백치'문제만 다룬 1886년 백치법의 첫 법안은 백치를 광인과 구분하고, 백치전문시설 또는 정신결함자 시설을 짓는 데 지방세 사용을 허가했다.[1] 1905년까지 얼스우드, 랭커스터, 콜체스터, 데번, 버밍엄에 있는 다섯 개의 자선 백치전문시설에 수용된 정신결함자는 2천 명이 채 되지 않았다. 리베스덴, 케이터햄, 대런스 파크 등 런던 주변의 치우 전문시설에는 하층민 백치와 치우가 3천 명 이상 수용되어 있었다.[2] 전국적인 대형 종합 시설에는 더 많은 백치와 치우가 들어가 있었다. 예컨대 런던 북부의 콜니 해치와 요크셔의 웨스트 라이딩 광인 극빈자 시설의 경우, 대단히 많은 백치들이 수용되어 있었다. 의료인과 과학자, 심리학자, 인류학자는 이런 시설에 집중적으로 수용되어 있는 정신결함자를 대상으로 연구하고 실험한 결과로 이론 작업을 진행했다. 이들은 동물학자와 식물학자가 동식물종을 연구할 때처럼 우리가 알아야 하는 신비스럽고 이국적인 색다른 종으로 간주된 게 분명했다.

보다 광범위한 정치적 국면이 사회에서 정신결함자를 분리하려는 조치를 촉진시켰다. 초등교육이 1870년에 보편화되기 시작하면서 지금까지 확인되지 않았던 통계적으로 유의미한 학령기 아동에 대한 전문교육의 필요성이 커졌다.[3] 지적인 차이를 파악하여 통제하고 견제하고 싶은 사회의 간절한 욕구가 1871년 인구 조사에 반영됐다. 조사지의 첫 질문은 각 가정에 시각 및 청각, 언어 장애인, 치우, 백치, 광인이 몇 명 있는지에 대해 묻는 내용이었다. 이런 정보를 수집하도록 명문화한 곳은 1870년에 통과된 인구조사법(잉글랜드)이었다. 1867년과 1884~5년에 통과된 개혁법을 통해 유권자의 참여가 늘어나자, 중상류층은 이른바 정신박약자의 투표 자격을 두고 걱정하기 시작했다. 참정권을 새로 부여받은 하층민들 사이에 적극 투표층이 많아 보였기 때문이다. 여기에는 거의 100년 전에 프랑스 혁명으로 등장한 급진주의자와 이에 반동적으로 일어난 보수주의자 모두의 오래된 우려, 즉 지능이 낮은 사람들이 과연 사회 구성원으로서 도움이 되는지에 대한 불안감이 반영됐다. 1899년 보어 전쟁을 치르기 위한 징병 검사에서 노동계급의 신체 및 정신 건강이 형편 없다는 결과가 나오자, 1918년 거의 모든 사람이 선거권을 갖게 됐을 때와 마찬가지로 중상류층의 불안감은 더 커져만 갔다.[4]

새로운 두 사상은 당시 이와 같은 고조된 불안감이 영향을 미쳐 등장했다. 그리고 정신적으로 결함 있는 사람들을 위험한 아웃사이더 또는 진화가 안 된 인간으로 간주하여 대중의 의식 속에서 추방하는 데 기여한다. 첫 번째는 '과학'으로 여겨진 우생학이었고, 둘째는 간혹 비교 심리학이나 동물 심리학으로도 불리는 진화 심리학의 등장이다. 이 둘의 사고방식은 일부 중복되는 내용이 있지만 상당히 달랐다. 우생학은 인류의 퇴보를 막기 위해 인종 개량의 필요성을 설파했다. 진화 심리학은 인간과 다른 종의 의식이 진화론적으로 연결되고 그 중간 단계에 백치가 있다고 밝힘으로써 인간이 진화 과정의 산물임을 증명하고자 했다. 우생학과 진화 심리학 모두 다윈이 《종의 기원On the Origin of Species》(1859)에서 주장한 자연선택설에 기원을 두고 있으나, 둘 다 다윈이 직접 발전시킨 이론은 아니었다.

우생학

우생학 이론은 진화론과 더불어 영국사회에서 사라지지 않는 가난에 대한 두려움과 그 영향에 자극 받고, 개인 차이와 유전, 그리고 이것이 사회에 미치는 영향에 매료됐던 다윈의 사촌 프랜시스 골턴Francis Galton에 의해 제창됐다.[5] 《유전되는 천재, 그 법칙과 결과 탐구Hereditary Genius: An Inquiry into Its Laws and Consequences》(1869)에서 골턴은 환경보다는 유전이 인간의 차이에 크게 영향을 미친다고 주장했다. 골턴은 이렇게 추측했다. 농부와 식물학자가 신중하게 선택하여 우등한 동물과 식물을 기를 수 있다면, "인간의 종도 그와 비슷하게 개선될 수 있지 않을까?

바람직하지 않은 인종은 제거하고 바람직한 인종을 배가시킬 수 있지 않을까?"[6] 그는 자신이 나중에 쓴 《인간 능력과 그 발달에 관한 탐구 Inquiries into Human Faculty and Its Development》(1883)에 '우생학'이라는 용어를 처음 소개했다. 우생학은 전지구적으로 경제가 확장되는 복잡한 새로운 산업사회에 나타날 수 있는 사회문제를 해결하기 위해, 필요한 지능을 갖춘 사람 수를 늘리는 사회 공학적 국가정책을 지지했다. 여기에는 가지고 있는 유전 특성에 따라 집단별 출산율을 차별화하는 방법이 포함됐다. 혈통 좋은 사람들, 특히 지능이 높은 중상류층 청년들에게는 결혼을 장려하고 가능한 한 자녀를 많이 낳게 하는 반면, 무능한 하층민들에게는 자녀를 많이 낳지 않게 하고 실제로는 예방해야 한다는 내용이었다.[7] 이는 당시 중산층 지식인은 자녀를 적게 낳고, 새로운 산업도시에 모여 사는 부랑 노동자들은 자녀를 제한 없이 낳고 있었던 경향과 정반대의 주장이었다. 그래서 중산층은 문명사회가 무지하고, 흉악하고, 무도한 지적 결함이 있는 하층민들에게 장악될까봐 무척 두려워하고 있었다.

정신결함자를 사회 하층부로 분류한 우생학은 미국과 유럽에서 대중적인 사고방식으로 자리 잡기 시작했다. 미국에서는 사회학자 리처드 더그데일Richard Dugdale이 1877년 '쥬크Juke'라는 가명을 붙인 어느 가족을 연구해서 〈쥬크 가족의 범죄, 빈곤, 질병, 유전에 관한 연구The Jukes: A Study in Crime, Pauperism, Disease and Heredity〉를 발표했다. 이 연구에서 한 가족을 7대에 걸쳐 추적 조사한 결과 범죄자, 매춘부, 정신질환자는 물론 정신결함자가 다수 발견됐다. 과학적 분석을 가장한 더그데일의 연구는 정신박약자가 낮은 지능과 형편없는 신체 및 정신 건강을 가졌을 뿐만 아니라 범죄나 난동 행위, 가난과도 연관성이 있다고 주장하며 우생학 이론을 뒷받침했다. 그는 퇴보의 원인으로 유전 외에 환경적 요인을 일부 인정하기는 했지만 "가난의 대물림이 주로 질병 때문에 생기고 결국은 사라지는 경향이 있으며 사회학적 측면의 신체적 퇴보라 부를 수도 있을 것이다"라고 결론지었다.[8] 그런 질병의 한 예로 선천성 백치의 '발달 정지'가 있었다. 그는 자신이 연구한 과학적 결과물을 냉정하고 권위적인 어조로 이렇게 설명했다.

> '8번 환자, 24번 가족, 4대손'. 이 젊은 여성은 선천성 백치로 태어났을 때부터 지속적인 영양 결핍과 (…) 연주창이나 매독에 걸린 부모의 영향으로 뇌와 신경계가 발달하지 못했다.[9]

연구 결과가 발표될 무렵, 더그데일은 그 여성이 '아마도 사망'했을 수 있다고 추측했다. 이 발표 내용에 따르면, 백치는 퇴화하는 유전자가 누적되어 진화적 생존이라는 과제를 수행하지 못해 고통스럽게 죽어가고 있었기 때문에 격리로 고통에서 벗어나게 하는 것이 최선이었다.

　더그데일의 연구는 역기능적이고 무책임한 빈민 대가족의 무절제한 출산으로 결함이 확산되는 모습을 보여주고, 사회 내부를 갉아먹는 일종의 독으로 간주된 가족에 관한 모범적 연구 사례가 됐다. 이런 논문은 사회구조를 약화시키고 옥죄는 일종의 매듭 같은 무책임한 부부 한 쌍이, 어떻게 여러 세대에 걸쳐 결함이 있는 수백 명의 자손을 낳아 퇴보시킬 수 있는지 상세히 설명하여 사회에 경종을 울렸다. 오스카 매컬러Oscar McCulloch 목사도 쥬크 가족에 관한 연구가 발표된 1877년에 수십 년에 걸쳐 인디애나주 남부 고지대에 살았던 백인 빈민 가정들을 연구했다. 그

중 특히 심각했던 결손 가정은 이슈메일 가족이었다. 그는 1891년 (자선 조직협회를 통해) 《이슈메일족, 사회적 퇴보 연구The Tribe of Ishmael: A Study in Social Degradation》라는 제목으로 책을 출간했다. 출간 전 토크에서 그는 1,720명의 이슈메일족 사람들의 이름을 적은 도표 하나를 보여줬는데, 이 도표는 1미터 너비에 높이가 거의 3.75미터에 달해 책에 넣는 것이 불가능했다. 하지만 연구 결과에 특별히 관심이 있거나 걱정이 많은 독자들은 50센트를 내고 너비 74센티미터, 높이 168센티미터로 축소한 도표를 우편으로 주문할 수 있었다. 이슈메일 가족은 진화적 투쟁이라는 관점에서 소개됐다. 이 투쟁에서 고등 동물은 "형태와 기능이 점점 퇴보했는데, 그 까닭은 먼 조상 중 일부가 독립적인 유익한 삶을 버리고 기생충이나 극빈자처럼 살았기 때문"이다.[10] 가장 타락한 백치 인간의 삶은 음란물에 가까운 관음증을 유발했고 제도적으로 그들을 감금하고 임신을 막아 영원히 멸종시켜야 한다는 의례적인 요구가 있기 전부터 이미 섬뜩하게 묘사되고 있었다. 매컬러는 백치의 복지와 그릇된 박애주의를 주장하는 인쇄물들이 가치 없는 삶과 어리석은 두뇌를 가진 사람들을 존속시키는 데 기여했다고 주장했다.

영국에서는 미국에서처럼 가족에 관한 구체적인 연구 결과가 발표되지는 않았지만, 1880년대 사회 개혁가와 조사원들은 도시 '최하층민'에 대해 비슷한 고민으로 전전긍긍하고 있었다. 이런 최하층민을 구성하는 무기력한 빈민은 타락, 범죄, 매춘, 알코올 중독, 유전병, 무절제한 출산이 특징이었다. 최하층민은 열심히 일하는 '훌륭한' 노동 계급과 구별됐고 '절망적인 계층', '부적응자', '나락에 떨어진 사람', '수렁에 빠진 사람', '빈민 프랑켄슈타인', '사회 최하층 계급'으로도 불렸다. 사회문제 연구가 찰스 부스Charles Booth는 이들을 존경할 만한 진보적인 빈민과 격리하여 산업 노동자 클로니에 수용할 것을 제안했다.[11] 이런 조치는 이미 백치와 치우 자녀들을 대상으로 시행 중이었는데, 이들은 영국 전역에 대도시의 복합체로 변두리에 급증하고 있던 치우 시설로 계속 보내지고 있었다.

도시 빈민은 완전히 새로운 조사 대상이었다. 매춘부, 거지, 도둑, 사기꾼 등 사회에서 버림받은 사람들을 집중적으로 다룬 헨리 메이휴Henry Mayhew의 《런던의 노동자와 빈민Labour and the London Poor》이 1861년 네 번째로 출간됐고, 찰스 부스의 《런던 사람들의 삶과 노동Life and Labour of the People in London》이 총 아홉 권으로 1890년대에 출판됐다. 1834년에 개정된 신구빈법의 취지는 빈민 대다수가 개인적 불운의 책임자가 아니라 통제 불가능한 사회, 경제 환경의 희생자이므로 자신의 상황을 개선하기 위해 도움과 지원을 받을 자격이 있다는 것이었다. 그러나 빈민 모두가 그런 자격이 있는 것은 아니었다. 의도적으로 무책임하거나 구제 불능일 정도로 타락한 사람들은 자격이 없었다. 메이휴는 세인트 자일스 빈민굴의 간이 숙박소를 돌아다니다 만난 치우 무리에 대해 이렇게 설명했다.

그들 대부분은 중년 남성이었다 (…) 아주 남루한 차림이었고, 일부는 옷을 반만 걸쳤다. 그 불쌍한 사람들에게서 인간다움은 거의 찾아볼 수 없었다. (…) 검사관은 그들이 주로 부랑자이며, 구제 불능일 정도로 무지하다고 말했다.[12]

메이휴는 거리에서 구걸하던 어느 '지체장애인cripple'을 언급했다. '백치처럼 생긴 그 청년은 '가짜 다리를 달고 서서' 전기 충격으로 경련을 일으키는 것처럼 팔다리를 떨었다.' 그는 '이런 사람들을 수용하거나 보호할 시설이 없다'는 사실에 놀라며, '그들은 명백히 일할 수 없는 사람들이므로 동정과 원조를 받을 자격이 있다'고 했다. 시설은 이런 백치와 치우 문제의 해결책이었다. 개혁가들은 그들의 상태를 개선하여 훌륭한 노동계급으로 만들 방법을 알지 못했다. 실제로 이들은 도움을 받을 자격이 있는 빈민의 꿈을 방해하고 진보를 막고 있었기 때문에 어떤 식으로든 제거돼야 하고, 그나마 시설에 수용하는 편이 나아 보였다.

낮은 지능이 사회의 진보를 방해할 거라는 우려는 더 넓은 문화에 반영되어 있었다. 그 대표적 사례가 널리 읽힌 허버트 조지 웰스H. G. Wells의 공상 과학 소설《타임머신The Time Machine》(1895)과《우주 전쟁The War of the Worlds》(1898)이다.《타임머신》에서 무명의 시간 여행자는 802,701년 뒤 미래로 가게 되고, 거기에서 얼굴은 어린아이지만 실은 모두 어른인 일로이족을 보게 된다. 소규모 공동체를 이루고 사는 그들은 낙원에서 근심 걱정 없이 행복하게 사는 듯 보였다. 그런데 시간 여행자는 땅속에 원숭이처럼 생긴 잔인한 몰록족이 큰 무리를 이루어 살고 있다는 사실을 알게 된다. 이들은 밤에만 밖으로 나오고 일로이족의 안락한 삶을 위해 기계들을 돌리는 등 온갖 중노동에 시달리고 있다. 이 미래 세계는 타락주의자의 악몽처럼 "인간이 한 가지 종으로 남지 않고, 두 이질적인 동물로 나뉘어 있었다."13 정신적으로 문제가 있는 야만적인 몰록족은 '몸이 하얗고, 역겨운 야행성 동물'로, 우아한 일로이족보다 수도 훨씬 많고 힘도 세다. 그들은 늘 겁에 질려 있지만, 적어도 잠깐씩은 일로

이족에게 봉사해야 한다는 사실을 어렴풋이 기억해냈다. 그러나 더욱 심각한 일은 우아하고 명랑하며 유쾌한 상류층 일로이족도 세대를 거듭하며 사치스럽고 편안한 삶을 누리는 동안 부패하고 타락해가고 있다는 점이다. "이 사람들도 바보일까?" 시간 여행자는 스스로에게 질문한다.[14] 치우의 수가 늘고 지성인은 종말의 위험을 눈치채지 못한 채, 인류의 지능은 점점 낮아지고 있었다. 3년 후 《우주 전쟁》에서 웰스가 상상한 화성 침공자들은 육체는 거의 사라지고 순수하게 지능만 남은 생물체로, 감정이나 기분을 못 느끼고 인간을 개미처럼 죽인다. 책은 지능이 지배와 생존의 열쇠라고 하면서도 뜻밖의 신체적 약점 때문에 화성인이 멸망함으로써 아이러니한 결말로 끝맺는다. 웰스는 스스로 진보적 사회주의자라고 고백했지만, 다수의 좌파 지식인처럼 우생학에 열광하고 장애인에 대한 우생학적 두려움을 공유했다. 웰스가 보기에, 건강하고 지적인 노동자를 더 많이 확보하기 위한 개입은 국가의 의무이자 권리였다. "사람들이 세상에 내놓는 아이들은 그들이 퍼뜨리는 병균이나 바닥이 얇은 집에서 누군가 내는 소음과 달리 전혀 사적인 문제가 아니다."[15] 그의 동료이자 진보 지식인 해브록 엘리스Havelock Ellis는 사회가 "약자와 무능한 자와 결함자가 강자와 유능한 자와 보통 사람보다 더 자유롭게 생활하도록 허용한다면" 사회 개선은 불가능하다고 주장했다.[16]

진화 심리학

우생학이 대중의 의식 속을 파고드는 동안, 다윈의 진화론은 다른 관점에서 정신적으로 결함이 있는 사람들을 재구성하여 바라보는 또 다른 학문 분야를 탄생시켰다. 비교 심리학 또는 동물 심리학으로 불리는 이 학문은 인간과 인간이 아닌 동물, 그리고 유아 심리의 비교 연구를 통해 정신의 진화 과정을 설명한다. 다윈은《종의 기원》에서 인간의 진화는 다루지 않고 동식물의 진화에 집중했지만 그 함의는 명백했다. 만약 진화론과 자연 선택을 통한 적응 이론이 옳다면 인간은 하등 생물에서 진화했을 것이다. 게다가 진화는 신체뿐만 아니라 정신에서도 일어났다. 틀림없이 의식은 어느 순간 무에서 생겨났다. 어떻게 이런 일이 일어났을까? 또 인간은 다른 동물과 구별되는 자기 인식과 자기 이해가 가능한 의식 수준을 어느 시점에 발달시켰을까?

그러므로 진화론자가 할 일은 종 사이에 연속성이 존재한다는 것을 보여주고 인간이 동물 조상에서 진화할 수 있다는 사실을 증명하는 동시에, 신체뿐만 아니라 마음Mind에도 적용할 수 있는 어떤 발달 과정이 있다는 사실을 증명하는 것이었다. 결국 다윈은《종의 기원》이후 10년 넘게 집필했던《인간의 계보The Descent of Man》(1871)와《인간과 동물의 감정 표현The Expression of the Emotions in Man and Animals》(1872)에서 인간 정신의 발달 과정을 설명하고자 했다. 이 책들의 주된 목적은 인간과 동물의 의식 격차를 좁히는 것이었다. 또 기본적인 감정과 본능, 반사 작용이 모든 종에게 공통적으로 나타나는 현상이자 생각이 인간 의식의 기초임을 보여주는 것이었다. 이렇게 공유된 정신 유산은 적응을 통해 마음이 진화한다는 개념을 만들어냈고 인간을 그의 가장 중요한 이론에 포함시킨다.

다윈이 생각하기에, 의식이라는 관점에서 고등 동물과 완전히 발달한 인간 사이를 연결하여 그 격차를 완벽하게 설명해주는 존재는 다름 아닌 백치였다. 그는 앞의 두 책에 그 내용을 언급했다. 《인간의 계보》에서는 인류학자 카를 포크트가 1867년에 발표한 〈작은머리증에 관한 연구Mémoire sur les microcéphales〉에 근거하여 작은머리증을 앓는 백치 위에는 '열등한 인간 유형'('미개인'을 의미)이 있고, 백치 아래에는 하등 동물이 있다고 주장했다. 다윈은 작은 두개골, 덜 잡힌 뇌 주름, 돌출 이마, 심하게 튀어나온 턱을 백치의 모습으로 묘사했다.[17] 이런 묘사로 동물과 백치의 연관성은 분명해졌다. "힘이 세고, 몹시 활동적이며, 끊임없이 뛰고 돌아다니며, 얼굴을 찌푸린다. 그들은 자주 네 발로 계단을 올라가고

다윈은 기쁨을 백치에게서도 쉽게 볼 수 있는 본능적인 감정으로 여겼고 그 예시로 헬리오타이프로 인쇄한 미소 짓고 있는 남녀 사진을 《인간과 동물의 감정 표현The Expression of the Emotions in Man and Animals》(1872)에 실었다.

신기해하며 가구나 나무에 오르기를 좋아한다."[18] 이 모든 것들은 다윈에게 '본래 고산 동물인 양과 새끼 염소가 어떻게 그렇게 작은 언덕에서도 즐겁게 뛰어노는지' 떠올리게 했다. 그는 계속해서 여러 방법으로 백치와 동물의 행동을 비교·설명했다. 예컨대, 음식을 먹기 전에 그것을 한 입 베어 냄새를 맡거나 이lice를 잡는 동안 양손을 보조하기 위해 유인원처럼 입을 사용하는 등의 지저분한 습관과 예의에 어긋나는 행동, 털로 뒤덮인 몸 따위 등이다.[19]

이처럼 백치의 행동과 외모를 동물과 연관 짓는 생각은 종종 2차 자료에서 얻은 빈약한 '증거'에 근거했다. 다윈이 직접 관찰하고 추론 결과를 담은 《종의 기원》과 달리 철저하지도, 과학적이지도, 정밀하지도 않았고, 그저 '역전reversion' 이론을 증명하는 것이 목적이었다. 역전 이론에서는 고등 종에게 나타나는 발달 정지 구조가 해당 종의 진화 초기 단계를 보여주는 사진과 같다고 주장했다. 이런 이유로 백치에게는 인간 발달의 초기 단계에 나타나는 모습을 관찰할 수 있다. 그들의 (모방) 행동은 유인원과 비슷하고 (무의미한) 말은 앵무새와 비슷했다.[20]

여기서 동물 심리학이라는 새로운 '과학'이 등장했다. 이를 주창한 조지 로마네스George Romanes는 다윈의 제자로, 다윈이 죽기 전에 본능에 관해 쓴 미출판 원고를 그에게 넘겨주었다고 한다. 로마네스는 인간과 하등 동물의 정신 과정(mental processes, 기억·사고·감정 등 인간의 정신이 하는 모든 것-편집자)을 비교 연구해서 마음의 진화 과정을 증명하는 데 평생을 바쳤다. 다윈처럼 그도 인간과 인간이 아닌 종을 매끄럽게 연결하기 위해 백치와 비교하는 방법을 사용했다. 《동물 지능Animal Intelligence》(1882), 《동물 정신의 진화Mental Evolution in Animals》(1883), 《인간 정신의 진화, 인간 능력의 기원Mental Evolution in Man: Origin of Human Faculty》(1888) 등 세 권의 책에서, 로마네스는 정신의 진화가 반사 작용(외부 자극에 대한 신경계의 철저한 무의식적 반응)에서 본능(특정 자극에 학습된 적응 행동으로, 모든 종이 후대에 전할 수 있고 여기에 관여하는 의식 수준은 제한적이다.)을 거쳐, 고등 종의 경우처럼 전에 경험한 적 없는 자극에 대한 의식적이고 의도적인 행위들로 진보한다는 이론을 세웠다.[21] 그가 주장하기를, 백치는 의식적, 의도적으로 행동하기보다는 주로 반사적, 본능적으로 행동하는 유형이므로 여러 면에서 인간보다는 인간이 아닌 동물과 가까웠다. 또한 시설에 수용된 백치들의 일상적인 버릇을 관찰한 결과, 주기적인 '왕복' 운동이나 습관적으로 손과 팔다리, 이목구비를 움직이는 행동을 했다.[22] 그가 생각하기에, 이런 모습은 초기 인류의 본능적 행동들이 한 세대나 여러 세대를 걸러 열성 형질이 나타나는 것이며, 목적을 이루고도 계속 남아 있는 그런 행동들은 아득히 먼 과거에 진화되지 않은 인간의 모습을 보여준다. 그는 스무 바퀴를 돌고 난 후에야 자리에 눕는 자신의 '멍청한 개'와도 비교했다.(그는 이런 행동이 과거 조상들이 길게 자란 풀밭에 잠자리를 만들 때 했던 행동의 잔재라고 주장했다.)

진화 심리학이 묘사하는 백치는 반사적이고 본능적인 존재였다. 또 의식은 완전히 발달하기 전 단계에 멈추어 있어 인간의 진화 역사에서 초기 모습을 보여주고 있으며, 따라서 인간이라는 동물과 인간이 아닌 동물 사이에 잃어버린 연결 고리 혹은 중간 다리 같은 존재라 할 수 있다. 이는 우생학의 핵심 원리와 상반된다. 우생학은 인류가 열등한 유전자와 혈통 때문에 진화 상태에서 퇴보할 위험이 있으므로 약자가 늘어나지 않도록 간섭해야 한다고 주장한다. 진화 심리학은 우선 정신결함

을 진화의 실패 사례로 여기고 진화 이전이나 초기 진화 과정으로 역전된 사례로 봤다. 우생학과 진화 심리학은 공존하면서 백치와 치우를 구제 불능인 사회 부적응자로 여기고 이들을 사회에서 제거해야 한다고 생각했다.

　진화론자가 보기에, 백치는 인간과 동물의 유사성을 보여준다. 이성적이고 진화된 문명인 안에 아득히 먼 과거에 살았던 야수의 모습이 숨겨져 있다는 사실은 자신의 원시적 혈통을 감출 수 없는 백치의 두뇌로 입증됐다. 다윈은 인간이 우리가 알고 있는 것보다 다른 동물과 더 가깝다는 사실을 증명했다. 그래서 이런 불편하고 달갑지 않은 사실을 결함 있는 이들이 상기시켜주는 것으로 여겼다. 《모로 박사의 섬The Island of Dr Moreau》(1896)에서 허버트 조지 웰스는 외딴 섬에서 생체 해부 실험을 통해 반인반수를 만드는 이야기로 다시 한번 사람들의 불안을 이용했다. '작은 뇌'를 가지고 있는 '백치보다 조금 나은' 생명체들이 '낯선 곳에 감춰뒀다가 갑자기 분출시키며 인간을 해치고 싶은 갈망과 본능과 욕구에' 사로잡힌 채 섬을 배회하면서 위협하고 불안하게 한다. 기본적인 언어를 사용하고 원래 동물보다 지능이 높은 반인반수들은 '이성적인 삶을 조롱'하며 본능에 따라 살고, 심리학자들이 결함 있는 인간의 속성으로 여긴 격세 유전에도 취약하다. 마지막에 그들은 "인간 특유의 어리석음과 원숭이의 타고난 우매함"이 결합된 모습을 보인다.[23] 웰스에게 모로의 섬은 이국적 공상에 지나지 않았다. 그것은 또한 인간의 모습과 동물의 본능이 치명적으로 결합할 때 반만 진화한 짐승 같은 백치가 문명의 안전과 발전에 가할 위협에 대한 분명한 은유이기도 했다.

도덕적 박약

진화 심리학은 정신과 의사들에게도 영향을 미쳤다. 저명한 의학 심리학자 헨리 모즐리Henry Maudsley는 1883년 《육체와 의지Body and Will》에서 '도덕적 박약'이라는 개념을 간략하게 설명했다. 모즐리는 모든 생명체가 지닌 의식적인 지능은 반사 작용과 본능에서 의식적인 행동으로 진화한다는 로마네스 같은 동물 심리학자들의 견해를 받아들였다. 그러면서 인간의 정신 발달은 두 단계가 더 있다고 주장했다. 첫째는 이성의 발달이고 둘째는 도덕관념의 습득이다. 백치는 본능이 지배하는 반의식 단계를 넘지 못하기 때문에 이성과 도덕성 모두 발달하지 못했다. 모즐리는 그것을 '귀류법'(reductio ad absurdum, 그 주장이 이치에 닿지 않는 잘못된 것임을 증명하는 방법, 반증법이라고도 함-편집자)으로 증명할 수 있다고 설명했다. 그런데 치우는 어느 정도 합리적 판단이 가능한 지능이 있고 의식적으로 의도적인 행동을 할 수 있으나, 더 높은 단계라 할 수 있는 도덕관념은 전혀 발달하지 못했다. 이로 인해 이들이 지성인의 모습을 보일지라도 도덕관념은 위험할 정도로 자유로울 수 있다. 이런 비도덕적인 인간은 "이기적이고 자기 본위 성향을 지닌 백치라기보다 도덕 박약자이며, 자신의 사악한 욕망을 충족시키기 위해" 상당히 교활한 모습을 보인다.[24] 즉, 이들은 어느 정도 교활한 '지성'을 지녔지만 행동 지침으로 삼을 만한 도덕적 틀이 없는 위험한 인물이다. 지성은 있어 보이지만 도덕적으로 타락한 백치가 존재한다는 생각은 프랑스 혁명 이후 의학계에 등장했고, 이들을 가리켜 포데레와 조르제는 도덕적으로 일탈한 '사기꾼과 악당'으로 분류한 바 있다. 그런데 모즐리는 여기에 진화론을 끌어들여 반만 진화된 도덕 박약자는 옳고 그름을 알 정도로 진화했지만, 이것을 전혀 고려하지 않는 사람이라고 말했다. 이 새로운 치우 집단은 훗날 대중의 관심뿐만 아니라 국가 정책의 대상이 된다.

이런 식으로 정신에 결함이 있는 도덕 박약자는 두 방향에서 공격을 받았다. 하나는 인간의 진화 과정을 망치는 최악의 타락 집단이라며 이들을 악마로 취급한 우생학이었고, 다른 하나는 이들을 인간과 동물 사이에 아슬아슬하게 존재하는 집단으로 격하한 초기 심리학자들이었다. 시설 보호 체제가 확대된 이후, 이미 확실하게 의학계의 관심을 받고 있었던 도덕 박약자는 마음 발달에 대한 정신과학의 이론화에서 중요한 설명 요인이 됐고 마음을 괴롭힐 수 있는 질병 및 억제 상태를 보여주는 징후가 되기도 했다. 100년 전에는 존재감이 미약하고 사람들의 지적 호기심도 자극하지 못했던 이들이, 1890년대에는 사회과학 및 의

엘런 서트클리프Ellen Sutcliffe, 요크셔 웨이크필드 소재 웨스트 라이딩 정신의료시설에 수용된 '치우' 환자. 사진은 제임스 크라이튼 브라운 경Sir James Crichton-Browne이 촬영, 1869경.

학 연구의 주요 대상으로 과학과 병리학의 관심을 한 몸에 받고 있었다.

IQ의 탄생

1900년대 초 IQ(지능 지수) 개념을 프랑스에 도입한 사람은 알프레드 비네Alfred Binet였다. 비네는 파리 소르본 대학 심리학 실험실의 책임자로 지능을 측정하는 문제에 관심이 많았다. 당시 그는 같은 세대의 심리학자와 인류학자들이 흔히 하던 것처럼 사람의 두개골을 측정하기 시작했다. 그리고 1898년 이런 낙관적인 글을 썼다. "실험 대상자의 지능과 그들의 머리 크기는 실제로 밀접한 관계가 있다. 조사자들 모두가 확인한 이 관계는 예외가 없으며, (그러므로) 부정할 수 없는 것으로 간주돼야 한다."[25] 1900년경 그는 이 두개골 측정법에 의문을 품었다. 그의 연구에 따르면 기대 수준을 낮추고 두개골 측정법을 보수적으로 적용했을 경우, 작은머리증 환자를 제외하고 백치를 포함한 지적장애인과 보통 사람의 두개골 크기가 식별이 불가능하거나 일관된 차이를 나타내지 않았다.[26]

두개골 측정법을 버리고 새로운 방법을 찾고 있던 비네는 1904년 프랑스 교육부 장관으로 임명됐다. 대중 교육 시대의 도래와 더불어 학교 수업에 어려움을 겪고 있는 어린이가 증가하자, 특수 교육이 필요한 아동을 식별하는 법을 개발하는 임무를 맡았다. 비네는 동전 세기와 같은 생활 과제들을 모아 아이의 종합적인 잠재력을 평가할 수 있도록 과제의 내용과 범위를 다양하게 구성했다. 1905년 발표한 첫 테스트에서는 과업별 난이도를 지정했고, 1908년에는 과업별 가능 연령대를 추가

알프레드 비네Alfred Binet, IQ의 '아버지', 1898경.

했다. 이후 비네의 테스트는 이른바 지능 지수를 평가하는 기반이 됐다. 아이가 수행 가능한 마지막 과업이 그들의 '정신 연령'을 의미했다. 그리고 이 정신 연령과 아이의 실제 생활 연령의 차이는 아이의 평균 지능을 나타냈다. 1912년 독일 심리학자 빌리암 슈테른William Stern은 생활 연령에 대한 정신 연령의 비율을 계산하여 현대적인 지능 지수, 즉 IQ 점수를 계산하기 시작했다.[27]

IQ 개념은 정신 결함 연구가 과학의 지배를 받는 계기가 됐다. 정신 박약이 사회에 미칠 영향을 걱정하고, 두려워하고, 관심을 기울이던 시대에, IQ는 민족과 문화를 막론하고 모두가 신뢰하는 이른바 지능이라는 것을 확실하고 정확하게 과학적으로 측정하는 방법을 제공하는 것처럼 보였다. 또 지능을 정확하게 측정할 수 있게 된다는 점에서, 정신 결함의 위험성을 식별할 가능성이 커지고 신비감이 줄어들어 해결 가능성도 커졌다. IQ 개념은 비네의 예상과 달리 지능 잠재력의 일반 지표에만 머물지 않았다. 유럽과 미국에서 IQ를 열광적으로 받아들이면서 지능은 심리학과 심리학자가 사람들의 머리에서 끄집어내어 완벽하게 측정 가능한 '것'이 되었다. 이제 기만적인 도덕 박약자는 물론, 결함이 있는 사람들을 확인하고 찾아낼 수 있었다. (과학 안에서 이들이 숨을 곳은 없었다.) 심리학자들이 IQ 개념을 적극적으로 유포한 데에는 일부 사람들이 철학과 희망 사항의 결합으로 심리학을 조롱하고 있었기 때문에, 물리학 같은 정밀과학의 연구자로 보이고 싶은 간절함도 반영됐다고 볼 수 있다. IQ 검사에 담긴 문화적 편견, 지능의 다양성에 대한 불인정, 자의적 방법론 등은 IQ 개념을 반가워한 교육계, 사회과학계, 의학계가 검사의 확실성과 기능의 유용성을 받아들이는 바람에 눈에 띄지 않았다. 교육받은 중산층 이상은 IQ 점수가 높고, 교육받지 못한 빈민층의 점수는 낮다는 문화적 편견은 지능이 유전된다는 사실을 확인해주는 것처럼 보였다. 심리학자 로버트 여키스Robert M. Yerkes가 주도한 첫 실험은 제1차 세계 대전 중에 미군 신병 175만 명을 대상으로 한 대규모 IQ 검사였다. 여기에서 미국 백인 성인의 평균 정신 연령은 13세(또는 '반노둔' 수준)였고, '니그로'는 10.4세(또는 '노둔' 수준)였다는 예상 밖 결과가 나왔을 때도 하나의 척도로서 IQ 검사의 과학적 타당성은 의심받지 않았다. 그 대신 중산층이 집단 패닉에 빠졌다.[28]

왕립 위원회

만약 심리학과 우생학의 주장처럼, 정신박약이 주로 유전되고 불치병이고 사회의 안정과 발전에 위협이 된다면 어떤 식으로든 이들을 사회와 격리하고 관련 문제에 개입하는 것이 국가의 의무일 것이다. '고귀한' 계급의 불안감이 계속해서 사라지지 않았기에, 국가는 그런 위협에 대처하기 위해 어떤 조치가 필요했다는 것은 분명하다. 조지프 콘래드Joseph Conrad의 소설 《비밀 요원The Secret Agent》(1907) 속 스티비는 정신결함자이고 비밀 요원 아돌프 벌록의 처남으로, 무정부주의 혁명가들의 꼬임에 빠져 인명 살상을 목적으로 그리니치 천문대에 폭탄을 설치하기로 한다. (그러나 폭탄이 일찍 터지는 바람에 스티비가 죽는다.) 사회와 시민들에게 정신박약자는 추상적인 근심거리가 아니라 뚜렷하고 실질적인 위협으로 보였다.

아서 밸푸어Arthur Balfour가 이끄는 영국의 보수당 정부는 이런 우려에 대한 대응책으로 1904년 왕립 정신박약자 보호관리위원회(RCCCF)를 설립했다. 위원회는 정치인과 법조인, 자선단체 대표자와 공무원들로 구성됐다. 위원 중에는 자유당 하원의원이자 전국 정신박약자 복지증진 협회장(NAPWF)인 디킨슨W. H. Dickinson과 자선조직협회의 찰스 로크Charles Loch가 있었다. 이 자선 조직은 빈곤, 범죄, 감지된 인류의 정신 쇠퇴 문제에 대한 과격한 우생학적 해결책을 설파했다. 정신박약 관련 질문에 답변이 필요할 때는 의사들이 동원됐다.[29]

위원회의 1908년 보고서는 세 집단, 즉 백치, 치우, 정신박약자로 분류해서 특수 시설에서 보호하게 하는 조치를 권고했다. 치우 그룹에는 1880년대 모즐리가 확인한 '도덕 박약자'도 포함됐다. 간질 환자, 주정뱅이, 청각 장애인, 언어 장애인, 시각 장애인 등 다른 집단도 정신적으로 결함이 있을 경우 대상자가 됐다. 감옥과 광인 시설에 잘못 수용된 정신결함자도 많았다. 본격적인 우생학 연구서는 아니었지만, 이 보고서는 정신결함의 주된 원인으로 유전을 지목하고 환경이나 훈련, 교육의 중요성을 무시했다. 이 보고서는 특수학교를 확대하겠다는 교육위원회의 목표를 방해하여 내무부와 교육위원회 사이에 갈등을 유발했다. 두 기관의 알력 다툼으로 관련 입법이 5년이나(1913년까지) 지연되기도 했다.[30]

입법 움직임까지는 아니지만 미국에서도 개혁적인 심리학자이자 뉴저지 소재 바인랜드 정신박약 청소년 훈련학교의 연구소장이던 헨리 고다드Henry H. Goddard의 주도로 비슷한 진전이 있었다. 고다드는 정신박약자 시설을 살펴보기 위해 1908년 런던과 파리를 차례로 방문했다. 파리에서 그는 오늘날 비네–시몽 지능검사Binet–Simon intelligence scale로 알려진 검사법을 소개받았다. 이 방법은 비네의 초기 모형보다 좀 더 정확하게 지능을 평가하기 위해 알프레드 비네와 테오도르 시몽이 협업해서 만들었다.[31] 비네–시몽 지능검사를 미국에 널리 알린 사람이 바로 고다드였다. 그는 비네의 저술을 영어로 번역하고 지능 검사를 전 국민에 확대해야 한다고 주장하며 지능검사 점수로 타고난 지능을 확인할 수 있다는 생각을 널리 퍼뜨렸다. 그는 지능검사를 이용하여 정신박약자를 식별하고 격리하여 열등한 유전자 집단의 증가를 막는다는 우생학 이론을 실천할 기회로 여겼다. 이 점은 검사법 확립이라는 비네의 원래 목표에서 한참 벗어났고, 비네가 이런 방식으로 지능이 체계화될 수 있다는 사실을 계속 거부했음에도, 고다드는 이 검사가 "정상"이 아닌 사람들을 식별하는 가장 효과적인 방법이라는 비네의 생각에 동의했다.[32] 고다드는 IQ 점수로 정신결함자를 분류하는 새로운 시스템을 1910년 미국 정신박약연구회의 연례 모임에서 발표했다. 그는 IQ 점수가 0-25점인 사람은 백치로, 26-50점은 치우로, 51-70점은 '노둔'이라는 새로운 이름으로 불렀다. 새 용어는 바보를 의미하는 그리스어에서 따왔다. 미국의 노둔은 영국의 도덕 박약과 비슷했다. 즉, 약간의 지능이 있어 '정상'인 척 할 수 있지만, 위험할 정도로 도덕관념이 없고 범죄 성향을 지녔으며 거리낌이 없다. 고다드는 이들을 감금하거나 백치와 치우처럼 단종 수술을 시켜야 한다고 주장했다.

고다드는 1912년 〈칼리카크 가족, 지적장애 유전에 관한 연구The Kallikak Family: A Study in the Heredity of Feeble-mindedness〉라는 제목으로, 한 가족에 대한 악명 높은 우생학 논문을 발표했다. 이것은 더그데일이 1877년에 쓴

〈쥬크 가족〉에서 영감을 얻어 작성한 논문으로, 한 번의 잘못된 생식 활동으로 장애가 확산될 수 있다는 충격적인 내용을 담고 있었다. 미국 독립전쟁의 영웅이며 우생학적으로 건강했던 마틴 칼리카크는 술집에서 한 정신박약 여성을 임신시킨다. 고다드가 붙인 칼리카크라는 가명은 '선'과 '악'을 뜻하는 그리스어를 조합한 단어로, '정상적인' 혼인 관계에서는 우생학적으로 건강한 자손이 태어나는 데 반해 술집에서 벌인 어리석은 행위는 수많은 구제 불능의 정신박약자 자손을 만들었다는 점을 대비해서 보여준다. 고다드는 이렇게 썼다.

> 무엇보다 놀랍고 무서운 사실은 부유한 시골 마을이든, 뜨내기들이 흘러드는 도시 빈민가든, 외딴 산간 지역이든 상관없이 우리가 그들을 추적한 곳 모두에서, 그리고 2대손이든, 6대손이든 상관없이 우리가 조사한 사람들 모두에서, 엄청난 장애가 발견됐다는 점이다.[33]

나중에 고다드의 논문은 가정과 방법론, 결론이 모두 신뢰성을 잃게 되지만 (사진 조작 혐의까지 받았다.) 처음 발표됐을 때는 순식간에 "우생학의 원시 신화"가 됐다.[34] 같은 해에 유사한 연구 논문 두 편이 발표됐다. 하나는 플로렌스 대니얼슨Florence Danielson과 찰스 대븐포트Charles Davenport의 〈산골 사람, 장애가 유전되는 어느 시골 마을에 관한 보고서he Hill Folk: A Report on a Rural Community of Hereditary Defectives〉이고, 다른 하나는 아서 에스타브룩Arthur H. Estabrook과 대븐포트가 쓴 〈낸 가족The Nan Family〉이었다. 미국 우생학 기록물 보관소 직원이었던 에스타브룩은 더그데일 논문의 후속편으로 대단히 비관적인 내용을 담은 〈1915년 쥬크 가족The Jukes in 1915〉을 발표하기도 했다. 이 논문은 통제 불능의 장애인 집단이 미국 전역의 산과 들, 마을 및 도시로 퍼져나갔다는 이야기로 공포심을 유발하여 기존에 품고 있던 인종 퇴보에 대한 불안을 부추겼다.

입법 움직임

영국의 왕립 정신박약자 보호관리위원회가 1908년 보고서를 발표한 지, 몇 년 지나지 않아 북미와 유럽에서 우생학적 공포가 극에 달하고 있었다. 영국에서는 정신결함자 확산을 막는 정책 지지자들이 입법 지연에 불만을 쏟아냈다. 그들은 직접 문제를 해결하기 시작했다. 우생 학교육회(훗날 우생학회)와 전국 정신박약자 보호협회는 정신결함자를 격리하고 장기 감금하는 법안의 초안을 작성했다. 두 단체는 1911년 자신들에게 동조하는 런던 광역경찰청의 협조를 얻어 법안의 내용을 홍보하고 정부에 필요한 조치를 촉구하기 위해 웨스트민스터에서 토론회를 열었다. 참석자 중에는 레지널드 랭던 다운Reginald Langdon Down 박사(존 랭던 다운의 아들)도 있었다. 그는 정신 결함의 잠재적 위험성에 비춰볼 때 법안에는 최소한의 요구 사항만 담겼다고 주장했다.[35] 주요 연사였던 알프레드 트레드골드Alfred F. Tredgold는 영국 의학계의 정신결함 분야 '전문가'로 이미 널리 알려진 사람이었다. 그는 인간의 유형을 단 두 집단으로 나눴다. "인간은 크게 **정상**과 **결함**이 있는 두 부류로 나눌 수 있다. 보통 사람의 범위는 지능이 아주 높은 사람부터 우둔한 사람까지이다. 결함자 집단은 중증도에 따라 **백치, 치우, 정신박약자**로 구분된다."[36] 그는 정신박약자('가장 덜 정신적으로 결함이 있는 자')와 단순히 우둔한 사람과의 경계가 모호하다는 사실을 인정하면서도 유능한 의사에게 진단을 맡긴다면 문제를 해결할 수 있다고 주장했다. 중요한 것은 결함자에 대한 진단과 그들을 감금하는 조치가 신속하게 이루어져야 하는데, 그 이유를 이렇게 설명했다. "오직 우리의 바람은 그들의 자유가 그들 자신에게 상처나 불행의 원인이 되지 않게 하면서 지역사회의 안전에도 위협이 되지 않도록 그들의 상황과 환경을 안전하게 통제하는 일이다."[37] 그날 저녁 토론회는 '거세지는 퇴보의 물결을 막기 위해' 조치를 취해야 한다는 강력한 촉구로 마무리됐다. 여기서 그들은 최소한의 조치로 이 법안을 서둘러 채택하는 것이야말로 시급한 일로 생각했지만, 그렇게 하더라도 "완전한 해결책"과는 거리가 멀었다.[38]

이들의 압박에 시달리던 자유당 정부는 2년 만에 법안을 발의했고, 의회에서 압도적인 찬성으로 이 법을 통과시켰다. 1913년 제정된 정신결함법The Mental Deficiency Act은 "정신박약자를 의무적으로 영구히 격리하는 장치"를 마련했다.[39] 정신결함법에 따라 정부 내에 신설된 통제이사회는 정신결함자를 구금 및 감시하는 기능뿐만 아니라 국민의 정신 건강과 관련된 모든 업무를 관장했다. 정신결함법의 핵심 내용, 두 가지는 정신결함자를 수용할 '콜로니colonies' 설립과 콜로니 미수용자에 대한 지역사회의 통제 및 감시 체계의 마련이었다. 법안 통과를 두고 정당 간 강력한 공감대가 형성되어, 법안 반대 의견은 힘을 발휘하지 못했다. 자유당 정부와 사회주의 계열의 노동당 하원의원 42명이 보기에, 그 법은 과거 자선단체가 담당했던 복지 기능을 정부로 이관해서 개혁할 수 있게 하는 진일보한 내용이었다. 야당인 보수당의 경우 우생학적 불안이 국가 개입에 대한 우려를 앞질렀다. 세 정당은 퇴보한 사람들을 어떤 식으로든 '처리'해야 한다는 신념으로 한데 뭉쳤다. 자칭 '마지막 급진주의자' 조사이아 웨지우드Josiah Wedgwood 자유당 하원의원만 그 법안에 반대했다. 그가 반대한 이유는 정신결함자라는 꼬리표가 붙은 사람들에게 특별한 애정이나 관심이 있어서가 아니라, 자유와 민주적 책임이라는 가치를 신봉했기 때문이다. 웨지우드가 생각하기에, 그들이 누구이든 어떤 꼬리표를 달았든, 모든 시민은 권리를 가진다. 인정받지 못했다는 이유로 사회에서 축출되거나 밀접 감시로 통제될 수는 없었다. 그러므로 웨지우드에게 그 법은 우생학회 같은 자유주의 단체에 힘을 실어주는 도구이자 민주주의를 위협하는 제도였다. 그는 120번이나 수정안을 내고 150회나 반대 연설을 했지만 모두 헛수고였다. 저항은 효과가 없었다. 358명의 하원의원이 그 법안에 찬성했고, 반대표는 고작 15표였다.[40]

정신결함법이 의회를 통과하고 1년 후 제1차 세계 대전이 일어나 법의 시행이 연기되는 대단히 아이러니한 상황이 벌어졌다. 1913년, 위험하고 쓸모없고 기생충으로 여겨지던 수많은 정신결함자들이 전쟁에 나간 남성들을 대신해 부족한 노동력을 채우고 가치 있는 숙련 노동자 역할을 맡게 된 것이다. 문제는 전쟁이 끝날 무렵 군인들이 귀향하면, 이들은 이제 그 역할을 그만둬야 한다는 사실이었다. 따라서 정신박약자 보호협회는 1917년 다음과 같은 우려를 표명했다. "현재 지능이 낮은 사람들과 심지어 치우까지도 많은 보수를 받고 일하는데, 기존 노동자들이 돌아오면 이들이 직장을 떠나야 하는 것은 명백하기 때문에 이들을 보호하고 원조할 계획을 마련해야 한다."[41] '보호와 원조'는 감금 또는 감독을 의미했다. 이제는 정신결함법을 완전하게 집행해야 했기 때문이다. 정신결함자로 간주된 사람들이 전시에 일할 능력과 위협적이지 않음을 그들 스스로가 보여줬다는 사실조차 고려할 틈이 없었다.[42]

정신결함법은 "보호와 감독 및 통제"라 불리는 세 가지 기능을 규정했다. 이런 기능은 시설 보호, 후견인 제도, 지역사회의 감독으로 구현됐다. 시설 보호는 콜로니 수용을 의미했고, 후견인 제도는 부모 역할을 할 수 있는 후견인에게 정신결함자를 맡기는 것이다. 지역사회의 감독 시스템은 법정 방문 간호사, 보건교사, 사회복지사, 그리고 지역정신건강협회와 대부분 중앙정신건강협회에 소속된 가정 방문 자원봉사자 사이에 네트워크를 구축하는 것이었다.[43] 이 모든 것은 신설된 통제위원회의 조직적인 감시 하에 이루어졌다. 지역사회의 감시, 감독, 통제 시스템은 적어도 시설 수용만큼 중요했으며, 어쩌면 더 중요했을지도 모른다. 1939년 무렵에는 거의 4만 4,000명이 법의 감시나 후견인의 보호를 받았고, 4만 6,000명은 시설에 수용됐다.[44] 이 숫자는 통제를 위해 정부 당국이 여차하면 조치를 취할 수 있고, 대중이 지지했거나 적어도 묵인한 정신결함자 규모를 보여준다.[45]

1913년 통과된 정신결함법은 정신결함자라는 꼬리표를 붙인 사회가 쳐 놓은 그물망 속에 이들이 걸려들게 된 결정적인 계기였다. 이것은 아무리 어려운 상황에서도 사회 구성원으로 인정받았던 사람들이 국가의 버림을 받고 두려움과 혐오와 연민의 대상으로 바뀌기까지 100년이 넘는 세월에서 정점을 찍었다는 의미였다. 또한 정신결함자를 식별하고, 통제하고, 치료할 권리를 주장하던 심리학의 '과학적' 노력이 결실을 맺고 정신 의학이 승리했다는 의미이기도 했다. 정신결함법은 어린아이부터 노인까지 그리고 중도 장애인부터 애매한 도덕박약자까지 아우르는 대단히 포괄적인 법이었기 때문에, 이후 45년간 정신결함과 관련된 새로운 법은 거의 나오지 않았다. 1914년 제정된 (장애 및 간질 아동을 위한) 초등교육법은 모든 지방정부에 특수학교 설치를 의무화했다. 1925년에 개정된 정신결함법은 시설 수용의 대안으로 후견인 제도를 적극 활용하게 했다. 1927년에는 시설의 기능을 확대하고 직업훈련 교육을 의무화했다. 1925년과 1927년에 일부 내용이 추가되거나 변경되기는 했지만, 1913년에 제정된 정신결함법은 1959년 정신보건법이 제정되기 전까지 영국에서 정신결함자를 관리하고 이해하는 방식에 대한 법적 틀을 제공했다. 사회에 부적합하다고 여겨진 사람들은 평생 시설로 보내지거나 집에서 통제를 받으며 거의 잊히는 듯했다.

법의 시행

체셔의 샌들브리지 콜로니 같은 기존의 정신결함자 전용 시설과 구빈원들은 양차 대전 기간 중에도 정신결함법의 목표를 충실히 이행하는 곳이었다. 여기에 새로운 '콜로니 체제'가 추가되어 영국 전역에 새로운 건물들이 지어지거나 임대됐다. 콜로니 건설 작업은 양차 대전 전 기간 내내 이루어졌다. 1919년부터 리즈 코퍼레이션이 민우드 파크 콜로니를 임차해서 운영했고, 하트퍼드셔의 셸 반스는 1933년에 설립됐다. 1939년에는 보틀리 파크 콜로니가 서리에 세워졌다. 이런 식으로 정신결함자 시설 수용 조치는 계속됐다.

1931년 정신결함 콜로니 부처별 위원회가 발간한 헤들리 보고서는 기존의 정신의료시설과 아주 다른 설계에 기반한 시설 혁신에 관한 내용을 담고 있었다. 콜로니는 규모가 작고 대개 시골에 필요 시설이 완비된 독립적인 장소였다. 일반적으로 콜로니는 900명에서 1,500명 정도를 수용하고, 중앙관리본부를 중심으로 그룹화된 '빌라'에 각각 최대 60명까지 거주했다. 남성 빌라와 여성 빌라 사이에는 항상 벽이 가로막고 있었는데, 성적 능력이 없다고 간주된 중증 백치를 제외하고 남녀를 분리하여 '생식'을 막고자 했다. 아동과 성인도 따로 지냈으며, (행동 통제가 필요한) '까다로운 환자'는 전용 빌라에서 지내게 했다. '중증 백치' 빌라와 '까다로운 환자' 빌라는 방문객들에게 불미스러운 행동을 하지 못하도록 가능한 한 본부에서 먼 곳에 배치했다. 스스로 요리하고 난방 도구도 다룰 줄 아는 '노동이 가능한 양호 집단'의 빌라는 관리 본부에 가장 가까이에 두었다. 환자들은 개인 사물함이나 사적 공간이 거의, 또는 전혀 없는 대형 공동 침실에서 빽빽하게 줄지어 잠을 잤다.

추상적인 용어로 표현하면, 콜로니의 분위기는 거의 목가적이었다. 그곳에는 빌라뿐만 아니라 어린이 학교, 성인용 작업장, 부엌, 제과점, 세탁소, 레크레이션 강당(최대 750명까지 이용할 수 있고, 예배당은 그 두 배까지 수용할 수 있었다.), 직원 전용 구역, 운동장(특히 남성), 작은 영안실, 그리고 묘지가 있었다. 많은 콜로니가 시판용 채소 농원과 마구간, 가금류(알이나 고기를 먹기 위해 기르는 날짐승-편집자)와 소·돼지 사육장, 온실 등이 딸린 자체 농장을 운영했다. 간호사는 물론 농장 관리원, 소방관, 엔지니어를 고용했으며 당연히 문지기도 있었다.[46] 환자 대부분은 무보수로 세탁소나 작업장, 농장에서 일했다. 실제로 콜로니는 엄격하고 우울한 곳이었다. 그

시기를 회고한 구술 역사에서 드러났듯이, 환자들은 가혹한 규칙에 다 닥다닥 붙어 지내다 보니 전염병도 빨리 퍼지는 환경에서 획일적인 생활을 했다.[47] 학교, 영안실, 묘지는 실용적이면서 대단히 상징적인 공간이었다. 정신결함이 있는 이들의 운명은 어릴 때 콜로니에 들어와서 그들이 살았던 세상이 아닌 그들만을 위해 만들어진 다른 세상에서 평생을 머무르는 곳이었다.

콜로니 밖에서는 법으로 명시되거나 자발적인 관리 체계가 후견인 제도와 함께 가동되고 있었다. 후견인 제도를 택한 정신결함자는 자기 집에 살면서 후견인에 적합한 부모나 친척 혹은 따로 고용된 사람의 통제를 받았다. 자발적 관리 방식을 택한 정신결함자도 공무원, 방문 간호사, 보건교사, 사회복지사 그리고 주로 중앙정신건강협회와 연계된 지역정신건강협회에서 나온 사람들의 방문과 감시를 받았다. 이런 방문 감시자들은 모두 중산층으로, 방문 내용을 지역정신장애위원회에 보고했다. 만약 감시가 제대로 이루어지지 않고 있다고 그들이 보고하면 시설로 수용되거나 후견인 보호 조치가 변경될 가능성이 높았다. 그러므로 감시, 규제, 통제 시스템은 시설 안팎에 고루 갖춰져 있었다. 이 시스템은 억압적이고 구속적이었을 뿐만 아니라 복지와 보호 목적도 있었다고 해석할 수 있다. 빈민 구제 대상이 아닌 사람들에게도 재정 지원을 하고 의복이나 다른 물품들을 지원했기 때문이다.[48] 그렇지만 시설과 지역사회시스템 모두 최우선 목표는 정신결함자의 행동을 통제하고 생식을 막는 것이었다. 1929년에 나온 정신결함합동위원회 보고서를 보면 대중의 불안과 우려를 잠재우는 데는 전혀 도움이 되지 않았다. 5년간의 조사 결과를 종합한 이 보고서는 잉글랜드와 웨일스에 적어

왕립 동부 카운티 시설에 수용된 정신
결함 여성들, 1929년.

도 30만 명의 정신결함자가 존재한다는 사실을 적시하고 있었는데, 이
는 1908년 왕립 위원회의 보고서에서 추산한 수치의 두 배가 되는 규
모였다. 이 보고서는 "사회문제 집단"이 잉글랜드와 웨일스 인구의 약
10퍼센트를 차지한다고도 했다.[49] 1926년 기준으로 시설에 수용되어 있
거나 후견인이나 감독자의 보호를 받던 정신결함자의 수가 3만 6,000명
정도밖에 되지 않았다는 점을 감안하면,[50] 이들이 제약 없이 곳곳을 돌
아다니며 물건을 약탈하고 인종을 오염시키고 있다는 두려움이 광신적
인 우생학자들의 머리를 떠나지 않았을 듯하다.

사회 일반의 태도

20세기 전반기에 영국에서는 이념을 막론하고 정신 결함은 어떤 식
으로든 '고쳐야' 할 문제라는 인식에 광범위한 공감대가 형성되어 있었
다. 이런 인식에는 정신결함자가 인류를 위협하고 문명사회를 퇴보시
킨다고 주장한 우생학이 중요한 역할을 했지만 다른 요인도 영향을 미

쳤다. 서구 사회가 고도로 산업화되고 새로운 기술과 도시화를 이루면서, 지능이 모자란 사람들은 근대사회의 요구에 부응할 수 없다는 인식이 생겨났다. 복지는 그들의 비참한 상태를 영속시키고 자연 선택의 법칙에 따라 도태되고 있는 것을 막았을 뿐이다. 우생학 홍보 대사 앨버트 위검Albert E. Wiggam은 1930년 미국 자연사 박물관에서 열린 한 모임에서 이렇게 연설했다. "문명화는 바보들에게 안전한 세상을 만들어 줍니다."51 본질적으로 비생산적으로 간주된 사람들을 보호하는 것은 사회적 비용을 수반했다. 1931년 헤들리 보고서는 영국 정부가 콜로니 시스템 유지비용에 깜짝 놀라 만든 자료였다. 이 보고서는 정신 결함에 관한 토론에서 자주 언급되기도 했다. 동물학자, 생물학자, 우생학자, 인도주의자였던 줄리언 헉슬리Julian Huxley는 1930년에 이런 글을 썼다.

우리는 어떻게 해야 할까? 남성이든, 여성이든, 아동이든 장애인은 모두 짐이다. 장애인을 먹이고 입히려면 국가의 부담이 늘어나지만, 그들에게서 얻을 것은 거의 아니면 전혀 없다. 모든 장애는 보살핌을 받아야 하며, 다른 곳에 유용하게 쓰일 수 있는 에너지와 선의를 움직이지 못하게 막는다.52

그의 형제이자 소설가 겸 문학평론가였던 올더스 헉슬리Aldous Huxley는 디스토피아 소설 《멋진 신세계Brave New World》(1932)에서 우생학자의 사회공학적 꿈을 풍자했다. 소설에서 모든 아기는 시험관에서 배양되고 사회의 필수 인력을 적절히 조정하기 위해 지능과 능력 수준에 따라 배아 수를 안배한다. 승강기 관리 같은 하찮은 일은 히죽히죽 웃는 "엡실론

마이너스 세미 모론"이 맡았다.[53] 이것은 풍자 소설이지만, 국민national 의식 속에 결함에 대한 관념이 얼마나 깊숙이 각인되고 무의식적으로 받아들이는지 보여줬다. 페이비언주의(Fabianism, 혁명적이기보다 점진적 방법으로 계몽과 개혁을 실천하자는 운동 및 사상-편집자)의 창시자 시드니 웹Sidney Webb과 비어트리스 웹Beatrice Webb과 허버트 조지 웰스 같은 사회주의 '진보' 진영의 핵심 인사들도 산아 제한의 선구자인 마리 스톱스Marie Stopes와 주류 정당 의원들과 함께 정신결함자를 억제하고 격리하며 궁극적으로 근절시키는 데 참여했다.[54] 그것은 이념이라기보다 공유되고 있던 문화적 가정이었다.[55]

지능 검사가 사람의 능력을 정확하게 측정할 수 있고 지능이 인간의 가치와 능력을 높이는 유일한 동력이라는 생각은 영국의 심리학 연구소와 실험실에 계속 남아 있었다. 사회진화론자이자 통계학자였던 칼 피어슨Karl Pearson은 1911년 프랜시스 골턴의 유산으로 설립된 런던 유니버시티 칼리지의 골턴 우생학 연구소의 초대 소장이 됐다. 피어슨은 영국에서 지능에 관한 심리학적 연구를 구체화하고 심리학의 과학적 권위를 나타내는 지표로서 통계 기법을 도입했다. 그는 골턴의 업적인 정규 분포 (혹은 종 모양) 곡선을 이용하여 천재와 정신결함자를 각각 분리하고 사회 적합성 지표로 삼을 수 있는 정상 지능 범위를 만들었다.[56] 통제위원회 직원을 대상으로 1930년에 열린 '정신질환의 유전에 관해'라는 제목의 강의에서, 73살의 피어슨은 양해도 구하지 않고 위협적인 통계 차트와 도표들이 뒷받침하는 정신질환의 유전 사례들을 설명했다. 그는 더그데일의 쥬크 가족과 고다드의 칼리카크 가족이 연상되는 몇몇 가족에 관한 '과학적' 통계 분석 결과를 보여주며, 나쁜 혈통의 결과

해리 H. 로플린 박사Dr Harry H. Laughlin의 논문에 근거해서, '우생학과 다른 과학의 관계'를 보여 주는 벽화, 제3회 국제우생학회, 뉴욕, 1932년 8월 (21-23). 20세기 전반부에 우생학은 정신결함에 관한 대중 여론의 한 부분을 차지했다.

물에 대해 오싹한 경고를 했다.

9번 사례: 한 정신박약 여성은 남편의 학대 때문에 이혼했다. 전 남편에게는 소아마비에 걸린 치우 형제가 둘 있었는데, 두 사람 모두 백치 정신의료시설에서 사망했다. 그도 점점 정신이 이상해졌고, 정신질환자 판정을 받았다. 이 남성과 정신박약 여성 사이에는 아들이 둘 있었는데, 치우인 첫째는 정신의료시설에서 지냈고, 둘째 아들은 지능은 정상이었으나 심각한 도덕박약자였다.[57]

심리학자들은 점점 공신력을 얻으면서 인간의 능력과 소속감을 갖게 하는 것이 무엇인지 알려주는 사람으로 여겨졌다. 이들은 지능이 능력의 원천이자 인간으로서 개인의 대처 능력을 보여준다는 관점에서 인간의 삶을 설명했다. 또한 이런 인간의 상태를 측정하는 비법을 알고 있고, 그에 따라 인간의 소속을 정하고 그 경계를 관리할 수 있는 사람으로 비춰졌다. 이 경계는 바로 콜로니의 높은 담장과 결함자들을 감시·감독하는 지역사회의 보이지 않는 벽이었다.

이런 상황은 1930년대 말 서구 세계가 새로운 전쟁으로 치달을 무렵에도 변하지 않았다. 전쟁 직전에 통과됐던 정신결함법은 이제 거의 집행이 마무리된 것 같았다. 영국에서는 9만여 명의 장애인이 지역사회 또는 시설에서 국가의 감시를 받았다. 우생학 옹호자들은 자신들의 계획대로 일이 진행되는 모습에 만족했을지 모르겠다. 그렇지만 뜻하지 않게 독일에서는 살기등등한 나치 이념이 우생학이라는 '과학'과 위험한 결합을 시작했다. 정신결함자들에게 새로운 대재앙이 다가오고 있었다. 사실 치명적인 어리석음이 전 세계에 퍼지고 있었다. 하지만 그 어리석음은 사람들의 예상과 달리 결함자로 꼬리표가 붙은 사람들에게서 비롯된 것은 아니었다.

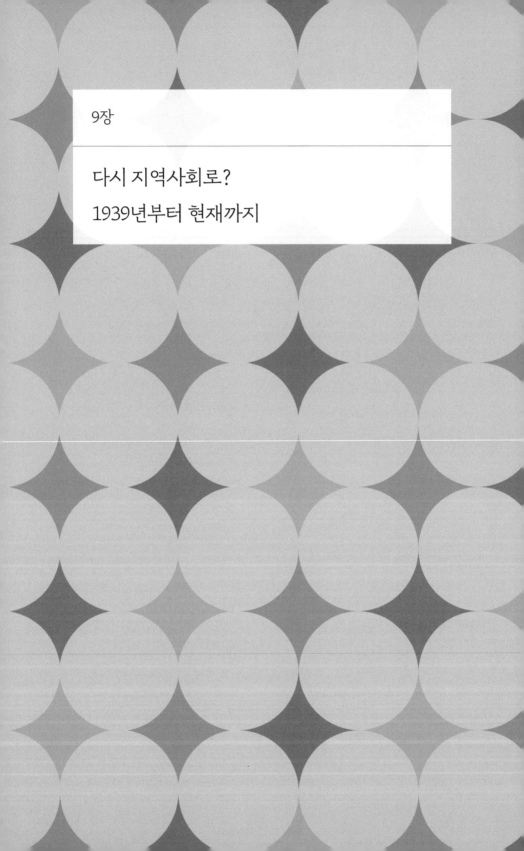

9장

다시 지역사회로?
1939년부터 현재까지

우생학적인 사고가 극에 달했을 때조차도, 지적장애인에 대한 조직적인 대량 학살은 실현 불가능한 시나리오처럼 보였다. 양차 대전 사이에 우생학이 영국과 미국, 그리고 다른 유럽 국가들을 지배하고 있었지만, 이를 비난하는 사람들도 늘 존재하고 있었다. 또 다양한 민주주의 보호 장치를 통해 어느 정도 견제도 이루어지고 있었다. 예컨대, 영국에서는 결함을 지닌 사람들에 대한 안락사나 단종 조치가 별다른 관심을 끌지 못했다. 영국 우생학회는 미국, 특히 독일과는 다르게 온건파를 자처하며 강압 조치에 반대했다. 이들은 자발적 단종 조치에만 동의했다. 모든 결함자를 시설에 수용하는 방식도 서구 전역에서 도덕적, 재정적 이유로 거부됐다. 특히 가톨릭교회에서 단종에 반대하는 저항과 법적 이의 제기가 이어졌다. 하지만 이런 저항이 언제나 성공한 것은 아니었다. 미국에서는 단종 조치를 합법화했다. 그러나 저항이 심했던 영국에서는 국가의료기관의 대대적인 개입이 있었음에도 '결함자'의 생식을 막지는 않았다.

아울러 이 무렵 활발하게 일어난 보통 선거권 확대 운동은 노동계층과 그 자손을 결함 있는 유전자로 배척하기보다 공통 이념 안에서 그들 모두를 품을 필요가 있음을 의미했다. 또한 극단적인 우생학이 표현의 자유를 누리려는 사람들에 의해 공격 받고 이따금 조롱을 당했다는 의미이기도 하다. 미국의 사회복지사 스탠리 데이비스Stanley P. Davies가 쓴 《정신박약자에 대한 사회적 통제》(1923)는 그 불온한 제목에도 복지 및 사회적 지원 계획을 옹호하며 20세기 첫 20년간을 우생학적 공포가 "불안을 조장한 시기"라고 비난했다.[1] 언론인 앨버트 도이치Albert Deutsch의 유명한 《미국의 정신병The Mentally Ill in America》(1937)은 정신결함에 두 장을 할애하여 이른바 우생학이 '불안을 조장한 시기'를 비판했다. 그리고 이런 우생학을 완전히 거부하지는 않더라도 낙관주의에 근거한 세 개의 '도덕 치료'와 재교육 정책으로 돌아가야 한다고 주장하며, 이렇게 말했다. "시설 보호 및 교육은 일시적이어야 하고 결국은 지역사회로 돌려보내야 하는 정신결함 아동은 무수히 많다."[2]

우생학이 지배하던 시기(가혹한 모욕적인 용어를 사용하던 우생학은 그 내용의 일부가 사회정책으로 채택되면서 어조가 차분해졌다.)에도 독일에 임박한 대재앙을 아무도 예견하지 못했다. 1933년 정권을 잡은 국가 사회당은 극단적인 우생학을 핵심 이념으로 삼고 있었다. 독일의 우생학 운동은 나치와 공모하면서 '우생학eugenics'이라는 원래 이름을 '인종 위생학race hygiene'으로 변경했다. 이 용어는 정신적, 신체적, 인종적으로 퇴보했다고 여겨지는 사람들을 제거하여 집단 학살을 초래하는 인종 청소에 집중하겠다는 의지를 드러낸 표현이었다. 법학자 카를 빈딩Karl Binding과 정신과 의사 알프레드 오슈Alfred Hoche의 연구[3]에서 영감을 얻은 안락사라는 용어는 불치병 환자의 마지막을 편안하게 돕는 일뿐만 아니라 "살 가치가 없는" 사람의 죽음을 앞당기는 방법으로 재정의됐다.[4] 아돌프 히틀러는 1933년 권력을 잡자마자 같은 해에 '유전병을 지닌 자녀 출산을 막기 위한' 단종법을 통과시켰다. 이 법에 따라 조현병 환자부터 알코올 중독자까지 강제 단종 수술 대상자를 10개 유형으로 분류했다. 그런데 이 명단의 꼭대기에는 선천성 정신박약자들이 올라가 있었다. 널리 알려진 바에 따르면, 나치 통치기(1933~45)에 약 40만 명이 단종 수술을 당했다.[5] 이 조치의 표적이 정신박약자라는 것은 1934년 통계 수치에서 당시 전체 단종 수술자 중 53퍼센트가 이들이었다는 사실로도 알 수 있다. 이때부터 장애

유전병과 싸우기 위해 건강한 아이를 낳은 건강한 부모들에게 혜택을 주는 국가 사회주의 정책을 홍보하는 그림. 1936년. 다색 석판화. 뷔르벨F. Würbel. 나치의 이념은 '정신질환mental disease'과 전쟁을 벌이기 위해 우생학과 결합했다.

인 집단의 대량 학살이 본격화됐고, 1939년부터는 전쟁을 틈타 말살 작전이 개시됐다. 1939년 10월에는 '쓸모없는 아이들'의 안락사를 법으로 허용했다. 이 프로그램에 따라 독일 의사와 간호사, 보건 관리자와 조산사는 정신 결함 같은 유전적 장애가 있다고 추정된 어린이들을 소아과 병동으로 보내, 의사들이 독극물을 주사하거나 특수 시설인 '헝거 하우스'에서 아사하게 했다. 5천 명에서 2만 5천 명의 어린이들이 곳곳에서 이 프로그램으로 학살됐다.[6]

같은 해, 또 다른 법령으로 장애가 있는 성인을 대상으로 대대적인 작전이 시작됐다. 이 학살 프로그램은 T4 작전으로 불렸는데, 이 명칭은 작전 본부가 있던 베를린의 티어가르텐 4가에서 따왔다. T4 프로그램에 따라 브란덴부르크, 그라페넥, 하르트하임(오스트리아), 존넨슈타인, 베른부르크, 하다마르 등 여섯 지역에 학살 시설을 설치했다. 학살 방법으로는 몇 가지를 실험한 후 최종적으로 가스실에서 대량 학살하는 방법이 선택됐고, 이에 따라 여섯 개의 학살 시설에 가스실과 화장터를 갖춰 놓았다. 장애인 가스 학살은 유대인과 다른 소수 민족을 대량 학살하는 전조이자 사전 준비였다. T4 프로그램에 참여했던 의사, 간호사, 과학자, 경찰관, 그리고 기타 프로그램 관리 및 수행 인력 등은 지극히 정상적인 사람들이었고, 누구도 작전 참여 명령을 거부하지 않았다. 1941년에 가스실 학살 내용이 외부로 알려지면서 드물게 종교인과 가족들이 나치 정권에 반대하는 운동이 일어나자, 히틀러는 가스실 프로그램을 중단했으나 그때는 이미 가스실에서 학살된 장애인이 8만여 명에 달했다.[7] 그중 정신박약자로 분류된 이들의 비율이 어느 정도였는지 알려지지는 않았지만, 1934년 집계된 단종 통계로 추정컨대 절반 이상이었을 수도 있다. 학살은 가스실 프로그램이 중단된 이후에도 끝나지 않았다. 1941년 이후에는 학살 행위가 광범위한 나치 점령지 곳곳으로 분산됐고, 그곳에서 장애인들은 독극물 주사로 사망하거나 아사했다. 독일 외곽에서는 '광적 안락사'라는 이름으로 대량 총살되기도 했다. 심지어 나치가 패배하고 수개월이 흐른 뒤에도 병원 등지에서 학살은 계속됐다.[8]

전쟁이 끝난 후 나치의 학살 자료들이 서서히 밝혀지고, 종종 나치의 다른 잔혹 행위 규모에 가려졌음에도 우생학적 사고에 기반한 정신결함자에 대한 잔혹 행위들은 상당히 충격적이었다. 1946년에서 1947년까지 뉘른베르크에서 열린 이른바 '의사 재판'에서 최초로 학살의 상세 내용이 대중에게 공개됐다. 충격적이게도 전멸 작전의 수행자가 의사였다는 사실이 밝혀졌다. 흰 가운을 입은 의사와 제복을 입은 간호사들이 관료처럼 계획을 세워 체계적으로 작전을 수행했다. 재판에서 이들은 그렇게 행동한 이유와 근거를 묻자 '비참한 생명의 고통스러운 삶'을 단축시키는 일이 옳다고 생각했기 때문이라고 대답했다. T4 프로그램은 미치광이 나치 친위대의 작품이 아니라, 시설 수용자 학살 계획의 실행자부터 죽음의 수용소로 보낼 사람들의 명단을 작성한 사회복지기관의 직원들에 이르기까지 의료 시스템 안에서 일하는 모든 사람의 합작품이었다. 우생학 옹호자들에 따르면, 우생학 자체는 인간의 이성에 기초한다. 즉, 더 나은 인간과 더 나은 사회를 만들기 위해서 인간에게 유전 법칙과 자연선택설을 적용한다는 것이다. 이 점이 바로 수많은 지식인이 우생학에 매료된 이유였다. 우생학은 나치 이데올로기와 치명적으로 결탁하여 논리적인 자체 결론에 간단히 도달하고 말았던 것이다.

나치 독일에서 전개됐던 공포와는 다르지만, 전쟁은 정신결함자의 삶에 중대한 영향을 미쳤다. 1942년부터 영국군은 지능 검사의 활용도를 높였다. 지능이 낮은 병사일수록 적응력이 떨어지거나 비행을 저지를 가능성이 크다는 우려에도 불구하고, 일각에서는 지능이 낮은 사람들이 병역을 면제받으면 일반 사병들이 분노할지 모른다는 우려를 제기했다. 그래서 우둔하거나 결함이 있다고 여겨지는 이들은 종종 비품 관리와 들것 운반뿐만 아니라 전투지 비행장과 다리, 도로 등을 건설하는 파이어니어 부대에 배속됐다.[9] 평시에는 무능력하고 쓸모없다고 여겨지던 사람들이 제1차 세계 대전 때처럼 이번에도 갑자기 유능하고 쓸모 있는 사람으로 인식됐다. 이와 동시에 곧 몰려올 부상병들에게 자리를 내주기 위해서 정신결함자들이 콜로니에서 퇴원 조치가 되거나 비좁은 공간 또는 임시 부속 건물로 거처를 옮겨야 했다. 시설에서 일하던 간호사가 전쟁 지원을 위해 응급병원 및 야전병원으로 떠나, 콜로니 직원 구성에도 변화가 생겼다. 당시 정신결함자 시설이었던 콜로니를 포함하여 영국 전역의 모든 정신병원에서 부상병을 수용하기 위해 환자 2만 5,000명을 퇴소시켰다.[10]

전쟁이 끝나자, 우생학은 난폭하고 잔혹한 파시스트와 함께 완전히 신뢰를 잃었다. 이에 따라 결함자를 사회에서 제거하고 싶은 욕구가 지식인 사회와 의학계 모두에서 급감한다. 우생학적 사고에 대한 사회적·정치적 관심이 급격히 줄어든 것은 영국에서도 마찬가지였다. 이미 1933년에 나치의 '인종 위생학'과 공개적으로 결별했음에도, 우생학회는 1930년대부터 회원 수가 줄어들고 전쟁 이전에 누렸던 지식인들의 지지마저 더는 얻지 못했다. 1963년에는 자선 단체가 되어 선전 활동이 중단됐으며, 현재는 인간 유전과 그 사회적 함의에 관한 과학적 연구를 지원하는 보잘것없는 골턴 연구소로 남아있다.

하지만 영국의 이런 움직임이, 즉 서둘러 우생학과 절연했다고 해서 결함자로 꼬리표가 붙은 사람들의 삶의 질을 즉각적으로 개선하거나 그들의 삶에 실질적인 변화가 일어난 것은 아니었다. 시설 수용 조치도 중단되지 않았다. 여전히 시설 수용은 아동이나 성인 정신결함자 관련 사항을 결정할 때마다 국가와 지방정부의 기본 입장이었다. 실제로 1946년에는 시설에 수용된 정신결함자 수가 3만 5,000명 이상으로 최고치를 기록했다. 시설의 관리 인력 부족은 지속됐는데, 전후에는 전반적으로 노동력과 물자, 재정이 부족한 실정이었다.[11] 이 모든 상황이 맞물리면서 정신결함자들은 방치되고 점점 눈에 띄지 않게 됐다. 정신결함법에 따라 기존 시설의 많은 환자와 함께 계속해서 새로운 장애인들이 시설로 유입되면서, 더 많은 사람들 속에서 조용히 잊히고 보이지 않는 집단이 되고 있었다. 의학계 내에서는 전쟁 전에 요란스럽게 통제와 예방을 주장하다 몰락한 우생학을 대체하고 반대로 추진할 만한 옹호 세력과 새로운 사상도 없었다. 대신 조용하지만 확고한 시설 수용 지지자들이 새롭게 등장했다.

전후 노동당 정부는 1948년 '요람에서 무덤까지'를 새로운 복지국가의 핵심 요소로 하는 국민건강서비스(NHS)를 개시하고, 이를 널리 홍보했다. 정신결함자 콜로니와 지방정부, 자선 단체와 민간 병원의 기능이 전부 NHS로 이관됨에 따라, 정신결함자 돌봄제도가 국가 서비스 체제로 일원화됐다. 정신결함자를 위한 보편적 의료 모델, 즉 의사가 관리하고 간호사와 간호조무사가 의사를 보조하는 시설 체제는 그대로 유지됐다. 정신결함자 병원은 재원이 부족하여 다른 일반 병원에 비해 인력 채용에 어려움을 겪었다. 다수의 삶과 건강을 증진시킨다는 것이 최하위 외집단의 삶만이 악화시키고 있었던 것이다. 당시 의료계는 '백치' 문제와 관련하여 18세기 의사들과 놀랍도록 비슷한 딜레마에 빠졌다. 지능은 남보다 낮은데 처치로 낮게 하거나 치유할 수 있는 의학적 개입이 무의미한 사람들의 삶에, 의학은 어떤 역할을 할 수 있을까? 차이점은 18세기 의사들이 백치 집단을 무시하면서도 지역사회에 흡수되도록 내버려 두었다면, 1948년 이후에는 결함자라는 꼬리표가 (자신들에 의해) 붙게 된 수많은 사람들을 가두고 통제하는 폐쇄된 시설에서 이들을 '치료'하고 있었다.

결함자라 꼬리표가 붙은 사람들은 자신들에게 거의 관심 없고, 한 인간으로 이해하려 하지도 않는 의료 시스템에 갇혀 상태가 날로 악화되고 있었다. 비록 무보수로, 그리고 가끔은 강제 동원되어 일하기는 했어도 그들에게는 적어도 목적 의식과 직업을 제공했던 콜로니의 농장과 작업장은 관료 조직인 NHS가 음식과 물품을 공급함에 따라 전부 폐쇄됐다. NHS는 요람에서 무덤까지 일반 국민을 돌보는 일을 우선시했다. 하지만 어느 정도 사전 합의는 있었지만 여전히 모호한 개념으로 지능이 낮은 사람들에게는 관심이 덜했다. 전쟁이 끝나고 새로운 낙관주의, 정의와 평등을 요구하는 외침에 사회가 들썩이고 있었지만, 지역사회 돌봄 서비스로의 전환은 이루어지지 않았다. 1939년 4만 6천 명이던 시설 장애인은 1955년에 6만 명까지 늘어났다. 지역사회 또는 후견인의 보호를 받는 장애인도 7만 9천 명에 달했다.[12] 이들은 가장 엄격한 감시와 통제를 받으며 갇힌 생활을 해야 했으므로 진정한 외집단 중에 외집단이라 할 수 있었다.

NHS 산하 병원과 콜로니에서의 생활은 거의 언제나 암울했다. 1980년대 인터뷰 자료를 보면, 그때 당시의 환자들은 일상이 지루하고 규칙이 철저했다고 회상했다. 과거 잉글랜드 북부 시설에 수용됐던 한 환자는 이렇게 말했다. "우리는 6시 반이나 7시에 모두 일어나야 했어요. 사복은 입을 수 없었고요. 남자아이들과 전혀 대화할 수 없었어요. 화장실에 갈 때도 직원이 따라다녔어요. 어딜 가려면 직원과 함께 가야 했죠."[13] 직원의 편의를 위해 그리고 교대 시간을 맞추기 위해, 환자들은 이따금 새벽 5시에 기상해야 했다. 위생생활도 욕실마다 비치된 규정집 내용에 따라야 했는데, 환자들은 알파벳 순서로 주 1회만 목욕할 수 있었다.

절대로 마음대로 목욕하면 안 되고, 직원의 안내에 따라 줄을 서야 한다. 욕조에 직접 손을 대도 안 된다. 수도꼭지에 손을 대지 않게 하려고 목욕

후에는 수도꼭지를 떼어갔다. 그렇게 하지 않으면 자살자나 익사자가 발생했을 것이다.[14]

콜로니는 환자의 행동을 통제하고 규제하기 위해 감옥과 비슷하게 억압적인 규율 제도로 운영됐다. 환자가 여전히 가족을 만날 수 있는 경우에 고향 집을 방문하는 것은 복종의 대가로 주어지거나 불순종에 대한 처벌이 보류될 수 있는 특권으로 간주됐다. 시설에서 나온 환자들은 시설에서 받았던 잔혹 행위와 학대를 상세히 기억했다. 마루 닦기를 거절하면 찬물이 든 양동이를 머리에 이고 서 있어야 했다. 경미한 '위반'자는 문이 잠긴 쪽방에 감금됐다. 좀 더 중한 '위반'자는 수치심을 느끼게 하려고 파자마나 속옷만 입히거나 심지어 알몸으로 마루를 닦게 했다. 무단 이탈이나 성 접촉 시도 같은 심각한 '범죄' 행위자는 처벌실로 보내 구속복을 입히거나 진정제를 주사했고, 침대 없이 매트리스만 놓인 어두운 방에 한 달 동안 가둬 놓았다.[15] 이런 일상적 규제와 잔인한 처벌 및 처우는 시설이 도덕적으로 부패하고 환자들의 인간성을 파괴하고 있다는 사실 뿐만 아니라, 목적없이 사는 쓸모없는 존재이자 평생 지하세계에 가둬야 하는 무능한 집단에 대한 분노의 반영이기도 했다. 대부분의 사람들에게 삶의 재미와 묘미를 주는 여가 및 사교 활동조차 규칙과 규율, 비상식적으로 적용된 사회적 관습 때문에 무미건조해지기 일쑤였다. 같은 장소에서 댄스파티가 열려도 임신에 대한 우려 때문에 남녀가 함께 어울리지 못했다. 매주 금요일은 '야외에서' 집단 체육 활동을 하는 날이었다. 그날은 소년소녀가 아닌 성인남녀로 구성된 '스카우트 앤 가이드'라는 단체가 유니폼을 입고 모여서 깃발을 들고 드럼

이름을 알 수 없는 영국의 한 정신 병원의 여성 환자와 간호사 그리고 홰에 올라앉은 앵무새의 모습을 찍은 사진. 정신 병원에 격리되어 단체 생활을 하는 제도는 2차 대전 이후에도 계속 유지됐다.

을 치며 행진했다.[16]

　정신적으로 결함을 가진 아이가 태어나면 의사들은 불운한 이상 현상으로 간주했고, 한결같이 부모들은 아이를 시설에 보내고 새로 아이를 낳으라는 조언을 들었다. 한 부모는 이렇게 말했다. "저는 1955년에 아들을 낳았어요. 우리 아들이 '몽고증'이라는 말을 들었는데, 당시에는 그렇게 불렀죠. 또 아이에게는 미래가 없고, 아마도 다섯 살을 넘기지 못할 거라고 하더군요. 그러면서 최선은 아이를 시설로 보내는 것이라고 그들이 말하더군요."[17] 부모들은 의사들로부터 끊임없이 압박을 받았다고 회상했다. 1950년대 의료계의 권위는 당연히 너무나 높았기 때문에 아이를 직접 기르고 싶은 부모라도 의사들에게 저항하기 어려웠다. 한 어머니는 처음에는 의사들의 권유를 거절했다가 결국은 설득당해 아들을 시설로 보낸 후 너무나 고통스러웠다고 했다. 의사들은 이렇게 말했다. "시설에 보내고, 그 아이를 완전히 잊으세요." 이 말은 다음과 같은 충고였다. "그 아이는 시설에 보내고, 다른 아이를 낳으시죠."[18] 아이를 집에서 키울 결심을 한 부모들은 또 다른 문제에 직면했다. 1944년 제정된 교육법은 2세 유아에게 지적 결함 검사를 받도록 규정했고, 그 결과에 따라 '교육지체아' 혹은 '부적응아'라는 꼬리표가 붙었다. 아동의 IQ 점수가 50 미만으로 나오고 '교육 불가'로 정해질 경우, 그 부모는 아이를 사립학교에 보내거나 집에서 교육해야 했다.[19] 교육 불가 통보는 편지로 이루어졌다고 한다. "저는 교육 당국으로부터 제 아이가 '교육이 불가'하여 학교에 다닐 수 없다는 편지를 받았습니다. 아직도 그 가슴 아픈 편지를 보관하고 있어요. 교육 불가라니. 정말 충격적이었죠. 반박하려 했지만, 반박할 근거가 없다는 사실을 알고 있었으니까요."[20]

따라서 전쟁이 끝난 후 정신 결함에 관한 의학계 의견은 거의 변화가 없었다. 장애인의 보호 및 치료 기능은 외딴곳에 있는 조용한 전문 시설로 이관됐다. 그러나 여전히 우생학의 영향을 깊이 받고 있던(겉으로는 감추었지만) 의학계에 대해 부모 단체의 태도와 대응 방식에 변화가 일어났다. 이들은 자신들의 자녀를 인간 이하로 대하는 오만하고 영혼 없는 의사들에 맞서기 시작했다. 신규 잡지인 〈너서리 월드Nursery World〉에서 '학업 지체backward'아 부모들이 주고받던 편지는 주디 프리드Judy Fryd라는 젊은 엄마의 주도 하에 1946년 전국 학업지체아 부모협회의 설립으로 이어졌다. 이 단체는 1956년 전국 지적장애아 협회로 이름을 바꾸었고, 1981년에는 단체명에 성인을 추가하여 오늘날에는 Mencap(Royal Society for Mentally Handicapped Children and Adults)으로 불리고 있다. 막강한 의사들에 맞선 부모들의 행동은 과격했지만, 사실 이들은 자녀의 삶과 인간으로서의 지위를 지지하는 입장에 서 있는 사람들이었다. 한 운동가는 이렇게 회상했다.

(우리는) 적어도 우리 사람들을 어느 정도는 보통 사람처럼 대우받게 하는 데 필요한 지지와 인정을 얻고자 노력했다. 이들도 모두 사람이다. (…) 또한 이들이 모두 어린이는 아니지만, 아이들도 사람으로 인정받도록 하기 위해 노력했다.[21]

학업지체아 부모들은 시설화된 거대 병원들의 힘에 맞서 지역사회에 기반한 새로운 시스템을 마련하고자 고군분투했다. 이들은 자체적으로 보육원, 직업센터, 청소년 클럽, 쉼터 및 주거 시설까지 마련하며 활발한 활동을 벌였다. 모든 아동의 수업권을 보장해 달라며 국가에 청원을 넣기도 했다.[22] 무엇보다도 그들은 의료계의 권위에 맞서고 있었다.

보다 광범위한 측면에서는 전쟁 이전 인류 퇴보의 위험성을 외치면서 사회적, 도덕적 공포를 조장했던 우생학을 일축하는 새로운 자유주의적 태도가 등장하기 시작했다. 자유주의 운동은 1947년에 시작되어 콜로니에 수용된 정신결함자에 대한 착취와 과도한 자유 제한에 반대하는 전국시민자유위원회(NCCL, 오늘날 명칭은 리버티Liberty)가 운동을 주도했다. NCCL은 콜로니에 영구적으로 허용한 결함자 수용 권한을 제한하자고 주장했다. 통제위원회는 각종 불만을 해결하지 못했고, 환자들은 무보수로 노동력을 착취당했기 때문이다. 1951년 NCCL은 여러 학대 사례를 수집하여 《법의 보호를 받지 못하는 5만 명, 정신결함자로 공인된 사람들에 관한 연구50,000 outside the Law: An Examination of Those Certified as Mentally Defective》라는 제목으로 책을 출간했다. 이 책은 '노예 노동'을 집중취재한 신문들의 1면에 크게 실렸고, 1954년 왕립 정신질환 및 정신결함에 관한 법 위원회가 설립되는 계기를 마련했다. 의료인들은 캠페인이나 개혁의 대의를 전혀 지지하지 않았다. 정신결함법은 중대하고 부당한 내용과 그 적용 범위만 일부 변경됐을 뿐, 콜로니 시스템과 후견인 제도는 그대로 남아있었다. 그럼에도 그동안 잊힌 장애인들에 대한 대중의 인식이 위협적인 격리 집단이 아니라, 정당하게 대우받아야 할 관심 집단으로 대중의 주목을 받았다는 변화는 의미심장한 일이었다.

부모 단체와 NCCL의 캠페인 모두 이른바 결함자 집단에 대한 학대와 사회적 비난에 맞선 최초의 운동이었다. 전후 미국 상황도 영국과 비슷하게 진행되어 과거 요란스럽던 우생학 지지자들이 사라졌음에도 여전히 우생학적 가정들이 남아있었다. 수많은 '지적장애인들morons, retarded'이 대형 국영시설에서 계속해서 죽어갔다. 여전히 의사와 심리학자들은 지적장애아 부모들에게 아이를 시설에 보내고 나서 잊어버리라고 권했다.[23] 하지만 소수의 부모들은 그들의 권고를 무시하고 자녀를 직접 기르기로 했고, 이런 행동이 장애 자녀를 대중에 공개한 유명인들에 의해 널리 알려지면서 사람들의 태도가 변하기 시작했다. 이런 유명인 중에는 배우 겸 싱어송라이터 데일 에번스Dale Evans와 그녀의 남편이자 '싱잉 카우보이'(singing cowboy, 컨트리 음악의 한 장르-옮긴이) 가수 로이 로저스가 있었다. 로저스는 텔레비전 프로그램 〈로이 로저스 쇼Roy Rogers Show〉 (1951-7) 진행자로 이 프로그램에 트리거라는 이름의 말과 불릿이라는 개와 함께 출연한 것으로 유명하다. 에번스와 로저스의 딸 로빈은 다운 증후군으로 태어나 두 살 때 사망했다. 부부는 의사의 권고에 따르지 않고 아이를 집에서 길렀다. 로빈에 대해 쓴 에번스의 책《숨은 천사 Angel Unaware》는 1953년에 출판되자마자 베스트셀러가 됐다. 독실한 기독교인이었던 에번스와 로저스는 반세기 동안 견고하게 유지됐던 "위협적인 정신박약자"라는 우생학적 비난에 맞대응했다.[24] 에번스는 수 세기 동안 전해 내려온 무죄한 어린이holy innocent라는 개념을 부활시키며 그녀의 아이는 가족을 하나님께 더 가까이 데려가기 위해 온 천사라고 말했다. "하나님이 우리 가정에 2년짜리 미션을 주셔서 우리를 영적으로 강하게 하시고, 하나님과 깊은 유대감을 쌓아 그분을 더 잘 알고 사랑하게 이 아이를 보내셨다고, 나는 진심으로 믿는다."[25] 이 말이 21세기를 사는 사람들의 귀에는 복음을 전파하려는 감상적인 말로 들릴 수 있다. 또, 이론가 울프 울펜스버거Wolf Wolfensberger의 묘사처럼, 장애 아동에게 "살아 있는 성인"의 역할을 부여하는 것일지도 모른다.[26] 그렇더라도 이런 행동은 사회에 만연해 있는 사악한 우생학 담론에 맞선 용감하고 의미 있는 대응이었다. 더욱이 유명인 부모가 힘을 실어준 까닭에 어떤 열렬한 운동보다 더 쉽게 대중의 마음을 움직일 수 있었는데, 직업 특성상 인기 유지가 중요한 에번스와 로저스에게는 전문가 의견에 반하는 원칙론을 주장하는 일이야말로 자신들의 커리어를 거는 위험한 행동이었다.

다행히 대중의 반응은 긍정적이었고, 이에 힘입어 1940년대와 1950년대에 미국 전역에서 행동하는 부모 단체들이 속속 생겨났다. 1950년에 전국 지적장애 아동 부모·친구 협회가 결성됐고, 1952년에는 전국 지적장애 아동협회로 이름을 변경했다. 그렇지만 변함없이 지적장애 아동은 일반 학교에 들어갈 수 없었고 시설에 보내질 위험도 사라지지 않았다. 따라서 지적장애 아동 부모단체는 대안 교육 시스템을 만들고 여름 캠프와 복지 시설을 지었다. 또, "모든 아이에게 공정한 기회를"이라는 슬로건 등으로 특수교육제도의 필요성을 알리는 캠페인을 벌였다.[27] 이 모든 상황은 결함자와 그 가족 모두를 모욕했던 우생학 지지자들을 강하게 위협했다. 무엇보다도 1950년대 부모 단체의 캠페인이 거의 중산층 출신의 도덕적 권위를 가진 훌륭한 부모들의 지지를 받고 있었기 때문이다.

능력주의의 불안

전후 민주주의 확산과 풍족해진 생활, 산업 및 농업 기술의 발달이 가져온 사회변화는 이른바 지능이 떨어지는 사람들의 자리를 사회가 계속해서 보호해줄 수 있는지에 대한 전반적인 불안감으로 나타났다. 영국인이 가졌던 이 같은 불안감은 특히 결함자나 치우로 진단받은 사람들뿐만 아니라 지능이 '부족한' 모든 사람과 관련이 있었다. 현대 사회가 복잡해지고 있으니 기민하고 지능이 높은 사람만 의미 있는 역할을 할 수 있다고 사람들은 생각하는 듯했다. 1957년《예측 가능한 미래 The Foreseeable Future》라는 책에서 노벨 물리학상을 받은 조지 톰슨 경Sir George Thomson은 기계화가 확대되고 위협적인 사이버네틱스 시대가 점점 다가오는 상황을 묘사하면서 '바보의 미래'라고 한 것에 대한 두려움을 표현했다. 톰슨에 따르면, 단순 노동이 소멸하고 고객이 직접 식료품을 살 수 있는 슈퍼마켓이 등장하며 '완전한 인간 능력'을 필요로 하지 않는 일을 기계가 대신 하는 '고도로 문명화된 사회'는 이런 질문을 던지게 한다. "실제로 확실하게 지능이 아주 낮거나 겨우 평균 지능을 유지하는 사람들에게 어떤 일이 일어날 것인가?"[28] 톰슨은 다가오는 대재앙을 피하기란 거의 어려우며, 그래머 스쿨(grammar school, 대학 진학이 목표인 영국의 중등 교육 기관-옮긴이)에 진학할 수 없을 정도로 지능이 낮은 사람의 80퍼센트는 이 대재앙의 영향을 받을 수밖에 없다고 추측했다. 그는 국가 보조금으로 고령자를 보살피는 것은 한 가지 선택이겠지만, 그 외에 진행 중인 사회 계층화와 지능에 따른 자원 배분이 장차 정치인들에게 골칫거리가 될 것이라고 예견했다. 19세기 말 허버트 조지 웰스가《타임머신》에서 묘사했던 호화로운 일로이족과 이들을 위협하는 분노에 찬 미숙련 몰록족으로 작은 공동체가 분열된 상황이 현실로 다가오는 것처럼 보였던 듯하다.

사회학자이자 방송대학 설립자인 마이클 영도Michael Young 비슷한 문제를 예견했다. 1958년에 발표한 풍자적인 책에서, 영은 지능만으로 사회적 지위와 특권이 결정되는 사회를 묘사하기 위해 '능력주의'라는 단어를 만들었다.《능력주의The Rise of the Meritocracy》는 우둔한 계층이 (포퓰리즘 정당을 만들어) 엘리트 지식인에 맞서면서 사회적 불안이 커지게 되는 2034년(당시 기준으로 76년 후) 영국의 모습을 그렸다. 영은 매력적으로 들릴 수도 있지만 이상에 불과한 능력주의에 두 가지 문제가 있다고 설명한다. 첫째, 지능에만 기초해서 세운 시스템은 낡은 계급제도를 대체하는 새로운 계급제도를 만들어내는데, 이것 역시 불공정하고 배타적이며 낮은 계급, 즉 지능이 낮은 사람들을 억압한다. 둘째, 새로운 능력주의 시스템 안에는 낡은 계급제도가 여전히 그림자를 드리우고 있는데, 그것은 바로 낡은 제도에서 특권을 누리던 사람들이 새로운 질서에서도 쉽게 유리한 위치를 점할 수 있다는 점이다. 사실 능력주의는 낡은 제도보다 더 나빠질 수 있다. 그 이유는 능력주의 사회에서 권력자는 능력만 있으면 높은 지위로 올라갈 수 있다고 생각하기 때문이다. 하지만 실제로 그들 중 상당수는 오래된 제도지만 숨겨졌던 세습제, 즉 물려받은 부와 지위 덕분에 지위를 얻은 것이다. 그러므로 능력주의는 엘리트 집단에 지나친 특권 의식과 자부심을 갖게 한다.[29]

이 책은 여러 사람(특히 영이 빈정댔듯이, 이 책을 읽지 않은 사람들)에 의해 능력주의를 지지하는 책으로 해석됐고, 그 근거로 개인의 지능을 통해 특권을 성취하는 것이 재능이나 지능과 상관없이 세습 특권으로 높은 자리에 오르는 것보다 훨씬 공정하다는 점을 내세웠다. 그러나 능력주의 사회도 여전히 타고난 특권이 존재하며, 지능이 낮은 사람은 높은 지능을 타고난 선택된 소수보다 적게 누릴 만하다는 믿음으로 사회가 돌아간다. 영은 이렇게 썼다.

> 설사 평범한 사람이 높은 지위에 선택된 사람보다 타고난 능력이 부족하다는 사실을 증명할 수 있다 하더라도, 그것이 평범한 사람은 덜 누릴 만하다는 의미는 아닐 것이다. '운 좋은 정자 클럽'의 회원이라고 해서 이익을 누릴 도덕적 권리가 생기는 것은 아니다. 타고난 것은 스스로 만든 것이 아니다.[30]

톰슨과 영이 빠진 딜레마는 사실 지난 70년간 장애인을 악마 취급하고 격리함으로써 발생한 결과와 같았다. 일단 사회가 지능만으로 특권과 신분, 지위를 배정하기 시작하면, 지적 능력이 부족한 사람들을 격리하는 과정이 인구 전체로 확대될 것은 자명하다. 능력주의는 공정성과 가치, 심지어 평등이라 할 수 있는 능력으로 강화되지만, 실제로는 훨씬 견고한 새로운 불평등한 계층을 만들어낸다. 정신적으로 결함이 있거나 치우 진단을 받은 사람들은 대개 시설로 보내지거나 정신결함법에 따라 감시와 후견인 제도로 사회에 의미 있는 최소한의 참여조차 박탈당했다. 가장 확실한 외집단이 사회에서 잊히고 거의 보이지 않게 되자, (지능이 낮아 사회에서 뒤처진 사람들로 구성된) 새로운 외집단이 등장했다. 이에 톰슨은 "우리의 후손이 새로운 세상에서 더 어리석은 사람들과 무슨 일을 할 수 있을까"라고 질문을 했다.[31] 여기서 어리석은 사람은 정신결함법으로 규정한 결함자가 아니었다. 정신결함자가 떠난 자리에 새로 들어온 지능이 낮은 사람들을 의미했다. 영은 '능력주의 사회가 얼마나 지독하고 허술할 수 있는지'에 대해 말했다. 또 부자와 권력자가 자신이 가진 것을 당연시하는 사회에서는 "얼마나 그들이 오만해질 수 있는지, 또 그것을 공익을 위한 것으로 믿는 경우 그들이 얼마나 뻔뻔하게 자신의 이익을 추구하는지"도 경고했다.[32] 영과 톰슨 모두 적어도 부분적으로는 타고난 지능으로 축복받은 사람들이 가질 주도권[hegemony]에 커지는 불안감을 반영했다. 이것은 19세기 말부터 만연한 지능이 낮은 우둔한 사람에 대한 신랄한 비난에 이의를 제기한다는 의미였다.

부모 단체의 캠페인과 인권 단체의 우려, 우생학적 유전에 대한 대중의 불안감은 정책과 법률 변화에 대한 요구로 이어졌다. 전문가로서, 특히 대다수 의사들의 태도는 근본적으로 전혀 변화된 것이 없었다. 양차대전 사이에 우생학을 지지했던 수많은 사람들은 그들의 생각을 겉으로 드러내지는 않았지만 대부분 바뀌지 않은 채 1950년대에도 여전히 정신 건강과 정신결함 관련 분야에서 영향력을 행사하고 있었다. 결함자에 대한 우생학의 불신은 여전히 활발하게 작동하고 있었지만, 불신의 형태는 달라졌다. 그 불신은 능력주의와 '재능이 있는' 노동계층 아동에 대한 낙관적인 논의에서 명확하게 포착된다. 우생학적 불안이 노골적인 말로 표출됐다면, 이제는 "문제 가족"과 "사회적 문제 집단"에 대한 사회학적 우려라는 부드러운 용어가 사용됐다.[33]

개혁

퍼시 위원회percy commission라 불리는 왕립 정신질환 및 정신결함에 관한 법 위원회가 1954년에 설립됐다. 이곳의 기능은 정신질환자와 정신결함자를 감금 및 보호하도록 규정한 기존 법령을 검토하는 일이었다. 정신결함자와 정신질환자는 19세기에 같은 정책의 적용을 받았으나, 1913년부터는 정신결함법에 따라 분리됐다. 1957년에 나온 위원회 보고서의 결론은 "다른 질환이나 장애, 사회적 어려움 때문에 돌봄이 필요한 사람들보다 법의 보호를 덜 받고 있는 지적 장애를 갖고 있는 환자를 적절히 돌볼 수 있도록 정신결함법을 개정해야 한다"는 것이었다.[34] 또한 가능하다면 대형 병원보다 지역사회에서 처치하고, 정신질환의 치료는 NHS가 더 많이 흡수하며, 편의 시설은 더 많은 지방정부가 제공하는 방안을 권고했다. 1959년에 제정된 정신보건법The Mental Health Act[35]은 정신질환과 정신결함자를 모두 포괄하는 법이었다. 따라서 위원회의 권고에 따라 정신결함법과 그 이전의 광증 및 정신치료법까지 폐지했다. 정신보건법은 신체질환과 비슷한 정신장애를 병원에서 치료할 수 있게 하는 법적 틀을 마련하고자 했다. 입원 치료를 하지 않아도 되는 사람들에게는 지방정부가 사회 돌봄 서비스를 제공할 책임이 있었다. 강제성 없는 NHS의 다른 서비스와 마찬가지로 자발적 치료가 치료 원칙이 됐다.

정신질환과 정신장애가 함께 논의될 때 흔히 그렇듯이, 법령의 주된 관심은 치료 가능하고 숫자도 많은 정신질환자였다. 매슈 톰슨Matthew Thomson이 "양질의 서비스를 우선 제공 받는 치료 가능한 사람들과 형편없는 서비스를 받고 방치되고 있는 치료 불가능한 만성질환자"라고 부른 사람들 사이에 격차가 벌어졌다.[36] 1913년 이후 이 집단에 관한 첫 번째 주요 법령인 정신보건법에 따라 정신결함은 '정신 지연mentally subnormal'이 됐는데, 이 용어는 결정적으로 IQ를 숭배하는 사상에 토대를 두었다. '정신박약자', '백치', '치우' 역시 적어도 공식 용어에서는 사라졌다. "단순 문란 또는 부도덕한 행위만을 근거로" 정신이상자 진단을 내리지 못하도록 명문화하기도 했다. 이런 시도는 도덕관념이 없거나 부도덕한 행위를 했다는 이유만으로 '도덕박약자'를 감금하던 조치를 종결하려는 의도였다. '지역사회 돌봄'이라는 용어가 '보호 관찰'을 대체했지만 새로운 이름에도 불구하고 정신결함자의 생활에는 변함이 없었다. 그대로 남은 정신병원과 콜로니에서 그들은 계속해서 고통을 받고 있었으며, 시민의 자격 및 권리에서도 여전히 배제되고 있었다. 아무것도 해결되지 않은 채 사람들이 계속 희생되고 있었다. 무관심과 방치, 침체된 분위기가 이제는 부족한 자원과 함께 정신병원이라 불리는 시설의 특징을 이루었다.

일련의 시설 비리 사건이 대개는 언론의 폭로로 대중의 관심을 끌게 되자, 그동안 잊히고 보이지 않던 비참한 시설 곳곳이 보이기 시작했다.

조지 에드워드 셔틀워스,
〈몽고증 어린이-고학년〉,
1902년. 도덕박약이라는
개념은 1959년에야 사라
졌다.

여기에는 존 랭던 다운이 처음 세운 노먼스필드 병원도 포함됐다. 1967년
〈뉴스 오브 더 월드News of the World〉 신문은 카디프 엘리병원의 학대 상황
을 자세하게 보도했다. 엘리병원의 직원 여섯 명이 환자 넷을 잔혹하
게 학대하고 위협하며 이들의 음식과 의복, 다른 개인 물품들까지 탈취
했다. 1969년에 나온 조사 위원회의 보고서에는 수없이 많은 잔혹 행
위에 언어폭력과 구타, 치료 거부 등이 적혀 있었다. 훗날 보수당의 원
로 정치인이 된 제프리 하우Geoffrey Howe가 쓴 보고서는 엘리병원의 사례
뿐만 아니라 NHS 하에서 자행된 정신손상을 입은 사람들people with mental
handicap에 대한 조직적인 학대 사례들을 담고 있다.[37] 그런 다음, 1971년
에 나온 정부 백서는 "정신손상을 입은 사람들을 위한 더 나은 서비스"
라는 표현을 사용하여 병원이 아닌 지역사회의 쉼터, 학교, 직업훈련소
등에서 비의료 서비스를 제공하게 하는 방향 전환을 제안했다.[38] 영국
정부는 교육 당국에서 '교육 불가'로 분류된 아동을 배제하지 말라는
부모 단체의 압력에 굴복하여 1년 전인 1970년에 교육법을 통과시켰다.

여기서 중증 지적장애 아동에 대한 교육 책임을 보건 당국에서 지방정부로 이관했고, 모든 아동이 교육받을 권리가 있음을 명문화했다.

따라서 정신결함자에 근거한 배타적인 고립주의는 더디기는 했지만 어쨌든 무너지기 시작했다. 이제 새로 태어나는 장애 아동과 그 부모들은 시설 말고도 다른 길을 택할 수 있었다. 1978년 '특수 교육의 필요성'을 다룬 워녹 보고서Warnock Repot는 (전부가 아닌) 일부 장애 아동에 대한 통합 교육을 권고했다. 하지만 여전히 수많은 성인과 아동이 시설에 갇혀 지냈다. 또 대중의 관심이 시설에서 대안 장소로 더 멀어지자, 오히려 시설은 환자들이 살아가기에 치명적인 장소가 돼버렸다. 1981년 다큐멘터리 영화 〈침묵하는 소수Silent Minority〉39는 서리 케이터햄의 세인트로렌스(전 중앙 중증치우시설)와 버크셔의 보로코트에 소재하는 영국의 두 정신병원에 수용된 환자들의 모습을 집중적으로 조명했다. 병원 책임자는 재정적 어려움을 호소하고 투자를 요청할 기회로 삼기 위해 영화 촬영을 허용했으나, 이 영화는 대단히 충격적인 장면들을 보여줬다. 어떤 장면에는 '말썽을 부려' 기둥에 묶여 있던 젊은 환자가 나왔고, 독방

미들섹스 테딩턴 노먼스필드 병원의 한 환자. 1979년 2월 12일. 존 랭던 다운이 1868년에 설립한 이 병원은 1970년대에 학대와 방임의 진원지였다.

에 갇혀 방치된 사람도 있었다. 또 다른 장면에는 무더운 날 음식과 물, 대피장소도 없이 옥외 축사(이곳은 병원 후원금으로 만든 철조망이 높게 둘러쳐져 있었다.)에 남겨진 후, 바깥으로 나가려 애쓰는 환자들을 보여줬다. 이런 장면은 이 시설병원이 고립된 환경이었다는 점과 환자들이 일상적으로 그런 비인간적인 대접을 받았다는 점을 보여줬다. 시설 관계자들은 단순히 환자들의 일상을 촬영하면 더 나은 병원을 만들 수 있으리라고 생각했다.

1960년대부터 대중은 정신손상자에 대한 시설의 지옥 같은 학대와 방치, 인간성 파괴 등에 간헐적 관심을 보여 왔는데 이 영화가 일종의 전환점을 마련했다. 그보다 2년 전, 지적장애인 간호조사위원회 보고서(제이 보고서the Jay Report)는 중증 장애인이라 하더라도 장기적으로 병원의 '관리'를 받는 의료 모형 대신 지역사회에서 돌보는 사회 모형을 채택하도록 급진적인 제안을 했다.[40] 그 내용은 다음과 같았다.

> 정신손상자도 지역사회 안에서 정상적인 생활을 할 권리가 있는데, 너무나 자주 (…) "가능한 한 정상적인 삶"이라는 개념이 중증 장애인에게까지 미치지 못하는 경향이 있다. 유감스럽게도 아직은, 정신손상자가 추가로 신체장애를 입었거나 심각한 행동 장애를 보일 경우 병원에서 지내야 한다고 생각하는 것 같다.

제이 보고서Jay Report는 백치라 불린 사람들의 정신의료시설과 정신결함자 시설이었던 콜로니, 그리고 정신손상으로 여겨지던 이들이 수용됐던 정신병원 시대가 끝났음을 분명하게 알렸다. 보건 분야의 싱크탱크라 할 수 있는 킹스 펀드King's Fund는 1980년에 낸《평범한 삶An Ordinary Life》에서 정신손상자들이 자신이 살던 지역사회에서 멀리 떨어져 격리된 삶을 사는 게 아니라 다른 주민들과 같은 거리를 걷고 같은 유형의 주택에 거주하며 같은 의료와 교통, 서비스 시설을 이용하며 살아야 한다고 주장했다. 정신장애인에게도 평범한 생활을 할 자격이 있음을 명확히 하는 이런 주장은 당시 일반 시민과 시설의 정신손상을 입은 사람들 사이에 벌어져 있던 간극의 깊이를 보여준다.

제이 보고서가 발표되고 나서 2년이 지난 1981년, 황금 시간대에 방송한 〈침묵하는 소수〉를 본 시청자들이 경악과 당혹감을 금치 못했을 때, 영국 정부는 NHS에서 지방의회와 자선 단체로 재원과 서비스를 이전할 것을 제안하는 내용의 이른바 '지역사회 돌봄'이라 불린 그린 페이퍼(Green Paper, 영국 정부의 의회 심의용 정책 제안서–옮긴이)를 발표했다.[41] 이 내용은 병원 시설을 전면 폐쇄하고 그 기능을 새로운 지역사회 돌봄 시스템으로 대체하여 수만 명의 환자를 지역사회에 재정착시킴으로써 새로운 삶을 살게 한다는 의미였다. 정신결함자mental defectives로 병원에 들어왔다가 정신손상자mentally handicapped로 퇴원하는 사람들을 해방한 의외의 인물은 바로 마거릿 대처 총리였다. 그녀의 조치는 억압받는 소수를 지지했다기보다 지난 30년간 줄기차게 제기되어 온 주장들에 설득당한 것이었다. 처음에는 정신결함자였다가 나중에는 정신손상자로 꼬리표를 붙이고 곧 학습장애인learning disabilities으로 불릴 사람들의 삶에 국가가 가했던 횡포는 사실 경제적 자유주의와 개인의 삶에 대한 국가 간섭의 최소화라는 그녀의 신념을 실천할 좋은 기회였다.

1980년대와 1990년대에 수만 명이 정신병원을 나와 지역사회로 돌아가 새로운 삶을 꾸렸다. 지난 140년간 영국의 익숙한 풍경으로 자리 잡았던 낡은 병원들은 시설로서 문을 닫았다. 많은 시설이 (종종 값비싼) 주택으로 개조되거나 주거지 개발을 위해 철거됐다. 간혹 일부 낡은 병원은 복합 질환자용 '전문' 의료 시설로 개축되기도 했다. 시설을 나온 환자들은 지방정부나 자선 단체가 제공하는 집단 주택이나 소형 거주 시설에 살면서 지역사회 내의 복지센터, 지역사회 정신손상자 전담팀, 특수학교와 특수대학, 사교 클럽 등을 이용하며 지낼 수 있었다.

의료모델은 종식된 것으로 선언됐다. 이제부터는 사회모델이 보편화된다. 생활방식의 이런 변화는 대중의 인식 변화를 요구했다. 따라서 늘 그렇듯이 이름 또한 바뀌게 된다. 1990년대부터 '정신손상자'라는 용어는 사라지기 시작했다. 핸디캡handicap은 사람의 본질적인 특성이 아니라 평범한 생활을 방해하는 일련의 사회적 장애물(시설, 접근 불가한 환경, 사회적 적대감)로 정의됐다. 장애disability는 내면적이며 학습, 적응, 발달 능력에 어려움을 유발하는 것이다. 지역사회의 올바른 지원은 이런 어려움을 최소화하고 장애인이 일상에서 겪는 곤란한 문제들을 극복할 수 있게 한다. 무엇보다도 장애인은 권리를 지닌 한 개인이자 사람으로 여겨져야 한다. 장애가 아니라, 사람이 먼저라는 의미다. 그러므로 새로운 공동체 시대에 이들은 더 이상 정신적으로 손상을 입은 이들이 아니라 학습 장애를 가진 사람들이었다.

변함없이 영국과 미국의 정책 관행은 유사한 방향으로 움직였다. 비슷한 유형의 시설 비리 사건이 연이어 터지자, 시설 관계자들은 심각한 구조적인 실패를 폭로한 후 탈시설화와 지역사회 서비스를 시작했다. 이런 과정을 가리켜 미국에서는 낙관적인 용어를 사용해 "발달장애인

의 돌봄과 치료에 맞춘 사회 전반적인 방향 전환"이라 불렀다.[42] 지역사
회의 재정착을 주장하는 운동은 케네디 가문의 적극적인 지원을 받았
다. 1961년 미국 대통령으로 당선된 존 F. 케네디의 여동생, 로즈메리는
1918년에 태어나 일곱 살에 '정신결함자'로 판정받았다. 케네디 가문은
부유했기에 그녀를 시설에 보내지 않고 집에서 돌볼 수 있었다. 그녀
는 스물세 살이던 1941년에 끔찍한 이마앞엽절개술prefrontal lobotomy을 받
고 장애가 악화되어 결국 1949년 시설로 보내졌다. 그녀의 여동생 유니
스 케네디Eunice Kennedy(훗날 슈라이버Shriver)는 권리옹호운동을 주도했고, 대통
령이 된 오빠 존을 압박하여 정신지체자와 이들을 수용하고 있던 시설
에 필요한 조치를 취하고 대중의 관심을 유도했다. 또 시설에서 자행되
는 학대와 방치를 폭로하기 위해 언론인과 사진사들을 대동하고 몇몇
과밀 시설을 방문하기도 했다.[43] 슈라이버는 스페셜 올림픽(발달장애 또는
정신 지체가 있는 선수들이 참가하는 국제 스포츠 대회-편집자)을 만들기 위해서도 노력

2019 스페셜 올림픽 참가자.

했고, 마침내 1968년 제1회 스페셜 올림픽 대회를 치렀다.

케네디 가족이 로즈메리를 공개한 사건은 장애인 권리옹호운동에 용기를 북돋우는 한편, 장애인에 대한 사회적 낙인도 방지하는 계기가 됐다. 이런 새로운 분위기 속에서 인권 운동가들은 정신지체자도 미국 시민으로서 평등하게 법의 보호를 받도록 일련의 입법 운동을 시작했다. '와이엇 대 스티크니Wyatt v. Stickney' 판결(1972)에서는 지역사회를 포함하여 가장 덜 구속적인 환경에서 정신지체자를 돌봐야 함을 확고히 했다. '핼더먼 대 펜허스트 공립학교 및 병원Halderman v. Pennhurst State School and Hospital' 판결(1977)은 정신지체만으로 시설 수용을 정당화할 수 없다고 명시하고 지역사회를 돌봄 서비스의 중심으로 공고히 했다.[44] 100년 전에 사회 부적응자로 간주됐던 사람들이 시설을 떠나 지역사회로 돌아가기 시작했다.

이론화

시설에 있던 사람들이 지역사회로 복귀하고 점차 이들의 존재가 눈에 띄게 되자, 사회이론가들이 관심을 기울이기 시작했다. 이론가들은 인간성을 파괴하고 사회적 비난이라는 유독한 분위기 속에서 그들을 지역사회에서 추방한 것이 무엇인지 설명하려 애썼다. 독일계 미국인 학자 울프 울펜스버거는 1968년 시설들을 비판하면서 정신지체자에 대한 일반인들의 인식이 시설의 개념에서부터 설계와 운영에 이르기까지 비인간적인 학대를 자행하는 시설 환경으로 만들었다고 주장했다. 그는 정신지체자를 환자로, 인간 이하의 존재로, 위협적인 존재로 인식되게끔 하는 것이 이들의 인간성을 파괴하는 명백한 세 가지 방식이라고 설명했다. 하지만 좀 더 절묘하고 은밀하게 인간성을 파괴하는 세 방식은 이들을 동정의 대상으로, 자선가에게 부담을 주는 존재로, 무죄한 어린이로 여기는 것이다. 물론 이 세 가지는 적어도 중세 때부터 내려온 '백치'에 대한 오랜 통념이다. 울펜스버거가 보기에, 이 같은 정신 지체에 대한 표면상의 시혜적 개념들은 노골적인 적대감보다 어떤 면에서더 위험했다. 동정은 그 대상을 어린아이처럼 취급하고 정신지체자를한 인간으로서 진지하게 받아들이거나 중요하게 여기지 않는다는 점에서 그들을 인간 이하로 보는 것과 같았다. 무죄한 어린이로 보는 관점은 이들이 악행을 저지를 수 없으므로 무해한 어린이와 같다는 것이며, 이런 방식은 다른 사람들의 눈에 완전한 인간으로서 지위가 결핍된 존재로 여기는 시각이다. '자선가에게 부담을 주는 존재'라는 말은 정신지체자를 대상화한 냉정하고 이따금 경멸이 담긴 표현으로, 그들의 불운을 신의 섭리로 여겨 그들을 지원하는 것을 망설이게 한다는 의미다. 시설의 잔혹성에 대한 울펜스버거의 통찰력과는 별개로, 그의 이론이갖는 중요성은 정신지체자(혹은 시대와 장소를 막론하고 그들에게 달린 꼬리표가 무엇이었든)라는 말이 보편적이면서 변하지 않는 인식 가능한 인간 유형이라기보다 다른 사람들의 마음속에 형성된 개념이라고 주장한 점에 있다. 인간 사회에서 인정받고 구성원으로 살기 위한 타고난 무능력보다는, 오히려 이런 인식이 그들을 시설에 가두고 학대하게 했다는 것이었다.[45]

인류학자 로버트 에저턴Robert B. Edgerton은 1967년 출간한《능력 망토The

Cloak of Competence》에서 1961년 캘리포니아 시설에서 나온 정신지체자로 꼬리표가 붙은 100명과 일대일 면담으로 수집한 자료를 바탕으로 그들의 생활을 꼼꼼하게 분석했다. 그는 그들이 지적 무능력자라는 낙인이 찍힌 채 정신 감옥에 갇혀 있다고 표현했다.

정신지체자의 무능력이 '지적인 영역'에서 가장 두드러진다는 사실은 그들의 결함이 실은 부분적이고 제한적이라는 결론으로 이어진다. 즉, 그결함이 지적 능력의 부족이지 사회적 능력의 부족은 아니라는 것이다. 그런데 연구 결과, 실제로 전 환자들에게서 '지적' 능력과 '사회적' 능력의구분은 의미가 없었다. 이들의 일상에서 필요한 두 가지 능력은 지적 능력과 사회적 능력인데, 그 둘은 분리할 수 없기 때문이다.[46]

그는 이들이 자존감을 지키고 타인에게 존중받기 위해 끊임없이 투쟁하고 노력했지만 얇고 낡은 '능력 망토'를 걸친 탓에 정상 '통과'에 실패했다고 여겼다. 일단 그들은 '비정상'으로 분류되면서 원래 자리를 유지하려고 고군분투했고, "적소에서 무능력한 채로 살면서 남들에게폐를 끼치지 않아야"만 생존할 수 있었다.[47] 이 주장은 사회가 정신지체자에게 부여한 구성원 자격은 당연히 가질 자격이 있는 것이 아니라 조건부이자 다수 구성원의 선의에 좌우됐기 때문에, 그들이 지역사회로 복귀하더라도 낙인은 사라지지 않는다는 것이었다. 에저턴의 책은 사회학자 어빙 고프먼Erving Goffman의 책 내용을 반영하기도 했는데, 고프먼의 책 《수용소Asylums》(1961)와 《스티그마Stigma》(1963)는 시설이 개인의 정체성에 미치는 그릇된 영향과 비정상이라는 꼬리표가 붙은 집단이 최대한 '정상적'으로 사회 정체성을 강화하는 방법을 탐구했다. 에저턴의 연구는 결론에도 나와 있듯이 정신지체자를 타당하고 가치 있게 고려할 만한 생각과 감정을 지닌 주체적인 한 인간으로 봤다는 점에서 그 방법론만큼이나 중요했다.

울펜스버거는 장애인를 대하는 전문가들의 태도와 이들을 위한 서비스 기능을 설명하기 위해 '죽음 제조death-making'라는 용어를 만들었다. 장애인 의료 서비스의 실패 원인은 그들의 삶을 저급하고 가치 없다고 생각했기 때문이다. "장애인은 향정신성 약물을 과다 투여받아, 결국 약물 중독으로 사망에 이른다. 하지만 사망 증서에는 심정지나 폐렴 같은 합병증만 사인으로 기재된다."[48] 영국의 정신 분석가 밸러리 시나슨 Valerie Sinason은 이 생각을 좀 더 발전시킨다. "의학계에 만연한 지적장애 intellectual disability 근절 욕구는 '장애인'으로 태어난 사람들이 정서적으로 환영받지도 세상에 섞여 살지도 못한다는 사실을 의미"한다. 이는 그들의 장애가 어머니 자궁 안에 있을 때 확인됐다면 그들은 아예 태어나지 못했을 수 있기 때문이며, 또한 그들의 어머니가 장애아를 낳았다는 원초적 비난을 받는 곳이기 때문이다.[49] 이렇게 완전한 인간이 사는 세상에 대한 기대와 '결함'자가 존재하는 현실의 괴리 속에서 죽음의 제조가 이루어진다.

스웨덴 이론가 벵트 니리에Bengt Nirje는 1969년 지적장애인(혹은 과거에 어떤 이름으로 불렸든)으로 정의된 사람들이 비장애인과 똑같이 삶의 질을 높이고 사회에 온전히 참여할 권리를 가져야 한다는 내용으로 '정상화' 이론을 만들었다. 정상적인 삶은 대형 시설이 아닌 평범한 환경에서 이루어져야 한다는 것이다. 울펜스버거는 이 이론을 발전시켜 '사회적 역할 가치화social role valorization'라고 명명했다. 그는 지적장애인의 삶의 가치에 대한 인식이 변해야만 그들의 사회적 지위가 향상되고 그들에게 씌워진 끔찍한 누명을 벗길 수 있다고 주장했다. 지적장애인을 폄하하는 태도는 이들에게 적극적으로 개인 기술을 가르치고, 중요한 일에 대비하여 훈련을 시키고, 비장애인과의 교류를 장려하여 이들의 '사회적 역할을 가치화'했을 때 타파될 수 있는 것이다.[50] 미국의 변호사 존 오브라이언John O'Brien은 '사회적 역할 가치화' 개념을 토대로 사회 통합에 필요한 능력 및 권리를 지역사회에 포용될 권리와 비장애인들과 소중한 관계를 맺을 권리, 스스로 선택할 권리로 제시했다. 또 지적장애인은 이런 능력을 기르기 위해 지원을 받을 수 있어야 하고, 지역사회의 일원으로서 제대로 존중받을 권리도 있다. 이런 통합주의 접근은 19세기 내내 지배했던 격리주의와 의료모델을 거부했다는 점에서 반가운 일이지만, 최근에는 그들의 발상이 지역사회에 완전한 구성원으로 참여하고 싶은 지적장애인에게 조건을 내걸고 있다는 점에서 '조건부 승낙'이라는 개념과 유사하다는 비판을 받았다. 이런 비판을 받은 이후 포용 모델의 지지자들은 기존 규범을 따르라고 강요하기보다 전체 구성원을 아우를 수 있는 충분한 유연성과 적응성을 입증하는 것이 사회의 임무라고 주장해 왔다.[51]

대귀환

이론가들의 이런 갑작스런 관심은 1840년대 시작되어 1860년대 가속화되고 1970년대까지 사회로부터의 배제 및 격리된 사람들이 지역사회로의 복귀가 임박했다는 신호였다. 과거 130년간 지역사회에서 쫓겨나 있던 이들이 사회로 복귀하자, 학자와 정책입안자와 대중들이 관심을 보이기 시작했다. 이런 관심은 다윈 이후 우생학과 진화 심리학이 지배하던 시대에 우생학자와 심리학자, 지식인, 정치인이 집단적으로 공격한 것보다는 훨씬 더 긍정적인 반응이었다. 이것은 또한 제2차 세계 대전 이후 풍요롭고 건강한 사회가 조성되는 동안, 학대와 방치 속에 있던 시설병원 안 사람들에 대한 집단 망각이 끝났음을 보여주는 것이기도 했다. 1980년대 시작되어 1990년대까지 계속 이어진 '대귀환'은 놀라울 정도로 성공적이었다. 수만 명이 자신이 태어난 지역사회로 돌아갔다. 그들 중 대부분이 태어나서 수십 년만에 처음으로 출생지 또는 '자기 집'으로 돌아간 것이었다. 이런 조치가 크게 성공함에 따라 새로운 지역사회 돌봄 네트워크가 구축됐다. 의료모델에서 사회모델로 중대한 이동이 있었다. 많은 사람들이 과거에는 거부됐던 일들을 하면서 새로운 삶을 살고 있다. 자신의 침실에서 잠을 자고, 자기 옷을 입고, 원하는 음식 또는 텔레비전 프로그램을 스스로 선택할 수 있게 된 것이다. 나아가 자신이 살고 싶은 삶을 살면서 가족과 재회하고, 직업도 갖고, 개인적인 만남을 갖는 등 더 많은 선택을 할 수 있다.

이런 대대적인 사회변혁은 완벽할 수가 없고 130년간 지속된 시설 수용 조치와 명예훼손도 하루아침에 사라지지 않는다. 작은 지역사회

기반 서비스를 제공할 때조차 보이지 않는 제도적 형태가 발생할 수 있다는 우려도 있다. 지적장애인이 지역사회 '안에서' 지낼 수는 있지만 지역사회 '구성원'이 될 수 없을 때가 그렇다. 그들 대부분이 지역사회의 완전한 구성원으로 느끼는지 여부는 여전히 의문이다. 봉사 단체들은 가끔 '지역사회기반 기회의 접근성', '지역사회기반 학습장애인 지원 환경', '지역사회지원 재정착', '문화적 적응' 같은 흥미로운 표현들을 사용한다. 지역사회가 이런 식으로 말해진다면, 즉 "지적 장애가 없는 '우리'가 지적 장애가 있는 '그들'에게 '접근'하도록 지원하는 공간을 의미한다면, 구성원으로 받아들이는 과정은 일련의 삶의 질을 평가하고, 위험을 분석하고, 재원을 마련하고, 개인에게 맞는 기획을 거쳐 관리하고 협상하는 일이 될 것이다."[52]

이는 일종의 포용적 '시혜 모델'인데, 여기서는 지적장애인이 특정 조건을 만족시켜야 지역사회 구성원이 될 수 있다. 실제로 지역사회에 통합된 사람은 이미 그 구성원이므로 지역사회에 '접근'할 필요가 없다. 대체적으로 훨씬 더 잔혹하고 고통스러운 시대였던 18세기에도 '백치들'은 고도의 기술로 통제하고 위험 회피적인 21세기 관료 사회에서는 상상하기 어려운 방식으로 자신의 지역사회에 섞여 살았다. 2000년대에 들어와 우려스러운 새로운 경향이 나타났다. 민간 시설과 NHS 산하 '평가 및 치료 전담반'과 같은 새로운 유형의 시설이 생겨난 것이다. 이런 의료 시설에는 정신보건법에 따라 수천 명의 학습장애인이 '공격적인 행동challenging behaviour'을 보인다는 이유로 무한정 갇혀 있다. 그곳에서 끔찍한 학대 사건과 방치, 억류, 이따금 사망 같은 끔찍한 이야기들이 나오고 있다. 잔혹했던 시설 체제가 부활하고 있는 것일까?

세상이 바뀌었고, 수많은 사람들이
스스로의 삶을 통제할 수 있게 됐다.

여전히 위협이 존재하거나 그 위협이 다시 나타나고 있는지는 몰라도,
20세기 마지막 25년 동안에 일어난 변화와 낡은 시설병원의 종식은 마
땅히 기념할 만한 사건들이다. 놀랍게도 수많은 성공담이 쏟아지고 있
으며, 1980년대에는 불가능하고 비현실적인 꿈에 불과했던 '평범한 삶'
을 수많은 사람들이 살 수 있게 됐다. 개인주의 삶 덕분에 수많은 사람
들이 자신의 삶에 필요한 지원금을 스스로 통제할 수 있게 됐다. 학습
장애 배우들이 시청률이 가장 높은 시간대에 편성된 텔레비전 프로그
램과 영화에 등장한다. 자기 옹호자들이 의회와 유엔에서 연설한다. 전
세계적으로 자기옹호운동이 활발하다.

지속되는 문제가 무엇이든, 또 대비해야 할 새로운 위험이 무엇이
든, 펜실베이니아 정신박약아 직업학교 교장이자 미국 정신박약연구
회 회장인 마틴 바Martin W. Barr가 1904년에 연설했던 때로부터 세상은 계
속 바뀌고 있다. 당시 그는 "백치는 아무것도 이해하지도, 느끼지도, 듣
지도, 하지도 못한다"고 말한 바 있다.[53] 백치, 치우, 결함자, 노둔, 정신
손상자, 정신지연자, 학습장애인, 지적장애인 등 사회가 어떤 용어로 딱
지를 붙이기로 했든, 이들은 가장 어두운 시절에도 계속 무언가를 보고,

듣고, 느끼고, 무엇보다도 무언가를 할 수 있었던 사람들이다. 오늘날의 사회 임무이자, 지역사회 의무는 모든 인류의 구성원에게 적합한 환경을 조성하고, 암울한 시설 수용 조치나 끔찍한 T4 프로그램 같은 정책이 부활하여 인류를 수치스럽게 하지 않도록 하는 일이다.

감사의 말

이 책을 완성하기까지 여러 사람과 단체의 도움을 받았다. 내가 런던대학교 버크백칼리지에서 처음 이 연구를 시작했을 때 지도 교수님이셨던 조애나 버크 교수님께 깊이 감사드린다. 처음부터 변함없는 지지와 영감을 주셨고 높은 식견으로 조언을 아끼지 않으셨다. 이 책을 쓰는 3년 동안 관대한 웰컴트러스트의 도움을 많이 받았다. 이 책을 쓰도록 영감을 준 사람들은 내가 수년간 연구해 온 수많은 학습장애인이었다. 한 마디로 그들이 없었다면 이 책이 세상에 나오지 못했을 것이다. 그들에게 깊이 감사한다. 이 책이 그들을 제대로 다루었기를 바란다. 연구를 수행하는 동안 다양한 기록 보관소와 도서관에서 친절한 직원들의 도움을 많이 받았다. 특별히 큐국립아카이브, 웰컴트러스트도서관, 영국국립도서관, 영국국립초상화미술관 내 하인츠아카이브 및 도서관, 왕립인류학연구소아카이브 등에 감사한다. 또한 프랑스어를 영어로 옮기는 작업을 도와준 브리짓 라코스테에게도 고마움을 전한다. 다음은 귀한 시간을 내어 이 책을 읽고 소중한 의견을 준 사람들이다. 레스터대학교 크리스 구디 박사, 윈체스터대학교 크리스 마운지 교수, 런던 퀸메리대학교 헤더 틸리 박사, 몬트리올 콩코디아대학교 패트릭 맥도나 박사 등이다. 개방대학의 잰 웜슬리 교수와 리즈 틸리 박사, 학습장애 사회사 연구단체는 귀한 연구 동지로서 내 실험에 적극적으로 동참해 주었다. 높은 식견으로 도움을 아끼지 않은 리액션북스의 에이미 솔터, 알렉스 시오바누, 마이클 리만에게 감사드린다. 무엇보다 인내하며 나를 지지해준 내 아내 다이앤이 가장 고맙다. 그녀는 내가 듣기 싫어하는 말도 늘 솔직하고 현명하게 조언해 주었다.

1장과 4장의 일부 내용은 《지적장애 개념사, 1200 – 1900 Intellectual Disability: A Conceptual History, 1200-1900》(P. 맥도나, C. F. 구디, T. 스테인튼 엮음, 맨체스터대학교출판사, 2018)에 수록된 내 글 〈'신념', '견해', '지식', 18세기 백치에 관한 법'Belief', 'Opinion' and Knowledge: The Idiot in Law in the Long Eighteenth Century〉에서 가져왔다. 이 자료를 쓸 수 있게 허락해 준 맨체스터대학교출판사에 감사드린다. 2장의 일부는 《변덕스러운 몸의 역사 The Variable Body in History》(C. 마운지, S. 부스 엮음, 옥스퍼드대학교출판사, 2016)에 수록된 내 글 〈18세기 백치에 대해 웃고 이야기하기 Laughing about and Talking about the Idiot in the Eighteenth Century〉에서 가져왔다. 이 자료를 쓸 수 있게 허락해 준 피터 랭 저작권 에이전시에게도 감사 인사를 드린다.

참고문헌

서문

1   Anne Digby, 'Contexts and Perspectives', in *From Idiocy to Mental Deficiency: Historical Perspectives on People with Learning Disabilities*, ed. Anne Digby and David Wright (London, 1996), p. 1.

2   Roy Porter, 'Mother Says It Done Me Good', *London Review of Books* (16 April 1997), p. 6.

3   Martin W. Barr, *Mental Defectives: Their History, Treatment and Training* (Philadelphia, Pa, 1904). Leo Kanner, *A History of the Care and Study of the Mentally Retarded* (Springfield, IL, 1964); Kathleen Jones, *A History of the Mental Health Services* (London, 1972); O. Conor Ward, *John Langdon Down, 1828–1896: A Caring Pioneer* (London, 1998).

4   Jones, *History of the Mental Health Services*, pp. xi – xii.

5   James W. Trent, Jr, *Inventing the Feeble Mind: A History of Mental Retardation in the United States* (Berkeley, ca, 1994). Richard Neugebauer, 'Mental Handicap in Medieval and Early Modern England: Criteria, Measurement and Care', pp. 22 – 43; Peter Rushton, 'Idiocy, the Family and the Community in Early Modern North-east England', pp. 44 – 64; and Jonathan Andrews, 'Identifying and Providing for the Mentally Disabled in Early Modern London', pp. 65 – 92, all in *From Idiocy to Mental Deficiency*, ed. Digby and Wright; Irina Mezler, *Fools and Idiots? Intellectual Disability in the Middle Ages* (Manchester, 2016). S. Noll and J. W. Trent, Jr, eds, *Mental Retardation in America: A Historical Reader* (New York, 2004), p. 8.

6   D. Atkinson, M. Jackson and J. Walmsley, *Forgotten Lives: Exploring the History of Learning*

Disability (Kidderminster, 1997); D. Atkinson et al., *Good Times, Bad Times: Women with Learning Difficulties Tell Their Stories* (Kidderminster, 2000); S. Rolph et al., *Witnesses to Change: Families, Learning Difficulties and History* (Kidderminster, 2005); Jan Walmsley, Dorothy Atkinson and Sheena Rolph, 'Community Care and Mental Deficiency, 1913 – 1945', in *Outside the Walls of the Asylum: The History of Care in the Community, 1750–2000*, ed. Peter Bartlett and David Wright (London, 1999), pp. 181 – 203; M. Potts and R. Fido, *A Fit Person to Be Removed: Personal Accounts of Life in a Mental Deficiency Institution* (Plymouth, 1991); Mark Jackson, *The Borderland of Imbecility: Medicine, Society and the Fabrication of the Feeble Mind in Late-Victorian and Edwardian England* (Manchester, 2000); Mathew Thomson, *The Problem of Mental Deficiency: Eugenics, Democracy and Social Policy in Britain, c. 1870–1959* (Oxford, 1998); David Wright, *Mental Disability in Victorian England: The Earlswood Asylum, 1847–1901* (Oxford, 2001); David Wright, *Downs: The History of a Disability* (Oxford, 2011).

7   C. F. Goodey, 'What Is Developmental Disability? The Origin and Nature of Our Conceptual Models', *Journal on Developmental Disabilities*, VIII/2 (2001), pp. 1 – 18. C. F. Goodey, *A History of Intelligence and Intellectual Disability: The Shaping of Psychology in Early Modern Europe* (Farnham, 2011); Patrick McDonagh, Idiocy: *A Cultural History* (Liverpool, 2008); Patrick McDonagh, C. F. Goodey, T. Stainton, eds, *Intellectual Disability: A Conceptual History*, 1200 – 1900 (Manchester, 2018).

8   For a more global perspective see Jan Walmsley and Simon Jarrett, eds, *Intellectual Disability in the Twentieth Century: Transnational Perspectives on People, Policy and Practice* (Bristol, 2019).

1장 | 지능이 낮아 쉽게 이용당한 사람들, 법적 관념

1   John Cowell, *A Law Dictionary; or, The Interpreter of Words and Terms Used Either in the Common or Statute Laws of Great Britain and in Tenures and Jocular Customs* [1607] (London, 1727).

2   C. F. Goodey, *A History of Intelligence and Intellectual Disability: The Shaping of Psychology in Early Modern Europe* (Farnham, 2011), p. 141.

3   Margaret McGlynn, 'Idiots, Lunatics and the Royal Prerogative in Early Tudor England', *Journal of Legal History*, XXVI/1 (2005), pp. 5 – 6.

4   Richard Neugebauer, 'Mental Handicap in Medieval and Early Modern England: Criteria, Measurement and Care', in *From Idiocy to Mental Deficiency: Historical Perspectives on People*

with Learning Disabilities, ed. Anne Digby and David Wright (London, 1996), pp. 25 – 6.

5   Anthony Fitzherbert, *The New Natura Brevium* (London, 1652), pp. 580 – 83.

6   John Rastell, *Les Termes de la Ley; or, Certaine Difficult and Obscure Words and Termes*. [1527] (London, 1636), pp. 201 – 2.

7   Cowell, *Law Dictionary*.

8   *Court of King's Wards*, 32 Henry VIII; c. 46, 33 Henry VIII, c. 22.

9   H. E. Bell, *An Introduction to the History and Records of the Court of Wards and Liveries* (Cambridge, 1953), pp. 85 – 6.

10 Ibid.

11 Ibid., p. 163.

12 Richard Neugebauer, 'Treatment of the Mentally Ill in Medieval and Early Modern England: A Reappraisal' *Journal of the History of the Behavioural Sciences*, XIV/2 (1978), pp. 164 – 6.

13 Sir Edward Coke, *Institutes of the Laws of England* [1628], cited in George Dale Collinson, *A Treatise on the Law concerning Idiots, Lunatics, and Other Persons Non Compotes Mentis* (London, 1812), pp. 57 – 8.

14 Collinson, Treatise, p. 59.

15 John Brydall, *Non Compos Mentis; or, The Law Relating to Natural Fools, Mad Folks and Lunatick Persons Inquisited and Explained for the Common Benefit* (London, 1700).

16 Ibid., pp. 8, 10, 12 – 16, preface A2.

17 Ibid., pp. 5, 8, 10, 38.

18 Ibid., p. 38.

19 Ibid., pp. 3, 6, 8 – 9.

20 Ibid., p. 6.

21 Ibid., pp. 35 – 6.

22 William Hicks, *Oxford Jests* [1671], in *A Nest of Ninnies and Other English Jestbooks of the Seventeenth Century*, ed. P. M. Zall (Lincoln, NE, 1970).

23 Brydall, *Non Compos Mentis*, pp. 36 – 8.

24 Tobias Smollett, *The Adventures of Roderick Random* [1748] (London, 1975), p. 253.

25 Old Bailey Proceedings (hereafter OBP), online, at www.oldbaileyonline.org, July 1723, trial of Thomas Allen (t17230710-39); and OBP, July 1775, trial of Joseph Muggleton, William Jackling, James Lewis (t17750712-49).

26 In B. E., Gent., *A New Dictionary of the Terms Ancient and Modern of the Canting Crew in its Several Tribes, of Gypsies, Beggars, Thieves, Cheats &c.* (London, 1699); Francis Grose, *A Classical Dictionary of the Vulgar Tongue* (London, 1788).

27 Johann Wilhelm von Archenholz, *A Picture of England: Containing a Description of the Laws, Customs, and Manners of England* (London, 1789), vol. I, p. 31.

28 The National Archives (hereafter TNA), *Bennet v. Vade*, 1742, TNA PROB 18/54/18.

29 *Bennet v. Vade*, 1739, TNA PROB 18/51/5.

30 Ibid.

31 Ibid.

32 *Bennet v. Vade*, Deposition, 1740, TNA PROB 18/52/11.

33 *Bennet v. Vade*, 1739, TNA PROB 18/51/5.

34 Ibid.

35 Collinson, *Treatise*, pp. 60 – 61.

36 Brydall, *Non Compos Mentis*, p. 6.

37 *Bennet v. Vade*, 1739, TNA PROB 18/51/5.

38 Anon., *The Case of Henry Roberts, Esq., a Gentleman Who by Unparalleled Cruelty Was Deprived of His Estate under the Pretence of Idiocy* (London, 1767).

39 Ibid., pp. 4 – 12.

40 Richard Sharp, 'Lynch, John (1697 – 1760)', *Oxford Dictionary of National Biography*, www.oxforddnb.com, May 2009.

41 Anon., *The Case of Henry Roberts*, p. 12.

42 TNA C211/22/R34.

43 Anon., *The Case of Henry Roberts*, pp. 13 – 14.

44 *Birkbeck v. Birkbeck*, 1750/51, TAN E 134/24/GEO2/MICH 9.

45 *Bowerman* v. Fust, 1789, TNA DEL 1/644.

46 Ibid., pp. 132 – 9.

47 Ibid., pp. 369, 147 – 81, 259 – 69.

48 Ibid., pp. 195 – 214, 295 – 329, 311, 333 – 5, 348 – 9, 365.

49 'Westminster Hall', *The Times*, 22 April 1790, p. 3, *The Times* Digital Archive, accessed 18 June 2014.

50 *Bowerman v. Fust*, 1789, TNA DEL 1/644, pp. 67, 164, 203, 212.

51 OBP, December 1710, trial of Mary Bradshaw alias Seymour (t1701206-22).

52 OBP, September 1719, trial of Mary Tame (t17190903-33).

53 OBP, February 1748, trial of Robert Left (t17480224-48).

54 OBP, October 1804, trial of Charles Viton (t18041024-20).

55 OBP, February 1804, trial of John Smith (t18040215-50); and OBP, July 1804, trial of Charles Witholme (t18040704-23).

56   Allyson N. May, *The Bar and the Old Bailey*, 1750 – 1850 (Chapel Hill, NC, and London, 2003), pp. 15, 17.

57   Ibid., p. 7.

58   Brass weight: OBP, February 1748, trial of Robert Left (t17480224-48); coat: OBP, February 1759, trial of Peter Cunniford (t17590228-10); ribbon: OBP, January 1762, trial of Ann Wildman (t17620114-11); breeches: OBP, February 1804, trial of John Smith (t18040215-50); saw: OBP, December 1807, trial of Conrad Frederic (t18071202-46); frock: OBP, July 1819, trial of Charlotte Lawrence (t18190707-154).

59   May, *The Bar and the Old Bailey*, p. 13.

60   OBP, July 1723, trial of Thomas Allen (t17230710-39).

61   B. E., New Dictionary; Grose, *Classical Dictionary of the Vulgar Tongue*.

62   OBP, September 1716, trial of Richard Price (t17160906-2); OBP, May 1740, trial of Arthur Bethell (t17400522-9); OBP, July 1775, trial of William Jackling (t17750712-49).

63   OBP, May 1732, trial of John Longmore (t17320525-6).

64   OBP, February 1759, trial of Peter Cunniford (t17590228-10); OBP, December 1807, trial of Conrad Frederic (t18071202-46).

65   OBP, February 1743, trial of Elizabeth Camell (t17430223-8).

66   OBP, May 1732, trial of John Longmore (t17320525-6).

67   OBP, February 1759, trial of Peter Cunniford (t17590228-10).

68   OBP, June 1780, trial of Thomas Baggott (t17800628-113).

69   George Rudé, *The Crowd in History* [1964] (London, 2005), pp. 57 – 9.

70   OBP, January 1762, trial of Ann Wildman (t17620114-11).

71   OBP, September 1716, trial of John Love, Thomas Bean, George Purchase, Richard Price, William Price (t17160906-2).

72   OBP, January 1723, trial of Mary Radford (t17230116-38).

73   OBP, May 1732, trial of John Longmore (t17320525-6); OBP, January 1734, trial of James Belford (t17340116-25).

74   S. Deveraux, 'The City and the Sessions Paper: "Public Justice" in London, 1770 – 1800', *Journal of British Studies*, XXXV/4 (1996), p. 480.

75   James Beattie, 'Scales of Justice: Defence Counsel and the English Criminal Trial in the 18th and 19th Centuries', *Law and History Review*, ix/2 (1991), p. 221.

76   May, *The Bar and the Old Bailey*, p. 21.

77   Beattie, 'Scales of Justice', p. 223.

78   May, *The Bar and the Old Bailey*, p. 3.

79 John H. Langbein, *The Origins of Adversary Criminal Trial* (Oxford, 2003), p. 36.

80 Quoted in John H. Langbein, 'The Criminal Trial before the Lawyers', *University of Chicago Law Review*, XLV/2 (1978), p. 311.

81 Nicola Lacey, 'Historicising Criminalisation: Conceptual and Empirical Issues', *Modern Law Review*, LXXII/6 (2009), p. 955.

82 A. Highmore, *A Treatise on the Law of Idiocy and Lunacy* (London, 1807).

83 Collinson, *Treatise*.

84 Ibid., p. 58; italics in original.

85 Ibid., p. 65.

86 Ibid., p. 100.

87 Ibid., p. 65.

88 Ibid., pp. 43 – 6.

89 Highmore, *Treatise*, pp. vi, xii.

2장 | 병신과 머저리, 문화적 관념

1 Jonathan Andrews, 'Begging the Question of Idiocy: The Definition and Socio-cultural Meaning of Idiocy in Early Modern Britain', Part 1, *History of Psychiatry*, IX/33 (1998), pp. 65 – 95; and Part 2, IX/34 (1998), pp. 179 – 200.

2 Johann Wilhelm von Archenholz, *A Picture of England: Containing a Description of the Laws, Customs, and Manners of England* (London, 1789), vol. I.

3 Simon Dickie, *Cruelty and Laughter: Forgotten Comic Literature and the Unsentimental Eighteenth Century* (Chicago, IL, 2011).

4 Ibid., pp. 21, 30.

5 Ibid., pp. 32 – 3.

6 Julie Coleman, *A History of Cant and Slang Dictionaries*, vol. I: 1567 – 1784 (Oxford, 2004), p. 4.

7 Lee Beier, 'Anti-language or Jargon? Canting in the English Underworld in the Sixteenth and Seventeenth Centuries', in *Languages and Jargons: Contributions to a Social History of Language*, ed. P. Burke and R. Porter (Cambridge, 1995), p. 81.

8 Piers Egan, *Grose's Classical Dictionary of the Vulgar Tongue*, Revised and Corrected (London, 1823), pp. xxxvi – xxxvii.

9 Julie Coleman, *A History of Cant and Slang Dictionaries*, vol. ii: 1785 – 1858 (Oxford, 2004), p. 1.

10 Beier, 'Anti-language or Jargon?', p. 81.

11 John Taylor, *Wit and Mirth* (London, 1630), jest 256.

12 Anon., *England's Merry Jester* (London, 1694), p. 31, jest 36.

13 Anon., *Pinkethman's Jests; or, Wit Refined* (London, 1721), p. 24.

14 Anon., *The Merry Medley; or, A Christmas-box, for Gay Gallants and Good Companions* (London 1750), p. 57; Anthony Copley, *Wits, Fits and Fancies* (London, 1607), jest 852.

15 Simon Jarrett, ' "A Welshman Coming to London and Seeing a Jackanapes . . .": How Jokes and Slang Differentiated Eighteenth-century Londoners from the Rest of Britain', *London Journal*, XLIII/2 (2018), pp. 120 – 36.

16 이 용어들은 포함한 후속의 속어 참조는 달리 표시되지 않는 한 다음의 속어사전에서 가져온다. B. E., Gent., *A New Dictionary of the Terms Ancient and Modern of the Canting Crew in Its Several Tribes, of Gypsies, Beggars, Thieves, Cheats &c.* (London, 1699); *A New Canting Dictionary* (London, 1725); *An Apology for the Life of Mr Bampfylde-Moore Carew* (London, 1750); John Shirley, *The Scoundrel's Dictionary* (London, 1754); Humphry Tristram Potter, *A New Dictionary of All the Cant and Flash Languages* (London, 1787); Francis Grose, *A Classical Dictionary of the Vulgar Tongue*, 2nd edn (London, 1788); James Caulfield, *Blackguardiana; or, A Dictionary of Rogues, Bawds, Pimps, Whores . . . &.* (London 1795).

17 Jarrett, ' "A Welshman" ', pp. 127 – 9.

18 Thomas Doggett, *Hob; or, The Country Wake: A Farce* (London 1715), pp. 26 – 7.

19 Fanny Burney, *Camilla; or, A Picture of Youth* [1796] (Oxford, 1972), pp. 184, 534.

20 Ibid., pp. 212, 225, 500, 505.

21 Isaac Cruikshank, *Paddy Whack's First Ride in a Sedan*, 1800, based on Ferdinando Foot's *The Nut-cracker* (London, 1751), p. 61; Isaac Cruikshank, *The Buck and the Goose*, 1801, based on Joe Miller, *Joe Miller's Jests* (London, 1740), p. 28, joke 124.

22 Patrick McDonagh, *Idiocy: A Cultural History* (Liverpool, 2008), p. 15.

23 Old Bailey Proceedings (hereafter OBP), April 1690, trial of Edward Munden (t169000430-28).

24 C. F. Goodey, *A History of Intelligence and 'Intellectual Disability': The Shaping of Psychology in Early Modern Europe* (Farnham, 2011).

25 해당 내용은 다음 주장에서 더 완전한 내용으로 반복된다. S. Jarrett and C. F. Goodey, 'Learning Difficulties: Intellectual Disability in the Long Eighteenth Century', in *A Cultural History of Disability in the Long Eighteenth Century*, ed. D. Christopher Gabbard and Susannah B. Mintz (London, 2020), especially pp. 125 – 33.

26 *The Jests of Beau Nash* (London, 1763), pp. 40 – 42.

27 'Tom Fool', *The History of Tom Fool* (London, 1760), p. 72.

28 Hurlo Thrumbo, *The Merry Thought; or, The Glass-window and Bog-house Miscellany* (London, 1731), p. 69.

29 Daniel Defoe, *Mere Nature Delineated; or, A Body without a Soul* (London, 1726), p. 37.

30 Anon., *The Complete London Jester* (London, 1781), Epigrams, p. 139.

31 Anon., *Pinkethman's Jests*, p. 91.

32 Ibid., pp. 74 – 5, joke 100.

33 Burney, *Camilla*, p. 39.

34 Robert Darnton, 'Peasants Tell Tales', in *The Great Cat Massacre and Other Episodes in French Cultural History* (Philadelphia, Pa, 1984), p. 43.

35 Grose, *Classical Dictionary*.

36 Ibid., see entry for 'cripple'.

37 Iona and Peter Opie, eds, *The Oxford Dictionary of Nursery Rhymes* (Oxford, 1987), p. 459.

38 Anon., *A Pleasant Song, of Many More Sad Misfortunes of Poor Simon: With an Account of His Drinking a Bottle of Sack to Poison Himself, Being Weary of His Life* (London, 1775), pp. 21 – 4.

39 Ibid., pp. 21 – 2.

40 Ibid., p. 24.

41 Anon., *Simple Simon's Misfortunes and His Wife Margery's Cruelty, Which Began the Very Next Morning after Their Marriage* (London, 1775), pp. 4 – 6.

42 Ibid., pp. 6, 8, 15, 19.

43 Ibid., p. 17.

44 Darnton, 'Peasants Tell Tales', p. 43.

45 'The History of Joseph Jollyboy', in Anon., *Entertaining Memoirs of Little Personages; or, Moral Amusements for Young Gentlemen* (London, 1790), p. 14.

46 'Simple Simon's History', in Anon., *Entertaining Memoirs*, p. 68.

47 Ibid., pp. 75, 83.

48 Grose, *Classical Dictionary* (asterisks in original).

49 Anon., *Coffee House Jests* (London, 1686), p. 130, joke 220.

50 'Simple Simon', in Anon., *The Muse in Good Humour* (London, 1745), comic tale xii, pp. 86 – 7.

51 John Cleland, *Fanny Hill; or, Memoirs of a Woman of Pleasure* [1748 – 9] (London, 1994), pp. 91 – 3.

52 Ibid., p. 94.

53 Ibid., p. 192.

54 Ibid., pp. 191 – 2.

55 Grose, *Classical Dictionary*.

56 'Tom Fool', p. 3.

57 Ibid., p. 26.

58 Cleland, *Fanny Hill*, p. 190.

59 Ibid., p. 192.

60 Julia V. Douthwaite, *The Wild Girl, Natural Man, and the Monster: Dangerous Experiments in the Age of Enlightenment* (Chicago, IL, 2002), p. 21.

61 Ibid., p. 68.

62 Keith Thomas, 'The Place of Laughter in Tudor and Stuart England', *Times Literary Supplement*, 21 January 1977, p. 80.

63 Jean-Baptiste de La Salle, *Les Règles de la bienséance et de la civilité chrétienne* (Rouen, 1729), p. 44, cited in Norbert Elias, *The Civilizing Process* [1939] (Oxford, 2000), pp. 112 – 13.

64 Anon., *Coffee House Jests, Being a Merry Companion* (London, 1760), pp. 109 – 10, joke 203.

65 La Salle, *Les Règles*, p. 24, cited in Elias, *The Civilizing Process*, p. 113.

66 Elias, *The Civilizing Process*, pp. 50, 57.

67 Anon., *Coffee House Jests* (1760), p. 65, joke 119.

68 Dickie, *Cruelty and Laughter*, pp. 3, 6.

69 John Brewer, *The Pleasures of the Imagination: English Culture in the Eighteenth Century* (London, 1997), p. 102.

70 Anon., *An Essay on Polite Behaviour* (London, 1740), cited in Brewer, *Pleasures of the Imagination*, p. 110.

71 Cited in Brewer, *Pleasures of the Imagination*, p. 110.

72 *A New Canting Dictionary*.

73 John Bee, *Sportsman's Slang* (London, 1825).

74 'J. S.', *England's Merry Jester* (London, 1694), p. 31, joke 36.

75 Ibid., pp. 84 – 5, joke 112.

76 Ibid., pp. 74 – 5, joke 100.

77 'Robert Nixon', in *A True Copy of Nixon's Cheshire Prophecy* (London, 1715), pp. 3, 5.

78 Ibid., p. 3.

79 Ibid., pp. 14 – 15.

80 Burney, *Camilla*, pp. 306, 308.

81 Ibid., p. 309.

82 Ibid., p. 311.

83 'The Handsome Idiot', in 'Luke Lively', *The Merry Fellow; or, Jovial Companion* (Dublin, 1757), p. 29.

84 La Salle, *Les Règles*, p. 35, cited in Elias, *The Civilizing Process*, p. 131.

85 Mary Cowling, *The Artist as Anthropologist: The Representation of Type and Character in Victorian Art* (Cambridge, 1989), p. 9.

86 Ibid., pp. xvii – xix, 1.

87 Joanna Bourke, *What It Means to Be Human: Reflections from 1791 to the Present* (London, 2013), p. 208.

88 Cowling, *The Artist as Anthropologist*, p. 19.

89 L. P. Curtis, *Apes and Angels: The Irishman in Victorian Caricature* (Washington, dc, 1997), p. XXX.

90 James Gillray, *Doublures of Caricature* (London, 1798).

91 Curtis, *Apes and Angels*, pp. 2, 7.

92 Cowling, *The Artist as Anthropologist*, p. 42.

93 Ibid., pp. 79 – 80.

94 François E. Fodéré, *Traité de médecine légale et d'hygiène publique, ou de police de santé: tome premier* [1792], 2nd edn (Paris, 1813), p. 203; Étienne-Jean Georget, *De la folie: considérations sur cette maladie* (Paris, 1820), pp. 103 – 5.

95 Cowling, *The Artist as Anthropologist*, p. 124.

96 Georget, *De la folie*, p. 131.

97 OBP, November 1762, trial of Ann Wildman (t17620114-11); OBP, January 1723, trial of Mary Radford (t17230116-38).

98 Innes Herdan and Gustav Herdan, trans., *Lichtenberg's Commentaries on Hogarth's Engravings* [1784 – 96] (London, 1966), pp. 143 – 5.

99 N.A.M. Roger, *The Wooden World: An Anatomy of the Georgian Navy* (London, 1988), p. 214.

100 Roger Lund, 'Laughing at Cripples: Ridicule, Deformity, and the Argument from Design', *Eighteenth Century Studies*, XXXIX/1 (2005), p. 111.

101 Dickie, *Cruelty and Laughter*, p. 18.

102 Burney, *Camilla*, p. 780.

103 OBP, February 1723, trial of John Thomas (t17230227); OBP, May 1723, trial of John Smith (t17230530-44).

104 OBP, May 1798, trial of Sarah Holloway (t17980523-23).

105 OBP, January 1723, trial of Mary Radford (t17230116-38).

106 OBP, May 1744, trial of Ann Terry (t17440510-8).

107 John Thomas Smith, *Vagabondiana; or, Anecdotes of Mendicant Wanderers through the Streets of London* (London, 1818).

108 OBP, May 1748, trial of Robert Miller (t17480526-15).

109 OBP, February 1759, trial of Peter Cunniford (t17590228-10).

110 OBP, July 1737, trial of John Bullock (t17370706-4).

111 OBP, December 1732, trial of Richard Albridge (t17321206-5); OBP, June 1825, trial of John Battle (t18250630-67); OBP, January 1828, trial of Caleb Brookes (t18280110-71).

112 B. Williams, *The Whig Supremacy*, 1714–1760, 2nd edn (Oxford 1960), p. 95.

113 Ibid., p. 36.

114 Samuel Price, 'Sermon iv: The Moral Perfection of God', in Isaac Watts, *Sermons on the Principal Heads of the Christian Religion Preached at Bury Street* (London, 1733), p. 62.

115 Isaac Watts, 'Sermon VIII: A Hopeful Youth Falling Short of Heaven', part 2, in Watts, *The Works of the Reverend and Learned Isaac Watts* [1753] (London, 1810), vol. ii, pp. 85–96.

116 Watts, 'The Strength and Weakness of Human Reason', ibid., p. 391.

117 Watts, 'Sermon vii: A Hopeful Youth', part 1, ibid., p. 79.

118 John Wesley, 'The First Fruits of the Spirit', in Wesley, *Complete Sermons* ebook (2016).

119 Wesley, 'Awake Thou That Sleepest, April 4 1742', ibid.

120 Wesley, 'First Fruits of the Spirit', ibid.

121 Wesley, 'Christian Perfection', ibid.

3장 | 미개한 유럽 밖의 사람들, 인종적 관념

1 Richard Hough, *Captain James Cook: A Biography* (London, 1994), p. 139.

2 Ibid., pp. 139–40.

3 Joseph Banks, *The Endeavour Journal of Joseph Banks, 1768–1771*, ed. J. C. Beaglehole, vol. ii (Sydney, 1962), p. 54.

4 Ibid.

5 Gilbert White, *The Natural History of Selborne* [1789], ed. Ann Secord (Oxford, 2013), Letter 27, 12 December 1775, p. 161.

6 Ibid.

7 Ibid.

8 Tobias Menely, 'Traveling in Place: Gilbert White's Cosmopolitan Parochialism', *Eighteenth-*

century Life, XXVIII/3 (2004), p. 53.

9   Ann Secord, 'Introduction', in White, *Natural History of Selborne*, p. xiii.

10   Menely, 'Traveling in Place', p. 53.

11   N.J.B. Plomley, *The Baudin Expedition and the Tasmanian Aborigines, 1802* (Hobart, 1983), p. 6.

12   Menely, 'Traveling in Place', p. 55.

13   Ibid.

14   Francis Place, *The Autobiography of Francis Place (1771–1854)*, ed. Mary Thrale (Cambridge, 1972), p. 90.

15   F. E. Fodéré, *Traité du goitre et du crétinisme* (Paris, 1799 [Germinal viii]), p. 121 (author's translation).

16   Phillipe Pinel, *Medico-philosophical Treatise on Mental Alienation* (Paris, 1800), trans. G. Hickish, D. Healy and L. Charland (Chichester, 2008).

17   William Dampier, *A New Voyage around the World: The Journal of an English Buccaneer* [1697] (London, 1998), p. 221.

18   Louis Hennepin, *A New Discovery of a Vast Country in America* [1698] (Toronto, 1974), p. 552.

19   Jemima Kindersley, *Letters from the Island of Tenerife, Brazil, the Cape of Good Hope and the East Indies* (London, 1777), p. 181.

20   Watkin Tench, *Sydney's First Four Years* [1793], ed. L. F. Fitzhardinge (Sydney, 1979), pp. 52–3.

21   Charles Grant, *Observations on the State of Society among the Asiatic Subjects of Great Britain* (London, 1797), p. 50.

22   Banks, *Endeavour Journal*, vol. ii, p. 70.

23   Plomley, *The Baudin Expedition*, p. 19.

24   John Lawson, *A New Voyage to Carolina* [1709], ed. Hugh T. Lafler (Chapel Hill, NC, 1967), p. 27.

25   Edward Bancroft, *An Essay on the Natural History of Guiana in South America* (London, 1769), p. 328.

26   Sydney Parkinson, *A Journal of a Voyage to the South Seas in His Majesty's Ship the Endeavour* (London, 1773), p. 14.

27   Dampier, *New Voyage*, p. 427.

28   Parkinson, *Journal of a Voyage*, p. 7.

29   Plomley, *The Baudin Expedition*, p. 83.

30 James Lackington, *Memoirs of the First Forty-five Years of the Life of James Lackington, the Present Bookseller in Chiswell-Street, Moorfields, London* (London, 1794), pp. 57 – 8.

31 Dampier, *New Voyage*, p. 219.

32 James Isham, *James Isham's Observations on Hudsons Bay* [1743] (London, 1949), p. 101.

33 The National Archives (hereafter TNA), *Ingram v. Wyatt*, 1/725, 1828, pp. 486 and 495.

34 James Bruce, 'Travels between the Years 1768 and 1773, through Parts of Africa, Syria, Egypt and Arabia into Abyssinia, to Discover the Source of the Nile' [1790], in *Travel Writing, 1700–1830: An Anthology*, ed. Elizabeth Bohls and Ian Duncan (Oxford, 2005), pp. 222 – 3, 233.

35 Hennepin, *New Discovery*, p. 469.

36 Peter Kolben, *The Present State of the Cape of Good Hope* (London, 1731), p. 201.

37 Isham, *Observations on Hudsons Bay*, p. 77.

38 Edward Long, *The History of Jamaica* (London, 1774), p. 383.

39 TNA, *Ingram v. Wyatt*, 1/725, 1828, p. 506.

40 Ibid., pp. 477, 486.

41 TNA, *Bowerman v. Fust*, DEL 1/644, p. 141.

42 Plomley, *The Baudin Expedition*, pp. 19, 124.

43 Ibid., p. 125.

44 Lackington, *Memoirs*, pp. 412 – 13, 420.

45 Elizabeth Bohls and Ian Duncan, 'Introduction', in *Travel Writing*, p. xviii.

46 John Harris, *Navigantium atque itinerantium biblioteca; or, A Compleat Collection of Voyages and Travels* (London, 1744), Preface.

47 Frances Trollope, *Domestic Manners of the Americans* [1832], ed. Elsie B. Michell (Oxford, 2014), p. 14.

48 The copy of Harris's *Navigantium* in the British Library was originally owned by Banks (BL c.115. i.5. [1–2]).

49 James Burney, *A Chronological History of the Discoveries in the South Sea or Pacific Ocean* (London, 1803), p. 178.

50 Menely, 'Traveling in Place', p. 53.

51 Secord, 'Introduction', in White, *Natural History of Selborne*, p. xxvii.

52 David Hall, 'Introduction', in Hugo Grotius, *The Rights of War and Peace* [1625], ed. A. C. Campbell (London, 1901), p. 2.

53 Grotius, *Rights of War and Peace*, pp. 18 – 19.

54 Ibid., p. 18.

55 Ibid., p. 135.

56 Ibid., p. 269.

57 Ibid.

58 Ibid.

59 Samuel von Pufendorf, *The Whole Duty of Man According to the Law of Nations* [1673], 2nd edn (London, 1698), p. 2.

60 Ibid., p. 118.

61 Ibid., p. 150.

62 John Locke, *Two Treatises of Government* [1690], ed. P. Laslett (Cambridge, 2014), pp. 280, 289.

63 Ibid., p. 291.

64 Ibid., pp. 296 – 7.

65 Ibid., p. 306.

66 Dampier, *New Voyage*, pp. 13, 219, 227.

67 Hennepin, *New Discovery*, pp. 455, 462.

68 Ibid., p. 462.

69 John Brydall, *Non Compos Mentis; or, The Law Relating to Natural Fools, Mad Folks and Lunatic Persons Inquisited and Explained for the Common Benefit* (London, 1700), p. 2.

70 Ibid., p. 3.

71 Alexander Hamilton, *British Sea Captain Alexander Hamilton's 'A New Account of the East Indies' from the Year 1723*, ed. J. Corfield and I. Merson (Lampeter, 2002), p. 19.

72 Kolben, *Present State of the Cape*, vol. I, pp. 46 – 7.

73 Isham, *Observations on Hudsons Bay*, p. 112; Harris, *Navigantium*, p. 310.

74 Dampier, *New Voyage*, p. 148; Lawson, *New Voyage to Carolina*, p. 38; Isham, *Observations on Hudsons Bay*, p. 80.

75 F. E. Fodéré, *Traité de médecine légale*, 2nd edn (Paris, 1813), p. 203 (author's translation).

76 Emer de Vattel, *The Law of Nations; or, Principles of the Law of Nature, Applied to the Conduct and Affairs of Nations and Sovereigns* [1758] (Indianapolis, in, 2008), p. xii.

77 Ibid., p. 71.

78 Ibid., p. 73.

79 Ibid., p. 213.

80 Ibid., p. 129.

81 Ibid., p. 216.

82 Thomas Munck, *The Enlightenment: A Comparative Social History, 1721–1724* (London, 2000), p. 14.

83 Ibid.

84 Hough, *Captain James Cook*, p. 193.

85 Johann Reinhold Forster, *Observations Made during a Voyage around the World on Physical Geography, Natural History and Ethic Philosophy* (London, 1778), Preface, p. ii.

86 Antoine-Nicholas de Condorcet, *Sketch for a Historical Picture of the Progress of the Human Mind* [1795], trans. Jane Barraclough (London, 1955), p. 8.

87 Charles de Secondat, Baron de Montesquieu, *The Spirit of Laws* [1748], 7th edn, trans. Thomas Nugent (Edinburgh, 1778), p. 345.

88 Ibid., p. 281.

89 Ibid., p. 333.

90 George W. Stocking Jr, *Victorian Anthropology* (New York, 1991), p. 14.

91 Anne Robert Jacques Turgot, 'A Philosophical Review of the Successive Stages of the Human Mind' [1750], in *Turgot on Progress, Sociology and Economics*, trans. Ronald L. Meek (Cambridge, 1973), p. 41.

92 Ibid., p. 42.

93 Ibid.

94 Fodéré, *Traité de médecine légale*, p. 186 (author's translation).

95 Ibid., p. 203.

96 Dampier, *New Voyage*, p. 219.

97 Hennepin, *New Discovery*, p. 462.

98 Turgot, 'Philosophical Review', p. 42.

99 Ibid.

100 Dampier, *New Voyage*, p. 218.

101 Kolben, *Present State of the Cape*, p. 37.

102 Forster, *Observations*, p. 251.

103 Ibid., pp. 231, 286.

104 Ibid., p. 287.

105 John Adams, *Curious Thoughts on the History of Man, Chiefly Abridged from the Celebrated Works of Lord Kaimes, Lord Monboddo, Dr Dunbar, and the Immortal Montesquieu* [1789] (Bristol, 1995), p. 30.

106 Ibid., p. 4.

107 Forster, *Observations*, pp. 303 – 4.

108 Ibid., p. 304.

109 Ibid., pp. 303 – 4.

110 Ibid., p. 304.

111 Ibid.

112 Fodéré, *Traité du goitre at du crétinisme*, p. 20 (author's translation).

4장 | 의료계의 등장, 법정에 등장한 새로운 관념

1 David Wright, *Mental Disability in Victorian England: The Earlswood Asylum, 1847–1901* (Oxford 2001), p. 19.

2 F.-E. Fodéré, *Traité de médecine légale et d'hygiène publique, ou de police de santé: tome premier* [1792], 2nd edn (Paris, 1813), Preface, p. xii.

3 Deborah B. Weiner, 'Foreword', in Philipe Pinel, *Medico-philosophical Treatise on Mental Alienation* [1800], trans. Gordon Hickish, David Henly and Louis C. Charland (Chichester, 2008).

4 Pinel, *Treatise*, p. 72.

5 Ibid.

6 Fodéré, *Traité de médecine*, pp. v, ix.

7 Ibid., p. xxxiv.

8 Ibid.

9 Ibid., pp. 192–3 (author's translation).

10 Ibid., p. 186.

11 Ibid. (author's translation).

12 Ibid., p. 202.

13 Ibid., p. 203.

14 Ibid.

15 Ibid., p. 184.

16 Hurlo Thrumbo, *The Merry Thought; or, The Glass-window and Boghouse Miscellany* (London, 1731), pp. 43–4.

17 Fodéré, *Traité de médecine*, p. 202.

18 Jan Goldstein, *Console and Classify: The French Psychiatric Profession in the Nineteenth Century* (Chicago, IL, 2001), p. 78.

19 Fodéré, *Traité de médecine*, p. 285.

20 Ibid., p. 203.

21 Étienne-Jean Georget, *De la folie: considérations sur cette maladie* (Paris, 1820); Étienne-Jean

Georget, *Discussion médico-légale sur la folie, ou aliénation mentale* (Paris, 1826).

22 Georget, *De la folie*, pp. 103 – 4.

23 Ibid., pp. 104 – 5.

24 Georget, *Discussion médico-légale*, p. 1.

25 Ibid., p. 132.

26 Ibid., p. 134.

27 Ibid., pp. 132, 139.

28 Ibid., pp. 135 – 6.

29 Ibid., p. 136.

30 Ibid., pp. 136 – 7 (author's translation).

31 Ibid., p. 138.

32 Ibid. 'niaiserie'는 20세기 초반까지 '저능moronism'의 의미를 지녔다.

33 Ibid., p. 141.

34 Ibid., p. 140.

35 Ibid., pp. 175 – 6.

36 John Haslam, *Medical Jurisprudence as It Relates to Insanity According to the Law of England* (London, 1817).

37 Ibid., pp. ii – iii.

38 Andrew Scull, Charlotte Mackenzie and Nicholas Harvey, *Masters of Bedlam: The Transformation of the Mad-doctoring Trade* (Princeton, NJ, 1996), pp. 31 – 7.

39 Haslam, *Medical Jurisprudence*, pp. 3, 97 – 8.

40 Ibid., p. 98.

41 Ibid.

42 Ibid.

43 Ibid., pp. 8 – 9.

44 Ibid., pp. 4, 8.

45 Ibid., p. 3.

46 Ibid., pp. 94 – 6.

47 Ibid., p. 103.

48 Ibid., pp. 10, 42.

49 Thomas S. Legg, 'Amos, Andrew (1791 – 1860)', *Oxford Dictionary of National Biography* (Oxford, 2004), www.oxforddnb.com.

50 Professor Amos, 'Lectures in Medical Jurisprudence Delivered in the University of London: On Insanity', *London Medical Gazette*, 8 (1831), pp. 418 – 20.

51 Leonard Shelford, *A Practical Treatise on the Law concerning Lunatics, Idiots and Persons of Unsound Mind* (London, 1833). On Shelford see E. I. Carlyle, 'Shelford, Leonard (1795 – 1864)', revd Jonathan Harris, *Oxford Dictionary of National Biography* (Oxford, 2004), www.oxforddnb.com.

52 Shelford, *Practical Treatise*, pp. 45 – 6.

53 Ibid.

54 Ibid., p. 4.

55 Ibid., p. 5.

56 Ibid.

57 Ibid.

58 J. Chitty, *A Practical Treatise on Medical Jurisprudence* (London, 1834), p. 344.

59 Ibid., p. 345.

60 Ibid., pp. 341 – 2, 344.

61 Theodric Beck, *Elements of Medical Jurisprudence* (London, 1836), p. 402.

62 Isaac Ray, *A Treatise on the Medical Jurisprudence of Insanity* (London, 1839).

63 Ibid., p. xxviii.

64 Ibid., pp. 24, 49.

65 Ibid., pp. 54 – 5.

66 Ibid., p. 71.

67 Ibid., pp. 115 – 17.

68 John Peter Eigen, *Witnessing Insanity: Madness and Mad Doctors in the English Court* (New Haven, CT, 1995), p. 112.

69 Sabine Arnaud, *On Hysteria: The Invention of a Medical Category between 1670 and 1820* (Chicago, IL, 2015), pp. 207 – 25.

70 See for example William Guy, *Principles of Forensic Medicine*, 2nd edn (London, 1861).

71 James Beattie, 'Scales of Justice: Defence Counsel and the English Criminal Trial in the Eighteenth and Nineteenth Centuries', *Law and History Review*, IX/2 (1991), p. 229.

72 Allyson N. May, *The Bar and the Old Bailey, 1750–1850* (Chapel Hill, NC, 2003), p. 1.

73 Ibid., p. 77.

74 Old Bailey Proceedings (hereafter OBP), June 1789, trial of John Glover (t17890603-90).

75 OBP, July 1800, trial of John Leck (t18000709-21).

76 Ibid.

77 OBP, December 1807, trial of Conrad Frederic (t18071202-46).

78 OBP, July 1819, trial of Charlotte Lawrence (t18190707-154).

79 OBP, June 1825, trial of John Battle (t18250630-67).

80 모든 재판 기록은 다음을 참조하십시오. Mark Jackson, '"It Begins with the Goose and Ends with the Goose": Medical, Legal and Lay Understandings of Imbecility in *Ingram v. Wyatt, 1824–1832*,' *Social History of Medicine*, XI/3 (1998), pp. 361 – 80.

81 Ibid., pp. 361 – 7.

82 Ibid., pp. 375 – 7.

83 Ibid., p. 377.

84 Ibid., p. 378.

85 The National Archives (hereafter TNA), *Ingram v. Wyatt*, 1828, DEL 1/725, p. 441.

86 Ibid., pp. 478, 488, 490, 502.

87 Ibid., p. 484.

88 Ibid., p. 502.

89 Ibid., pp. 512 – 13.

90 Ibid., pp. 478, 509.

91 Ibid., p. 484.

92 Ibid., p. 487.

93 Ibid., p. 513.

94 Jackson, '"It Begins with the Goose"', pp. 370 – 71.

95 Ibid., pp. 373 – 4.

96 Shelford, *Practical Treatise*, p. 5.

97 Jackson, '"It Begins with the Goose"', p. 377.

98 'Commission of Lunacy, Bagster v. Newton', *London Medical Gazette*, 10 (21 July 1832), pp. 520 – 22.

99 Ibid., pp. 519 – 28.

100 Scull, Mackenzie and Harvey, *Masters of Bedlam*, p. 149.

101 Ibid. (also sometimes referred to as Munro or Munroe).

102 Ibid., pp. 123, 143, 149.

103 'Commission of Lunacy, Bagster v. Newton', pp. 520, 522.

104 Ibid., p. 525.

105 Ibid., p. 523.

106 Scull, Mackenzie and Harvey, *Masters of Bedlam*, pp. 36 – 7.

107 'Commission of Lunacy, Bagster v. Newton', pp. 526 – 7.

108 Ibid., pp. 520 – 22.

109 Ibid.

110 'Editorial', *London Medical Gazette*, 10 (28 July 1832), pp. 556 – 7.

111 Ibid., p. 527.

112 Ibid., p. 528.

113 Ibid., p. 554.

114 Ibid., p. 556.

115 Ibid., pp. 553, 558.

116 Ibid., p. 554.

117 'Vice Chancellor's Courts, Dec 4', The Times, 5 December 1861, 8, The Times Digital Archive (hereafter TNA).

118 TNA, *Windham v. Windham*, j77/60/w 128/1; j77/60/w 128/2; j77/60/w 128/11; j77/60/w 128/12; j77/60/w 128/25; j77/60/w 128/29.

119 An Eastern Counties Traveller, 'Amateur Railway Drivers', The Times, 14 December 1861, p. 8, TDA.

120 'The Case of Mr W. F. Windham', The Times, 17 December 1861, 3, TDA.

121 The death of Prince Albert received 132,902 words of coverage between 15 December 1861 and 31 January 1862, while the case of William Windham received 148,606 words of coverage over the same period. (Source: TDA.)

122 'The Jury Have at Last Found That Mr WINDAHAM', The Times, 31 January 1862, p. 6, TDA.

123 Ibid.

124 'The Late Mr W. F. Windham, – On Saturday', *The Times*, 5 February 1866, p. 11, TDA.

125 John Langdon Down, *On Some of the Mental Afflictions of Childhood and Youth, Being the Lettsomian Lectures Delivered before the Medical Society of London in 1887* (London, 1887), pp. 28 – 9.

126 John Langdon Down, 'On the Condition of the Mouth in Idiocy', *The Lancet*, 1 (1862), pp. 65 – 8.

127 Down, *Mental Afflictions*, p. 29.

128 Down, 'Condition of the Mouth', pp. 65 – 8.

129 Down, *Mental Afflictions*, p. 29.

130 Ibid.

131 Ibid.

132 'Commission of Lunacy, Bagster v. Newton', p. 520.

133 VIATOR, 'The Great Eastern Railway', *The Times*, 6 December 1862, 12, TDA.

1 William Wordsworth, 'The Idiot Boy' [1798], *Selected Poetry* (Oxford, 1998), pp. 36–49.

2 Ibid., p. 48, ll. 407–8.

3 Ibid., p. 40, l. 122.

4 William Wordsworth, 'Preface', *Lyrical Ballads* [1800], cited in Patrick McDonagh, *Idiocy: A Cultural History* (Liverpool, 2008), p. 27.

5 Samuel Taylor Coleridge, *Biographia Literaria* [1817] (London, 1827), p. 166.

6 Ibid.

7 Cited in McDonagh, *Idiocy*, pp. 25–6.

8 S. Jarrett and C. F. Goodey, 'Learning Difficulties: Intellectual Disability in the Long Eighteenth Century', in *A Cultural History of Disability in the Long Eighteenth Century*, ed. D. Christopher Gabbard and Susannah B. Mintz (London, 2020), p. 134.

9 Frances Burney, *Camilla; or, A Picture of Youth* [1786] (Oxford, 1999), p. 309.

10 Julie Colman, *A History of Cant and Slang Dictionaries*, vol. II: 1785–1858 (Oxford, 2004), p. 259.

11 Ibid., p. 260.

12 Piers Egan, *Grose's Classical Dictionary of the Vulgar Tongue, Revised and Corrected* (London, 1823).

13 Piers Egan, *Life in London* (London, 1821).

14 Egan, *Grose's Classical Dictionary*, p. xi.

15 Colman, *Slang Dictionaries*, vol. ii, pp. 171–2.

16 Egan, *Grose's Classical Dictionary*.

17 John Bee, *Sportsman's Slang* (London, 1825).

18 Ibid.

19 대부분 고전에서 영감을 받은 대학 속어사전은 1803년에 출판됐다. *Gradus ad Cantabrigium; or, A Dictionary of Terms, Academical and Colloquial, or Cant, Which Are Used at the University of Cambridge* (London, 1803).

20 James Hardy Vaux, *A New and Comprehensive Dictionary of the Flash Language* (Newcastle, NSW, 1812); *The Flash Dictionary* (London, 1821); Bee, *Sportsman's Slang*; George Kent, *The Modern Flash Dictionary* (London, 1835).

21 Anon., *The Sailor's Jester; or, Merry Lad's Companion* (London, 1790), p. 3; 'Joe Miller', *Joe Miller's Complete Jest Book* (London, 1832), joke 583, p. 178.

22 'Christopher Grin', *The New Loyal and Patriotic Jester; or, Complete Library of Fun*, 2nd edn

(London, 1800), p. 17.

23 Anon., *The Lively Jester; or, Complete Museum of Fun* (London, 1800), p. 33.

24 Anon., *Pinkethman's Jests; or, Wit Refined* (London, 1721), p. 91; 'Miller', *Joe Miller's Complete Jest Book*, p. 35.

25 'Mark Lemon', *The Jest Book: The Choicest Anecdotes and Sayings Selected and Arranged by Mark Lemon* (London, 1865).

26 Anon., Lively Jester, p. 62; 'Grin', *Loyal and Patriotic Jester*, pp. 49 – 50.

27 'Grin', *Loyal and Patriotic Jester*, p. 47.

28 'Miller', *Complete Jest Book*, p. 471.

29 Vic Gatrell, *City of Laughter: Sex and Satire in Eighteenth-century London* (London, 2006), p. 547.

30 Ibid., p. 425.

31 Ibid., pp. 419 – 21.

32 Ibid., p. 432.

33 에칭화는 1830년경 새로운 리소그래피 풍자만화 작가들에 의해 '풍자적인 야만성을 외면하는 일반인들에게 다가갈 수 있게' 더 부드러운 이미지의 석판인쇄술로 대체됐다. John Wardroper, *The Caricatures of George Cruikshank* (London, 1977), p. 23.

34 William Thackeray, 'Review', *Westminster Review* (June 1840), p. 6.

35 Ronald Paulson, *Popular and Polite Art in the Age of Hogarth and Fielding* (Notre Dame, in, 1979), p. 102.

36 Simon Dickie, *Cruelty and Laughter: Forgotten Comic Literature and the Unsentimental Eighteenth Century* (Chicago, IL, 2014), p. 22.

37 'Miller', *Complete Jest Book*, Preface.

38 William Wordsworth, *Lyrical Ballads* [1800], cited in Ian Watt, *The Rise of the Novel: Studies in Defoe, Richardson and Fielding* [1957] (London, 1974), p. 342.

39 'Lemon' *Jest Book*.

40 Stuart M. Tave, *The Amiable Humorist: A Study in the Comic Theory and Criticism of the Eighteenth and Early Nineteenth Centuries* (Chicago, IL, 1960), p. viii.

41 Ibid.

42 'The Comic Blackstone', *Punch*, 13 January 1844, p. 25.

43 'Punch's Essence of Parliament', *Punch*, 24 February 1866, p. 78.

44 'The Temperate Temperance League', *Punch*, 11 May 1867, p. 190.

45 David Wright, '"Mongols in Our Midst": John Langdon Down and the Ethnic Classification of Idiocy, 1858 – 1924', in *Mental Retardation in America: A Historical Reader*, ed. Steven Noll

and James W. Trent, Jr (New York, 2004), p. 96.

46 'Mitchell at Home', *Punch* [1847?], p. 110; 'A Palpable Advertisement', *Punch*, 10 September 1859, p. 103.

47 'Rampant Idiots', *Punch*, 27 December 1856, p. 251.

48 'Extraordinary Flight of Geese', *Punch*, 14 February 1857, p. 70.

49 'Work for Weak Intellects', *Punch*, 23 April 1859, p. 169.

50 'Appropriate Airs', *Punch*, 24 March 1860, p. 119.

51 'Punch's Essence of Parliament', *Punch*, 12 April 1862, p. 143.

52 'Fashionable Entertainments for the Week', *Punch*, 23 June 1877.

53 Ronald Pearsall, *Collapse of Stout Party: Victorian Wit and Humour* (London, 1975), p. 149.

54 Gatrell, *City of Laughter*, p. 547.

55 Mark Ford, 'Introduction' to Charles Dickens, *Nicholas Nickleby* [1839] (London, 1986), p. xiii.

56 Dickens, *Nicholas Nickleby*, p. 156.

57 Ibid., p. 147.

58 Ibid., pp. 267, 423.

59 Ibid., p. 463.

60 Ibid.

61 Ibid., p. 746.

62 Ibid.

63 Charles Dickens, 'Idiots', *Household Words*, vii/167 (4 June 1853), p. 313.

64 Ibid.

65 Ibid.

66 Ibid.

67 Dickens, *Nicholas Nickleby*, p. 90.

68 Dickens, 'Idiots', p. 315.

69 Ibid., pp. 314–15.

70 McDonagh, *Idiocy*, p. 15.

71 Dickens, 'Idiots', p. 314.

72 Ibid., p. 315.

73 Charles Dickens, *Barnaby Rudge: A Tale of the Riots of 'Eighty* [1841] (Oxford, 2003), p. 52.

74 Ibid., p. 37.

75 Ibid., p. 202.

76 Tobias Smollett, *Roderick Random* [1748] (London, 1975), pp. 66–8.

77 Dickens, 'Idiots', p. 317.

78 George Eliot, *Brother Jacob* [1860] ebook (Gearhart, OR, 2013).

79 Elizabeth Gaskell, *Half a Lifetime Ago* [1855], ebook (Milton Keynes, 2013).

80 Mary Cowling, *The Artist as Anthropologist: The Representation of Type and Character in Victorian Art* (Cambridge, 1989), p. 125.

81 Ibid., p. 126.

82 Ibid.

83 L. P. Curtis, *Apes and Angels: The Irishman in Victorian Caricature* (Washington, dc, 1997), p. xiii.

84 M. Dorothy George, *Catalogue of Political and Personal Satires Preserved in the Department of Prints and Drawings in the British Museum*, vol. XI (London, 1954), www.britishmuseum.org/collection, Bm satires 16163.

85 Thomas Webster, engraved W. Ridgway, *Going to School, Art Journal* (June 1862), p. 138.

86 Ibid.

87 Dickens, 'Idiots', pp. 315 – 16.

88 Ibid., p. 315.

89 Isaac Newton Kerlin, *The Mind Unveiled; or, A Brief History of Twenty-two Imbecile Children* (Philadelphia, Pa, 1858).

90 Ibid., p. ix.

91 Ibid., p. 2.

92 Ibid., p. 16.

93 Ibid., p. 25.

94 Ibid.

95 Thackeray, 'Review', p. 6.

96 Gatrell, *City of Laughter*, p. 432.

97 Coleridge, *Biographia Literaria*, p. 167.

98 Karen Halttunen, 'Humanitarianism and the Pornography of Pain in Anglo-American Culture', *American Historical Review*, c/2 (1995), p. 304.

99 Pieter Verstraete, 'Savage Solitude: The Problematisation of Disability at the Turn of the Eighteenth Century', *Paedagogica Historica*, XLV/3 (2009), p. 279.

6장 | 식민지와 인류학자와 정신의료시설, 인종과 지능

1 Joanna Bourke, *What It Means to Be Human: Reflections from 1791 to the Present* (London,

2013), p. 3.

Antony Wild, *The East India Company: Trade and Conquest from 1600* (London, 1999), p. 108.

3 Edward Bancroft, *An Essay on the Natural History of Guiana in South America* (London, 1769), p. 326.

4 Watkin Tench, *Sydney's First Four Years* [1793], ed. L. F. Fitzhardinge (Sydney, 1979), pp. 283 – 5.

5 James K. Tuckey, 'Narrative of an Expedition to Explore the River Zaire, Usually Called the Congo, in 1816', in *Travel Writing, 1700–1830: An Anthology*, ed. E. Bohls and I. Duncan (Oxford, 2005), p. 246.

6 Ibid.

7 John West, *The Substance of a Journal during a Residence at the Red River Colony in the Years 1820, 1821, 1822, 1823* [1824] (New York, 1966), Preface, pp. V, 3.

8 Paul Du Chaillu, *Explorations and Adventures in Equatorial Guinea* (New York, 1861), p. 150.

9 Isaac Ray, *A Treatise on the Medical Jurisprudence of Insanity* (London, 1839), p. 68.

10 Ibid., p. 72.

11 Ibid., pp. 66 – 8.

12 Ibid., p. 69.

13 Maria Nugent, *A Journal of a Voyage to, and Residence in, the Island of Jamaica from 1801–1805*, vol. i (London, 1839), p. 145.

14 Harriet Beecher Stowe, *Uncle Tom's Cabin; or, Life among the Lowly* [1852] (London 1955), pp. 235 – 6.

15 F.-E. Fodéré, *Traité de medécine légale et d'hygiène publique, ou de police de santé: tome premier* [1792] (Paris, 1813), p. 186 (author's translation).

16 West, *Substance of a Journal*, p. 154.

17 Ibid.

18 John West, *The History of Tasmania* [1852], ed. A.G.L. Shaw (Sydney, 1971), p. 333.

19 Étienne-Jean Georget, *Discussion médico-légale sur la folie, ou aliénation mentale* (Paris, 1826), p. 140 (author's translation).

20 Ray, *Treatise*, pp. 75 – 6, 80, 95.

21 Ibid., p. 91.

22 Theodric Beck, *Elements of Medical Jurisprudence*, 5th edn (London, 1836), p. 402.

23 James Mill, *The History of British India*, vol. i [1817] (New Delhi, 1972), p. 32.

24 Ibid.

25 Ray, *Treatise*, p. 71.

26 Mill, *British India*, p. 288.

27 Ibid., pp. 459 – 60.

28 Ray, *Treatise*, p. 71.

29 Ibid.

30 Fodéré, *Traité de médecine légale*, p. 203 (author's translation).

31 Ibid., p. 71.

32 Ray, *Treatise*, p. 69.

33 Reginald Heber, *Narrative of a Journey through the Upper Provinces of India from Calcutta to Bombay, 1824–1825*, vol. I (London, 1828), pp. 49 – 50.

34 Mill, *British India*, p. 340.

35 Ibid.

36 E. W. Landor, *The Bushman; or, Life in a New Country* (London, 1847), pp. 186 – 7.

37 Anon., *Some Account of the Conduct of the Religious Society of Friends towards the Indian Tribes in the Settlement of the Colonies of East and West Jersey and Pennsylvania* (London, 1844), pp. 176, 143.

38 Georget, *Discussion médico-légale*, p. 140.

39 Ray, *Treatise*, pp. 71, 80.

40 Bedford Pim, *The Negro and Jamaica* (London, 1866), pp. 6 –7.

41 John Langdon Down, 'On the Condition of the Mouth in Idiocy', *The Lancet*, I (1862), p. 65.

42 Ibid.

43 Samuel Tuke, *Description of the Retreat, an Institution near York for Insane Persons of the Society of Friends* (York, 1813), p. 23.

44 Ibid., pp. 23, 134.

45 Ibid., pp. 23, 135, 141.

46 Murray Simpson, 'The Moral Government of Idiots: Moral Treatment in the Work of Seguin', History of Psychiatry, X (1999), pp. 227 – 43.

47 Frances Trollope, *Domestic Manners of the Americans* [1832], ed. Elsie B. Mitchell (Oxford, 2014), p. 165 (author's italics).

48 Nugent, *Journal of a Voyage*, p. 30.

49 Ibid.

50 John Philip, *Researches in South Africa, Illustrating the Civil, Moral and Religious Condition of the Native Tribes*, vol. ii (London, 1828), p. 9.

51 James M. Phillippo, *Jamaica: Its Past and Present State* [1843] (London, 1969), p. 191.

52 Ibid.

53 Ibid., pp. 211 – 12.

54 Du Chaillu, *Explorations and Adventures*, pp. 28 – 9.

55 Édouard Séguin, *Traitement moral, hygiène et éducation des idiots et des autres enfants arriérés* [1846] (Paris, 1906), p. 462 (author's translation).

56 Ibid.

57 Ibid.

58 Simpson, 'Moral Government of Idiots', p. 230.

59 Séguin, *Traitement moral*, p. 461 (author's translation).

60 Simpson, 'Moral Government of Idiots', p. 241.

61 Anon., *Some Account of the Conduct of the Religious Society of Friends*, pp. 176, 143.

62 Ibid., p. 143.

63 George Wilson Bridges, *The Annals of Jamaica*, vol. i (London, 1858), p. 479.

64 William Buyers, *Travels in India* (London, 1852), p. 418.

65 The Times, 10 December 1840, p. 6, cited in Andrew Scull, Charlotte Mackenzie and Nicholas Harvey, *Masters of Bedlam: The Transformation of the Mad-doctoring Trade* (Princeton, NJ, 1996), p. 66.

66 J. G. Millingen, *Aphorisms on the Treatment and Management of the Insane* (London, 1840), p. 106, cited ibid.

67 West, *Substance of a Journal*, p. 117.

68 West, *History of Tasmania*, p. 331.

69 Ibid.

70 Ibid.

71 Henry Reynolds, *Dispossession: Black Australians and White Invaders* (St Leonards, NSW, 1989), pp. 67 – 70.

72 Ibid., pp. 71 – 2.

73 Philip, *Researches in South Africa*, p. 277.

74 Julia V. Douthwaite, *The Wild Girl, Natural Man and the Monster: Dangerous Experiments in the Age of Enlightenment* (Chicago, IL, 2002), p. 53.

75 Ibid.

76 Ibid.

77 J.M.G. Itard, *An Historical Account of the Discovery and Education of a Savage Man* [1800] (London, 1802), p. 23.

78 Ibid., p. 11.

79 Ibid., pp. 17, 21.

80 Ibid., pp. 26, 30, 45, 57.

81 Ibid., p. 32.

82 Ibid., p. 33.

83 Douthwaite, *The Wild Girl*, pp. 61 – 2.

84 Ibid., p. 62.

85 James Cowles Prichard, *Researches into the Physical History of Man* [1813] (London, 1826), p. 548.

86 Ibid., p. 9.

87 James Cowles Prichard, *On the Different Forms of Insanity* (London, 1842), pp. 208, 215.

88 Robert Knox, *The Races of Men: A Fragment* (Philadelphia, Pa, 1850), p. 149.

89 Ibid., pp. 156 – 7.

90 Ibid.

91 Ibid., p. 185.

92 Arthur de Gobineau, *The Inequality of Human Races*, trans. Adrian Collins [1853] (London, 1915), p. 140.

93 Ibid., pp. 205 – 6.

94 Charles Dickens, 'The Lost Arctic Voyagers', *Household Words*, 245 (2 December 1854), p. 362.

95 Charles Dickens, 'The Noble Savage', *Household Words*, 168 (11 June 1853), p. 337.

96 Ibid., pp. 337 – 9.

97 Charles Dickens, 'Idiots', *Household Words*, 167 (4 June 1858), p. 313.

98 George W. Stocking Jr, *Victorian Anthropology* (New York, 1987), pp. 244 – 5.

99 Ibid.

100 Ibid., pp. 245 – 6.

101 Benjamin Collins Brodie, *Address to the Ethnological Society of London* (London, 1854), p. 4.

102 See Royal Anthropological Institute, *Fellows Database*, 2015.

103 Robert Dunn, 'Some Observations on the Varying Forms of the Human Cranium', *Journal of the Ethnological Society*, IV (1856), p. 34.

104 James Clark, 'Obituary Notice of Dr Conolly', *Transactions of the Ethnological Society of London*, V (1867), pp. 325 – 40.

105 James Clark, *A Memoir of John Conolly, md, dcl, Comprising a Sketch of the Treatment of the Insane in Europe and America* (London, 1869), p. 111.

106 Ibid.

107 Ibid., p. 112.

108 'Pedro Velasquez', *Memoirs of an Eventful Expedition in Central America* (New York, 1850).

109 John Conolly, *The Ethnological Exhibitions of London* (London, 1855), pp. 13 – 14.

110 Ibid., p. 12.

111 Ibid., p. 16.

112 John Conolly, *Address to the Ethnological Society of London Delivered at the Annual General Meeting on the 26 May 1855* (London, 1855), p. 5.

113 Ibid.

114 W. H. Brock, 'Hunt, James (1833 – 1869)', *Oxford Dictionary of National Biography* (Oxford, 2004)

115 James Hunt, 'On the Study of Anthropology', *Anthropological Review*, I (1863), pp. 2, 4, 8, 17.

116 Stocking, *Victorian Anthropology*, pp. 25 – 7, 245 – 8.

117 Respectively: 'Proceedings of the Anthropological Society of Paris', *Anthropological Review*, I/3 (1863), p. 377; N. T. Gore, 'Notice of a Case of Micro-cephaly', Anthropological Review, I/1 (1863), pp. 168 – 71; H. G. Atkinson, 'On the Idiotic Family of Downham, in Norfolk', *Journal of the Anthropological Society of London*, IV (1866), p. xxxii; 'Anthropological News', *Anthropological Review*, VI/22 (June 1868), pp. 323 – 8; 'Reports of the Meetings of the Anthropological Society', *Anthropological Review*, I/1 (1863), pp. 187 – 91.

118 David Wright, 'Mongols in Our Midst: John Langdon Down and the Ethnic Classification of Idiocy, 1858 – 1924', in *Mental Retardation in America: A Historical Reader*, ed. S. Noll and J. W. Trent Jnr (New York, 2004), pp. 92 – 119, p. 104.

119 Stocking, *Victorian Anthropology*, pp. 25 – 7, 248.

120 E. Dally, 'An Enquiry into Consanguineous Marriages and Pure Races', *Anthropological Review*, II/5 (1864).

121 Walter C. Dendy, 'The Anatomy of Intellect', Journal of the Anthropological Society of London, vi (1868), pp. xxvii – xxxix (read to the society on 3 December 1867).

122 John Langdon Down, 'An Account of a Second Case in Which the Corpus Callosum Was Defective' *Journal of Mental Science*, XIII (1867), p. 120.

123 Karl Vogt, *Lectures on Man*, ed. James Hunt (London, 1864), p. 170.

124 See Wright, 'Mongols in Our Midst', p. 104, and Stephen Jay Gould, *The Panda's Thumb* (London, 1990), p. 137.

125 Stocking, *Victorian Anthropology*, pp. 25 – 7, 252.

126 Dendy, 'Anatomy of Intellect', p. xxxviii.

127 James Hunt, 'On the Negro's Place in Nature', *Memoirs Read before the Anthropological Society of London*, I (1863 – 4), pp. 16 – 17, 51.

128 Gad Heuman, *'The Killing Time': The Morant Bay Rebellion in Jamaica* (Knoxville, TN, 1994), pp. xiii – xiv.

129 Royal Anthropological Institute Archive, London (hereafter Rai), A5, letter 273.

130 Bedford Pim, *The Negro and Jamaica (Read before the Anthropological Society of London, Feb 1, 1866)* (London 1866), p. 7.

131 Ibid., p. 20.

132 Ibid., pp. 69 – 71.

133 Rai, A/5/59, 2 February 1866; A/5/100, 23 February 1866; A/5/147 9 March 1866; A/5/67, 29 June 1866; A/5/168, 5 February 1866; A/5/169, 6 February 1866; A/5/170, 26 February 1866.

134 Earlswood Annual Report, 1859; Surrey History Centre, Woking, 392/1/1.

135 John Langdon Down, 'Observations on an Ethnic Classification of Idiots', *Journal of Mental Science*, XIII (1867), pp. 121 – 2.

136 Ibid.

137 Ibid., p. 122.

138 Ibid., p. 123.

139 Gould, *The Panda's Thumb*, pp. 135 – 6.

140 'Reports of the Meetings of the Anthropological Society', p. 191.

141 O. Conor Ward, *John Langdon Down, 1828–1896: A Caring Pioneer* (London, 1998), p. 182.

142 Down, 'Observations on an Ethnic Classification', p. 123.

143 Gould, *The Panda's Thumb*, pp. 138 – 9.

144 Daniel Kelves, *In the Name of Eugenics: Genetics and the Uses of Human Heredity* (Cambridge, MA, 1985), pp. 245 – 9.

145 Fanny Parks, *Wanderings of a Pilgrim in Search of the Picturesque during Four-and-twenty Years in the East* (London, 1850), pp. 361 – 2.

146 Phillippo, *Jamaica*, p. 200.

147 Earlswood Annual Report, 1862, Surrey History Centre, 392 1/1.

148 Earlswood Annual Report, 1881, Surrey History Centre, 392 1/2/3.

149 Earlswood Annual Report, 1859, Surrey History Centre, 392 1/1; Earlswood Annual Report, 1867, Surrey History Centre, 392 1/1.

150 Earlswood Annual Report, 1863, Surrey History Centre, 392 1/1.

151 Earlswood Annual Report, 1871, Surrey History Centre, 392 1/1.

1   William Parry-Jones, *The Trade in Lunacy: A Study of Private Madhouses in England in the Eighteenth and Nineteenth Centuries* (London, 1972).

2   David Wright, *Mental Disability in Victorian England: The Earlswood Asylum, 1847–1901* (Oxford, 2001), p. 21.

3   Ibid., pp. 12 – 15.

4   Ibid., pp. 42 – 3.

5   Ibid., p. 41.

6   Edward Vallance, *A Radical History of Britain* (London, 2009), pp. 205 – 82, 363 – 432.

7   Roger Knight, *Britain against Napoleon: The Organisation of Victory, 1793–1815* (London, 2014), pp. 62 – 3.

8   Ibid., pp. 125 – 6.

9   Vic Gatrell, *City of Laughter: Sex and Satire in Eighteenth-century London* (London, 2006), pp. 283 – 4.

10   Ibid., p. 487.

11   Ibid., pp. 530 – 46.

12   Ibid., pp. 453 – 5.

13   Thomas Paine, *Rights of Man* [1790] (London, 1985), p. 59.

14   Ibid.

15   Ibid., p. 60.

16   Ibid., p. 172.

17   Ibid.

18   Ibid., pp. 173 – 4.

19   Ibid., p. 174.

20   Ibid., p. 68.

21   John Carson, *The Measure of Merit: Talents, Intelligence and Inequality in the French and American Republics, 1750–1940* (Princeton, NJ, 2007), p. xiii.

22   Ibid., pp. 22, 26.

23   Paine, *Rights of Man*, p. 70.

24   Ibid.

25   Ibid.

26   Ibid., p. 163.

27   William Godwin, *Enquiry concerning Political Justice and Its Influence on Morals and*

Happiness, 3rd edn (London, 1798), p. 449.

28 Ibid., p. 93.

29 Ibid.

30 Ibid., pp. 94 – 5.

31 Ibid., p. 95.

32 Francis Grose, *A Classical Dictionary of the Vulgar Tongue*, 2nd edn (London, 1788).

33 Godwin, *Enquiry*, p. 528.

34 Ibid., p. 457.

35 Ibid., pp. xxvii, 457.

36 Ibid., p. 157.

37 Ibid., p. 93.

38 S. Jarrett and C. F. Goodey, 'Learning Difficulties: Intellectual Disability in the Long Eighteenth Century', in *A Cultural History of Disability in the Long Eighteenth Century*, ed. D. Christopher Gabbard and Susannah B. Mintz (London, 2020), pp. 133 – 4.

39 Edmund Burke, *Reflections on the Revolution in France and on the Proceedings in Certain Societies in London Relative to That Event* [1790] (London, 1986), p. 132.

40 Ibid., p. 133.

41 Ibid., p. 174.

42 Anne Stott, *Hannah More: The First Victorian* (Oxford, 2003), pp. 128 – 9.

43 Ibid., p. 82.

44 Ibid., pp. 169 – 76, 208.

45 Susan Pedersen, 'Hannah More Meets Simple Simon: Tracts, Chapbooks and Popular Culture in Late Eighteenth-century England' *Journal of British Studies*, XXV/1 (1986), p. 107.

46 Hannah More, 'The Shepherd of Salisbury Plain', in *Cheap Repository Tracts Published in the Year 1795* (London, 1795), pp. 28 – 9.

47 Hannah More, 'The Beggarly Boy: A Parable', in *Cheap Repository Tracts*, pp. 3 – 10.

48 Hannah More, *Thoughts on the Importance of the Manners of the Great to the General Society*, 8th edn (London, 1790), p. 34.

49 Hannah More, *The History of Hester Wilmot* [1795 – 8] (London, 1810), pp. 10 – 11.

50 Hannah More, *Parley the Porter; or, Robbers Without Cannot Ruin the Castle, Unless There Are Traitors Within* [1795 – 8] (Manchester, 1870), pp. 1 – 6.

51 Ibid., pp. 11 – 12.

52 Ibid., p. 1.

53 Hannah More, 'The Grand Assizes; or, General Gaol Delivery' [1795 – 8], in *Works of Hannah*

More, vol. ii (London, 1834), p. 148.

54 Jarrett and Goodey, 'Learning Difficulties', pp. 134 – 5.

55 Robert Dingley, 'Tupper, Martin Farquhar (1810 – 1889)', *Oxford Dictionary of National Biography*, www.oxforddnb.com.

56 Ibid.

57 Martin Tupper, 'In Anticipation', in *Proverbial Philosophy: A Book of Thoughts and Arguments* (London, 1853), p. 16.

58 Tupper, 'Of Memory', in *Proverbial Philosophy*, p. 39.

59 Tupper, 'Of Reading', in *Proverbial Philosophy*, p. 159.

60 Reverend A. W. Hare, *Sermons to a Country Congregation* (London, 1838), p. 35.

61 John Wallace, *Simple Simon: A Farce in Two Acts* (Madras, 1805), pp. 2 – 11.

62 J. S. Mill, 'Utilitarianism' [1861], in John Stuart Mill and Jeremy Bentham, *Utilitarianism and Other Essays*, ed. Alan Ryan (London, 2004), p. 280.

63 Ibid.

64 Ibid.

65 Ibid., p. 281.

66 Ibid., p. 285.

67 Ibid., pp. 285 – 6.

68 Ibid., p. 69.

69 J. S. Mill, *On Liberty* [1859] (London, 1974), p. 177.

70 Wright, *Mental Disability*, p. 13.

71 County Asylums Act, 1808, 48 George 3 c. 96.

72 Wright, *Mental Disability*, p. 13.

73 David Englander, *Poverty and Poor Law Reform in 19th Century Britain, 1834–1914* (London, 1998); Trevor May, *The Victorian Workhouse* (Oxford, 2011); Kathryn Morrison, *The Workhouse: A Study of Poor-law Buildings in England* (London, 1999).

74 Wright, *Mental Disability*, pp. 19 – 21.

75 County Asylums Act 1845, 8+9 Victoria c. 126.

76 Lunacy Act 1845, 8+9 Victoria c. 100.

77 Wright, *Mental Disability*, p. 19.

78 Ibid., pp. 19 – 20.

79 Ibid., p. 15.

80 Andrew Scull, Charlotte Mackenzie and Nicholas Harvey, *Masters of Bedlam: The Transformation of the Mad-doctoring Trade* (Princeton, NJ, 1996), pp. 66 – 8.

81 John Conolly, 'On the Management of Hanwell Lunatic Asylum', *Journal of Psychological Medicine and Mental Pathology*, II (1849), pp. 424 – 7.

82 Such as Samuel Gaskell, superintendent of the Lancaster Lunatic Asylum: Samuel Gaskell, 'Visit to the Bicêtre', *Chambers's Edinburgh Journal*, 158 (9 January 1847), pp. 20 – 22; 'Education of Idiots at the Bicêtre', *Chambers's Edinburgh Journal*, 161 (30 January 1847), pp. 71 – 5; 'Education of Idiots at the Bicêtre, Part 3', *Chambers's Edinburgh Journal*, 163 (13 February 1847), pp. 105 – 7.

83 Wright, *Mental Disability*, pp. 42 – 3.

84 Ibid., p. 157.

85 Ibid., p. 159.

86 John Langdon Down, 'Observations on an Ethnic Classification of Idiots', *Journal of Mental Science*, xiii (1867), pp. 121 – 2.

87 Wright, *Mental Disability*, p. 41.

8장 | 다윈 이후 지적장애와 우생학, 그리고 심리학, 1870년부터 1939년까지

1 Idiots Act 1886, 49+50 Victoria c. 25.

2 Matthew Thomson, *The Problem of Mental Deficiency: Eugenics, Democracy and Social Policy in Britain, c. 1870–1959* (Oxford, 1998), pp. 12 – 13.

3 Ibid., p. 15.

4 Ibid., pp. 21, 51.

5 Roger Smith, *Between Mind and Nature: A History of Psychology* (London, 2013), p. 106.

6 Cited in Daniel J. Kelves, *In the Name of Eugenics: Genetics and the Use of Human Heredity* (Cambridge, MA, 1995), p. 3.

7 Smith, *Between Mind and Nature*, p. 107.

8 Richard L. Dugdale, *The Jukes: A Study in Crime, Pauperism, Disease and Heredity* (New York, 1877).

9 Ibid., p. 32.

10 Oscar McCulloch, *The Tribe of Ishmael: A Study in Social Degradation* (Indianapolis, IN, 1891).

11 José Harris, 'Between Civic Virtue and Social Darwinism: The Concept of the Residuum', in *Retrieved Riches: Social Investigation in Britain, 1840–1914*, ed. David Englander and Rosemary O'Day (Aldershot, 1995), p. 68.

12 Peter Quennell, ed., *Mayhew's London Underworld* (London, 1987), p. 176.

13 H. G. Wells, *The Time Machine* [1895] (London, 2005), p. 46.

14 Ibid., p. 25.

15 Kelves, *In the Name of Eugenics*, p. 92.

16 Ibid.

17 Charles Darwin, *The Descent of Man and Selection in Relation to Sex* [1871] (London, 2004), p. 54.

18 Ibid.

19 Ibid.

20 Ibid., pp. 55, 109.

21 George Romanes, *Animal Intelligence*, 4th edn (London, 1886), pp. 4 – 8.

22 George Romanes, *Mental Evolution in Animals* (London, 1883), p. 181.

23 H. G. Wells, *The Island of Dr Moreau* (London, 1896).

24 Henry Maudsley, *Body and Will* (London, 1883), p. 246.

25 Stephen Jay Gould, *The Mismeasure of Man* (New York, 1996), p. 176.

26 Ibid., p. 178.

27 Ibid., pp. 178 – 80.

28 Ibid., pp. 225 – 9.

29 Thomson, *The Problem of Mental Deficiency*, pp. 23 – 4.

30 Ibid., pp. 26 – 33.

31 John Carson, *The Measure of Merit: Talents, Intelligence and Inequality in the French and American Republics, 1750–1940* (Princeton, NJ, 2007), pp. 177 – 82.

32 Gould, *Mismeasure of Man*, pp. 188 – 9.

33 Henry Herbert Goddard, *The Kallikak Family: A Study in the Heredity of Feeble-mindedness* (Norwood, MA, 1912) p. 33.

34 Gould, *Mismeasure of Man*, pp. 198 – 201.

35 Anon., 'The Feeble-minded Control Bill House of Commons Meeting Dec. 5th 1911', *Eugenics Review*, iii (1912), pp. 355 – 8.

36 Ibid., p. 355.

37 Ibid., pp. 355 – 6.

38 Ibid., p. 357.

39 Thomson, *The Problem of Mental Deficiency*, p. 39.

40 C. V. Wedgwood, 'Wedgwood, Josiah Clement, first Baron Wedgwood (1872 – 1943)', revd Mark Pottle, *Oxford Dictionary of National Biography* (Oxford, 2004); Thomson, *The Problem*

of Mental Deficiency, pp. 37 - 46.

41   The National Archives (hereafter TNA), NATS 1/727 (1917), *Central Association for the Care of the Mentally Defective: Request for Information regarding Rejection of Soldiers for Mental Deficiency, 1917–18*.

42   Jan Walmsley and Simon Jarrett, 'Intellectual Disability Policy and Practice in Twentieth-century United Kingdom', in *Intellectual Disability in the Twentieth Century: Transnational Perspectives on People, Policy and Practice*, ed. Walmsley and Jarrett (Bristol, 2019), p. 180.

43   Jan Walmsley et al., 'Community Care and Mental Deficiency, 1913 to 1945', in *Outside the Walls of the Asylum: The History of Care in the Community, 1750–2000*, ed. P. Bartlett and D. Wright (London, 1999), pp. 184 - 5.

44   Ibid., p. 186.

45   Walmsley and Jarrett, 'Intellectual Disability', pp. 180 - 81.

46   Walter Hedley, *Report of the Departmental Committee on Colonies for Mental Defectives* [Hedley Report] (London, 1931).

47   Maggie Potts and Rebecca Fido, *'A Fit Person to Be Removed': Personal Accounts of Life in a Mental Deficiency Institution* (Plymouth, 1991); Walmsley and Jarrett, 'Intellectual Disability', p. 182.

48   Walmsley et al., 'Community Care', pp. 185 - 6.

49   Kelves, *In the Name of Eugenics*, p. 114.

50   Walmsley et al., 'Community Care', p. 186.

51   Kelves, *In the Name of Eugenics*, p. 113.

52   Richard Overy, *The Morbid Age: Britain and the Crisis of Civilisation, 1919–1939* (London, 2010), p. 93.

53   Aldous Huxley, *Brave New World* [1932] (London, 2014), p. 50.

54   Overy, *The Morbid Age*, pp. 93 - 135.

55   Walmsley and Jarrett, 'Intellectual Disability', p. 184.

56   Smith, *Between Mind and Nature* (London, 2013), p. 108.

57   Karl Pearson, 'On the Inheritance of Mental Disease', *Annals of Eugenics*, IV/3 - 4 (1930), p. 374.

9장 | 다시 지역사회로? 1939년부터 현재까지

1   Stanley P. Davies, *Social Control of the feebleminded* (New York, 1923).

2   Albert Deutsch, *The Mentally Ill in America: A History of Their Care and Treatment from Colonial Times* (New York, 1937), p. 378.

3   Karl Binding and Alfred Hoche, *Allowing the Destruction of Life Unworthy of Life: Its Measure and Form* (Berlin, 1920).

4   Henry Frielander, 'The Exclusion and Murder of the Disabled', in *Social Outsiders in Nazi Germany*, ed. Robert Gellately and Nathan Stoltzfus (Princeton, NJ, 2001), p. 147.

5   Robert Gellately and Nathan Stoltzfus, 'Social Outsiders and the Construction of the Community of the People', in *Social Outsiders*, ed. Gallately and Stoltzfus, p. 11.

6   Suzanne E. Evans, *Forgotten Crimes: The Holocaust and People with Disabilities* (Chicago, IL, 2004), pp. 15 – 16.

7   Frielander, 'Exclusion and Murder of the Disabled', pp. 151 – 6.

8   Evans, *Forgotten Crimes*, pp. 17, 143 – 4.

9   Matthew Thomson, *The Problem of Mental Deficiency: Eugenics, Democracy and Social Policy in Britain, c. 1870–1959* (Oxford, 1998), p. 276.

10   Ibid., pp. 276 – 7.

11   Ibid., p. 277.

12   Thomson, *The Problem of Mental Deficiency*, p. 278.

13   Maggie Potts and Rebecca Fido, *'A Fit Person to be Removed': Personal Accounts of Life in a Mental Deficiency Institution* (Plymouth, 1991), p. 45.

14   Ibid., p. 52.

15   Ibid., pp. 60 – 61.

16   Ibid., pp. 86 – 9.

17   Sheena Rolph et al., *Witnesses to Change: Families, Learning Difficulties and History* (Kidderminster, 2005), p. 77.

18   Ibid., p. 49.

19   Ibid., p. 19.

20   Ibid., p. 48.

21   Ibid., p. 78.

22   Jan Walmsley and Simon Jarrett, 'Intellectual Disability Policy and Practice in Twentieth-century United Kingdom', in *Intellectual Disability in the Twentieth Century: Transnational Perspectives on People, Policy and Practice*, ed. J. Walmsley and S. Jarrett (Bristol, 2019), p. 186.

23   Kathleen W. Jones. 'Education for Children with Mental Retardation: Parent Activism, Public Policy and Family Ideology in the 1950s', in *Mental Retardation in America: A Historical Reader*, ed. Steven Noll and James W. Trent, Jr (New York, 2004), p. 325.

24 Ibid., p. 326.

25 Janice Brockley, 'Rearing the Child Who Never Grew: Ideologies of Parenting and Intellectual Disability in American History', in *Mental Retardation in America*, ed. Noll and Trent, p. 150.

26 Wolf Wolfensberger, *The Origin and Nature of Our Institutional Models* (New York, 1983), pp. 14–15.

27 Brockley, 'Rearing the Child', pp. 330–41.

28 George Thomson, *The Foreseeable Future* (London, 1957), pp. 123–5.

29 Michael Young, *The Rise of the Meritocracy* [1958] (Abingdon, 2017).

30 Ibid., p. xvi.

31 Thomson, *The Foreseeable Future*, p. 125.

32 Young, *Rise of the Meritocracy*, p. xvi.

33 Thomson, *The Problem of Mental Deficiency*, pp. 280–81.

34 'Report of the Royal Commission on the Law Relating to Mental Illness and Mental Deficiency' (1957), Her Majesty's Stationery Office (hereafter HMSO), 1957.

35 Mental Health Act 1959, 7+8 Elizabeth 2 c. 72.

36 Thomson, *The Problem of Mental Deficiency*, p. 293.

37 'Report on Ely Hospital: Report of the Committee of Enquiry into Allegations of Ill-treatment of Patients and Other Irregularities at the Ely Hospital, Cardiff' (1969), HMSO.

38 'Better Services for the Mentally Handicapped' (1971), HMSO cmd 4683.

39 Nigel Evans (dir.), *Silent Minority* (ATV, 1981).

40 'Report of the Committee of Enquiry into Mental Handicap Nursing Care (the Jay Report)' (1979), HMSO cmd 7468.

41 'Care in the Community: A Consultative Document on Moving Resources for Care in England' (1981), Department of Health and Social Security (DHSS) and House of Commons (HC) (81) 9.

42 'President's Committee on Mental Retardation' (Washington, DC, 1976), cited in Deborah S. Metzel, 'Historical Social Geography', in *Mental Retardation in America*, ed. Noll and Trent, p. 434.

43 Philip M. Ferguson, 'From Social Menace to Unfulfilled Promise: The Evolution of Policy and Practice towards People with Intellectual Disabilities in the United States', in *Intellectual Disability*, ed. Walmsley and Jarrett, pp. 199–200.

44 Metzel, 'Historical Social Geography', pp. 434–5.

45 Wolfensberger, The Origin, pp. 13–17.

46 Robert B. Edgerton, *The Cloak of Competence: Stigma in the Lives of the Mentally Retarded*

(Berkeley, ca, 1967), p. 216.

47 Ibid., pp. 217 – 18.

48 Wolf Wolfensberger, 'A Call to Wake Up to the Beginning of a New Wave of "Euthanasia" of Severely Impaired People', *Education and Training of the Mentally Retarded*, 15 (1983) pp. 171 – 3.

49 Valerie Sinason, 'Foreword' in D. Niedecken, *Nameless: Understanding Learning Disability* (Hove, 2003), pp. xv – xviii, quoted in Jan Walmsley, 'Labels, Death-making and an Alternative to Social Valorisation: Valerie Sinason's Influence on My Work', in *Intellectual Disability and Psychotherapy: The Theories, Practice and Influence of Valerie Sinason*, ed. Alan Corbett (London, 2019), pp. 135 – 6.

50 Guoron Stefánsdóttir, 'People with Intellectual Disabilities in Iceland in the Twentieth Century: Sterilisation, Social Role Valorisation and "Normal Life"', in *Intellectual Disability*, ed. Walmsley and Jarrett, pp. 131 – 2; Wolf Wolfensberger, 'A Brief Overview of the Principle of Normalization', in *Normalization, Social Integration and Community Service*, ed. R. J. Flynn and K. E. Nitsch (Baltimore, MD, 1980).

51 Stefánsdóttir, 'People with Intellectual Disabilities in Iceland', pp. 129 – 41.

52 Simon Jarrett, 'The Meaning of "Community" in the Lives of People with Intellectual Disabilities: An Historical Perspective', *International Journal of Developmental Disabilities*, LXI/2 (2015), p. 107.

53 Martin W. Barr, *Mental Defectives: Their History, Treatment and Training* (Philadelphia, Pa, 1904), p. 2.

더 읽을거리

Andrews, Jonathan, 'Begging the Question of Idiocy: The Definition and Socio-cultural Meaning of Idiocy in Early Modern Britain, Part 1', *History of Psychiatry*, IX/33 (1998), pp. 65 – 95; and 'Part 2', IX/34 (1998), pp. 179 – 200

Atkinson, Dorothy, Mark Jackson and Jan Walmsley, *Forgotten Lives: Exploring the History of Learning Disability* (Kidderminster, 1997)

_____, et al., *Good Times, Bad Times: Women with Learning Difficulties Tell Their Stories* (Kidderminster, 2000)

Carson, John, *The Measure of Merit: Talents, Intelligence and Inequality in the French and American Republics, 1750–1940* (Princeton, NJ, 2007)

Cowling, Mary, *The Artist as Anthropologist: The Representation of Type and Character in Victorian Art* (Cambridge, 1989)

Dickie, Simon, *Cruelty and Laughter: Forgotten Comic Literature and the Unsentimental Eighteenth Century* (Chicago, IL, 2011)

Digby, Anne, and David Wright, eds, *From Idiocy to Mental Deficiency: Historical Perspectives on People with Learning Disabilities* (London, 1996)

Douthwaite, Julia V., *The Wild Girl, Natural Man and the Monster: Dangerous Experiments in the Age of Enlightenment* (Chicago, IL, 2002)

Edgerton, Robert B., *The Cloak of Competence: Stigma in the Lives of the Mentally Retarded* (Berkeley, CA, 1967)

Eigen, John Peter, *Witnessing Insanity: Madness and Mad Doctors in the English Court* (New Haven, CT, 1995)

Evans, Suzanne E., *Forgotten Crimes: The Holocaust and People with Disabilities* (Chicago, IL, 2004)

Frielander, Henry, 'The Exclusion and Murder of the Disabled', in *Social Outsiders in Nazi Germany*, ed. Robert Gellately and Nathan Stoltzfus (Princeton, NJ, 2001)

Gatrell, Vic, *City of Laughter: Sex and Satire in Eighteenth-century London* (London, 2006)

Goldstein Jan, *Console and Classify: The French Psychiatric Profession in the Nineteenth Century* (Chicago, IL, 2001)

Goodey, C. F., *A History of Intelligence and Intellectual Disability: The Shaping of Psychology in Early Modern Europe* (Farnham, 2011)

_____, 'What Is Developmental Disability? The Origin and Nature of Our Conceptual Models', *Journal on Developmental Disabilities*, VIII/2 (2001), pp. 1 – 18

Gould, Stephen Jay, *The Mismeasure of Man* (New York, 1996)

_____, *The Panda's Thumb: More Reflections in Natural History* (London, 1980)

Harris, José, 'Between Civic Virtue and Social Darwinism: The Concept of the Residuum', in *Retrieved Riches: Social Investigation in Britain, 1840–1914*, ed. David Englander and Rosemary O'Day (Aldershot, 1995)

Jackson, Mark, *The Borderland of Imbecility: Medicine, Society and the Fabrication of the Feeble Mind in Late-Victorian and Edwardian England* (Manchester, 2000)

_____, '"It Begins with the Goose and Ends with the Goose": Medical, Legal and Lay Understandings of Imbecility in Ingram v. Wyatt, 1824 – 1832', *Social History of Medicine*, xi/3 (1998), pp. 361 – 80

Jarrett, Simon, 'The Meaning of "Community" in the Lives of People with Intellectual Disabilities: An Historical Perspective', *International Journal of Developmental Disabilities*, LXI/2 (2015), pp. 107 – 12

Kelves, Daniel, *In the Name of Eugenics: Genetics and the Uses of Human Heredity* (Cambridge, ma, 1985)

Lund, Roger, 'Laughing at Cripples: Ridicule, Deformity, and the Argument from Design', *Eighteenth Century Studies*, XXXIX/1 (2005), pp. 91 – 114

McDonagh, Patrick, *Idiocy: A Cultural History* (Liverpool, 2008)

_____, Tim Stainton and C. F. Goodey, *Intellectual Disability: A Conceptual History, 1200–1900* (Manchester, 2019)

McGlynn, Margaret, 'Idiots, Lunatics and the Royal Prerogative in Early Tudor England', *Journal of Legal History*, XXVI/1 (2005), pp. 1 – 24

Mezler, Irina, Fools and Idiots? *Intellectual Disability in the Middle Ages* (Manchester, 2016)

Nitsch, K. E., Normalization, *Social Integration and Community Service* (Baltimore, MD, 1980)

Noll, Steven, and James W. Trent, Jr, eds, *Mental Retardation in America: A Historical Reader* (New York, 2004)

Overy, Richard, *The Morbid Age: Britain and the Crisis of Civilisation, 1919–1939* (London, 2010)

Pedersen, Susan, 'Hannah More Meets Simple Simon: Tracts, Chapbooks and Popular Culture in Late Eighteenth-century England', *Journal of British Studies*, XXV/1 (1986), pp. 84 – 113

Potts, Maggie, and Rebecca Fido, *'A Fit Person to Be Removed': Personal Accounts of Life in a Mental Deficiency Institution* (Plymouth, 1991)

Rolph, Sheena, et al., *Witnesses to Change: Families, Learning Difficulties and History* (Kidderminster, 2005)

Scull, Andrew, Charlotte Mackenzie and Nicholas Harvey, *Masters of Bedlam: The Transformation of the Mad-doctoring Trade* (Princeton, NJ, 1996)

Simpson, Murray, 'The Moral Government of Idiots: Moral Treatment in the Work of Seguin', *History of Psychiatry*, X (1999), pp. 227 – 43

Smith, Roger, Between Mind and Nature: *A History of Psychology* (London, 2013)

Stocking, George W., Jr, *Victorian Anthropology* (New York, 1991)

Tave, Stuart M., *The Amiable Humorist: A Study in the Comic Theory and Criticism of the Eighteenth and Early Nineteenth Centuries* (Chicago, IL, 1960)

Thomson, Matthew, *The Problem of Mental Deficiency: Eugenics, Democracy and Social Policy in Britain, c. 1870–1959* (Oxford, 1998)

Trent, James W., Jr, *Inventing the Feeble Mind: A History of Mental Retardation in the United States* (Berkeley, CA, 1994)

Verstraete, Pieter, 'Savage Solitude: The Problematisation of Disability at the Turn of the Eighteenth Century', *Paedagogica Historica*, XLV/3 (2009), pp. 269 – 89

Walmsley, Jan, Dorothy Atkinson and Sheena Rolph, 'Community Care and Mental Deficiency, 1913 – 1945', in *Outside the Walls of the Asylum: The History of Care in the Community, 1750–2000*, ed. Peter Bartlett and David Wright (London, 1999), pp. 181 – 203

_____, and Simon Jarrett, eds, *Intellectual Disability in the Twentieth Century: Transnational*

Perspectives on People, Policy and Practice (Bristol, 2019)

Wolfensberger, Wolf, 'A Brief Overview of the Principle of Normalization', in *Normalization, Social Integration and Community Services*, ed. R. J. Flynn and K. E. Nitsch (Baltimore, md, 1980), pp. 7 – 30

_____, 'A Call to Wake Up to the Beginning of a New Wave of "Euthanasia" of Severely Impaired People', *Education and Training of the Mentally Retarded*, XV (1983), pp. 171 – 3

_____, The *Origin and Nature of our Institutional Models* (New York, 1983)

Wright, David, *Mental Disability in Victorian England: The Earlswood Asylum, 1847–1901* (Oxford, 2001)

_____, Downs: *The History of a Disability* (Oxford, 2011)

Young, Michael, *The Rise of the Meritocracy* [1958] (Abingdon, 2017)

삽화 출처

저자와 출판사는 예시 자료의 사용과 2차 창작의 허가를 내려준 아래 출처에 감사를 표한다. 예술 작품의 일부 위치도 아래에 기술했다.

Artokoloro Quint Lox Limited/Alamy Stock Photo: p. 214; Beinecke Rare Book and Manuscript Library, Yale University, New Haven, ct: p. 227; Boston Public Library: pp. 82, 83, 222; British Museum, London: pp. 36, 174; from the Commission de Lunatico Inquirendo, *An Inquiry into the State of Mind of W. F. Windham, Esq. of Fellbrig Hall, Norfolk* (London, 1862), photos courtesy Wellcome Library, London: pp. 147, 148; from James Cook, *Voyage dans l'hémi sphère austral, et autour du monde*, vol. iv (Paris, 1778), photo courtesy John Carter Brown Library, Providence, Ri: p. 101; from Charles Darwin, *The Expression of the Emotions in Man and Animals* (London, 1872), photo courtesy Wellcome Library, London: p. 254; from Charles Dickens, *Barnaby Rudge* (Philadelphia, Pa, 1841), photo courtesy University of California Libraries: p. 170; from Jean-Baptiste Du Tertre, *Histoire generale des Antilles habitées par les François*, vol. ii (Paris, 1667): p. 111; from James Grant, *Sketches in London*, 2nd edn (London, 1840), photo courtesy Wellcome Library, London: p. 237; from Francis Grose, *Supplement to The Antiquities of England and Wales* (London, 1777), photo courtesy Philadelphia Museum of Art, Library and Archives: p. 57; courtesy of the Huntington Art Museum, San Marino, ca: p. 81; from *Illustrated London News* (11 March 1864): p. 219; from Carl Linnaeus, *Amoenitates academicae, seu, Dissertationes variae physicae, medicae, botanicae*, vol. vi, 2nd edn (Erlangen, 1785), photo courtesy the Digital Archive of the University of Maryland, Baltimore: p. 94; Los Angeles County Museum of Art: p. 99; The Metropolitan Museum

찾아보기

백치라 불린 사람들
- 지능과 관념·법·문화·인종 담론이 미친 지적 장애의 역사

초판 1쇄 발행	2022년 12월 30일
지은이	사이먼 재럿
옮긴이	최이현
감수	정은희
펴낸곳	도서출판 생각이음
펴낸이	김종희
디자인	스튜디오 페이지엔 김민영
출판등록	2017년 10월 27일(제2019-000031)
주소	(04045) 서울시 마포구 양화로 64, 8층 LS-837호(서교동, 서교제일빌딩)
전화	(02)337-1673
팩스	(02)337-1674
전자우편	thinklink37@naver.com
ISBN	979-11-965525-5-8